U0516734

南京晓庄学院与长江教育研究院共建华东教育智库课题资助

周洪宇　王文虎 ◎ 著

炎黄學 导论

中华书局

图书在版编目(CIP)数据

炎黄学导论/周洪宇,王文虎著. —北京:中华书局,2021.12
ISBN 978-7-101-15365-1

Ⅰ.炎… Ⅱ.①周…②王… Ⅲ.中华文化-研究 Ⅳ.K203

中国版本图书馆 CIP 数据核字(2021)第 196026 号

书　　名	炎黄学导论	
著　　者	周洪宇　王文虎	
责任编辑	高　天	
封扉设计	许丽娟	
出版发行	中华书局	
	(北京市丰台区太平桥西里38号　100073)	
	http://www.zhbc.com.cn	
	E-mail:zhbc@zhbc.com.cn	
印　　刷	北京瑞古冠中印刷厂	
版　　次	2021 年 12 月北京第 1 版	
	2021 年 12 月北京第 1 次印刷	
规　　格	开本/920×1250 毫米　1/32	
	印张 15¾　插页 2　字数 360 千字	
国际书号	ISBN 978-7-101-15365-1	
定　　价	88.00 元	

目　录

绪　论

　　"炎黄学"似乎是新近提出来的,事实不然。就其思想源头来说,"炎黄学"这个范畴是从"学"的高度对炎黄文化进行梳理的学术传统的延续与发展。战国时期就有"神农之教",《吕氏春秋·爱类》记载:"神农之教曰:'士有当年而不耕者,则天下或受其饥矣;女有当年而不绩者,则天下或受其寒矣。'故身亲耕,妻亲绩,所以见致民利也。"《孟子》书亦记有"神农之言"。汉初有"黄老之学",明末清初王夫之著《黄书》,20世纪50年代台湾地区创立"轩辕教"。至20世纪90年代,大陆成立炎黄文化研究会,有国家层面的,也有地方层面的。可见炎黄文化之为学是世之显学。只是过去从学的高度研究炎黄文化时,或者偏重于"炎",或者偏重于"黄",或多满足于文献传说,而少问于考古研究,炎黄问题的研究不成系统。而"炎黄学"这个范畴的提出,将炎与黄综合成为一个整体,且将这个整体与中华文明的起源与发展结合起来,从而使我们对炎黄问题的研究变成了一门实实在在的学问。在本书的绪论中,我们拟从炎黄学的学术定位、研究对象、研究原则以及研究方法等方面着手,回答炎黄学究竟是怎样的学问的问题。

一、炎黄学的学术定位

炎黄学作为"学"究竟是指学问,还是指学科? 这个问题目前并没有一个"定于一"的答案,我们认为,它应该是以一定的范式对炎黄文化这一研究领域进行系统理论思考与研究的学问之学,而不是学科之学。作为一门学问,炎黄学对于中国的人文精神来说,应该是源头之学、统领之学、国家之学。

(一)炎黄学是中国传统文化的源头之学。历史文化的源头问题实际上是一个文化应该"从何讲起"的问题。任何学问都有一个"从何讲起"的"开端"问题,否则就会陷入无限的循环,即恶循环之中。不过正如黑格尔所说,要找出科学的开端是一桩困难的事情。就炎黄学研究而言,我讲炎黄是始祖(开端),你则找出炎黄之前的伏羲,而他则可以找出伏羲之前的盘古,如此等等,没有尽头。对此亨利·基辛格有强烈的感受,他说:"在历史意识中,中国是一个只需复原,而无须创建的既有国家。"①所谓"无须创建"是讲中国的历史没有开端。其实,没有开端是错误的。中国学问的进步都与追根求源即寻找开端取得突破联系在一起的。所谓"古史辨"或"断代工程",说到底就是寻找开端的工程。

过去,讲中国的人文科学往往是"从孔夫子到孙中山",似乎孔子及老子就是中国文化的源头。赵纪彬对这个观点的依据曾做如下解释,他说:"就中国哲学思想的发展情况来说,从孔子开始,才有了私家学派和私人著作。因此,从孔夫子到孙中山的二千四百余年

---

① [美]亨利·基辛格:《论中国》,中信出版社,2015年版,第1页。

的哲学思想的发展,就是我们研究的范围。"①但是孔子与老子的思想只是轴心时期的思想,而轴心时期的思想都是有其始原性思想的。孔子《论语》讲"文章"的历史源头似乎是始于尧,但在《孔子世家》的记载中,他讲到了黄帝,儒家事实上是以黄帝为起点;老子之《道德经》所讲"圣人"虽然并没有具体所指,但是他将"道"与"谷主""社稷主"联系起来,强调大道如谷,道家事实上以炎帝神农氏为中国历史文化的开端②。因此,儒道两家实际上将中国历史文化的源头定在炎黄时期。司马迁很懂这个道理,他的《史记》以《五帝本纪》为起点,即以黄帝为中国历史的叙述起点。不过司马氏对黄帝的叙述是以神农氏世为历史背景的。因此他在客观上将炎与黄所构成的一个时代整体,当作中国历史与文化叙述体系的起点。

我们也只能将中国学问的始原性思想定在炎黄时期。因为"文明"与"文化"是联系在一起的。文化的范围较文明为宽。是文明的,一定属于文化。属于文化的,则不一定是文明。文化只有发展到一定的历史阶段,才表现为文明。文化向文明的发展要以城池、青铜、文字以及在社会生活中起决定作用的祭祀机构等要素的出现为标志。在这个意义上,文明是文化的实体。在中国人的历史记忆中,构成中华文明的基本要素,出现于炎黄时期。炎帝神农氏为中华文明贡献了农耕生产与生活方式,其宗教具象是"社稷";轩辕黄帝在农耕生产与生活方式的基础上为中华文明贡献了礼教制度,其宗教具象是"宗庙"。二者合在一起就形成了中华文明的细胞。宗庙社稷构成了中国人的"皇天后土",这是中国人安身立命的前提,

---

① 赵纪彬:《困知录》,上册,中华书局,1963 年版,第 62—63 页。
② 周洪宇、王文虎:《论老子"托之于神农"》,《湖北社会科学》,2018 年第 10 期,页 100—105。

正因为这样,"炎黄"被称为中华文明的人文始祖。"世之所高,莫若炎黄",正是"祖"的含义的体现。

这样看来,传统文化的始原性思想要追溯到炎黄时期。所谓始原性,是指文明的原初。不能将它与原始性画等号,始原的,可以是原始的,但是原始的,却不一定是始原的。也许,你也可以把始原性思想之前的思想看作"文明的原初",比如,孔子讲历史是自尧以来,而庄子则进到神农、黄帝,在韩子的书里面,我们则看到了有巢氏。时代越晚的著作,推出的始祖越早。文化与历史的讲述没有尽头。但是,我们看到,只有从炎黄讲起,中国人的原始思想才能获得"皇天后土"的文明形态,因而属于原始的"炎黄文化"在这里表现为中华文明的"最初"。追溯中国文化最初之前的思想属于文化学的范畴。人们可以像罗泌的《路史》那样追溯炎黄之前的故事,比如在炎黄之前讲伏羲,在伏羲之前讲盘古,甚至可以无限地追溯下去,但是这种讲述已经不是文明学,而是属于文化学的范畴。炎黄学研究的也是中国传统文化,它首先面对的是古史思想,或者说是原始文化,但是这种原始文化是具有"皇天后土"文明形态的原始文化,因而它就是"文明的原初"。因此炎黄学的研究事实上是将具有"皇天后土"文明形态的中国原始文化当作不证自明的前提,它抓的是开端,因此炎黄学必定要成为中国传统文化的源头之学。

应该指出的是,将炎黄学作为源头之学的说法并不是现在才有的。事实上,"以炎黄二帝的传说作为中华文明的起源,并不是现代人创造的,乃是自古有之的说法"[1]。李学勤以司马迁《五帝本纪》

---

[1] 李学勤:《中华古代文明的起源》,生活·读书·新知三联书店,2019年版,第79页。

为例支持自己的说法,不过他认为以炎黄传说为中华文明史的源头之说并不妥当。司马迁用以建立中国历史源头的依据并不是"传说"而是"文献"。他参考了许多典籍,这叫"文";采访了各地贤者对炎黄的传说,这叫"献"。因此,司马氏是根据文献来确立中国历史源头的,不能将"文献"片面化为"传说"。

(二) 炎黄学是中国文化传统的统领之学。炎黄学不仅是中国传统文化的源头之学,而且也是中国各门学问的统领,或者说,它是统领之学。何谓"统领"与"开端"相联系? 它包括了源头,同时还与"统率"相联系,即是说,万事万物最终归于它。在中国传统文化中,所有的学问之间确实有这么一个"统领",它就是"道"。如果说源头之学强调的是一个"祖"字,那么统领之学强调的是一个"道"字。中国的典籍有"三坟",也有"五典"。"三坟"所记三皇之事,称为言大道的;"五典"所记五帝之事,为言常道的。可见三皇五帝之事迹以道称之。这就是说,称为炎黄学的这种学问,其实就是关于"大道""常道"的学问。在这个意义上,炎黄学与西方哲学有相似之处。因为西方哲学第一个通过自身而呈现出来的定义就是"彻底地从头开始",追问"什么是第一位的东西或者整个自然事物里面最古老的东西"①。"最古老的",在炎黄学里就是"祖";"第一位"的东西,在炎黄学里就是"道"。"道"的第一位在于它的统领性。

古人讲治国道理时,总是要追溯先王或圣王。原因不是别的,而是因为先王或圣王不仅是祖先,更是道体。讲先王如何如何,就是讲治国之所以然。很多学者批评中国文化的先王崇拜观,说它是复古,认为它强调古人是对的,而不知天下随时的道理。这实在是

---

① ［德］谢林:《近代哲学史》,北京大学出版社,2016 年版,第 5—6 页。

肤浅之论,中国文化之重先王或圣王,关键在于,它认定祖先是道体,强调凡事依道而行才是对的,至于天下随时,其实是依道而行的具体体现。

统领之学是相对于"道"而言的。道是一切学问的灵魂,天下的学问既多且广,然可一道以贯之。张舜徽将"道"之一词视为中国文化的核心,他用"道"这个范畴来概括人类文明本身。张舜徽的有关论述,本书将在其他地方引述。我们这里只是指出这样一个事实:春秋时期,以季梁为起点,中国的学问就进入了论道的时期。老子论道,自不用说。孔子之《论语》其实亦为论道之学。这本书所使用的词主要有"仁""礼""道""本""学""习""知""能""天""命",而"道"字凡79见。战国以后,中国精神除论道而外,又增加了"理"字,但是"理"其实还是"道",所以,今天我们将"道"与"理"并在一起,形成了"道理"一词。金岳霖讲:"每一文化区有它底中坚思想,每一中坚思想有它底最崇高的概念,最基本的原动力。""中国思想我也没有研究过,但生于中国,长于中国,于不知觉之中,也许得到了一点子中国思想底意味与顺于此意味的感情。中国思想中最崇高的概念似乎是道。所谓行道、修道、得道,都是以道为最终目标。思想与感情两方面的原动力似乎也是道。成仁赴义都是行道;凡非迫于势而又求心之所安而为之或不得已而为之或知其不可为而为之的事,无论直接的目的是仁是义,或是孝是忠,而间接的目标总是行道。"[1]金氏是从形式化的角度讲中国思想的最高境界的,所以他关于道的命题是"道是式—能""道有'有',曰式曰能"。冯友兰虽然也有形式化的追求,但是他讲中国思想的灵魂——道,

① 刘琅主编:《精读金岳霖》,鹭江出版社,2007年版,第15页。

是从内容方面着手的。他说:"按照中国传统,圣人应具有内圣外王的品格,中国哲学的使命就是使人得以发展这样的品格。因此,中国哲学讨论的问题就是内圣外王之道;这里的'道'是指道路,或基本原理。"①"内圣外王"显然是指中国传统的内容。因此中国的传统文化无论是从形式上看,还是从内容上看,都是"道论"。道论有"三坟五典",曰大道曰常道。的确,道是各门科学的研究对象,也是一门科学何以可能的最终依据。天文之深,岂外于天道? 舆地之广,岂离地理? 即使是庖丁解牛也要"依乎天理",方可游刃有余。有人问庄子道在什么地方,他答在天、在地、在最脏的东西里,它无处不在。可见任何研究其实就是道的研究。毛泽东在延安讲授哲学时,曾将古人所谓道称为矛盾,强调处处有矛盾,时时有矛盾,矛盾是一切科学的研究对象。各种科学研究各种具体的矛盾或者道,还有一门科学即辩证法,研究各种矛盾的共同道理(方以智称之为"东西均"),这是管总的学问,是统领之学。当然,作为统领之学的炎黄学,所论之道不同于哲学,也不同于历史学。不同于哲学,是因为它与祖相联系,因而是文化始祖论,这属于史的范畴;不同于史学,是因为它与道相联系,因而是哲学之论。在这里,它又与史学有了区别。不是哲学,也不是史学,而是综合中国各种学问的炎黄之学。

所谓综合中国各种学科的炎黄之学,包括了中国古代自然科学与人文科学。我们在上面所说的是人文科学。在中国传统文化中,自然科学也可以称为炎黄学。只要看看《艺文志》之类的书,我们便可知中国的农学叫"神农之教"或"神农之言",医学叫《黄帝内

---

① 冯友兰:《中国哲学简史》,生活·读书·新知三联书店,2009年版,第9页。

经》,甚至是天文学都可与炎帝神农或黄帝联系起来。中国古代的科学与技术完全可以通过炎黄文化而与人文科学融为一体,而可名之曰"炎黄学"。

炎黄学强调的是"祖道合一",这个命题蕴含了中国本土产生的人文科学的基本主题和思维特征。司马迁将中国人文科学的主题概括为究天人之际和通古今之变两方面。它们事实上是以炎黄始原性思想为根的。炎帝始原性思想表现为社稷,它以土地神与稷神表现中国原始农耕生产方式,是表现中国农业生产方式的具象;黄帝的始原性思想表现为礼仪制度,宗庙是其具象形式。中国人祭祀社稷,往往配以自己的祖先;祭天祭日,也是如此。在这里人格成了天神地社,比如炎黄都是太阳,也是地神(黄帝是中央之帝);人格也成了天地,比如天称父,地称母。炎黄始原性思想以天人合一为原始构架,它强调的是"顺天之则",此即是"道"即是"理"。历代统治者在宗庙里祭祖,而祖的一代一代的排列,形成了昭穆,其间包含了从古至今的统绪。对这些统绪及其得与失的叙述与总结,即所谓通"古今之变",这里强调了"以史为鉴"。而这两大主题都可以"道"统率之,因此,强调"祖道合一"的炎黄学是中国传统文化当之无愧的统领。

(三)炎黄学是中国文化传统的国家之学。炎黄学实际上是社稷宗庙之学,它的内容包括了对中国国家形成的规律性问题的研究,因此,可以称它为国家之学。炎黄学作为国家之学更体现在它的社会功能上。从近代中国的历史发展来看,炎黄学研究与民族和国家的振兴问题是联系在一起的。明清之际,王船山就以《黄书》唤醒中国人的民族意识。当然他在那个时代的民族意识还是囿于夏夷之辨。近代,中国历遭帝国主义的侵略,中华民族可以说到了最危险的时刻,但是,我们的民族没有亡。因为越是在危难的时候,中国人民越能团结起来。强烈的民族认同感使我们的人民团结了起来,民族认同中最大的公约数就是对中华统绪的强调,而中华统绪的最大共识就是炎黄认同。鲁迅在《自题小像》中写道:

> 灵台无计逃神矢,
> 风雨如磐暗故园。
> 寄意寒星荃不察,
> 我以我血荐轩辕。

炎黄成为先进中国人号召人民救亡图存的旗帜,无论是改良派,还是革命党都祭起了炎黄大旗。再往前溯,我们看到,在中国历史上,凡建立了政权的民族,尤其是少数民族,如果要实现对于全国的治统,都要以对炎黄的认同为前提。他们或者以炎黄子孙自称,为其入主中原寻求统治权的合理性、合法性根据;或者虽然不自称炎黄子孙,但他们敬重炎黄二帝,承认炎黄二帝在中华统绪中的至尊地位。习近平总书记指出,"我们悠久的历史是各民族共同书写的。早在先秦时期,我国就逐渐形成了以炎黄华夏为凝聚核心、'五方之民'共天下的交融格局"。承认炎黄在中华统绪中的至尊地位,就是中国历史各民族共同书写的一种方式,也是中华民族历久不衰的强大精神力量。一个炎黄子孙可以不属于一个政权(治统),但他可以认同中华,认同炎黄。在这里,就有了最大的国家共识。它过去是使我们民族站起来的精神力量,现在又是使我们富起来、强起来的精神力量。从炎黄学寻找民族团结最大公约数这一点上看,炎黄学其实就是国家之学。

二、炎黄学的研究对象

任何一门学问都有自己特定的研究对象,炎黄学当然也是如此。那么炎黄学究竟是以什么为研究对象的学问呢?

炎黄学的研究范畴有狭有广。狭义地看,炎黄学研究的是炎黄二帝,炎裔、黄裔以及炎黄联盟的形成、发展等问题,它其实就是中华民族的源流史。广义地看,炎黄学不仅要研究中华民族的源流史,而且还要在此基础上进一步探索炎黄精神及以炎黄精神为主体的中华文明的形成、发展过程,其中包括炎黄文化的再生性创造与创造性再生等规律性问题,这是文化史和思想史问题。这样看来,炎黄学就可以规定为关于炎黄历史与文化的形成发展、本质特征及其规律性问题的跨学科理论。

这个规定可以涵盖古史辨派所讨论的内容。从古史辨派的视角来看,上述炎黄学研究对象实际上包括四方面:一是关于古代帝王的系统及年历、事迹,称之为"帝系考";二是关于三代的文物制度的由来与其异同,称之为"王制考";三是关于帝王的心传及圣贤的学派,称之为"道统考";四是关于经书的构成及经学的演变,称之为"经学考"①。在这四方面中,帝系与王制考属于古史的范畴,它构成中国文化传统中的"祖论";道统与经学考属于思想史的范畴,它构成中国文化传统中的"道论"。"炎黄学"实际上是合"祖论"与"道论"的炎黄文化论。炎黄学不能没有祖论,但是不能仅仅归结为祖论。祖的价值在于它形成了道统,当然,这个"道"是以祖论为历史学基础的。

---

① 罗根泽编著:《古史辨》,第 4 册,海南出版社,2005 年版,第 3 页。

　　这里要指出的是,古史辨派虽然较好地规划了中国文化传统中的研究对象,但是它的目的,至少就其本身而言,并不是为了从中构建一门学问,而是对它进行解构。对此,我们当然是不能认同的。我们的目的是构建性的,炎黄学就是构建性的学科表达形式,它应该以下述问题为研究的重点:

　　(一)炎黄二帝、炎裔黄裔以及炎黄联盟的形成、发展问题。

　　炎黄学首先在众多的神话、传说中确认最能体现中华民族祖源的古史人物,他们就是炎黄二帝,由此形成炎黄学的帝系考。中国古史中的帝王在血缘上最初是很多的,被称为"百姓",因而不是一条线上的古史人物,所以被称为满天星斗。但是随着氏族交往的日益加强,百姓的元祖开始由古史辨派所说的"横的系统"转化为"纵的系统",即把本来的没有联系的元祖变成同气连枝的共同祖先,这是一个从"满天星斗"到"月明星稀"的过程。在这种转变中,百姓中发明农耕的元祖被称为炎帝,是为农神,称神农氏;发明政治制度礼义系统的元祖被称为黄帝,是为轩辕氏。这种祖论视角包含了炎与黄是具体的个人,还是人的集合体的问题。有人认为炎黄是具体的个人,也有人认为炎与黄是人的集合体,或者说是一个时代的象征。古人一般将炎帝与黄帝理解为个人,现在也有许多人持这样一种观点。而本书所持的观点是,炎与黄是以具体人格为特征的时代象征。历史上的每一个时代都会产生以具体人格为特征的时代象征,黑格尔称之为时代的精神,比如,拿破仑就是法国人的一个时代的精神象征。如果炎与黄是时代精神的象征,那么二者之间的关系又是怎么样的?有人认为炎黄代表着不同的时代,也有人认为他们是兄弟,而我们认为,作为个体,他们即使是同时代的,也是两个不同时代的精神象征。炎帝是植五谷的农耕文化的象征,其具象形式是社稷;黄帝则是垂衣裳而治天下的礼制文明的象征,其具象形式是宗庙。二者合在一起,就是形成中华文明的最初生产方式和上层建筑,我们可以称之为"皇天后土",确认它是中华文明的"质点"。炎帝的后代与黄帝的后代分别形成炎裔和黄裔,他们在长期的融合中形成了以黄帝为政治主导的炎黄结盟,最终形成了华夏族与四方之民交融的民族格局。在这样的格局中,进入了夏商周三代的制度创建期,形成了所谓"王制"。"皇天后土"就是中国道德传统的基因,其表达过程就是所谓的"道";道的圣圣相传,谓之"道统";将此记之于典籍,形成了所谓的"经"。道与经构成了中国的学问所研究的对象。这样看来,炎黄文化研究,或者说炎黄学体系必须立足于农祖、政祖所构成的"皇天后土"这个质点。几何学体系是由点定线,由线定面,由面定体,炎黄文化的研究何尝不是如此。通过炎黄学质点确定炎黄文化的研究领域,我们清理出中华文明发展的基本脉络。

(二)炎黄精神的生成与中华文明的形成与发展过程。

在炎黄学中,这个问题既可以说是重点,也可以说是难点。我们拟以"一个质点,三个圈层"的概念构架来解决这个难点问题。

"一个质点"是指由"三皇""五帝""三代"构成的中国人精神信仰的最初,"三皇""五帝"研究属于帝系考,"三代"研究属于王制考。广义地讲,所谓炎黄文化就是指由"三皇""五帝""三代"所构成的讲述系统,或者说是由帝系考和王制考所构成的系统。

"三皇"众说纷纭,但主流意见是指伏羲、神农、黄帝。《周易·系辞》将中国历史进程与伏羲、神农、黄帝联系了起来,形成了一个粗线条的帝系。伏羲氏之王天下,中国历史属于"以佃以渔"的时代;"耒耨之利,以教天下"是神农氏世;"垂衣裳而天下治"是黄帝、尧、舜的时代。因此我们对中国故事的历史记忆始于渔猎时代,不过此时的人们并不知道储存剩余,民只知有"现在",不知有"将来"。农耕时代实现了生活方式的转型。此前是"饱则弃余",而此后是将剩余储存起来,作为种子再种再收;作为食物,防止将来挨饿;作为货物,用以交易各取所需。这就不仅是知现在,而且是在安排"将来"。"垂衣而治"的时代将农耕时代所发明的舟楫、臼杵、弧矢等等在技术上发展到了新的高度,而它用礼规定人与人之间的关系,用典册将它们确定下来,此前,人们"前无与识,后无与传,是非无恒,取舍无据"。而此后,中国之天下则进入了前可以识、后可与传、是非有则、取舍有据的文明阶段。以上三个环节、两个突破,符合历史发展的轨迹,在考古等文化人类学上其对应物是真实的帝系考。"三皇观"中最有价值的是两大文化突破,而神农、黄帝则分别是两大突破的代表者,他们构成了以"皇天后土"为内容的中华文化的"原始基因"或"最初质点"。

五帝时代有了记载帝王世系及谥号的"谍记",正如司马迁所指出的,"黄帝以来皆有年数",其可分为从黄帝到颛顼和颛顼以后两个历史阶段。前者保持了按女系计算的传统,尽管此时已经出现了不尊重女性的情况;后者确立了新的按男系计算世系的规则。黄帝是三皇时代的终结者,又是五帝时代的开拓者。他一方面是继承了神农以来形成的"艺五种"生产方式,保留了社神与稷神之祭,同时又将礼制建设作为主题,实行了祖宗之祭。这就意味着:黄帝虽为五帝之首,但同时也不忘承袭神农。不忘承袭神农,故沿袭社稷之祭;尊崇礼教,故立开祖宗祭祀的风气之先。后人将五帝时代的祖宗与社稷祭祀概括为"皇天上帝社稷","皇天上帝"是黄帝的象征,"社稷"是炎帝的象征。炎黄精神的基因表现为"皇天上帝社稷",其学为关于"皇天后土"的神巫之学,其核心在于祭祀。

夏是三代的开启者,其后有商与周,所以研究三代或者王制应该自夏始,其偶像性人物就是大禹。三代所创制的社会架构可以从以下几个方面进行描述:其一,三代已经进入了农业社会,生产方式以农耕为主。其二,三代在生产关系中有公田与私田之分。公田,显然是氏族血缘关系的表达。在此表达中,国犹如家,国在家中,夏王、诸侯、卿大夫是由血缘关系为纽带构成的宗子、宗孙和姻亲的亲缘关系,权力和财产是按血缘的亲疏分配的,由此形成了中国社会独具的按"亲亲""尊尊""五伦"排列的君臣、父子、夫妇、兄弟、朋友的社会关系。在这里君权与父权是统一的,君权只是父权的引申和扩大,君主既是国家的最高统治者,又是最大的家长。三代形成的"亲亲""尊尊"的治统始于黄帝,它建"宗庙"以定昭穆宗法,同时不忘记土地与农耕,建"社稷"以立"地主"。炎黄精神在三代又表现为"宗庙社稷",其学由神巫变为史官,"史官之学"其实是宗庙之学与社稷之学的统一,其核心在于"记事","事"者"史"也。

以"皇天后土"或"宗庙社稷"为内容的炎黄精神,是中华文明的圆心,它在向四周传播的过程中,至少形成了三个美丽的文化圈层。

第一个文化圈层是以经学为主体的诸子之学。"宗庙社稷"的文化构成即史官之学原本是一个整体,它被表述为"圣有所生,王有所成,皆原于一"。春秋以后因社会分化而出现了诸子百家,文化创作的主体呈现出了由少数史官转化为百家诸子。孔子被视为第一个私人讲学的人。他使炎黄之学由官学变成私学,是有"子学"。子学至迟启航于西周与春秋之交,这一时期,作为整体的宗庙社稷文化演化为百家争鸣的盛况,在纷争的外表下,它有自己独特的范畴体系,阴阳、五行、道、理等等就是中国思想范畴体系中的概念形式。其中,最重要的概念就是"道",所有的思想都是围绕着道而构建的。论道立言,影响最大的有儒、道、墨、法四家。儒、道、墨、法可以通约为儒道。而儒家重视的是宗庙,因为这里的每一件事都涉及了儒家的中心思想——礼。但孔子对农不甚关心,对社稷之祭也很少有述。道家重视的是社稷,老子书中使用了"谷主""社稷主"等概念,但没有一处使用宗庙这个概念,而对宗庙里的礼,他是批判者。可见子学阶段的儒依托于黄,故为宗庙学;道依托于炎,故为社稷学。

　　第二个圈层是从汉学到宋学的思想体系。秦从政治上一统宇内,但没来得及完成思想综合的大业,这个大业是汉代人完成的。在董仲舒等人的推动下,包括儒道在内的百家由分到合,其中,孔学一家独大,其学被视为"经"。自此而始,炎黄精神深受经学支配。所谓"经",一言以蔽之曰,是以孔子为代表的儒家著作的专称,其有古文今文之分。在今文经学中,孔子以前不得有经,孔子以后的著作也不得称为经,仅称为传、记、说而已。当然,古文经学与这种观点有所区别,认为经是儒教学派著作的专称,不独为孔子所专有。两种观点虽有区别,但其尊孔尊儒却是共同的,经学造成了儒家独尊的思想局面。经学思想被官学化,思想创作成了孔孟等圣人、亚圣等的特权,其他人都只能做其思想的诠释者。在这种情形之下,此一时期的思想者是以子学时期形成的概念和范畴,主要是儒家所使用的概念和范畴,如天、道、仁、义、礼、智、信等为思想范式。出现在这一时期著作中的范畴,很少有不见于子学时期的。思想者的追求在于努力理解子学,特别是儒家经典的思想本义。

　　经学时期儒道两家思想的竞争情况比较复杂,它包括这样几个环节:一是战国晚期至汉初的"黄老道德之术",其深层机理是炎黄合一。二是经学时期,中国以伦理为本位的专制集权社会最终建立。三是魏晋贵无玄学。发源于老庄的魏晋"非汤武而薄周孔""越名教而任自然"的贵无玄学,是对经学的一次否定。四是六朝时期从印度传来的佛教对经学思想的生存权构成冲击和威胁。魏晋玄学是本土内部的道家对儒家的否定,而佛教则是外来文化对儒教的否定,因此经学系统中的儒生们对它的反击也就更为强烈。此时,儒家将道家视为中华内部之学,而佛学则属于夷学。五是宋明理学,其于自己的体系构建以儒为主干,既吸收道家思想,又吸收佛家思想,从而形成了中国思想史上"值得特书的哲学思想的昂扬时代"。明中晚期西洋文化入中国,使中国文化格局悄然发生了结构性的变化:原来是儒道融合问题,现在变成了以儒道思想为传统(有时也将佛学纳入其中)与西方文化,即中学与西学如何融合的问题。

第三个圈层是中华民族文化的复兴时期。人类进入近代以后,西方文化将人类历史由时间主导变成了以空间为主导的领土扩张过程,历史表现为西方人所主导的全球化进程。其时全球化的游戏规则是西方制定的,中国人在其中只能接受这个游戏规则,而不能参与制定规则。中学变成了"传统",成了西方世界的东方学、汉学的研究对象,无论你高兴不高兴,它被迫以"传统文化"这样一种方式走向了低谷,炎与黄遭蔑视。也正在此时先进中国人开始醒来,他们使民族意识从自发到自觉,从而确立了民族主权;将国家意识从迷信与专制转型到科学与民主,从而确立了国家主权;使国民从"伸不直腰"到"站起来了",从而确立了人民主权。三大主权的确立使中国人在站起来后,富起来了,也强起来了。在当今世界格局中,他们正在走向世界舞台的中心,成为构建人类命运共同体的倡导者。

以上从炎黄或皇天后土这个最初质点出发的中华文化圈层，体现了炎黄精神以及中华民族的形成、发展过程的本质和规律。炎黄学就是这个本质与规律的理论形式，借用古史辨派的术语，它是由民族偶像——炎黄始祖、政治偶像——大禹、道德偶像——三皇五帝、学术偶像——孔子所组成的系统。

最近，有许多研究者都提出了构建炎黄学学科体系的构想。这是好事，但是这里的"学科之学"是指学问之学，而不是指教学中的功能单位。作为学问之学，炎黄学有其边界，有学者认为，炎黄学研究所包括的时代范围，一是炎黄二帝及其所在的时代，二是与炎黄密不可分的整个五帝时代乃至之前的三皇时代。按照这个边界的确定，炎黄学其实是中国的古史研究，它照顾了"头"，但却没有"尾"；也有学者认为，炎黄学的研究范畴属于炎黄记忆，炎黄学是五千多年炎黄记忆传统的当代表达和最新形态，或称之为"被发明的传统"，它包括炎黄记忆的物像化、仪式化和学科化，可大致视为改革开放以来炎黄记忆传统建构的历史进程，演进脉络清晰可见，可谓学有所本。按照这个观点，炎黄学研究了炎黄文化的古与今，但是它只是一个"记忆"的系统。这两种观点有一个共同的问题就是没有将学问（包括学科）的构建明确地置于本质与规律的研究之上。事实上，不能以本质与规律为研究对象的理论形式是不可能建立起来的，"科学研究的区分，就是根据科学对象所具有的特殊的矛盾性。因此，对于某一现象的领域所特有的某一种矛盾的研究，就构成某一门科学的对象"①。这里讲的"科学研究的区分"其实就是

① 《毛泽东选集》，第 1 卷，人民出版社，1991 年版，第 309 页。

指理论体系边界的确定,它必须以"对于某一现象的领域所特有的某一种矛盾的研究"为依据。而且这种研究不是片段式的,它是本质与规律研究,而本质与规律就是整体。只研究整体的部分内容,即使可以构建出一种理论,也不可能有一个完整的体系;只研究对象的记忆系统而不直面问题的本身,也不可能建立起一个实在的理论系统来。

为了更好地再现炎黄学研究对象,本书分十章安排再现对象的结构:

第一章:从地理环境看炎黄文化。将炎黄文化初步确定为在"吾乡吾土"形成的"吾生活",其中主要是"陆语",也有"海语"。在"吾乡吾土"基础上形成的"吾生活"就是"官山海"的体系。第二、三两章:对"吾生活"的最初创造者进行溯源,展示中国文化对"吾生活"的最初创造者即农祖炎帝神农、政祖轩辕黄帝的历史记忆。第四章:追溯炎裔、黄裔与炎黄部落联盟的形成,揭示华与夷的民族格局的形成过程。第五章:研究炎黄文化与中华姓氏,揭示炎黄文化从姓到氏,即从古文化到古国的形成过程。第六章:以考古学为主要视角,结合《山海经》对古文化与古国的记载,阐述炎黄文化由古文化到古国到方国的发展过程。

以上诸章以历史学为基础,吸收神话传说、姓氏之学、考古文献等学科的研究成果,研究了以炎黄为主体的三代以前的原始文化,是为狭义炎黄学,亦可称之为"祖论"。

第七、八章:研究炎黄文化的基本形态,试图从中概括出共同的内在精神。这种内在精神在语言上讲"高雅"、艺术上求"神韵"、科学上究"物理"、神话上重"劳动"、宗教上崇"本根"、哲学上悟"大道",这些方面,构成了炎黄学的思想纬线。第九章:研究炎黄精神的内涵外延,系统阐述炎黄文化的"一个质点三个圈层"理论,它体现了炎黄文化发展的时间自由度,揭示了炎黄精神的形成与发展历程。第十章:研究中华文明的复兴与炎黄精神的全球价值,揭示炎黄文化的再生性创造和创造性再生的内在规律。

以上四章的内容综合了王制考、道统考以及经学考的内容,揭示了炎黄文化所能达到的思想深度,是为深义炎黄学。这是炎黄学的思想经线,亦可称之为"道论"。

这种将祖论与道论融为一体的结构安排不仅研究了中华民族的源流史,而且以此为基础进一步探索了炎黄精神及以炎黄精神为主体的中华文明的形成、形态构成、发展过程,其中包括对炎黄文化的再生性创造与创造性再生等规律性问题的研究,这就将炎黄文化论拓展成为一种广义的炎黄学。广义炎黄学以"范围"中国文化的思想曲线为内容,它是由炎黄学的思想经线与纬线交织而成的体系。

三、炎黄学的学术特征

任何一门学问都有其不同于其他学问的基本特征,炎黄学当然也不例外。同任何学问的学术特征都取决于它的研究对象一样,炎黄学的学术特征也是由它的研究对象即炎黄精神所决定的。

原发性和本土性。炎黄文化是中华文明的历史的和逻辑的起点,中国古代的人文科学,甚至是自然科学都被认为是起源于炎黄文化。中国古代的人文科学所论皆圣王之道,而圣王以炎黄为著。古代自然科学也往往托之于炎黄,像我们在上面所说的中国农学属于神农之教,医学有《神农本草经》或《黄帝内经》等等,它们的共同点是以一个始原性思想为前提,即都是炎黄精神的表现。炎与黄的始原性,使中国的一切发现、发明和创造都归之于他们,所以他们成了集中人间一切荣光的文化英雄。正是在这个意义上,胡适认为炎帝与黄帝等是"箭垛式人物"。我们说炎黄文化为百学之源,是指炎黄文化是在中国大地上发生和发展而来的。但是有人不这样看问题,认为炎黄文化并不是本土的文化。早在 18 世纪后半期,就有西方的学者开始探讨中国文明的起源问题。在这些探讨者中间流传着中国文化"西来说"。此说可以认同中国文化是古老的,但是认为中国人乃是从埃及殖民过来的。神农氏、黄帝都是外来户,黄帝是"埃及使者"。也有研究者将中国文字与楔形文字进行比较,提出了中国文明与巴比伦文明有亲缘关系的说法。例如,有人说,在公元前 23 世纪左右,原西亚巴比伦及爱雷姆(Elam)一带已有高度文明的迦克底亚-巴克民族(Bak tribes)。他们在其酋长奈亨台(Kudur Nakhunte)的率领下,大举东迁。自土耳其斯坦、循喀什噶尔,沿塔里木河到达昆仑山脉,辗转入今天甘肃、陕西一带。经长期征战,他们征服附近原有的野蛮土著部落,势力深入黄河流域,遂于此建国。酋长奈亨台即中国古史传说中的黄帝(Huang Di)。Huang Di 是 Nakhunte 的讹音;巴克族中的 Sargon 即神农,Dunkit 即仓颉。巴克本为首府及都邑之名,西亚东迁民族用之以为自身之称号,即中国古籍所言之"百姓";昆仑即"花国",因其地丰饶,西亚东迁民族到达后便以"花国"命名之,所以中国称"中华"。为了证明这些论点,有人试图从科学、艺术、文字、文学、政治制度、宗教、历史传统和传说等领域举出大量中国早期文明相似于巴比伦文明的实例,于是中国的卦象类似于巴比伦的楔形文字,两地历法上一年分十二个月和四季的方法以及定闰月的方法的相似,二十八星宿之说为两地共有,等等,都成了中国文明系巴比伦文明的派生物的标志。在这些看法中,中国文化即使是古老的，但也不是自根自本的。这些观点对 20 世纪初在中国进行考古的西方学者产生了影响。1921 年 4 月，瑞典地质学家、考古学家安特生在河南渑池县仰韶村发现了一些被流水冲刷露出地面的陶片和石器的剖面。这年的 10 月 27 日至 12 月 1 日，他与中国地质学家袁复礼、奥地利古生物学家师丹斯基等人对仰韶遗址进行了发掘。后来，他将仰韶发掘的彩陶和中亚安诺彩陶、特里波列彩陶进行比较，发现这些彩陶和中亚安诺彩陶、特里波列彩陶具有很大程度上的相似性。从这种相似性出发，他认为中国的彩陶是由中亚向东渐次到达中国内陆的，所以仰韶遗址的发现实在为中国文化西源说提供了考古学证明①。但是伏尔泰曾经指出：说"中国是埃及的一块殖民地"是"想象之谈"，应"付之一笑"②。中国文化并不是由西而来的，它有自己的独立根源。我们这里不谈人类起源，仅就从旧石器时代到新石器时代的考古发现而言，中国的人类历史脉络越来越清晰，有证据显示中国的智人是从中国的直立人进化而来的。尤其是新石器时代，人类历史中的中国史特征更清晰可见。构成中国文明的"皇天上帝社稷"（皇天后土）、社稷宗庙、保护社稷宗庙的围墙与池濠、用来祀天礼地和象征地位权力的玉器、青铜以及用来记事的符号系统都普遍出现。这些都是在中国自生的，而不是外来的。中国文化进入文明的原初形态归于本土的炎与黄，他们是否与当时的西方进行过交流，可以进一步研究，但是炎黄与西方无关，他们本身就是源头这一点是不容置疑的。在这种情况下，炎黄学的学术研究必将是具有原发性和本土性的研究。中国的学问从

① ［瑞典］安特生：《中华远古之文化》，文物出版社，2011 年版，第 29 页。
② ［法］伏尔泰：《哲学辞典》，上册，商务印书馆，1991 年版，第 331 页。

属于炎黄学,而炎黄学却不必另求他源。

根本性。炎黄学作为一门学问,它具有根本性。我们可以从国魂的角度理解这个问题。炎黄精神是中国的国魂。明朝时,西方传教士利玛窦发现中国文化有这样一个特点,就是:统治权从一个家族转移到另一个家族,开基的君主就必须为自己的"新国家"取一个新国号,于是有了秦、汉、隋、唐等等。但是这些所谓"新国家"除了认同自己的新国号外,还有一个共同的国家认同,这就是中国或中华①。不过利玛窦没有进一步了解的是,像秦汉隋唐属于治统,而历万代不变的中国或中华属于道统。作为治统,国家或姓刘或姓李,而作为道统,这些所谓的国家宗庙之源姓姬,社稷之源姓姜。也就是说,它们都姓炎黄。我们在前面提及基辛格在观察中国时,发现中华文明没有起点,黄帝被很多中国人尊崇为第一位帝王,可是黄帝出现时中国已经存在②。而此时统治中国的是神农氏,这样一来,炎黄是中国道统意义上的开创者。不能将中华文明理解为治统意义上的文明,比如说,中华文明是秦文明或汉文明,相反只有将秦文明或汉文明理解为中华道统在一个历史阶段的表现,它们才属于中华文明的范畴。一个治统时代可以有自己的立国之本,比如虞取宁静,夏取伟大,唐取广阔,如此等等,不一而足,但是它们不能不以炎黄为魂,否则它们就不能成为中华统绪中的一环,其统治权的合法性就失却了渊源。由此可知炎黄文化对于中华文明来说是根本性的,炎黄学也因此而成为关于中华文明之根本的学问。

在谈炎黄学的根本性时,我们有必要将"圣"与"明"区别开来。

---

① 〔意〕利玛窦、〔比〕金尼阁:《利玛窦中国札记》,中华书局,2010 年版,第5—6 页。

② 〔美〕亨利·基辛格:《论中国》,中信出版社,2015 年版,第 1 页。

对这个问题,张岱年讲得很清楚。他说:"多年以来,人们都认为孔子是中国文化的象征。孔子学说在两汉以后的思想史上确实居于主导地位。但是孔子是春秋时人,在孔子以前中国文化已经有高度的发展了。孔子主要是教育家思想家,对于中华民族精神文明的发展做出了重要贡献,但是对于物质文明的发展却影响不大。从物质文明与精神文明的总体来看,认为炎黄二帝是中国文化的象征,可能更适当些。'作者之谓圣,述者之谓明'(《礼记·乐记》),孔子自谓'述而不作'。而炎黄二帝是中国上古时代伟大的'作者',是中华文化的肇基人。"①张氏引《礼记·乐记》原文是:"故知礼乐之情者能作,识礼乐之文者能述。作者之谓圣,述者之谓明。明圣者,述作之谓也。"他用这个话说明炎黄与孔子的区别,很有意思。炎黄类似"知礼乐之情者",故能作;孔子类似"识礼乐之文者",故能述。这就是说,在中国文化的发展中,炎黄属于原创者,而孔子则是阐述者,很显然原创者要高于阐述者,因此炎黄是"圣",孔子则低一个层次,是"明"。相对于孔子,炎黄对中国文化的贡献是根本性的。当然,我们也不是说孔子的思想不重要。事实上,孔子思想是作为中国文化最初质点的炎黄精神在子学阶段的一种表现形式,或者说是一种特殊形态。所谓"一种"是指"多种"中的"一种"。没有像孔学这样的种种形态,炎黄精神在子学阶段就无法表现出来。

　　其次,在炎黄学的研究对象中有"自然"与"规矩"的矛盾,这对于中国文化来说,也是根本性的。中华文明的最初质点并不是没有内部结构的单子,它由尚自然的神农文化与定规矩的黄帝文化构

---

① 张岱年:《炎黄传说与民族精神》,王俊义、黄爱平编:《炎黄文化与民族精神》,中国人民大学出版社,1993 年版,第 8—9 页。

成。这里所说的"自然"在道家思想中指的是自然而然,是不受外物约束的自由精神。而所谓"规矩"就是指依照而行的标准,孟子称之为"不以规矩,不能成方圆",其内涵就是"遵先王之法"。最能体现中国文化性格的词就是任自然与守规矩。道家法自然,儒家不逾矩;经学循规矩,玄学任自然。因此,自然和规矩似乎是中国文化的主题。不能将中国文化简单归结为规矩,也不能将中国文化简单归结为自然,中国文化的精髓是追求二者的对立统一。孔子的人生修为至 70 岁时就达到了"自由"与"规矩"的统一,这就是所谓"从心所欲不逾矩"。据朱注:从心所欲即"随其心所欲",这是任自然;矩是"所以为方者"的"法度之器",所以不逾矩实即讲规矩①。从这个角度看,研究自然与规矩内在矛盾的炎黄学是为学的最高境界,它具有根本性。

跨学科性。炎黄始原性思想涉及的领域包括历史学、考古学、民俗学、系谱学、民族人类学、文艺学等。历代有关炎黄二帝的文献记载,出土器物即甲骨、青铜器、简帛等上面有关炎黄二帝的记载,明清以来的方志文献、岩画等都是历史学的研究领域。这里特别要强调的是考古学文化,它毫无疑问是炎黄文化研究的重要领域,尤其在史前史研究方面,它更占有举足轻重的地位。中华人民共和国成立后,尤其是新时期以来,我国的考古学文化有了长足的发展。目前学术界一般认为,炎黄二帝所处的时代,从社会形态来说,是属于原始社会的末期,是母系社会向父系社会的过渡或父系社会的初期;新石器时代的中晚期的考古学文化,无论是黄河流域还是长江流域,无论是内蒙古、辽宁等北方地区,还是广东、福建的岭南、闽越

① 朱熹:《四书章句集注》,上册,上海古籍出版社,2006 年版,第 67—68 页。

地区,都出土了大量的新石器时代的遗址和文物。充分运用丰富的考古资料,对炎黄文化进行研究属于考古学的研究。在炎黄二帝活动地区,都分别流传有大量的民间传说故事,虽然难免有附会的成分,添加有神话的色彩,但是,我们如果将其附会的成分和神话的色彩加以剥离和剔除,其中必含有历史的"素地",这是民俗学的研究领域。如此等等。虽然炎黄学研究包括广阔的领域,但是当你试图将炎黄始原性思想限制在历史学的范畴时,你会发现,它事实上已经超越了历史学的边界,其神话、宗教、民族学、哲学、艺术、科学等层面的东西,并不限于历史学的研究对象。因此,关于炎黄始原性思想的学问不是单纯的历史学或神话学民族学,宗教学或哲学。它不是一种学科,不能用上述具体"学科"的概念来界定。不过,不是学科,不是说它不是学问,而是说,它是可以从不同学术进行研究的学问,它表现出了跨学科的特征。学科有边界,炎黄学跨出了具体学科的边界,它的"学科性"在于"跨学科性"。

综合性。炎黄文化在历史深度上可以说是中国人文精神的从古至今。在生活的广阔度上,它涵盖了社会的人所参加的社会实践的一切领域。这种情形要求我们对炎黄精神做理性把握,必须善于吸收各种学术领域的研究方法与成果。例如,从历史学的角度研究炎黄二帝作为古史人物的成果,从考古学的角度对炎黄问题进行研究的成果,从民俗学、民族学、神话学对炎黄问题进行研究的成果,等等,都必须充分地吸收到炎黄学的研究中。我们甚至可以看到,从分子生物学、语言学、认识论对炎黄问题进行研究的成果,也是构建炎黄学这门学问的新资源。这里所说的综合性包括三个方面:一是横的综合。此即是说,炎黄学的构建必须是多领域资源的综合运用。所谓综合运用不是各学科的板块并接,不是百科资料的汇编,而是指学问之间的深度融合与互补。比如，文献传说商王朝听妇人之言，如果只有文献，我们很容易认为这是周人对殷人的诬蔑之言，但是如果我们看看安阳殷墟的妇好之墓便可知道妇女在商代政治军事生活中起着决策性的作用。文之所言与物之所言的高度一致再现了商代妇女的社会地位。又比如，良渚遗址以物之所言的形式展现了良渚人填海造成的史实，而《山海经》关于精卫填海的记载，反映了炎帝族的一支——精卫族，在东部填海的悲壮神话，这二者也有高度的契合性，使得良渚文化显示出了精卫的精神，至少它是鸟图腾的国家。以上两个例子强调的问题是炎黄学研究所讲的综合性，必须寻找不同学问之间的契合点，由此引出炎黄学的理论、观点，或者由此使理论和观点获取可证实性的内容。二是纵的综合。炎黄学研究不能是一个时代的研究，而是中国上下五千年历史文化的综合研究。比如，研究孔子老子，如果不与炎黄精神结合起来，我们很可能认为中国文化的创始者是孔子或老子等人。只有将古史与诸子以及以后的文化发展综合成一个系统进行研究，我们才能把握中华民族的发展脉络。三是全球视野的纵横综合。比方说，我们将五千年前的埃及、巴比伦、印度的文化与此时的中国文化进行综合对比，可以得出一些关于炎黄的新结论。在本书中，我们将中国炎黄时期的建筑与同期的埃及、巴比伦建筑文化进行综合比较研究，得出的结论是长江流域的木建筑与埃及的石建筑、巴比伦的砖建筑都是当时的技术精品。把中国的姓氏文化与印度的种姓制度进行综合比较，引出的结论是中国的姓氏文化较印度种姓制度更包含平等精神。只有在这样的综合研究中，炎黄学研究才能具有全球视野。

四、炎黄学的构建原则

炎黄学的研究并不是任意而为的思维游戏,作为源头之学、统领之学、国家之学,它的体系的构建,必定服从一定的研究原则。

(一)祖与道合一的原则。作为中国本土的学问,炎黄学所研究的"炎黄"是中华民族的"始祖",这是一方面;另一方面,"炎黄"又是"道"的体现者。不能简单地认定"炎黄"是"始祖",同时也不能简单地认定"炎黄"是"道体"。在炎黄学里,炎黄是祖与道的统一体。因为是祖,所以炎黄学是源头之学;因为是道,所以炎黄学是统领之学。以祖道合一为基本原则,炎黄学研究的其他原则以及研究方法,比如历史与逻辑统一的原则,比如历史学的方法、哲学的方法等等也就产生了。

(二)文明与国家合一的原则。文明的构成与国家的构成是同一的。在构成文明的城池、青铜、文字与祭祀机构等要素中,过去有很多人都忘记了祭祀机构。但事实上,最重要的应该是祭祀机构。美国学者刘易斯·芒福德在研究许多远古人类文化废墟后,得出这样的结论:早期城市"发生在有文字记载的历史之初,或更早。在城市形成的过程中,所谓'小城'即城堡,依然耸立在村庄上空,并且压倒了村庄中的乡土气息浓厚的社会习俗。……所谓城市,系指一种新型的具有象征意义的世界,它不仅代表了当地的人民,还代表了城市的守护神祇,以及整个儿井然有序的空间"。"城墙最初的用途很可能是宗教性质的;为了标明神界的范围,或者是为了辟邪,而不是防御敌人。"①"从国家起源的角度看,我们发现祭祀是国之

---

① [美]刘易斯·芒福德:《城市发展史——起源、演变和前景》,中国建筑工业出版社,1989年版,第39页。

魂。在半坡遗址中,我们看到,其祭祀场所正在整个'村庄'的中央,这就是说,当时的聚落人群是通过祭祀而结成一体的。在红山文化中,我们也能看到这样的现象,例如,其中心聚落的建立都以女神庙及南庙几座巨大石冢为轴线,形成一个整体。这就意味着,原始中心聚落的形成是以祭祀为中心的。古国又是在中心聚落的基础上形成的。"①城池也是古国的重要构件,它保护着氏族或部落生命财产的安全,更重要的是保护氏族或部落的神圣机构——祭祀机构的安全。在传说中,我国的城池之设起于炎黄时代。《事物纪原》云:"神农之教,有石城十仞,汤池百步。又城池之设,自炎帝始矣。"这里将"城池之设"当作"神农之教"的重要内容。《氾胜之书》说:"神农之教,虽有石城汤池,带甲百万,而无粟者,弗能守也。夫谷帛实天下之命。卫尉前上蚕法,今上农事,人所忽略,卫尉勤之,可谓忠国忧民之至。"这里的"神农之教"在强调城池的同时强调了"农事"。文字也是附属于祭祀的,它或为族徽或为祭祀的记录。甲骨文是文字,从殷墟来看,它的主要功能就是对祭祀活动及其结果进行记录。青铜器是用于祭祀的,礼器范畴还包括玉器。由此看来,祭祀才是文明的灵魂。一种文明只要有了城池、祭祀机构、礼器,即使没有文字也可以说是文明的了。当然一种文字的存在可以使一种文明的存在变得更加清晰,但是这是一个清晰与模糊的问题,而不是有与无的问题。二里头遗址就没有文字,至多只有属于部落所有的符号,但我们可以说它是文明,当然它不是很清晰的文明。在中国的文化传统中,祭祀与保护祭祀的城池以及与之相联系的武装力量,才是国家的构成要素。《左传》讲,"国之大事,在祀与

---

① 周洪宇、王文虎:《炎黄国祭论》,福建教育出版社,2017年版,第46页。

戎"。祀与戎成了构成国家的主要标志。这样看来,文明的构成与国家的构成具有同一性,从某种意义上讲,文明就意味着国家。既然炎黄学研究中华文明的始原,也就意味着它是关于东方国家起源的学问。

（三）**问题研究与体系构建合一的原则**。炎黄学研究不能"空谈主义",而应该从一个一个具体的问题研究起,比如,炎黄究竟是传说还是信史？他们出生在何地？中国文化究竟是一祖还是多祖？应该以什么样的方法研究炎黄问题？是疑古还是走出疑古时代？等等。对这些具体问题,应该运用适当的方法做出系统的研究。最近几年来,学者们对炎黄问题的具体研究取得的成果是丰硕的。但是如果对炎黄文化研究仅限于如此这般的问题研究,那么我们就很难对炎黄文化问题做整体概览。见树木而忘森林,这其实很难从整体上纲领式地推进炎黄文化的研究。这个问题已经引起了学术界的高度重视,炎黄文化研究领域出现了一个新的动向,即从整体上纲领性地对炎黄文化问题进行思考与研究。这种超越个别具体问题的整体性研究,也就是体系的构建。在这里,因"祖道合一"而形成多种方法的综合运用,炎黄学表现为一门多学科、跨领域、综合性的研究领域。

五、炎黄学的基本方法

学问的形成与发展必定与其研究方法是联系在一起的,在一定条件之下,我们可以说方法决定着学科的成立与否。从炎黄学的学术特征来看,它必定涉及多种研究方法的综合运用。以下方法的运用,在炎黄学的构建中表现得尤为突出。

（一）**历史学与考古学的方法**。从"祖"论出发,炎黄学涉及了古史研究,属于历史学的范畴。历史学是炎黄学的基础。比如炎与黄究竟是传说,还是信史?很多人将炎黄学视为传说,认为各种典籍关于炎黄的记载都是间接取之于上古传说,而非有直接文字可考的信史。不能将上古神话传说信史化,以至于详考炎黄的寿命、世系等等,这样做得愈详尽细致,就愈牵强附会①。也有人将炎黄视为信史。比如,有人以《陈侯因𬤊(齐)敦铭》有"高祖黄帝"之语为据,将先秦两汉文献中所记田齐与黄帝世系对接起来,从而试图将黄帝的古史转化为信史。考据是历史研究方法的重要内容,比如对《陈侯因𬤊敦铭》中"高祖黄帝"的说法,结合《左传》《国语》、二戴《礼记》以及《史记》等典籍资料进行辨析、考究,就是考据。而通过对考古资料的地层与类型关系进行清理,就是考古学方法。炎黄学研究综合运用了历史学和考古学的方法,目的是从典籍与考古的互证中确定可信的中华"始祖",而不能将"始祖"当作"论",以"论"作"史"。

(二)**哲学与宗教学的研究方法**。从"道论"出发,炎黄学是形上学,形而上者谓之道。对道的理解,有两种路径,一种是宗教的,另一种是哲学的。

所谓的宗教的研究方法,就是不再热心于炎黄是否为史实,从而形成对"祖"的可信的"历史记忆",而是诉诸集体记忆。也就是说,不再将先秦文献中关于炎黄的记载,当成"反映"历史事实的"文献",而是理解为当时的人为了因应现实政治的需要,用来表述和规范社会实践的文本,也就是意识形态,这就为炎黄文化的研究

---

① 冯天喻:《炎帝文化研究方法论三题》,陈放主编:《炎帝与炎帝文化》,湖北人民出版社,1991年版,第45页。

拓宽了新的空间。在这个空间里,炎黄被表述为中华民族的生命之源,今日要建立文化自信,当从敬崇炎黄始。台湾地区关于神农文化的研究、轩辕教等都是走的这个路数①。

　　所谓哲学的,就是用思辨的方法,将炎黄理解为对中华文明的自由与规矩的辩证追求过程。中华文明的始原性思想是充满辩证法的。从史前社会结构来看,炎帝所代表的文化在价值上表现为自然或所谓自由。古人所谓"神农之世","与麋鹿共处,耕而食,织而衣,无有相害之心",所谓"刑政不用而治,甲兵不起而王"等等,就是自然或自由的表现。黄帝所代表的文化是礼制或者说是规矩。《史记正义》引《龙鱼河图》:"黄帝摄政,……以仁义。"其实就是讲礼制,也就是规矩。当这种由自然与规矩所构成的文化现象转化为诸子之学后,道家与儒家就形成了。我们已经指出道家崇尚自然,儒家遵守规矩。从炎黄到道儒,自然与规矩的矛盾一脉相承。只不过,这对矛盾在炎黄时代处于自在状态,而在道儒发展起来了的时代,它处在自为的状态。自然与规矩的矛盾从自在到自为的过程就是所谓的发展。炎黄文化就是以这个发展过程为内容的。研究这个发展,也就是研究炎黄文化中的自然与规矩的内在矛盾,由此而得到的理论成果,就是所谓的炎黄学。立足于矛盾的分析,炎黄学不能不具有辩证性。当然这里所说的"宗教""哲学"以及"矛盾"等等,是以历史学为基础的,这叫"论由史出"。

　　(三)一般概述与特殊分析相结合的方法。在谈方法问题时,炎黄学研究还将运用一般概述与特殊分析相结合的方法。哲学方

---

① 宋光宇:《试论台湾地区的黄帝信仰与轩辕教》,《黄帝与中国传统文化学术讨论会文集》,陕西人民出版社,1991 年版,第 40 页。

法的运用本身就是在进行一般的概述。在这样的一般性概述中,炎黄、炎裔黄裔、炎黄联盟、华夏、华夏族、中华民族、炎黄精神、中华文化、中华文明、中华文明的转型创新等范畴都是通用性概念和范畴,由此而组成的概念体系,使炎黄学研究表现为一般性的,我们称之为一般炎黄学。特殊的分析包括十分广阔的研究领域,如文献、民俗、宗教、姓氏、考古等领域,都是研究炎黄学问题所要进行具体分析的。在这些领域所取得的成果是特殊的,我们称为特殊炎黄学,比如文献炎黄学、民俗炎黄学、考古炎黄学等等。一般的概述与特殊的分析的统一运用,使炎黄学表现为一般炎黄学与特殊炎黄学的有机统一。因本书具有一般的叙述性质,所以这里所说的炎黄学就属于一般炎黄学的范畴。

第一章　从地理环境看炎黄文化

　　炎黄文化是在"吾乡吾土"这个背景下形成的"吾生活"。对它的研究,我们不能不关注"吾生活"赖以形成的"吾乡"与"吾土"。这是一个文化形成的地理环境问题。马克思主义认为,"地理环境的特性决定着生产力的发展,而生产力的发展又决定着经济关系的以及随在经济关系后面的所有其他社会关系的发展"①,在社会关系之上的,又有各种社会意识形式。地理环境是与具有自我意识的人联系在一起的,所以,我们谈论的人类赖以生存和发展的地球表层,就是指决定"吾生活"的"吾乡吾土"。

第一节　炎黄文化与"吾乡吾土"

　　就地理环境言之,文化可分为大陆文化和海洋文化两类。大陆文化是指以大陆为生成背景,海洋文化以海洋为生成背景。人类文明是由大陆文化和海洋文化共同构成的。炎黄文化也是这样,它既有大陆文化性格,也有海洋文化性格,这是因为,它赖以生存和发展

---

① ［苏］列宁:《哲学笔记》,人民出版社,1974 年版,第 459 页。

的地球表层属于"山海"。

中国属于大陆国家,同时也有漫长的海岸线。自然地理环境由领土和领海构成。领土,古代中国人称之为"九州";领海,古代中国人称之为"四海"。《尚书·益稷》:"予决九川,距四海。"《孔传》:"距,至也。决九州名川,通之至海。"南宋陆游的《春愁曲》云"虑羲至今三十余万岁,春愁岁岁常相似。外大瀛海环九洲,无有一洲无此愁。"明人刘基有《古戍》诗亦云:"九州犹虎豹,四海未桑麻。"是知,古人谈中国自然地理环境,强调的是领土与领海的统一。

中国位于约北纬 4 度至约北纬 53 度之间,大部分位于北温带,有小部分在热带。地形复杂多样,基本特征是西高东低。往西部是陆地,与欧亚大陆紧密相连;东部临海,有绵长的海岸线。陆地山脉多呈东西走向,可分为三级阶梯:第一阶梯为西部山地高原,有青藏高原、柴达木盆地;第二阶梯有内蒙古高原、黄土高原、云贵高原、准噶尔盆地、四川盆地、塔里木盆地;第三级阶梯为东部丘陵、平原,有东北平原、华北平原以及长江中下游平原。再往东,就是"一片汪洋都不见"的大海了。

一、自然地理环境

从行政区划的传统上看,中国的陆地被分为九州。按:"九州"说法不一。《尚书·禹贡》的说法是冀、兖、青、徐、扬、荆、豫、梁、雍。《吕氏春秋·有始览》的说法是冀、兖、青、徐、扬、荆、豫、幽、雍,它把"梁"换成了"幽"。而《尔雅·释地》的说法是冀、兖、营、徐、扬、荆、豫、幽、雍,其又将"青"换成了"营"。说法虽然不一,但"州"分为"九"则是一致的。

九州的地形十分复杂,其地形线主要为东西走向。它有三条明显的自然地理界线:第一条是中国热带与亚热带的地理分界线,它由五岭构成。五岭,《汉书·张耳陈余传》作"五领"。颜师古注引邓德明《南康记》:"大庾领一也,桂阳骑田领二也,九真都庞领三也,临贺萌渚领四也,始安越城领五也。"1月0℃等温线通过南岭南侧、广西西部、云南东部和北部。这条线以南的地区基本上属于热带,气温高,生长期长,雨量丰沛,绝少见到霜雪,作物一年可以三熟。第二条是中国亚热带与暖温带的地理分界线,在秦岭、淮河一线。此线以南属亚热带,作物一年可以两熟,有的地区还可以三熟,大部分地区可种双季水稻。此线以南,江河不冻;此线以北,冬季河水结冰。第三条是暖温带与温带的地理分界线,长城线向西延至天山,向东北延至吉林与辽宁的交界处。此线以南,属暖温带,全年生长期有200～240天,一般二年可三熟,或一年两熟。此线以北,包括吉林、黑龙江、内蒙古、宁夏、甘肃和新疆北部广大地区,属温带,夏温虽很高,但冬季冷而长,生长期150～170天,农业生产基本上是一年一熟。但这个地区,除吉林、黑龙江两省以外,其余广大地区是中国最重要的畜牧区,农业不占主要地位。以上三条地形线是中国气候带的重要分界线。各气候带之间不仅明显地反映着气温、降水的不同,而且还影响到中国水文、植被以及农业生产的布局和产量的差异。我国东部是平原和丘陵,占全国1/3的面积;西部是山地和高原,绝大部分是海拔1000米以上,占全国总面积的2/3。它们对我国的农业生产布局有着强烈的影响。东部的平原和丘陵是我国的主要农业地区,分布着全国2/3以上的农业人口和耕地,生产着全国3/4以上的粮、棉、油和绝大部分经济林产。西部虽然也有平原,但只限于局部地区。大多地区是山地和高原,地势起伏较大,海拔较高,这对农业生产是有不利影响的。

　　与九州相对应的是"四海"。我们的祖先有强烈的土地意识，他们建立的大陆性国家包括海洋，强调环九州为四海。古人视"四海"在九州之外，认为我国疆土四周环海，故称中国为"海内"。"海内"亦称"四海之内"。《论语·颜渊》云："四海之内皆兄弟也。"《史记·五帝本纪》："南抚交阯、北发，西戎、析枝、渠廋、氐、羌，北山戎、发、息慎，东长、鸟夷，四海之内，咸戴帝舜之功。"二书所云"四海之内"都是指"九州"。陆地分为"九"，领海何以称"四"呢？其说不一。《尔雅·释地》云："九夷、八狄、七戎、六蛮，谓之四海。"宋人洪迈曾从地势的角度进行了分析。他说，海原本为"一"。"一"而又分为东、北、南三海的原因不是别的，仅仅是在于"地之势西北高而东南下"的不同而已。其云：

　　　　海一而已，地之势西北高而东南下，所谓东、北、南三海，其实一也。北至于青、沧，则云北海，南至于交、广，则云南海，东渐吴、越，则云东海，无由有所谓西海者。《诗》《书》《礼》经所载四海，盖引类而言之。《汉·西域传》所云蒲昌海疑亦潭居一泽尔。班超遣甘英往条支，临大海，盖即南海之西云。[1]

　　把"九州"和"四海"合在一起，就是中国人所说的"普天之下"。有人说，"普天之下"仅指大陆，据此，炎黄文化属于大陆文化的范畴了。例如，冯友兰说：

　　　　中国是一个大陆国家。在古代中国人心目中，世界就是他

---

[1] 洪迈：《容斋随笔》卷三。

们生活的这片土地。在中文里,有两个词常常被用来表达"世界",一个是"普天之下",一个是"四海之内"。住在海洋国家的人民,如希腊人,会不明白,居住在"四海之内"(比如,住在克里特岛上),怎么就是住在"普天之下"。①

其实这种说法并不准确。在我们看来,炎黄文化既有大陆文化元素,也有海洋文化元素。中文里的"普天之下"不仅是指土地,而且是指海洋。我们发现,在一个历史时期内,中国人的海洋意识更甚于土地。比如,孔子就用"四海之内"指称"普天之下"。唐人杜牧作《阿房宫赋》,头一句就是"六王毕,四海一;蜀山兀,阿房出"。他也是用"四海"指称"天下"。从这个用语习惯中可知,中国文化在历史上曾经特别重视海洋,他们用海洋表示领土。当然现在看来,"天下"不仅是指大地,而且是指海洋。中文用"山海"一词将"天下"统一了起来。被视为荒诞不经的奇书《山海经》就是将陆地与海洋统一起来的典范。传世《山海经》包括《山经》和《海经》两大部分。《山经》包括《南山经》《西山经》《北山经》《东山经》《中山经》五篇,又称《五臧山经》(或作《五藏山经》,臧、藏为古今字)。《海经》包括《海外经》《海内经》《大荒经》,又《海内经》一篇。《海外经》分《海外南经》《海外西经》《海外北经》《海外东经》四篇;《海内经》包括《海内南经》《海内西经》《海内北经》《海内东经》四篇;《大荒经》,包括《大荒东经》《大荒南经》《大荒西经》《大荒北经》四篇。《管子》就有"官山海"这个说法,这里的"官"字很重要。它表示,我们的先人不仅对"山",也就是大陆进行了管辖,而且对海洋

① 冯友兰:《中国哲学简史》,生活·读书·新知三联书店,2009年版,第19页。

进行了管辖。《韩非子·大体》云：

> 故大人寄形于天地而万物备，历心于山海而国家富。

这里将"天地"与"山海"并列。国家的富裕，从资源上看，不仅靠山，而且靠水，所以说要"历心于山海而国家富"。

二、人文经济环境

复杂的地理环境对于中国经济，尤其是古代经济的影响是巨大的。山地和高原的经济不同于丘陵和平原地区，海洋经济又不同于陆地经济。我国西部、中部等陆地为畜牧业和农业经济的发展提供了赖以生存的基础。自古以来，中国的北方和西部适宜放牧，素以牧业发达而著称。古代从事游牧的部落被泛称为"羌"，《说文解字》："羌，西戎牧羊人。从人从羊。"甲骨文卜辞中有关于"羌"的记载，其中一支的首领担任朝中官职。《诗经·商颂》记载："昔有成汤，自彼氐羌，莫敢不来享，莫敢不来王……"羌人有的可能也开始从事农业生产。今甘肃、青海的黄河、湟水、洮河、大通河和四川岷江上游一带是其活动中心。在曾经的历史舞台上，羌人为炎黄文化的形成做出了巨大贡献。比如，在中国的"美学"思想的核心概念——"美"，就有牧羊人的贡献。《说文解字》："美，甘也。从羊从大。"牧羊人所贡献的羊味之鲜被称为"甘"，亦称为美，此后举凡所有之好，皆称之为美。

中部、东部的河流网密集，土地适宜于耕种，故从远古至今，这里的大河农业经济尤为发达。黄河流域以种植黍稷为主，长江流域以种植水稻为主。黍稷种植距今至少有 8000 年，而稻作历史已逾万年。稷稻被称为"谷"（或"禾"），这一极其古老的称呼泛指一切栽培的禾本科植物，如黍、粟、稻、麻、高粱等。谷在中国北方即黄河流域是指黍粟，而在中国南方即长江流域是指稻[①]。"谷"在北方口语中是指粟（南方口语是指稻），如粟的口语名有黄谷、黑谷、白谷、红谷、大黄谷、龙爪谷、黄粱谷、米谷等等，稻的品种名包括小白谷、黑谷、红心谷、百日谷、黄皮谷、落子谷、黑皮谷、安颠谷等等[②]。

东南沿海适宜于海洋经济。比如史前山东沿海的东夷各部族捕鱼狩猎，开发原始海洋经济具有独特的自然条件。东夷人原始的捕鱼活动（包括采集各种贝蛤类软体海洋动物）从旧石器时代就开始了。山东凤凰岭文化遗存证明在一万多年前，就有中国沿海先民从事捕鱼活动。约5000年前，山东沿海居民就已经"煮海为盐"。周人灭商之后，封炎帝后裔姜太公于齐地建齐国。因为山东沿海经济文化重视海洋的特点久已形成，故太公治齐即"因其俗"，把海洋产业作为重要产业，使渔盐业及沿海交通贸易发展到很高的水平。

> 太公至国，修政，因其俗，简其礼，通商工之业，便鱼盐之利，而人民多归齐，齐为大国。[③]

后来的齐桓公、管仲同样重视发展海洋经济与文化。《管子·禁藏》记载："渔人之入海，海深万仞，就彼逆流，乘危百里，宿夜不出者，利在水也。故利之所在，虽千仞之山，无所不上，深源之下，无所不入焉。"这段话不仅说明当时的齐国已有较好的渔船，捕鱼作业

---

① 游修龄、曾雄生：《中国稻作文化史》，上海人民出版社，2010年版，第25页。
② 游修龄、曾雄生：《中国稻作文化史》，上海人民出版社，2010年版，第359页。
③ 司马迁：《史记·齐太公世家》。

已经能离开海岸进入较深的海域中，更说明虽然"海深万仞，就彼逆流，乘危百里"，但是因为海洋是"利之所在"，即使"深源之下"，也要"无所不入焉"。桓公时期，齐国的海运及对外贸易很是发达，其"通齐国之鱼盐于东莱"，"国多财则远者来，地辟举则民留处"。因此齐国成为"通鱼盐之利""国以殷富"、士气腾饱的"海之王国"。《管子·海王》云：

> 桓公曰："何谓官山海？"管子对曰："海王之国，谨正盐策。"桓公曰："何谓正盐策？"管子对曰："十口之家十人食盐，百口之家百人食盐。终月，大男食盐五升少半，大女食盐三升少半，吾子食盐二升少半，此其大历也。盐百升而釜。令盐之重升加分强，釜五十也；升加一强，釜百也；升加二强，釜二百也。钟二千，十钟二万，百钟二十万，千钟二百万。万乘之国，人数开口千万也，禺策之，商日二百万，十日二千万，一月六千万。万乘之国，正九百万也。月人三十钱之籍，为钱三千万。今吾非籍之诸君吾子，而有二国之籍者六千万。使君施令曰：吾将籍于诸君吾子，则必嚣号。今夫给之盐策，则百倍归于上，人无以避此者，数也。"

在海洋经济的基础上，齐国形成了自己的"海话"，比如《庄子》里的鲲鹏就出于"海话""齐谐"。正是在这个意义上，顾颉刚指出："齐国人因为住在海边，所以很能说'海话'。"①

总之，西部的游牧经济、中部的农耕经济以及东部的海洋经济

---

① 顾颉刚编著：《古史辨》，第2册，海南出版社，2005年版，第4页。

的有机结合,构成了炎黄文化之产生的经济环境。在这三种经济中,中国人最终选择了以农为本。"古先圣王之所以导其民者,先务于农。"①做这种选择不仅仅是出于地利的考虑,还有对农的文化价值的考虑。"民农非徒为地利也,贵其志也。民农则朴,朴则易用,易用则边境安,主位尊。民农则重,重则少私义,少私义则公法立,力专一。民农则其产复,其产复则重徙,重徙则死其处而无二虑。民舍本而事末则不令,不令则不可以守,不可以战。民舍本而事末则其产约,其产约则轻迁徙,轻迁徙则国家有患,皆有远志,无有居心。民舍本而事末则好智,好智则多诈,多诈则巧法令,以是为非,以非为是。后稷曰:'所以务耕织者,以为本教也。'"②因此,古代中国选择了以农立国,农业经济是我们整个格局中的主轴,所以被称为"本","吾生活"就是由此"本"发展而来的,或者说,所谓炎黄文化就是本于"吾乡吾土"的"吾生活"。

第二节　根植于"吾乡吾土"的"吾生活"

炎黄文化根源于中国人的生活方式,深受中国地理环境的影响。从某种意义上讲,炎黄文化就是"吾乡吾土"的集中表现。孟德斯鸠曾说:"中国的立法者是比较明智的;他们不是从人类将来可能享受的和平状态去考虑人类,而是从人类适宜于履行生活义务的行动去考虑人类,所以他们使他们的宗教、哲学和法律全都合乎实

①《吕氏春秋·士容论·上农》。
②《吕氏春秋·士容论·上农》。

际。"①孟德斯鸠的这些话是在讨论地理环境与道德、法律关系的大题目下讲的,因此这里所说的"合乎实际",即是指适宜"吾乡吾土"的"吾生活"。

一、中国神话中的"吾乡吾土"

"吾乡吾土"在中国神话中得到了深刻的体现。中国神话中的"吾乡吾土"的地理学气息尤浓。例如,共工怒而触不周山的神话中有"天倾西北,故日月星辰移焉;地不满东南,故水潦尘埃归焉"等内容,它们正是中国地势西高东低、大江大河最终是从东入海的反映,因此,这个神话就是对中国地理特征的解释系统。这样一种地理环境决定了中国文化以观沧海与仰高山为两大主干。炎帝文化有很浓烈的"海话"。如"精卫填海"讲的就是炎帝之女的悲壮故事,它反映了中国先民的海洋生活,同时流露出了中国先民看重陆地、化海为田的价值取向。黄帝神话富于"陆话"特色。在中国的神话中,黄色是最重要的,青、赤、白、黑都要服从于黄色。也许,从三原色的角度看,黄色只是蓝色的补色,而不是原色。但是中国人所说的"黄"是指土地对于中国人生活的重要性。从女娲造人的神话中,我们知道了她用的是黄土,这有中国人诞生于西部黄土高原的暗示。黄帝之为"中央之神",就是以中央色即黄色来象征的。

二、中国人的心灵向往——西部高山上的"悬圃"

《山海经》就是一部既介绍东方又介绍西方的地理书,同时也

---

① [法]孟德斯鸠著,张雁深译:《论法的精神》,商务印书馆,2007 年版,第 142 页。

是中国神话的重要载体。《山海经·海外东经》所介绍的是东部日月出之地的地理环境、经济特点以及风土人情。它包括大人国、奢比尸国、君子国、青丘国、黑齿国、玄股之国、毛民之国、劳民国等等,而在黑齿国的南部有汤谷。"汤谷上有扶桑,十日所浴,在黑齿北。居水中,有大木,九日居下枝,一日居上枝。"①东方的生活与江海有关,其民种稻,"坐而削船"。这一部分的总结性的话语是:"东方句芒,鸟身人面,乘两龙。""东方句芒"讲的是东方的宗教,完整的说法应该是"东方之神,其帝太昊,其神句芒";"鸟身人面"讲的是图腾标识;"乘两龙"虽然也与图腾标识有关,但是龙是海之神,"乘龙"应该与海上交通有关,而在现实生活中,人们是"坐而削船"。"乘龙""坐船""吃稻""鸟身",正是中国东部民人的"吾生活"。

相对于东方日出之地,《山海经》介绍西方的篇幅更重一些。从《山海经·大荒西经》的介绍来看,西方是"大荒"之地,其以山为主,是太阳和月亮降临后所进入的地方,故为西极。"大荒之中,有山名曰日月山,天枢也。吴姬天门,日月所入。……处于西极,以行日月星辰之行次。"大山之最著者为"昆仑之丘",《山海经·海内西经》记载:

> 海内昆仑之虚在西北,帝之下都。昆仑之虚方八百里,高万仞。上有木禾,长五寻,大五围。面有九井,以玉为槛。面有九门,门有开明兽守之,百神之所在。②

---

① 《山海经·海外东经》。
② 《山海经·海内西经》。

可见昆仑之虚是"帝之下都",是"百神之所在","戴胜,虎齿,有豹尾,穴处"的"西王母"就住在这里:"西海之南,流沙之滨,赤水之后,黑水之前,有大山,名曰昆仑之丘。有神人面虎身,有文有尾,皆白,处之。其下有弱水之渊环之,其外有炎火之山,投物辄然。有人戴胜,虎齿,有豹尾,穴处,名曰西王母。此山万物尽有。"①

其有丰沮玉门、吴姬天门供"日月所入",更有互人之国,其"能上下于天"。这里方国林列,包括淑士、白氏之国、长胫之国、西周之国、先民之国、北狄之国、有沃之国、女子之国、丈夫之国、弇州之国、轩辕之国、寒荒之国、寿麻之国、盖山之国、互人之国。它们分别与黄帝、炎帝、帝俊、颛顼、共工、大禹等中国文化中的圣人有关,还有女娲之肠、轩辕之台等等,显然以"昆仑之虚"为核心的西方是帝在人间的都城。"昆仑之丘,或上倍之,是谓凉风之山,登之而不死;或上倍之,是谓悬圃,登之乃灵,能使风雨;或上倍之,乃维上天,登之乃神,是谓太帝之居。"②"昆仑之丘"在中国先民的心目中就是"登之而不死""登之乃灵""登之乃神"的"凉风之山",为"太帝之居"的人间"悬圃"。正因为如此,太阳虽然出于东方,但归宿于西方。也正因为如此,古代中国形成了"一种'神话了的'土地的怀念,即对一种遥远的、植物繁茂的、不同于商代人及其统治下的人以及盟友的生存的地带的林木地域的怀念。这一地域一方面能使他们产生一种想望,即那是他们的祖先生存的地域,是理想的地域,他们想在目前生存的地域重现的地域;另一方面,这一地域是神圣的、令人

---

① 《山海经·大荒西经》。
② 《淮南子·地形训》。

敬畏的、不可接近的、神秘的、古怪的……"①我们认为,阿马萨里的假设能够得到《山海经》等文献记载的验证。在古代中国"悬圃"就是这个理想地,或者也可以用《诗经》里的"乐土"来表示它。

"悬圃"或"乐土"在"高万仞"的西极之山,但因为"登之而不死""登之乃灵",所以"自东极至于西极",就构成了中国人的心灵向往,这对中国文化将会产生巨大的影响。我们在本书后面的章节将要讨论到这些问题。"西游"成了中国人的重要生活方式,以至于我们可以说中国文化的重要内容就是"西游记"。从"黄帝"又名"轩辕"可知,古代中国人的交通工具是马车。用马车西游在被视为西周历史典籍的《穆天子传》中,就有记载,该书提到"天子之骏",如盗骊等。晋人郭璞注云:"造父为穆王得盗骊、华骝、绿耳之马,御以西巡游,见西王母,乐而忘归。"不断地西游,这使得西亚地区的文献有很多"中国因素"。例如《耶利米书》第二章有几则把树木当作希伯来之父,把石头看作希伯来的母胎的记载,如:"因为你在各高冈上、各青翠树下屈身行淫。""他们向木头说,你是我的父。向石头说,你是生我的。"意大利学者安东尼奥·阿马萨里说:北方各民族将一棵绿色的大树视为最高神,这与中国古代的尊崇死者的习俗相似。其实中国古代的神话与宗教正是如此。黄帝死后左彻用木头雕刻黄帝的像以祭拜他;启的母亲涂山氏化为石头,启就是从这块石头里崩出来的。《淮南子·齐俗训》曰:"殷人之礼,其社用石。"《周礼·春官·小宗伯》云:"帅有司而立军社",郑玄注:"以石为社主。"石社便于随军行动。由此可知,中国人心灵深处的理想

---

① [意]安东尼奥·阿马萨里:《中国古代文明——从商朝甲骨刻辞看中国史前史》,社会科学文献出版社,1990年,第117页。

之地不在海洋,而在陆地,在高山,这也说明,中国文化的主体构成,是大陆性的高山文化。

第三节 理想追求中的"吾生活"

我们发现,中国先哲们是在"吾乡吾土"的基础上表达理想的"吾生活"的。有的人志在东海,他们将理想的生活与"大海"联系起来,形成了譬道于江海的思想;有的志在高山,他们将理想的生活与西部的高地联系起来,形成了高山仰止的圣人观。

一、道家的乐水

我们先看老庄的观沧海而悟大道。例如,老子譬道于江海,强调"天下莫柔弱于水,而攻坚强者莫之能胜,以其无以易之"(第七十八章)。这就是道家理想的"吾生活"。

《老子》将"道"与"水"放在一起论述。如:"上善若水。水善利万物而不争,处众人之所恶,故几于道。"(第八章)"利万物而不争"的"水""几于道",这显然是讲"水几于道"。另一方面老子又讲"古之善为道者"(第六十五章)"澹兮其若海"(第二十章),"譬道之在天下,犹川谷之于江海"(第三十二章)。

"水几于道"与"为道若海"是同一命题的两种说法,体现了水与道的交互作用。新发现的道家文献《太一生水》发挥了这一观点。《太一生水》与另外十多篇先秦文献于1993年发现于湖北沙洋郭店一号楚墓,属于楚简,竹简尺寸造型与一起出土的《老子》甲乙丙三篇完全一致,而且基本观点也是一致的,因此被认定为道家文献。其内容为：

太一生水，水反辅太一，是以成天。天反辅太一，是以成地。天地〔复相辅〕也，是以成神明。神明复相辅也，是以成阴阳。阴阳复相辅也，是以成四时。四时复相辅也，是以成寒热。寒热复相辅也，是以成湿燥。湿燥复相辅也，成岁而止。故岁者，湿燥之所生也。湿燥者，寒热之所生也。寒热者，四时之所生也。四时者，阴阳之所生也。阴阳者，神明之所生也。神明者，天地之所生也。天地者，太一之所生也。是故太一藏于水，行于时，周而又〔始，以己为〕万物母；一缺一盈，以己为万物经。此天之所不能杀，地之所不能埋，阴阳之所不能成。君子知此之谓〔□，不知者谓□〕。

天道贵弱，削成者以益生者；伐于强，责于〔□；□于弱，□于□〕。下，土也，而谓之地。上，气也，而谓之天。道亦其字也，青昏其名。以道从事者必托其名，故事成而身长；圣人之从事也，亦托其名，故功成而身不伤。天地名字并立，故讹其方，不思相〔当：天不足〕于西北，其下高以强。地不足于东南，其〔□以□。不足于上者〕，有余于下。不足于下者，有余于上。

这篇文献有两点值得我们重视：其一，作者对"太一生水"的讨论是紧扣着阴阳、四时、沧热、湿燥等等，都是气候因素，它对中国地理环境的感悟给人的印象尤深。"天不足于西北，其下高以强；地不足于东南，其上低以弱。不足于上者，有余于下，不足于下者，有余于上"这个话，从中国西高东低的地形特点引申出"不足于上者，有

余于下,不足于下者,有余于上"的哲学观点。其二是"太一"与
"水"的"反辅"观念。一方面是"太一生水",另一方面是"水反辅太
一",二者在互相作用中生成了"天"。然后是"天反辅太一",成就
了地。天地相辅成就了神明、阴阳等等。"太一"与"水"的"生"与
"辅"的关系,是对"水几于道"与"为道若海"两个观点的丰富与发
挥,而这些观点正好是中国地理环境的反映。

老子譬道于江海,庄子对此做了很好的发挥。在《庄子》的《秋
水》中,我们读到了下面这一段文字:

秋水时至,百川灌河,泾流之大,两涘渚崖之间,不辨牛
马。于是焉河伯欣然自喜,以天下之美为尽在己。顺流而东
行,至于北海,东面而视,不见水端,于是焉河伯始旋其面目,
望洋向若而叹曰:"野语有之曰,'闻道百,以为莫己若'者,我
之谓也。且夫我尝闻少仲尼之闻,而轻伯夷之义者,始吾弗
信;今吾睹子之难穷也,吾非至于子之门,则殆矣,吾长见笑
于大方之家。"

北海若曰:"井蛙不可以语于海者,拘于虚也;夏虫不可以
语于冰者,笃于时也;曲士不可以语于道者,束于教也。今尔出
于崖涘,观于大海,乃知尔丑,尔将可与语大理矣。天下之水,
莫大于海,万川归之,不知何时止而不盈;尾闾泄之,不知何时
已而不虚;春秋不变,水旱不知。此其过江河之流,不可为量
数。而吾未尝以此自多者,自以比形于天地,而受气于阴阳,吾
在天地之间,犹小石小木之在大山也,方存乎见少,又奚以自
多!计四海之在天地之间也,不似礨空之在大泽乎?计中国之

在海内,不似稊米之在大仓乎? 号物之数谓之万,人处一焉;人卒九州,谷食之所生,舟车之所通,人处一焉;此其比万物也,不似豪末之在于马体乎? 五帝之所连,三王之所争,仁人之所忧,任士之所劳,尽此矣! 伯夷辞之以为名,仲尼语之以为博,此其自多也,不似尔向之自多于水乎?"

这里表达的"观于大海……尔将可与语大理"的观点正是"譬道于江海"的观点的发挥。庄子学派指出,大海是天下之水的集中体现。万川之水莫不归于海,但是大海却没有止与盈,它从来不"以此自多"。"计四海之在天地之间也,不似礨空之在大泽乎?"成玄英疏:"礨空,蚁穴也。"陆德明释文:"空音孔。礨孔,小穴也……一云蚁冢也。"四海在天地之间犹如蚁穴之在大泽,而计中国之在海内犹如稊米之在大仓,这才是观沧海所悟之道。

中国道家崇尚的自然、自由与海洋文化是联系在一起的。"大海孕育着自由,通过一种自生秩序的方式,人们自我组织起来,摆脱了大陆式的集权秩序,去创造自己的命运。"①而这个自由精神构成了炎黄文化的本质性元素。

《秋水》观沧海所悟之道亦见之于成书于战国至秦汉时期的《管子》,其《形势解》云:"海不辞水,故能成其大。"在《管子·水地》中,管子及管子学派对地与水都很重视,认为它们是"万物之本原",其云:"地者,万物之本原,诸生之根菀也,美恶、贤不肖、愚俊之所生也。水者,地之血气,如筋脉之通流者也。"但是比较起来,管子更重水。这不仅是因为管子将"水"列在"地"的前面,更重要的

————————

① 施展:《枢纽——3000 年的中国》,广西师范大学出版社,2018 年版,第 104 页。

是《水地》主要以水为论,其最终结论也是"故曰:水,具材也。""水者何也? 万物之本原也,诸生之宗室也"。

二、儒家的乐山

再来看儒家的"高山仰止"。在先秦子学中,儒家受大陆文化的影响很深。孔子的家乡在山东,离海不远,其生活受海洋的影响当在情理之中。按理说,他比生活在西部内陆的思想家们要更重海洋一些。不过,现存的有关孔子的言论记载中,我们可以看到,他很少提及海洋。在《论语》中好像只有两次提到了海,其中一次是用"四海"指"天下",而另外一次则是愤青之语。

> 子曰:"道不行,乘桴浮于海。从我者,其由与?"子路闻之喜。子曰:"由也好勇过我,无所取材。"①

当时他的学问很少有人理睬,用鲁迅的话说,他在本国的不遇,使他不是很受欢迎,在陆地上跑来跑去,虽然也曾贵为鲁国的警视总监,而又立刻下野,失业了;并且为权臣所轻蔑,为野人所嘲弄,甚至为暴民所包围,饿扁了肚子。所以,有一天他打破了自己所遵循的"人不知而不愠,不亦君子乎"的操守,赌气地说"道不行,乘桴浮于海"。他想到海外寻找自己学说传播的天堂,然而这终究是气话,孔子终其一生还是在大陆上传播自己的学说。在孔子的学说中,山水背景特别浓烈,其论学谈水论山,山是大地的象征,为不动之根,水是不居的逝者。为道之方在于"天下归仁",所以孔子重视高山。

---

① 《论语·公冶长》。

他曾说：

> 知者乐水，仁者乐山。知者动，仁者静。知者乐，仁者寿。①

何以"知者乐水"？孔子有一次走在河边上，突然有感而发："逝者如斯夫！不舍昼夜。"②"'不舍昼夜'，《释文》：'舍，音捨。'《集注》亦云：'上声。'而《楚辞辨证》云：'洪引颜师古曰："舍，止息也。"屋舍、次舍，皆此义。《论语》"不舍昼夜"，谓晓夕不息耳。今人或音捨者，非是。'《辨证》乃朱子晚岁之书，当从之。"③"水"是一刻也不止息的流体，孔子由水体会到"道体之无息"。正如王应麟所指出的，"水，一也，孔子观之而明道体之无息；孟子观之，而明为学之有本。荀子亦云：'水至平，端不倾，心术如此象圣人。'其观于水也，亦亚于孔、孟矣。于此见格物之学。"④由此他创造出了一个用以概括世间万物的范畴——"逝者"，表明万物像水一样不舍昼夜地流逝。探究万物的格物之学是知者的事，他们能从水体中感悟"逝者""道体之无息"。

不过所"知"都是"不舍昼夜"的"逝者"，故"知者乐"也仅仅是快乐的瞬间，与之形成鲜明对比的是"仁者"。孔子用"山"来象征"仁者"。在《易经》中，山被称为"艮"，其特性就是"止"。《彖》云：艮，止也。时止则止，时行则行，动静不失其时，其道光明。"艮其

---

① 《论语·雍也》。
② 《论语·子罕》。
③ 王应麟：《困学纪闻》卷七《论语》。
④ 王应麟：《困学纪闻》卷七《论语》。

止",止其所也。《象》亦云:"兼山,艮。"君子以思不出其位。这里所说的君子就是"仁者",他们"思不出其位",所以为"静";而既然静而不动,也就不存在逝与不逝的问题。谭嗣同说:"仁者寂然不动,感而遂通天下之故。""不生不灭仁之体。"①谭氏之说"仁"很好地发挥了孔子所说的"仁者寿"。所以,从山的特性能够感悟到"仁"。很显然,"山"与"水"在孔子的学说中一个是静者,为根;一个动而不舍昼夜,为"逝者"。透过"不舍昼夜"的"逝者",孔子看到了"思不出其位"的"艮",他用一个"寿"字来表示,由此达到了"仁"的境界。

不仅如此,孔门将"山"与道德学问联系在一起。《论语·子罕》记载:颜渊曾喟然叹曰孔子的道德学问是"仰之弥高"。鲁国司马叔孙武叔贬低孔子的道德学问。子贡的回答是"无以为也! 仲尼不可毁也。他人之贤者,丘陵也,犹可逾也;仲尼,日月也,无得而逾焉"。他人之贤犹丘陵,而孔子之贤者则是可以与日月比肩"无得而逾"的高山,这正是颜渊所说的"仰之弥高"。司马迁在《孔子世家》曾称赞孔子:

> 太史公曰:《诗》有之:"高山仰止,景行行止。"虽不能至,然心乡往之。余读孔氏书,想见其为人。适鲁,观仲尼庙堂车服礼器,诸生以时习礼其家,余低回留之不能去云。天下君王至于贤人众矣,当时则荣,没则已焉。孔子布衣,传十余世,学者宗之。自天子王侯,中国言《六艺》者折中于夫子,可谓至

---

① 谭嗣同:《仁学·二十七界说》。

圣矣！①

　　无论是道家的观沧海以悟道，还是儒家的高山仰止，两家的学说都是在"吾乡吾土"的基础上表达出来的理想化的"吾生活"，因此它们是根植于地理环境的中国特殊社会形态的集中反映。

———————

① 司马迁：《史记·孔子世家》。

第二章　中华农祖——炎帝神农氏

　　烈山氏即炎帝神农氏，是中国古史中的"三皇"之一。今天看来，"三皇五帝"或非真正意义上的帝王，可能是部落首领，因部落实力强大而被推为部落联盟的领导者。虽然"三皇五帝"具体指谁，史家有不同的阐释，但是炎帝神农氏却始终位列三皇，与传说中的黄帝轩辕氏齐名，共同被尊崇为中华民族的人文始祖。按旧志，星野在"鹑尾"的随地属于"列山氏之墟"，他在此地开创了原始农业。作为中国农业生产方式的开创者，炎帝神农氏被后人尊称为"农祖"或"农宗"。冯友兰说："中国是个大陆国家，中华民族历来依靠农业维持生存。直到今日，中国的农业人口还在全体人口中占百分之七十五至八十。在一个农业国家里，财富的首要基础是土地。因此，在中国历史上，一切社会经济思想以至政府的政策措施以土地的利用和分配为中心。"①冯友兰写这段话的时间是在1947年，今天的中国已经步入工业社会，但这不是说农业在中国已经不重要了，事实上，"三农"问题至今仍然是中国社会的重要问题。因此农的思维、农的精神仍然是支配中国社会思想的重要因素。对农

---

① 冯友兰:《中国哲学简史》,生活·读书·新知三联书店,2009年版,第19—20页。

的精神进行溯源,我们就获得了"社稷"精神;对社稷精神进行溯源,我们就获得了炎帝神农氏这样一个人格。

第一节　炎帝神农氏的文化合成

炎帝神农氏是有大功于中华民族的文化英雄。先秦以降,各种典籍关于炎帝神农的种种记载都间接取之于上古传说,而神话则是上古传说的重要内容。

一、烈山氏、炎帝及神农氏

我们现在所称道的炎帝神农氏这一文化英雄,其实是多个传说中古史人物的复合体。这些古史人物至少包括烈山氏、炎帝、神农氏。在先秦文献中,三个概念分别有不同的内涵,所以被分开叙述,但是,三者又有统一起来的最大公约数,所以汉代以后,它们合在一起称为炎帝神农氏,又称烈山氏。

(一)烈山氏

在《左传》《国语》等文献中,烈山氏属于古史人物,属于"神农氏"的范畴,又与烈火有关。《左传·昭公二十九年》:

有烈山氏之子曰柱,为稷,自夏以上祀之;周弃亦为稷,自商以来祀之。

《国语·鲁语》:

昔烈山氏之有天下也，其子曰柱，能殖百谷百蔬。

这里要注意"烈山氏"与"柱"的区别。烈山氏是天下共主，是人帝，所以说他"有天下"；柱，是烈山氏之子，或者说是烈山氏的一个族人。他能殖百谷百蔬，在夏代以前被当作"稷"来祭祀，因而就成了能殖百谷百蔬的农神。所谓农神，也就是神农。烈与火有关，"烈山"之"烈"在《说文解字》里即"火猛"。郭沫若认为烈山氏就是烧山种田的意思，烈山氏是放火烧山以事农耕的氏族或部落。我们不赞同这种解释，认为它与祭祀有关。烈在金文里作，由和组成。前者有烧烤之义，后者是人形，显然，烈有将人放在柴火里烧烤之意。有人将此"人"理解为罪犯，其实他应该是献给神灵的牺牲，或许这人真的犯了罪，但也可能是战俘。照这样看来，烈山氏是以人为牺牲进行祭祀的部落。

（二）炎帝

在先秦文献里，炎帝是指人帝，也是指天神，但我们认为炎帝实则是指一种祭祀方式。指人帝，是说炎帝"以姜水成"，因以为姓。《国语·晋语》说："昔少典娶于有蟜氏，生黄帝、炎帝。黄帝以姬水成，炎帝以姜水成。成而异德，故黄帝为姬，炎帝为姜，二帝用师以相济也，异德之故也。"《左传·哀公九年》："炎帝为火师，姜姓其后也。"

关于天神的记载，可见之于《逸周书·尝麦解》：

昔天之初，□作二后，乃设建典。命赤帝分正二卿，命蚩尤于宇少昊，以临四方，司□□上天末成之庆。蚩尤乃逐帝，争于涿鹿之河，九隅无遗。赤帝大慑，乃说于黄帝，执蚩尤，杀之于中冀。

此外,王逸《楚辞·远游章句》说:"炎神,一作炎帝。"炎神,实即火神。《左传·昭公十七年》记载:"昔者黄帝氏以云纪,故为云师而云名;炎帝氏以火纪,故为火师而火名。"火神中最大者莫过于太阳,所以炎帝即是太阳神。

(三)神农氏

其指发明农耕文化的人,在祭祀中,此人就是农神。《管子·轻重戊》云:"神农作,树五谷淇山之阳,九州之民乃知谷食,而天下化之。"《周易·系辞》讲:"神农氏作,斫木为耜,揉木为耒,耒耨之利,以教天下。""日中为市,致天下之民,聚天下之货,交易而退,各得其所。"这样看来,神农这个概念即是指农耕文化的创造者,因为他是祭祀的对象,所以也就被视为神了。

因此,炎帝与神农,一个是太阳神,一个是由人转化而来的农神。本来是各有所指的,但在汉代以后的讲述者看来,炎帝与烈山之烈相通,所以炎帝即是烈山氏;神农与柱相通,所以神农也是烈山氏。这样通过烈山氏,就有了"炎帝神农氏"这样一个文化英雄。可见,我们今天讲的"炎帝神农氏"主要的因素是"烈山氏"。

二、炎帝与神农氏之分合

关于炎帝与神农的关系,诸多学者均有论及。关于炎帝、神农氏的关系,古籍中有关炎帝神农氏的记载大致分三种情况:

一是或提炎帝,或提神农。如此记载,见于《周易·系辞》《庄子·盗跖》《商君书·画策》《国语·晋语》《新书·制不定》《淮南子·兵略训》《礼记·祭法》《荆楚岁时记》《括地志》等。

神农氏始见于《周易·系辞》。其辞云：

> 古者包牺氏之王天下也,仰则观象于天,俯则观法于地,观鸟兽之文,与地之宜,近取诸身,远取诸物,于是始作八卦,以通神明之德,以类万物之情。作结绳而为网罟,以佃以渔,盖取诸《离》。
>
> 包牺氏没,神农氏作,斫木为耜,揉木为耒,耒耨之利,以教天下,盖取诸《益》。日中为市,致天下之民,聚天下之货,交易而退,各得其所,盖取诸《噬嗑》。
>
> 神农氏没,黄帝、尧、舜氏作,通其变,使民不倦,神而化之,使民宜之。

显然,从时间向度来看,神农氏是继包牺氏之后而出现的远古农业氏族或部落的首领,其以做农具、兴贸易而闻名。《系辞》云其发明取诸《益》与《噬嗑》,这当然值得商榷。因为从认识论的角度看,先有生活中的实事,后才有记录实事的卦象,《益》《噬嗑》无非是源于生活的卦象而已。

又《庄子·盗跖》云:

> 神农之世,卧则居居,起则于于,民知其母,不知其父,与麋鹿共处,耕而食,织而衣,无有相害之心,此至德之隆也。

"耕而食,织而衣"是对神农氏世生产方式的概括,而"民知其母,不知其父"则直指神农氏世尚处在母系社会阶段。此外,《管子》《吕氏春秋》等先秦文献都提及神农氏。这位神农氏不用刑政,不兴兵甲,与大战黄帝以致"流血百里"的炎帝显然不同。

　　二是同时提到神农氏和炎帝，虽未明言二者关系，但似非一人。司马迁即持此说，其《史记》至少有两次这样的记载。司马迁《史记·五帝本纪》云：

　　　　轩辕之时，神农氏世衰。诸侯相侵伐，暴虐百姓，而神农氏弗能征。于是轩辕乃习用干戈，以征不享，诸侯咸来宾从。而蚩尤最为暴，莫能伐。炎帝欲侵陵诸侯，诸侯咸归轩辕。轩辕乃修德振兵，治五气，艺五种，抚万民，度四方，教熊罴貔貅䝙虎，以与炎帝战于阪泉之野。三战，然后得其志。

　　从这段话中，我们知道了轩辕、炎帝和蚩尤出现在以"神农氏"命名的"神农氏世"，因而神农氏要先于轩辕、炎帝、蚩尤所生活的时代，神农氏世到了轩辕、炎帝、蚩尤所生活的时代走向了衰落。此时的炎帝有帝位，轩辕尚无，所以在"神农氏世衰"这个历史环境中，炎帝最初比黄帝还要正统一些；但是当时的炎帝欲侵陵诸侯，致使诸侯咸归轩辕。力量大了起来的轩辕在与炎帝的阪泉三战中，把炎帝打败；随后，他号命蚩尤，但蚩尤不买其账或者说"不用帝命"，于是又"与蚩尤战于涿鹿之野，遂禽杀蚩尤"，此时"诸侯咸尊轩辕为天子，代神农氏，是为黄帝"。

　　从这个解读中，我们可以看出从神农氏世到黄帝统治时代的历史顺序应该是神农氏——炎帝——黄帝。这似乎是说神农氏和炎帝是分开的，他们不是一个人。《史记·封禅书》就是这样记载的："齐桓公既霸，会诸侯于葵丘，而欲封禅。管仲曰：'古者封泰山禅梁父者七十二家，而夷吾所记者十有二焉。昔无怀氏封泰山，禅云云；虙羲封泰山，禅云云；神农封泰山，禅云云；炎帝封泰山，禅云云；

黄帝封泰山,禅亭亭。"

三是视炎帝与神农氏为一人,即烈山氏或厉山氏。如《世本·帝系篇》《礼记·祭法》郑注、《左传·昭公二十九年》杜注、《国语·晋语》韦注、《帝王世纪》等。《左传·昭公二十九年》记载:"有烈山氏之子曰柱,为稷,自夏以上祀之。"东汉贾逵注:"烈山氏,炎帝别号也。"而杜预注为"烈山氏,神农世诸侯"。将烈山氏分别注为炎帝或神农氏的情况还见之于《礼记·祭法》郑注、《国语·晋语》韦注以及《帝王世纪》的记载。

关于这个问题,我们还可以从语言学、甲骨文的角度进行研究。在炎帝与神农氏合二而一之前,无论是炎帝还是神农都不是指人王,因而不是历史人物。神农氏就是指农神,"神农"实际上是"农神"。"古代汉藏语系的词序结构是名词在前,修饰语在后,神农、后稷等便是其例;后来汉语的词序演变为修饰语在前,名词在后(藏语没有变),按汉语习惯应改称农神、稷后,但历史遗留的称呼是约定俗成的,所以神农的称呼至今不变。"[1]这就是说,在"神农"这个词里面,做名词用的是"神"而不是"农",但是"神"又被"农"所修饰、所限制,说明此神是农业之神。不过,这里的农之神并不是泛指,在夏之前,就是指烈山氏之子,也就是柱;后来,又将周人的先祖——弃,包括了进去。由此看来,神农是由历史人物转化而来的"神",与烈山氏有密切的关系。

关于炎帝,现有资料证明,商代的人王自称"余一人",而别人对他的称谓则是"王"。因此在商代,"帝"还与人王无关。"帝"在

---

[1] 游修龄、曾雄生:《中国稻作文化史》,上海人民出版社,2010年版,第13—14页。

甲骨文、金文中同形：

甲骨文　　　金文　　　小篆

　　根据陈梦家等人的研究，甲骨文中的"帝"有三种用法：一种做名词用，是指人类头顶上的神，所以称为帝，或称为上帝。卜辞中称上帝的时候较少，在多数时候称帝。帝是可以降下祸福、主宰气象变化、支配农业生产的无所不能的主宰，所以它不是人帝，例如《甲骨文合集》之 10976 片："帝令多雨"，此"帝"即指支配自然的"上帝"。二是作指祭祀活动的动词用，是指禘祭。因"帝"像束木燔以祀之形，为禘之初文，故《说文解字》称"帝，禘也"。三是做名词用，是指人王死后的庙号，商人称死去的父王为"帝某"。帝某之帝不是指商王称帝，而是指"措之庙立之主曰帝"之"帝"。这就是说，至迟在商代，帝要么是指上帝，要么是指禘祭，要么是指庙号。就是没有用来指称人王的例子，所以至迟在商代，人王还不称帝①。

　　炎帝观念的形成可能与禘祭有关。炎帝，也被称为"高辛氏"。"辛"即"薪"的本字，据朱芳圃《殷周文字释丛》，其在甲骨文的象形为以斧斤斫木之形。辛（薪），意味着火，所以高辛氏应该是火神之别号。这个别号与禘祭即火烧柴薪之祭的内容是一致的。就此而论"炎帝"之号实际上就是指炎禘，或者火禘。在传说中，炎帝确实与火有关。王逸《楚辞·远游章句》说："炎神，一作炎帝。"《帝王世纪》说："有圣德。以炎德王，故号炎帝。"炎德是什么？其实就是

---

① 常玉芝：《由商代的"帝"看所谓"黄帝"》，《"疑古"与"走出疑古"》，商务印书馆，2010 年版，第 287 页。

《左传·昭公十七年》所记载的"炎帝氏以火纪,故为火师而火名"。

祇祭的形式是火烧柴薪,是薪火。那么薪火所祭的对象是谁呢? 有很多人说是天,如胡适认为"'帝'与'天'当相同"①。然而,甲骨文显示商代的"天"不是指上帝,也不是指天空,而是指"大",如他们称"商都"为"大邑商"或"天邑商",称商汤为"大乙"或"天乙"。这表明,在商代"天"的概念尚未形成。其实,神话传说已经为我们指明了祇祭的对象,就是指"太阳"。《白虎通》:"炎帝者,太阳也。"我们做这种判断,在甲骨文里也有根据。因为《库方二氏藏甲骨卜辞》第 985 片清楚地记载了"帝日"。这里的"帝"即指"祇",其对象即是"日",也就是"太阳神"。甲骨文里的"祇日"可以视为"炎帝者,太阳也"在商代的表述形式。

炎帝与神农,一个是指祭祀太阳神的方式,一个是指由人转化而来的"农神",它们本来各有所指,但在春秋以后竟然合二为一,变成"炎帝神农氏"。合一的时间大约在秦汉之际,至西汉中期最终完成。秦汉之际的《世本·氏姓篇》在介绍"姜姓"时,使用了"炎帝神农氏"的说法。但在汉初,这种说法好像并没有得到人们的一致认同。例如《新书》及《淮南子》仍然坚持炎帝为炎帝、神农为神农的说法。到王莽推行新政的前后,刘歆等人出于托古改制的需要,对上古神话人物进行加工、组合,最终完成了包括"炎帝神农氏"在内的古史帝王系统的创作工程。烈山氏是合成炎帝神农氏的黏合力量。"神农"的最初元素就是死后被列为"田正"的"柱",他是烈山氏之子;而烈山氏则包含了放火烧山之义,因而崇拜的是火神或炎神。这样,烈山氏就有了一身而二任的职能:既是农神,又是

---

① 顾颉刚编著:《古史辨》,第 1 册,海南出版社,2005 年版,第 169 页。

火神。作为农神,就是神农氏;作为火神,就是炎帝,是太阳。所以人们说"炎帝神农氏",又称"烈山氏"。

第二节　炎帝神农氏的活动区域

炎帝神农氏与南方、与长江流域有十分密切的关系,其直通海洋。从方位上看,炎帝在神话中是主南方的神。徐旭生虽然认为黄帝、炎帝都属于西北方的"华夏集团",但是在讲烈山氏时又说"列山氏的地域在今湖北随县境"①。徐旭生这里其实肯定了炎帝神农氏的南方属性。其实,在湖北、湖南两地关于炎帝神农氏的传说尤多。湖北流传的主要是炎帝神农生前故事,湖南流传的主要是和其葬礼密切相关的故事,二者构成了一个传说的整体。

一、以随州烈山为中心的炎帝神农氏生地传说

根据袁珂、周明等人的统计,古籍中涉及神农的文献达53种之多。这些文献有很大一部分是关于炎帝神农氏的生地传说,其中,"随州说"越来越为人们所重视。"如果考虑到水稻产于南方,不可能起源于北方,则以随州说较为有利。"②从文献上看,炎帝神农氏生于随州说由两个层次组成:一是把神农氏与列山、烈山联系起来的"厉山说";二是把列山、烈山或厉山和随州联系起来的"随州说"。

(一)神农生于烈山

大量文献记载,神农氏生于烈山。"厉山说"和"姜水说"一样

---

① 徐旭生:《中国古史的传说时代》,文物出版社,1985年版,第40页。
② 游修龄、曾雄生:《中国稻作文化史》,上海人民出版社,2010年版,第16页。

古老。

《国语·鲁语》云"昔烈山氏",《左传·昭公二十九年》云"有烈山氏之子",《礼记·祭法》亦云"厉山氏之有天下",其写法虽有不同,然则实指一人,其子柱或农称"神农",也就是稷祭中的农神。神农氏与烈山有不可分割的关系,已经无疑问。

烈山现今何在?魏晋以来文献对此记之甚详。郦道元《水经注》云:

> (赐)水源东出大紫山,分为二水,一水西径厉乡南,水南有重山,即烈山也。山下有一穴,父老相传,云是神农所生处也,故《礼》谓之烈山氏。水北有九井,子书所谓神农既诞,九井自穿,谓斯水也。又言汲一井则众井水动。井今湮塞,遗迹仿佛存焉。亦云,赖乡,故赖国也,有神农社。赐水西南流入于溠,即厉水也。赐、厉声相近,宜为厉水矣。一水出义乡西,南入随,又注溠。溠水又南径随县,注安陆也。

这条资料从整体上说明了随北的山川即桐柏山东段余脉的形势,介绍了水分为二的具体方位,指出了赐水即厉水,赖乡、赖国即厉乡、厉国,赐、赖、厉古声相近相通,表明神农氏曾育于此,并活动于这一区域。

南朝宋盛弘之《荆州图记》先因图佚而称《荆州记》,后来全书失传。这部为后世诸书所引用的古代荆州志书记载了"神农生于厉乡"的传说,幸运的是,这一片段尚存。南朝萧梁刘昭注《后汉书·郡国志》时,在原文"随,西有断蛇丘"下注曰:

古随国。即衔珠之蛇也。杜预曰：有赖亭。《左传》僖十五年齐伐厉，在县北。《帝王世纪》曰："神农氏起列山，谓列山氏，今随厉乡是也。"《荆州记》曰："县北界有重山，山有一穴，云是神农所生。又有周回一顷二十亩地，外有两重堑，中有九井，相传神农既育，九井自穿，汲一井则众井动，即此地为神农社，年常祠之。"

刘昭注《左传·僖公十五年》"齐伐厉"之"厉"在随县北有误，此"厉"在河南东部，与随州境内的"厉"无关。南北朝南朝刘宋《异苑》卷二记载：

隋县永阳有山，壁立千仞，岩上有石室，古名为神农窟。窟前有百药丛茂，莫不毕备，又别有异物藤花，形似菱菜，朝紫，中绿，晡黄，暮青，夜赤，五色迭耀。

唐初欧阳询等人编修的《艺文类聚》、唐代中期徐坚等人撰写的《初学记》、北宋初年乐史主持编纂的《太平寰宇记》、李昉等编《太平御览》，皆引用《荆州记》关于神农生于随州厉山的记载，其中《艺文类聚》的引句为"盛弘之《荆州记》曰：随郡北界有九井，相传神农既育，九井自穿。又云：浚一井则众井水皆动"。

唐初魏王李泰、萧德言等编《括地志》记载：

厉山，在随州随县北百里，山东有石穴，曰神农生于厉乡，所谓列山氏也，春秋时为厉国。

唐代后期李吉甫编《元和郡县志》卷二十一记载：

> （随县）本汉旧县，属南阳郡，即随国城也，历代不改，厉山，亦名烈山，在县北百里。《礼记》曰：厉山氏，炎帝也；起于厉山，故曰厉山氏。

南宋王存等撰《元丰九域志》卷一记载：

> （随州）神农庙，在厉乡村。《郡国志》云："厉山，神农所出。厉山庙，炎帝所起也。"

南宋罗泌《路史》记载：

> 世言神农生而九井自出。按：九井在赖山。……旧说汲一井则八井皆动……人不敢触，按：今惟存一穴，大木旁荫，人即其处为神农社。

清代学者章学诚编纂《湖北通志》卷十七云：

> 厉山，在州北，今名厉山店。……亦云赖乡，故赖国也。有神农社。

穆彰阿、潘锡恩等纂修《大清一统志》卷三百四十三记载：

> 厉山：在随州北四十里，一名烈山，亦名重山，又名丽山。

《礼记》注:"厉山氏,炎帝也,起于厉山。"

上述记载无一例外地表明,神农生于厉山,厉山位于随北,属于桐柏山的余脉。神农生于随州厉山代代相因,众口一词,甚为可信。唯"石室"一词,常被误解为山上的洞穴。其实"石室"即"石祏""宗祏",杜预注云宗庙中藏主石室,即石质的神像。此神像目前仍在湖北随县淮河镇深山里面,被当地居民当作神来祭拜。

(二)炎帝与神农氏合一后的生地

炎帝与神农氏合一的史实形成于远古,但合一的观念至秦汉之际方才形成。最早提出炎帝神农氏生地问题的学者是东汉经学家郑玄。郑氏在注《礼记·祭法》关于烈山氏及其子的记载时视烈山氏与炎帝为同一人。其云:"厉山氏,炎帝也。起于厉山,或曰有烈山氏。"既然郑氏以为烈山氏(神农氏)同炎帝为一人,其生地也自然在一起。

时隔不久,三国时韦昭率先响应郑说。在注《国语·鲁语》展禽的话时,他说:"烈山氏,炎帝之号也。起于烈山。《礼记·祭法》以烈山为厉山也。"

先秦文献鲜及炎帝生地记载,所述均为烈山氏(神农氏)的生地,以至于郑韦二氏认定炎帝与神农通过烈山氏合一后的生地,为烈山、列山或厉山。

西晋时期皇甫谧在其《帝王世纪》一方面接受展禽、郑韦二氏等人的说法,记载炎帝神农氏生于烈山,"神农氏本起于烈山,或时称之。一号魁隗氏,是为农皇。"这就将炎帝神农氏与随州联系了起来。另一方面,他又受《国语·鲁语》关于炎帝以姜水成的影响,主张"神农氏,姜姓也。母曰任姒,有乔氏之女,名女登,为少典妃。游于华阳,有神龙首感女登于尚羊,生炎帝,人身牛首,长于姜水,因以氏焉"。

这段话,不同的古籍在引用时表述略有不同,但基本意思未变,即认为炎帝神农氏生于"华阳"。皇甫谧《帝王世纪》关于炎帝神农氏的生地似乎有了烈山说与华阳说二说。其实不然,二者是相补为用的。如果说烈山说指的是具体生地,那么华阳说则是指方位。华阳究竟何指?1992年,襄阳师专学院副教授李汉伟曾做了大量考证,其结论即为秦人对华山以南包括楚国在内的广大地区的泛称,它包括了湖北省的范围,当然也包括了随州这个地方。李汉伟的考证与皇甫谧对炎帝神农氏的方位认定是一致的。据《五行大义》卷五引《帝王世纪》云炎帝神农"位南方主夏,故曰炎帝"。可见华阳说不是对烈山说的否定,而是对烈山说的锦上添花。

《帝王世纪》先是根据五行说认定炎帝神农氏"位南方主夏",接着又在南方这个泛指中确定炎帝神农氏生于烈山。有必要说明的是,这里所谓的"生地"最好不要机械地理解为"出生地",而应该理解为生活与劳作之地。作为一个宏大的部落联盟,炎帝神农氏的活动范围是一个不断扩大的圈层,包括秦岭以南的整个汉水中、上游及更广大的区域是一个圈层,但是早期神农氏即柱的活动区域应该在以厉山为中心的汉水中游。综考诸种传说,随州厉山实乃炎帝神农文化的中心区域。

二、关于炎帝神农氏的生死传说

关于神农氏的出生,随州有这样的传说:相传炎帝的母亲任姒又名女登,一天在玩耍时,忽然看到天空金光闪闪,一条巨龙腾空而下,身体马上有了感应。怀孕一年零八个月后,在烈山的一个石室,女登生下一个红球。红球在田地里滚了几滚之后,裂为两半,中间坐着一个胖乎乎的男婴,长着人的体形、龙的容颜,头上还长着两只青龙角。此时,村口的石窟夹缝中突然涌射出九眼泉水,而且泉泉相通,香甜无比。大家认为这泉水是当地的土地神为炎帝的诞生献上的一份厚礼。炎帝神农氏小时候,母亲女登和人们一起去狩猎或采集时,让他在旁边玩耍,饿了有仙鹿奔来开怀为他哺乳,神鹰飞来张翅为他遮风挡雨。由于得到了神灵的保佑,炎帝出生后三天就能说话,五天后就会走路,九天便长齐了牙齿。长大后,他身材魁梧,浓眉厚唇,具有非凡的智慧和过人的胆识。其实,炎帝的非凡智慧和过人胆识还在很小的时候就显露出来了。小时候,他就喜爱种植,常常把花草拔回来,种在泥地里;把树枝折下来,插在地上做游戏。他嚼食植物的根、茎、花、叶及果实,记下它们的味道、气味和颜色,留心观察它们的成长,并试着种植那些能吃的植物。这些为他长大后成为远古时代一位杰出的英雄为民造福打下了基础。

更为奇特的是,在湖北地区,关于炎帝神农的传说,至今还有以诗歌的形式唱出来的神农架《黑暗传》以及以祭神锣鼓唱词的形式而保存下来的随州大洪山《涢山祭祀歌》。歌中关于神农出世是这样唱的:

突然一天九井穿,产一牛头人身人。

这是神农来出世,歌到此处落下文。

神农皇上本姓姜,他是天堂草德王。

十万万年修炼苦,修成不朽玉金刚。

只因凡间人多病,古佛差他下凡尘。

叫他去尝百种草,采集草药治万民。

神农皇帝下天堂，无心去把皇帝当。

座位不在金銮殿，走遍四面和八方。

那日他到中原地，病魔缠得百姓泣。

皇上当时支铜锅，熬药为民把病医。

天神感他仁德君，传来五游八方神。

又把当方土地请，平地长出一座城。

神农皇帝修炼人，天神地意他知情。

就在城中来住下，坐位一百二十春。

相对于湖南地区的神农传说，湖北随州地区关于神农之死的传说，似乎要少一些。而湖南则有大量的这方面的传说，比如，传说炎帝神农氏因误尝毒草中毒而崩，跟着他一起采药的胡真官，按照他生前的遗嘱死后葬在南方，决定将他的遗体安葬在有温泉的资兴的汤市乡。于是选好吉日良辰举行葬礼。那天，蛮多人送葬，几十个运送遗体的人，坐十条木排，溯泯水而上。沿河，户户点火，表示哀悼。当木排来到鹿原坡，正准备上岸改走旱路时，忽然天上乌云滚滚，大风大雨，河里跃出一条金龙向炎帝遗体点头哀吟。接着轰隆一声，江边的一块巨石开了坼，一个大浪将炎帝遗体卷进石头缝里去了。送葬的人个个吓得要死，不知如何是好。天上的玉皇听到这个消息后大怒，认为炎帝神农氏劳苦功高，不应该葬在水里，大骂金龙不知好歹，决定要处罚它。于是把金龙化为石头，龙脑变成龙脑石，龙爪变为龙爪石，龙身变为白鹿原，龙鳞变为原上的大树，护卫炎陵。对运送的人，玉皇认为他们上山下水吃了亏，将他们变成福主神，保护地方安宁。打杂的檀官、梅山也不例外，叮嘱他们只要找到好安身的地方，就把身安下来。他们慌里慌张，以为要他们到安仁去,所以都跑到安仁去了。后来安仁境内不论田头地角、路边河边,到处都有檀官、梅山庙。只有鸣锣开道先上岸已走到碜子坳的那些人,见炎帝遗体总不来,就派人爬到山顶上去打望,其余的人坐的坐,睡的睡,站的站,就地等候。由于等久了,打黄阳伞的人,变成了黄杨山。两个打望的变成了两块大石头。那些坐着、站着、睡着就地等候的人全部变为石头——至今黄杨山上那些横七竖八的石头。前面论及"石室"时,我们已经知道,神农与石头的关系相当紧密。

第三节　炎帝神农氏的"八大功绩"

长江流域关于炎帝神农氏"出生入死"的传说,都是围绕着中国农业的发生与发展而展开的,它们集中起来,就是一句话。炎帝神农氏是中国农业的始祖,故谓之"农宗"。作为中国农宗的炎帝神农氏对中华民族的贡献是巨大的,其贡献体现在从物质生产方式到精神生活的一切领域。在随州地区的炎黄神农文化研究中,人们称之为"八大功绩",其核心即是"植五谷"。

一、种植谷蔬

无论是在考古学层面,还是在传说层面,神农之世的物质生产以原始农业生产为主,而植五谷是其核心要素。新石器时代随枣走廊地区的原始农业经济,在中国农业史上是具有标志性的,即它是开创五谷时代的起源地。最初的农作,往往是将多种农作物混种在一起,人们称之为混播。不过在混播阶段,北方的粟和南方的稻是不在一起的。后来情况变了,有的地方可以将北方的粟和南方的稻种在一起,至少,有这么一个地方既可以种粟,又可以种稻,这就形成了"五谷"。考古发掘显示,新石器时代雕龙碑遗址的气候类型为温暖湿润型,土层深厚、疏松、湿润、肥沃,排水良好,为中性至微酸土,属于阳光充足的环境。这样的环境,正好适合五谷的生长。在雕龙碑文化遗存的第三阶段,有两个陶罐内都有灰色粟谷,房屋建筑的红烧土上普遍都有白色稻谷壳。稻谷似乎是主打品种,但毫无疑问的是,他们同时种粟。至于粟稻是不是混种的,我们还不好下结论。能下的结论是:至迟在雕龙碑文化遗存的第三阶段,即距今 5300 年—4800 年这个时间段,随枣走廊地区已经形成了以谷为总名称的包括北方粟文化和南方稻文化的农业文化时代,我们或许可以称之为"五谷或百谷文化时代"。植五谷是中国农作史的重要阶段,甚至构成了中国社稷文化的起源。

在传说中"五谷文化时代"起源于神农之世。关于神农之世的农业传说,有一系列的资料。如:《白虎通·号》:"古之人民,皆食禽兽肉。至于神农,人民众多,禽兽不足。于是神农因天之时,分地之利,制耒耜,教民农作。神而化之,使民宜之,故谓之神农也。"《潜夫论》:"初,烈山氏之有天下也,其子曰柱,能植百谷,故立以为稷。"《绎史》引《周书》:"神农之时,天雨粟,神农遂耕而种之。"上述资料,有的只说神农"教民农作",但没有指明农作的具体内容;有的说,"神农之时,天雨粟,神农遂耕而种之",似乎神农之世是种"粟"的时代;更多的则是说神农能"植百谷"。"百谷"是指"谷"的种类之多,它不仅是指粟,而且是指稻,还指其他。这么多的谷,在一个时代、一个地方表现为一个种田能手的并种混作,考古学说为之提供了实例,它就是随枣走廊地区的文化遗存。不过,在随枣走廊地区,"五谷"最重要的"谷"最初可能是粟。随州地区有这样的传说：

> 人吃的是狗的一碗饭。
>
> 上古洪水泡天之时，许多人以及人所创造的一切财富都被洪水卷走了。只有狗在随主人逃命前在自己的尾巴里藏了几粒谷子逃了出来，后来的人用这几粒谷子做了种子，这才有了今天的谷子，才有今天人们的饭吃。

"狗尾巴里藏谷子"其实是"狗尾巴草"的隐喻，而"狗尾巴草"正是粟的前身。这个隐喻说明，随枣走廊的"谷"最初是指"粟"。这种情况在春秋早期还是如此。稻进入随枣的五谷之列时间要晚一些。等二者并列成为一域时，五谷时代也就到来了，也就进入了烈山氏之"有天下"的时代。

二、制作耒耜

与"植五谷"相联系的是生产工具。在西花园文化、雕龙碑等随枣走廊的文化遗址中，我们发现大量的陶制、骨制以及石制的生产工具。石制的生产工具以磨制的为主，有斧、锛、凿、耜、犁、锄、镰、磨盘等等，甚至也有使用铜的迹象，这一切表明，西花园文化、雕龙碑等随枣走廊的文化遗址所反映的社会生产力是一脚准备跨入文明社会大门内，而另一脚还留在原始社会末期，其生产力是过渡性的，或者说是铜石并用，而仍然以石器为主，其中耒耜、犁变成了历史的记忆，成了炎帝神农氏的一大功绩。所以在传说中，我们看到神农氏世的工具发明即是"制耒耜"，如《白虎通·号》："神农因天之时，分地之利，制耒耜，教民农作，神而化之，使民宜之，故谓之神农也。"《古今事物考》将耒耜、陶、锄、斧等生产工具的发明都归功于神农:"神农作陶。高诱云:埏埴为器也。"《世本》说:神农"垂作规矩准绳。垂作耒、耜。垂作铫、耨"。《补史记·三皇本纪》云:"斫木为耜,揉木为耒,耒耨之用,以教万人,始教耕。"《路史》云:"乃命赤冀创捄铁为杵臼,作粗耨、钱镈、桐蕠、井灶,以济万民。"

三、凿井挖渠

在前面,我们已经介绍《荆州记》讲随县"北界有重山,山有一穴,云是神农所生。又有周回一顷二十亩地,外有两重堑,中有九井,相传神农既育,九井自穿,汲一井则众井动。"这表明凿井是神农氏世的重要成就之一。府河冯家畈遗址中出土陶井,当为神农氏世凿井的再现。

四、织麻为衣

南宋胡宏在其《皇王大纪》述炎帝功绩云:"治其丝麻为之布帛。"这句话的意思是神农氏教民化桑麻为布帛,从而使人们告别以兽皮、树叶裹体的时代。在随州地区的考古发掘中,新石器时代的陶纺轮十分普遍,这表明神农氏世确实是在治其丝麻而为之布帛。

五、日中为市

考古发现随枣走廊的先民们已经有了一定规模的交易活动,此与神农之世"日中为市"的传说形成对应。新石器时代的随枣走廊地区是一个"驿站",北方文化通过此地辐射到南方,而南方文化也通过此地辐射到北方,这种文化上的交流,在经济上必然表现为商品交换的活动。例如考古工作者在金鸡岭遗址发掘出一块用于炼铜的孔雀石。可是随州境内并不出铜矿,这说明金鸡岭遗址中的孔雀石是从外面运到随州的,这应该是随州在新石器时代商业发达的一个物证。与之形成鲜明对应关系的是,传说中的神农之世已经是商业化的时代了。《周易·系辞》:神农之世"日中为市,致天下之民,聚天下之货,交易而退,各得其所,盖取诸《噬嗑》"。王弼注:"噬嗑,合也。市人之所聚,异方之所合,设法以合物,噬嗑之义也。"孔颖达疏:"日中为市,聚合天下之货,设法以合物,取于噬嗑,象物噬啮乃得通也。""日中为市"的遗俗,在20世纪40年代尚存在于苗族的生活习惯之中。据光绪《古丈坪行志》卷八载:此时苗民的交易是"凌晨荟萃,至日午即散",故民俗云"大场半日功,小场一阵风"。有人说,炎帝神农氏的"日中为市"属于物物交换的范畴,可是从"致天下之民,聚天下之货"的规模来看,神农之世商品的交换规模已经很大了。马克思指出,简单的商品形式就能产生简单的货币形式。从这一原理出发,我们可以推测,炎帝神农氏所开创的市场经济已经进入了用货币进行交换的门槛了。汉代人对此是肯定的,《汉书·食货志》云金刀龟贝兴自神农之世。考古工作者曾在随州环潭的梅丘遗址发现汉代残砖一块,其长侧面饰连山图案,短侧面饰孔方兄图案,把外圆内方的钱形与连山结合起来,其文化含义显然是"钱出连山氏"。这就告诉我们,炎帝神农时代已经有了"通货"。元马端临《文献通考》卷八也云:"神农列廛于国,以聚货帛,日中为市,以交有无。虞夏商之币,金为三品,或黄,或白,或赤;或钱,或布,或刀,或龟贝。"

六、削桐为琴

新石器时代随枣走廊地区的先民们已经有了比较丰富的艺术

生活。原始的艺术活动与原始宗教活动是联系在一起的,因为宗教活动必然催生艺术活动。新石器时代随枣走廊地区的先民们创造了多种乐器,如陶埙等等。其他如木质等乐器因为腐烂得快,我们现在已经不能知其面貌了。而在传说中炎帝神农氏"削桐为琴,练丝为弦",能歌善舞。《说文解字》:"琴,禁也。神农所作,洞越,练朱五弦。"扬雄《琴清英》:"昔神农造琴,以定神,齐淫僻,去邪欲,反天真者也。"《淮南子·泰族训》:"神农之初作琴也。"《帝王世纪》:"作五弦之琴。"《隋书·天文上》:"丝之属四:一曰琴,神农制为五弦,周文王加二弦为七者也。"《世本》:"神农作琴,神农作瑟,神农氏琴长三尺六寸六分,上有五弦,曰宫、商、角、徵、羽。文王增二弦,曰少宫商。"有乐器,自然就有"乐风"。桓谭《新论》云:"昔者神农氏继宓羲而王天下,上观法于天,下取法于地,近取诸身,远取诸物,于是始削桐为琴,练丝为弦,以通神明之德,合天地之和焉。"这里"通神明之德"的音乐,其实就是巫舞活动,据说神农时代著名的歌曲有《扶持》,又称《下谋》。张澍粹集补注本《世本·帝系篇》云:"神农乐曰《扶持》。"张澍按:"《通典》云:神农乐名《扶持》,亦曰《下谋》。《孝经钩命诀》云:神农之乐曰《下谋》。《太平御览》载《乐书》引《礼记》云:神农播种百谷,济育群生,造五弦之琴,演六十四卦,承基立化,设降神谋,故乐曰《下谋》,以名功也。或云:神农命邢天作《扶犁》之乐,制《丰年》之咏,以荐厘,是曰《下谋》也。"从其内容包括扶犁、丰年等来看,神农之乐与蜡祭有关。所谓蜡祭其实即是社稷之祭。我们不难想象当年蜡祭活动的盛大场面:祭礼开始,先由司乐指挥奏乐和歌舞。重复举行乐舞,用以招请万物诸神降临。乐舞毕,部落首领在神灵前祝祷:"土反其宅,水归其壑,昆虫毋作,草木归其泽。"

七、作陶为器

《资治通鉴外纪》载神农氏"作陶冶斤斧"。陶器发明的时间可能较神农氏世还早,不过神农氏世有陶器,是没有疑问的。有了陶器,人们即可以贮藏食物和蒸煮食物,生活质量将大大提高。这些传说得到考古学的支持,因为在随州的新石器时代文化遗址中,陶器、陶片随处可见。

八、发明医药

中国最早的中药学著作被命名为《神农本草经》,医学典籍有《黄帝内经》。古人将中药的认知与发明过程与神农氏的农耕发明联系起来,这与传说是一致的。医食同源,人们在将植物发展为农作物的过程中,发明了中药,所以我们将中药的发明放在农耕生产方式的形成这个范畴中考虑,而这个范畴又与"农宗"联系在一起。《世本·作篇》云"神农和药济人"。《淮南子·修务训》:"尝百草之滋味,水泉之甘苦,令民知所避就。当此之时,一日而遇七十毒。"司马贞《补史记·三皇本纪》:神农"以赭鞭鞭草木,始尝百草,始有医药"。《广博物志》卷二十二引《物原》云:"神农始究息脉,辨药性,制针灸,作医方。"《路史·后纪》:"病正四百,药正三百六十有五,著其本草,过数乃乱。乃立方书,命僦贷季,理色脉对,察和齐。"在神农架一带流传的《黑暗传》是这样讲述神农尝百草的故事的:"可恨七十二毒神,要害神农有道君,神农判出众姓名,三十六次逃了生。"据说炎帝神农氏最终丧生于断肠草,他虽然献身了,但其留下的经验和教训却奠定了中国传统农业和医学的基础。这些传说是否与相应的历史时代有对应关系呢?考古资料回答了这个问题。

雕龙碑文化遗存在植物方面有粮食作物、果核和树木三种。果核中有杏。杏是水果,同时具有药效。雕龙碑文化遗存时期,杏是做药用,还是做水果用,我们不得而知,不过根据医食同源的理论,我们似可以说它包括做药用的可能。

在树木有乌桕、杜仲和麻栎三种。首先看乌桕。其为中国特有的经济树种,通常认为它只有1400多年的栽培历史,但是雕龙碑文化遗存却显示,它可能有近5000年的栽培历史。乌桕也是一种药,它以根皮、树皮、叶入药。再看麻栎。其种子含淀粉和脂肪油,可酿酒和做饲料,油可制肥皂;壳斗、树皮含鞣质,可提取栲胶;木材坚硬、耐磨,供机械用材;果入药,涩肠止泻,能消乳肿;树皮、叶煎汁治疗急性细菌性痢疾。这就是说,它也与药材有关。最后是杜仲。杜仲是一种名贵的中药材,性味甘,微辛、温,无毒,具有补肝肾、强筋骨、益腰膝、除酸痛、除阴下痒湿、小便余沥等功效,为肝经气分之药,常用于强壮筋骨。杜仲为我国特产树种,约成书于2100多年前的《神农本草经》就记载了杜仲的药效。杜仲作为中药材的历史很早了,早到什么时候呢?考古学将杜仲的出现推到了距今5300年至4800年前,而这正是传说中的"神农之世"。雕龙碑文化遗存中的植物遗存都与中药有关。如果它们当中的一种偶然出现在一个遗址里面,其是否当作药用,我们真的还不便下结论;但是当它们同时出现在一个遗址里面时,其共同性特征即药用特征就显示了出来。非常明显,在相当于神农之世的那个时间段里,随枣走廊地区的居民们已经有了比较系统的经验方了,因而出现一个为民解疾的大药师是不足为怪的。

炎帝神农氏如此之多的功德传说,概括起来,就是"食货"。"食,谓农殖嘉谷可食之物",也就是植五谷的生产方式;"货,谓布帛可衣及金刀龟贝",也就是互通有无的交换活动。前者是生产力的体现,后者是生产关系的体现,二者合在一起,在马克思主义的话语系统中,是"社会存在",《汉书》称之为"生民之本"。炎帝神农氏在精神层面的贡献,都是围绕这个"生民之本"而展开的。炎黄学在"农宗"这一层面实际上是广义的经济学,是构成民生为本的"社会存在论",可以称之为"民本学"。

第四节　炎帝与社稷崇拜

以农立国的中国社会,在意识形态上有两种重要的宗教意识,就是对土地和由土地所生长出来的庄稼的崇拜。反映土地信仰与崇拜的,中国传统文化称之为"社";而庄稼崇拜的对象是"谷",为"五谷"或"百谷",因"谷"中以稷为尊,故"谷神"又被称为"稷"。把"社"与"稷"二者合在一起,就是作为国家象征的"社稷",其最原始的要素就是炎帝精神。

一、炎帝与社神

社神崇拜在中国传统文化中具有普遍性。"社"字在甲骨文中与"土"字一样,作 🝖。但是,土地如此之广,不可能一一都祭。他们采用了聚土成墩的办法,即围绕着土墩祭拜滋生万物的地神。这就是《白虎通》所说的"土地广博,不可遍敬也。五谷众多,不可一一祭也。故封土立社,示有土尊"。这种祭祀方式反映在文字上,便是在甲骨文里在"土"的一旁加上了"礻",这就是所谓的"社"了。

在中国历史上,自天子以至庶民,都有其"社"。《礼记·祭法》

规定:"王为群姓立社,曰大社;王自为立社,曰王社。诸侯为百姓立社,曰国社;诸侯自立社,曰侯社。大夫以下,成群立社,曰置社。"既然不同的阶级和阶层都有其社,那么社之为神必然是很多的。《史记·封禅书》记载"亳有三社主之祠",云梦秦简有"三土皇""土神""地杓神""田大人""田亳主"等等,可见社神的名目之多,也说明社祭场所之设置非常普遍。社神即土地崇拜,是最普遍的国民意识。

在人类学观察中,社祭的起源与图腾崇拜是联系在一起的。在图腾主义支配的历史时期,一切都是神秘的,土地更是如此。例如"对于罗安哥的巴菲奥蒂人来说,'土地不仅是他们表演人生的舞台,而且更有过之。在土地里居留着并从那里发生出来一种生命力,它钻进一切东西的里面,它把过去和现在紧紧连在一起……一切有生命的东西都从土地里面借来力量……他们把自己的土地看成是他们的神赐给他们占有的封地……所以土地对他们来说是神圣的。'"①印第安人也认为,耕地是亵渎神灵,意味着冒犯了神秘的力量,会给自己带来惨祸。印第安人的这种看法,在现代中国民间也许还有类似的残留的影子。中国民间,有所谓"风水学",里面有一个术语,叫"动土",一般动土是指刨地、挖地。它是有禁忌的,动土必须择日,并举行仪式,否则,会带来灾难。

文献对"社"的记载是很丰富的。《论衡·顺鼓》:"社,土也。"《说文解字》:"社,地主也。"这里所说的"地主",依《礼记》的说法是主阴气的神,也就是说,最初是指"地母"。地主之所以值得尊,是因为她为万物之本,所以《白虎通·五行》云:"土在中央者,主吐含万物。土之为言吐也。"在中国文化中,土地神被称为"后土"。

---

① 列维-布留尔著,丁由译:《原始思维》,商务印书馆,1981年版,第31页。

《汉书·郊祀志》云："称地祇曰后土。"而社神，或者"后土"，就是
"句龙"。《周书·武成》曰："告于皇天后土。"蔡传："句龙为后
土。"将"自然"人格化为句龙，或者将人格视为自然背后的"神灵"，
说明"地主"范畴体现了"人对人的依赖关系"，即人对土地所有者
的依赖关系。

这个"句龙"是炎帝神农系列的文化英雄。因为文献记载"句
龙"是共工氏之子，几乎是众口一词。《左传·昭公二十九年》记
载："共工氏有子曰句龙，为后土。"《国语·鲁语》亦载："共工氏之
伯九有也，其子曰后土，能平九土，故祀以为社。"《礼记·祭法》云：
"共工氏之霸九州也，其子曰后土。"孔疏："共工后世之子孙，为后
土之官。"而共工氏则是炎帝的后裔。《山海经·海内经》："炎帝之
妻，赤水之子听訞生炎居，炎居生节并，节并生戏器，戏器生祝融。
祝融降处于江水，生共工。共工生术器，术器首方颠，是复土穰，以
处江水。共工生后土，后土生噎鸣，噎鸣生岁十有二。"按照《山海
经·海内经》的说法，共工氏在血缘上与炎帝有关，在地缘上与长江
有关，故社神属于炎帝文化，且与长江有关。此时人对人的依赖关
系特别紧密，其中的一个"人"自然化为"神"。

"社神"之为"地主"不仅具有宗教意义，而且具有经济意义。
在宗教意义上，作为"地主"的社神是自然神，人对人的依赖通过自
然神的形式得以表现。在道教中，后土的全称为承天效法厚德光大
后土皇地祇，亦称承天效法土皇地祇，她是掌阴阳生育、万物之美与
大地山河之秀的女神。"承天效法土皇地祇"民间或不熟悉，但她
其实就是民间的"地母娘娘"。这显然是一个自然神。作为自然神
的"地母娘娘"之所以产生，是因为土地乃人类赖以生存的重要物
质基础，《礼记·郊特牲》载：大地承载万物，上天垂示景象，从大地

取材,从上天取法。没有土地,人类难以生存,所以人类"亲于地"是很自然的感情,以一定的献祭仪式表达这种感情,就形成了所谓的地神崇拜。费尔巴哈曾指出:"对于自然的依赖感,配合着把自然看成一个任意作为的、人格的实体这一种想法就是献祭的基础,就是自然宗教的那个基本行为的基础。""宗教的整个本质表现并集中在献祭之中。献祭的根源便是依赖感。"①因为对土地有依赖,所以依赖者就要通过献祭的方式取得自己的所需之物。商人对土地神进行献祭的方式有很多,燎祭使用得最多,它可以是焚烧三只经过特殊饲养的羊,或者是焚烧一头经过特殊饲养的牛,或者是焚烧一头经过特殊饲养的猪,甚至可以是杀死一个羌人,等等②。因此,经过特殊饲养的猪牛羊和战俘都可以是献祭社神的牺牲。用人来作为献祭社神的牺牲,说明商人对社神的祭祀是相当重视的。

在经济意义上,作为"地主"的社神是经济范畴的人格化。在社神的自然崇拜中已经隐藏着经济目的了,对土地献祭是为了从土地里面得到更多的东西,正如费尔巴哈所说:"去献祭时,是自然的奴仆,但是献祭归来时,是自然的主人。"③商王之所以祭祀社神,是因为从土地里长出来的东西有他一份。"占卜的记录表示商王对他的国土的四方(东土、西土、北土、南土)的收成都非常关心,他对他的诸妇、诸子和诸侯的领土内的收成也都注意,但是他对别国的粟收毫不关心。这种记录可使我们推想商王在全国各地的收成中都

---

① [德]费尔巴哈:《宗教的本质》,人民出版社,1999 年版,第 37—39 页。
② 常玉芝:《商代宗教祭祀》,中国社会科学出版社,2010 年版,第 132 页—137 页。
③ [德]费尔巴哈:《宗教的本质》,人民出版社,1999 年版,第 39 页。

有他的一份。"①社神的经济意义在于,一个人格做了土地之主。在甲骨文中,"句"字的字形与"后"字很接近,由"口"和"卜"组成,卜在这里象形权杖,意指权力、控制,两个部首合在一起,指的就是发号施令的最高权力者。"后"在先周时期,和"王""帝""君"等等一样,是一种对君主的称谓、职位。

"后"字后来分化出"司"字,或者说,因为甲骨文书写时不分左右,"后"字的反写就成了"司"字,所以司字的那些主持、经营、操作的意思,也是古来有之的,那么也就可以说,后土就是司土。

"'后土'也者,当为初民崇祀'地母'之旧名。"②司土我们应该会很熟悉,西周时期青铜器的铭文上经常出现,是为地官之长,位列三公,掌民事,郊祀掌省牲视濯,大丧安梓宫。既然句龙是主持、经营、操作土地,那么此神显然属于经济范畴的人格化。不过这里的"经济"分成两种形态,一是共有经济,二是私有经济。因此作为经济范畴人格化的"地主",也可以分为"公有经济"的"地主"和"私有经济"的"地主"。恩格斯说:"在整个东方,公社或者国家是土地的所有者。在那里的语言中甚至没有地主这个名词。"③马克思、恩格斯对东方公社的讨论往往着眼于印度,但是这里所指的是"整个东方",因而也将中国包含其中了。说中国远古时期的土地归国家所有这不错,但是要说在中国的语言中没有作为土地所有主体——地主这个词,却于事实不合。中国的公社或国家叫"社稷",而社稷恰恰被称为"地主"。对社神的自然崇拜属于共有经济的范畴。句龙虽然是地主,但是他是炎帝之子,而炎帝是共有经济的代表。"神农

---

① 张光直:《中国青铜时代》,生活・读书・新知三联书店,2013年版,第15页。
② 丁山:《古代神话与民族》,江苏文艺出版社,2011年版,第213页。
③《马克思恩格斯全集》,第26卷,人民出版社,2014年版,第185页。

时代的领袖是不脱产的,早期产量低,物资公有,没有多少积聚,无怪可以夜不闭户!"①这个历史时期的"地主"自然是共有的,费尔巴哈曾说,有一位上帝,创造了共同的自然因为只有一个世界,正如日月、天地、海洋为众人所共有。此时人们对社神的献祭是自由的。但是进入私有制社会后,对社神的献祭就有了等级规定。《礼记·曲礼》:"天子祭天地,祭四方,祭山川,祭五祀,岁徧。诸侯方祀,祭山川,祭五祀,岁徧。大夫祭五祀,岁徧。士祭其先。"天子可祭天地、四方,而诸侯则只能祭其所在的一方土地,以及这一方之地内的山川,显然这里的地主有了等级之分,也就有了对土地占有的多少以及占有方式问题,于是就有了"私有经济的地主"。如果说自然崇拜的地主即"后土"是大地之母,那么私有经济的地主所司的仅是大地中的一方,人们或可称之为"方神"。中国人进入阶级社会后的所有社神崇拜,无不具有土地所有权崇拜的因素,这里的"地主"实际上以"方神"为主要内容。

二、神农与稷神

在宗教思维里,百谷百蔬的背后皆有神灵,此即是五谷之神,我们或许简称为"谷神"。《老子》第六章使用了"谷神"一词。从《老子》一书看,"谷神"之"谷"在其中既指"山谷",又指百谷之谷。在研究《老子》的文章中,"谷"通常被训为"山谷"。"山谷"属于大地,在中国祭祀史上,其"神"属于"社",因而"谷神"即是指"社主"。

"谷"除了指山谷之外,又泛指一切栽培的禾本科植物,即是"百谷"或"五谷"之"谷"。山谷之"谷"和稻谷之"谷"在汉语中虽

① 钟伦纳:《华夏历史的重构》,岳麓书社,2015年版,第29页。

非一字,然在稻作史中,古越语中的"谷"与"山"是不分的,"山谷"与"陆稻"同义。

谷(或禾)是极其古老的谷物称呼,且是大名,即泛指一切栽培的禾本科植物,如黍、粟、稻、麻、高粱等。从考古学上看,谷在中国北方即黄河流域是指黍粟,而在中国南方即长江流域是指稻①。就流域而论,北方黄河流域的谷神应该是指"稷神",南方长江流域的谷神应该是指"稻神",这是两个不同的农业之神。无论是粟神,还是稻神,都可能称之为"谷神"。这个名称的起源,就地域而言,应该起源于粟与稻混种的区域,在中国南北的交汇处。随枣走廊的雕龙碑遗址是一个典型的粟与稻混种的区域,它将粟神与稻神融为一体,这种"吾生活"在宗教上的反映就是"谷神"即"五谷之神"或"百谷之神"概念的形成。所谓"五谷之神"实际上是"稷神"与"稻神"的融合。融合"稷神"与"稻神"的神灵,就是神农,"神农"实即"农神"。在传说中我们也能看到,烈山氏之子柱就是自夏以上祀之的"神农"。"所谓神农者,得谓即烈山氏子农(即柱)矣。"②

对于"稷神"与"稻神"这些神灵人们都是要祭祀的,但是一一进行祭祀太麻烦,于是人们在其中找出一种有代表性的东西来祭祀。在古代,五谷中的稷,地位最高。正如蔡邕在其《独断》中所言:"以稷五谷之长也,因以稷名其神也。"《孝经纬》云:"稷,五谷之长也,谷众不可徧祭,故立稷神以祭之。"《白虎通》亦云:"稷,五谷之长,故封稷而祭之也。"以"稷神"代表五谷之神说明在"稷神"与"稻神"、黄河文化与长江文化融合的过程中,"稷神"、黄河取得了

① 游修龄、曾雄生:《中国稻作文化史》,上海人民出版社,2010年版,第25页。
② 丁山:《古代神话与民族》,江苏文艺出版社,2011年版,第222页。

优势,所以神农就意味着"稷神"。

在中国古代,稷祭是规格高、规模大的祭祀活动。规格高是说,它是国家层面的祭祀活动,由皇帝亲自祭祀。从公元 24 年的西汉末年起,汉王室规定,祭稷神的重要性与祭皇室祖先等同。《汉书·郊祀志》记王莽言:"……稷者,百谷之主,所以奉宗庙,共粢盛,人所食以生活也。王者莫不尊重亲祭,自为之主,礼如宗庙。《诗》曰'乃立冢土'。又曰'以御田祖,以祈甘雨'。《礼记》曰'唯祭宗庙社稷,为越绋而行事'。……"规模大是说,从汉代以来,中国所有郡县都设有稷神祭坛,通常每年大祭三次:农历二月十五日、八月十五日、十二月初八日。唐代还实行过每年四季共祭四次。到了 16 世纪,明王朝又改为在县以下的里(乡)每百户人家设一个稷神方坛,命百姓祭五谷之神。到了清代,县乡求雨抗旱时也到祭坛祭祀稷神。在中国南部种稻文化兴起以后,各地的祭谷神实际上已经是在祭稻谷或稻谷魂了。

在民间,每年年终例行的"蜡祭",其实就是稷祭,它是人民祈求来年农业丰收的大祭。今天的"腊八节"即是古蜡祭的延续。《新唐书·礼乐志二》:"蜡祭:神农氏、伊耆氏,少牢。"唐人视神农氏和伊耆氏为二人,但孔颖达疏认为,伊耆氏即"神农也。以其初为田事,故为蜡祭,以报天也"。这种说法得到多数人的认同。当然,孔颖达在《礼记正义》中也发现了问题:他说,神农即为始蜡,岂自祭其身以为先啬乎?意思是说,如果伊耆氏是指神农的话,哪有自己祭自己的道理?但是这个漏洞是可以堵上的。有人指出,神农伊耆是一个时代的总号,神农伊耆的某代子孙为天子时,开始进行蜡祭,祭其先祖造田者,换言之,蜡祭便是后代的神农祭祀先前神农的礼仪。根据《礼记·郊特牲》:"蜡之祭也,主先啬而祭司啬也,祭百种以报啬也。"是知蜡祭以"先啬"为主祀,从祭者为"司啬"。这种祭祀,可以说即是祭土神与谷神的。《礼记·月令》夏季之月:"毋发令而待,以防神农之事也。"注:"土神称曰神农者,以其主于稼穑。"

被古人尊为"百谷之主""五谷之长"的稷神,也经历了漫长的演变过程。在夏代以前,是指烈山氏之子柱,而到了商代周弃亦为稷,成为取代柱的新稷神。《左传·昭公二十九年》云:"稷,田正也。有烈山氏之子曰柱,为稷,自夏以上祀之。周弃亦为稷,自商以来祀之。"《汉书·郊祀志》记载此事:"汤伐桀,欲迁夏社,不可,作《夏社》。乃迁烈山子柱,而以周弃代为稷祠。"关于周弃亦为稷的传说,有许多文献记载。如《山海经·大荒西经》中说:"帝俊生后稷,稷降以百谷。"《淮南子·氾论训》中又说:"后稷作稼穑而死为稷。"郭店楚简《唐虞之道》云:"禹治水,益治火,后稷治土,足民养生。"《尊德义》论证圣人治民应以"民道":"禹之行水,水之道也;造父之御马,马之道也;后稷之艺地,地之道也。莫不有道焉,人道为近。"可见周弃代柱为稷的历史影响之大。从柱到弃,稷神发生了变化,但是有一点始终没有变,就是重农精神一直被视为"百王不易"的人格被祭祀着,而且这种神农精神的最初,就是烈山氏之子柱贡献的。

三、炎帝神农氏与社稷

地神与社稷似乎是两种不同性质的神灵。例如,《左传·昭公二十九年》将"共工氏有子曰句龙"与"有烈山氏之子曰柱,为稷"并列,其云:"共工氏有子曰句龙,为后土,此其二祀也。"这里似乎强调"社"与"稷"是不同的二神。《汉书·郊祀志》也是将社神与稷神分开介绍的:"自共工氏霸九州,其子曰句龙,能平水土,死为社祠。有烈山氏王天下,其子曰柱,能殖百谷,死为稷祠。故郊祀社稷,所从来尚矣。"

但是事实上,社与稷是联系在一起的。稷神原来就是社神。比如柱植百谷,显然为谷神。可这只是一方面,另一方面是柱也是地主,即所谓社神。《说文解字》解"柱"字云:"楹也。从木,主声。"许慎的解释与《国语·鲁语》合。《国语·鲁语》云:"楹,柱也。"可见"主"是"柱"的本字。"主",金文写作𡧃,由𠆢和𠦂组成。前者指房屋,后者指房柱房梁,表示支撑屋架的核心房柱,即顶梁柱。"主"的篆文似草木的初生形态,显然指土地,草木从地而生,表明土地是生长万物的主宰,"柱"当为从土地里生长万物的主宰,据此可知,"烈山氏之子"即为地主,因为庄稼和粮食由他而来,所以又被尊为农神。之所以称为稷神,是因为稷乃五谷之长,可以作为庄稼和粮食的总称。地神也本是农神。丁山曾主张"后土"即"司徒",他说:以官职论"后土",它当为"司徒"之误。因为司徒之徒,载籍相传虽通作徒,但见于金文者则通作土,换言之,司徒在周代早期的青铜器铭文中写作"司土"①,是知土与徒通。杜注《左传·文公十八年》"举八恺,使主后土"时云:"后土,地官也。"所谓"地官",在《周官》里即是"司徒"。《周礼》以大司徒为地官之长。汉元寿二年改丞相为大司徒。西汉末至东汉初,以大司马、大司徒、大司空为三公。至汉光武帝建武二十七年,省大司马,又置太尉,以太仆赵熹为之,而与司徒、司空为三公。可见司徒一官地位很高,其职责至少在西周早期是管理土地和农业生产的。作为"司徒"的"后土"掌管了农

---

① 丁山:《古代神话与民族》,江苏文艺出版社,2011 年版,第 206 页。

业,其因贡献而入祭亦在情理之中,所以他应该就是稷神。

由上述可知,社神与稷神既有区别,又有联系。区别在于,社神是指土地神,稷神是指谷神或农神,这是两个不同的范畴;联系在于,社神与稷神具有同一性,社神即稷神,稷神亦社神,二者实际上是一个整体。因为社与稷有这样一个对立统一的关系,所以在历史上就存在一个分祭合祭之争。王莽新朝就是将社与稷分设的,《汉书·郊祀志》引莽言:"帝王建立社稷,百王不易。社者,土也。宗庙,王者所居。稷者,百谷之主,所以奉宗庙,共(供)粢盛,人所食以生活也。"东晋建武元年朝廷在南京正式建国家级神坛,分建三个神坛,其中有一个社坛和一个稷坛。以后在南京建都的历朝历代都相沿之,只不过地点、位置时有不同。唐朝也保留了社神与稷神分祭的旧制。

将社稷合在一起较社与稷分立要合理一些。因为从先秦时期起,"社稷"合在一起就与宗庙并列了。《周礼·春官·小宗伯》:"建国之神位,右社稷,左宗庙。"建国以宗庙社稷为先,从国之大事"国之大事,在祀与戎"的角度看,"社稷"与宗庙一样,是国之构成的决定性元素,是国家的重要标志。《周礼·地官·大司徒》所载:"设其社稷之壝而树之田主。"作为国家重要标志的"社稷"在这里是一个整体。因为社稷对国家非常重要,所以在后来社稷就成了国家的代名词。《韩非子·难一》云:"晋阳之事,寡人国家危,社稷殆矣。"这里的社稷就是指国家。既然社稷代表了国家,那么将社与稷分立就显得不合理了。据说周公相成王,摄政七年,在新邑建立社稷之坛,将社、稷合祭一处。周公是否这样做了,有待于继续研究。不过明太祖朱元璋在建宫城时认为将社神、稷神分祭实在不妥:"以为五土(即社神)生五谷(即稷神),所以养夫民者也。分而祭之,生物之意若无所施,于是合祭于一。"据已故著名南京学者朱偰先生考证,南京明故宫午门之南,端门之左,为"社稷坛"(今废)。再参见朱先生绘制复原的《明代宫城图》,即可见社稷坛西邻并紧挨着今存于南京午朝门明故宫遗址公园的中轴线。

从宗教的角度看,社稷之祭是对地神与农神的祭祀,但宗教的背后是经济。社稷祭祀的经济学意义,其实是一个国家的根本即生产力与财富归谁所有以及如何分配的问题。社稷之祭首先是生产力即土地所有权之祭。抽象地讲,社稷主掌管所有的土地,而具体地看,"地主"又被方位化了。进入文明时代后,社稷坛的坛面,铺设的是五色土,即黄、青、白、红、黑。这五种颜色分别代表不同方位的主宰,被称为"五色帝"。青、白、红、黑分别代表着天地的"四方",其中青色象征东方,其神太皞,由手持圆规掌管春天的木神辅佐;红色象征南方,其神炎帝,由手持秤杆掌管夏天的火神辅佐;白色象征西方,其神少昊,由手持曲尺掌管秋天的金神辅佐;黑色象征北方,其神颛顼,由手持秤锤掌管冬天的水神辅佐。东方及其生长物归太皞所有,即是说,太皞是东方的所有主体,是谓东方帝;南方及其生长物归炎帝所有,即是说,炎帝是南方的所有主体,是谓南方帝;西方及其生长物归少昊所有,即是说,少昊是西方的所有主体,是谓西方帝;北方及其生长物归颛顼所有,即是说,颛顼是北方的所有主体,是谓北方帝。黄色居中,是谓"中央之帝",将东、西、南、北连接成一个整体,居中而理四方,即是说,大地四方及其生长物总归中央之帝,因其颜色是黄的,故称"黄帝"。黄帝是所有土地及其生长物的所有者,此谓之"普天之下,莫非王土",东南西北四方帝的所有权是由黄帝分配的,这样一来社稷最终演变为"中+四方"的治理模式,这涉及了国家的基本命脉。在这里我们看到的是"政由黄帝"出，可是这个"黄帝"，最初其实是"炎帝神农氏"，由炎帝神农氏所奠基的社稷文化构成了中国文化的开端。

第三章　中华政祖——黄帝轩辕氏

和炎帝神农氏一样,黄帝是我国上古神话传说中又一位文化英雄,被很多中国人尊崇为开天辟地的第一位帝王。这里所说的"帝王"是政治意义上的。孙中山曾说黄帝是"做衣服的",殊不知做衣服的也是"弄政治的"。《史记·礼书》云:"君师者,治之本也。"从这个"本"出发,黄帝被视为中华文明的奠基人。

第一节　黄帝、轩辕及有熊

我们在前一章讨论社稷问题时引出了黄帝问题。古史上对于黄帝的称谓,种种不一。他因居"轩辕之丘",故称轩辕氏;因是有熊国君,故称有熊氏;长于姬水,以姬为姓;也是少典国君的子孙,又姓公孙。此外还有黄帝氏、帝轩、黄轩、轩黄、轩皇等名称。在当代的炎黄文化研究中,把黄帝作为北方文化代表已是共识。不过关于黄帝,有人强调黄帝与轩辕氏的关系,也有人强调黄帝与有熊的关系。

一、黄帝部落的图腾

在图腾时代,任何部落,甚至个人都有自己的图腾。图腾是部落的族徽,是部落的姓,强调某人是何图腾的人,相当于今天所说某人是姓什么的。黄帝部落也有其图腾,我们研究"黄帝"问题,当从其图腾开始。从文献记载上看,被称黄帝的这个人所代表的部落图腾不止一个,而是多个,熊、龙、神龟、鸟以及云等等都是其图腾。

关于图腾熊,晋人皇甫谧在其《帝王世纪》云:

> 黄帝有熊氏,少典之子,姬姓也。

《史记集解》引谯周云:

> (黄帝)有熊国君,少典之子也。

班固《白虎通·号》也说:

> 黄帝有天下,号曰有熊。

故黄帝部落的图腾当为"有熊",即熊。由上述资料可知,被称为"黄帝"的这个人是有熊部落的,或者说,他是有熊氏的代表人物。

关于图腾龙,《淮南子·天文训》说:

> 中央,土也,其帝黄帝,其佐后土,执绳而制四方。其神为镇星,其兽黄龙,其音宫,其日戊己。

《史记·天官书》说:

轩辕,黄龙体。

《史记·封禅书》又说:

黄帝采首山铜,铸鼎于荆山下。鼎既成,有龙垂胡髯下迎黄帝。黄帝上骑,群臣后宫从上者七十余人,龙乃上去。

又黄帝姬姓,上古姬通女又通巳,而巳即是大蛇,这种大蛇又被人们称作龙,被黄帝部落奉为图腾。《国语·晋语》:

昔少典娶于有蟜氏,生黄帝、炎帝。

是知黄帝母为有蟜氏。《说文解字》说:"蟜,虫也。从虫,乔声。"段玉裁注:"虫,各本作虫,今正。虫者,它也。虹似它,故字从虫。"它,即蛇,故蟜为龙、蛇类。"蟜"字从虫、从乔,意即大蛇(龙),所以黄帝为龙(蛇)之后,奉龙为图腾。按《补史记·三皇本纪》,有蟜氏又名女登,为有娲氏之女。有娲氏即女娲,而女娲为龙蛇之身。故黄帝当以龙为图腾。《山海经·海外西经》:"轩辕之国在此穷山之际,其不寿者八百岁。在女子国北。人面蛇身,尾交首上。穷山在其北,不敢西射,畏轩辕之丘。在轩辕国北。其丘方,四蛇相绕。"袁珂先生注曰:"此言轩辕国人人面蛇身,固是神子之态,推而言之,古传黄帝或亦当作此形貌矣。"

由上述可知,与黄帝有关的龙图腾其实是指有熊氏的母姓。黄帝当然从其"生",但他后来有了自己的图腾,这就是"有熊"。

关于图腾鸟,《竹书纪年》说:

二十年。……有凤皇集,不食生虫,不履生草,或止帝之东园,或巢于阿阁,或鸣于庭,其雄自歌,其雌自舞。麒麟在囿,神鸟来仪。……五十年秋七月庚申,凤鸟至……则凤皇居之……则凤皇去之。今凤皇翔于东郊而乐之,其鸣音中夷则,与天相副。

《山海经·大荒北经》载:

有儋耳之国,任姓,禺号子,食谷。

又载:

北海之渚中,有神,人面鸟身,珥两青蛇,践两赤蛇,名曰禺强。

《国语·晋语》云黄帝之子十二姓,《山海经》云黄帝之后有“人面鸟身者”。以上文献记载了黄帝族可能以鸟为图腾。“鸟”与“龙”其实是一体的。有一个汉字为上下结构,其上为龙,其下为鸟。这个汉字或能说明“鸟”与“龙”的一体化。

关于云,《周易·乾卦·文言》说:

云从龙,风从虎。

而甲骨文、金文中的“云”字多象龙、蛇一类无足曲体动物形象。《竹书纪年》说:黄帝时有“景云见,以云纪官。有景云之瑞”。又说:“有大蝼如羊,大螾如虹。帝以土气胜,遂以土德王。”从“云从龙"看,被视为黄帝的这个人的云图腾其实是龙图腾的一部分。

关于神龟,《国语·周语》:

> 我姬氏出自天鼋。

天鼋是指神龟。它与龙、凤、麟一起被作为中国古代的四大灵物之一。商代铜器上有龟形纹朝拜人形纹的图样,学者释为"天鼋",为文字或族徽(图腾)。郭沫若在考证周代《献侯鼎》等铭文后认为,"天鼋二字,铭文多见,旧译为子孙,余谓当是天鼋,即轩辕也"。因此,"天鼋"就是轩辕,即黄帝。郭氏谓轩辕即天鼋,我们认为其猜想成分过多。在《国语》中,天鼋只是姬姓之母。这些图腾表面上看来,似杂乱无章,但按时间顺序进行梳理,我们发现有这样一条线索值得重视:天鼋→龙(姬)→有熊。被称为黄帝的这个人及其部落就是有熊氏,其以龙(姬)为母姓,而其母姓的母姓即是天鼋,所以说,"我姬氏出自元鼋"。

二、黄帝与轩辕

司马迁《史记·五帝本纪》记载:"黄帝者,少典之子,姓公孙,名曰轩辕。"但是"轩辕"一词的含义是多样的。其一是指车辆,《说文解字·车部》"辌,辕也",朱骏声通训:

> 大车左右两木直而平者谓之辕,小车居中一木曲而上者谓之辌,故亦曰轩辕,谓其穹隆而高也。

罗泌《路史》卷七记"轩辕氏"云:

　　轩辕氏，作于空桑之北，绍物开智，见转风之蓬不已者，于是作制乘车，枱轮璞较，横木为轩，直木为辕，以尊太上，故号曰轩辕氏。权畸、羡审、通塞，于是擅四方，伐山取铜以为刀货，以衡域之轻重，而天下治矣。

其二为星座。《史记·天官书》云：

　　权，轩辕。轩辕，黄龙体。前大星，女主象；旁小星，御者后宫属。

唐人张守节《史记正义》云：

　　轩辕十七星，在七星北。黄龙之体，主雷雨之神，后宫之象也……二十四变，皆轩辕主之。其大星，女主也；次北一星，夫人也；次北一星，妃也；其次诸星皆次妃之属。

清钱谦益《皇后册文》云：

　　上应张星，主太庙明堂之位；下临角亢，叶后宫轩辕之占。

　　其三为天鼋。我们在前面已经提及轩辕即天鼋。此说从者甚众，容庚《金文编》附录（三）从此说，史树青亦从此"天鼋族氏即轩辕"之说①。张振犁、陈江风等著《东方文明的曙光——中原神话

---

① 赵国鼎：《黄炎二帝考略》"题词"，河南人民出版社，1991年版。

论》认为郭沫若释天鼋为轩辕,即肯定了神龟是黄帝族的原始图腾①。王大有亦释轩辕为天鼋、玄鼋,为鼍龙。"天鼋、玄鼋、鼍龙、鳖、龟等,皆从鼋。鼋就是蛙。天鼋氏本于大蛙,蛙鸣雷雨。因而'姬''黄''臣''熙',皆是鼋、龟之象。"②

也有人认为黄帝是黄帝,轩辕是轩辕。罗泌《路史》从其说:

> 轩辕氏,古封禅之帝也。在黄帝氏之前,承学之士乃皆以为即黄帝氏,失厥所谓,莫此甚焉。昔蒙庄氏论至德之世,轩辕氏后乃有赫胥,而尊卢、祝融次之,又后乃有伏戏、神农、黄帝,其明著若是。讯诸币款有黄帝金,而又有轩辕金;封禅文识有轩辕氏,而又有黄帝氏,则轩辕自为古帝,信矣。后世惟见史迁纪黄帝名轩辕,更弗复考,于古失之。

虽然强调黄帝与轩辕不同是合理的。因为黄帝是有熊,而"轩辕"作为"女主",只是因为被称为"黄帝"的这个人是"女主"之后。但是将"黄帝"与"轩辕"联系起来,现在已成为主流意见,不过其只是讲清了二者之间的先后关系。

在目前的几个由国家确认的黄帝祭祀地,陕西似乎更强调黄帝与轩辕的关系,有这样的传说:

> 由于长年累月的迁徙游牧生活,各种笨重的东西都要人担肩挑,每迁移一次都给先民们带来极大痛苦和不便。遇上女人

---

① 张振犁、陈江风等:《东方文明的曙光——中原神话论》,东方出版中心,1999 年版,第 71—72 页。
② 王大有:《三皇五帝时代》,上册,中国社会出版社,2000 年版,第 135—136 页。

生孩子,老人生病,更是叫苦连天。黄帝为此事也是经常唉声叹气,但又不得不迁移。

有一次,黄帝带领他的先民迁移到北方黄土高原。这里森林茂密,地形平坦,便于长期生存。他们刚刚居住下来,有一天突然狂风大作,黄帝立即命全部先民,人人抱树,个个藏身,以防狂风卷走,黄帝只顾别人的安危,不料,自己头上戴的遮太阳的大圈帽,被狂风吹掉。他连忙抓住一棵小树,就地蹲下。黄帝发现他的大圈帽被狂风吹得就地滚动,并不倒地。这是啥原因呢?黄帝砍了一根树枝,扎成圆圈,放在地上用力往前一推,滚了不到一丈远又倒了。黄帝自小就是个聪明绝顶的人,他沉思了很久;然后,再扎了一个圆圈,给两个圆圈中间扎了个十字架,又砍了一根长树枝,把两个圆圈扎在这根树枝的两头,放在地上用力往前一推。这次虽然没有倒,滚不了多远就停下来。这时,常先、风后、仓颉一起走来,问黄帝在干什么?黄帝把刚才发生的事向三位参臣诉说了一遍。智多谋广的风后,连忙剥了一条树皮,拴在两个圆圈中间的横杆上,一手拉着往前走,两个圆圈一直滚动着,并未倒地。

黄帝一看,突然哈哈大笑,一下醒悟过来。他叫常先再扎两个同样的圆圈,四个木圈连在一起,好比四个车轮,稳稳当当向前滚动着,再也不怕倒地。风后看后,好像脑子里一下也醒悟过来,他命常先去采石场弄两个圆形石盘,中间凿个洞。不到半天工夫,两个圆形石盘就做成了。风后从中间横安一根木棍。木棍中间绑了一条草绳,叫常先拉上使劲往前跑。后边跟随了一群先民看热闹。仓颉连忙向黄帝说:"我给这个东西起个名,叫做'车'。"黄帝深思了半天,表示同意。族人力牧对车产生了极大兴趣。他征得黄帝同意,命所有先民:一人制作两块圆形石头盘,大小规格要一样。不几天,圆形石头盘造得堆积如山。常先命先民,四个圆石盘安装一辆车,全部安成后,黄帝召集所有先民前来观看表演。中华民族第一个地上运载工具——车轮,就这样诞生了。它是当今世界上所有车轮的前身。

随着生产力不断发展,车轮也由石头改作为木制车轮。有了铁器以后,车轮由木制又改为铁车轮,成为迁徙游牧生活中的运载工具,大大减轻了先民们体力劳动。力牧在车的基础上,又创造了打仗用的"战车"。

为了让人们永远记住这个功劳,仓颉和各位大臣商议;命车为"轩辕"。因黄帝当时还没有一个正式名字,就以"轩辕"命名,作为黄帝正式名字。这就是"轩辕"的来历。①

三、黄帝与有熊氏

从文献所记载的传说来看,有人将黄帝与熊联系在一起,也有人认为有熊氏与伏羲氏相联系,认为伏羲氏即是有熊氏。不过,后者并不是文献记载的主流意见。主流意见是将有熊氏与黄帝联系起来,甚至认为黄帝即是有熊氏。

战国时期的《世本》首记黄帝。《史记·五帝本纪》索隐注云:

号有熊者,以其本是有熊国君之子故也,亦号轩辕氏。

---

① 高院艾主编:《黄陵文典·黄帝故事卷》,陕西人民出版社,2008 年版,第11—12 页。

汉人焦延寿《焦氏易林》：

> 黄帝，有熊国君，少典之子。

东晋王嘉在《拾遗记》中说：

> 轩辕出自有熊之国，母曰昊枢，以戊己之日生，故以土德称王也。

可是在民族学调查中，我们发现"熊"与蚩尤是联系在一起的。湘西苗族自称"果雄"或"仡雄"，或记为"果熊"或"仡熊"，简称为"雄"或"熊"，是"老熊绎公公"的后代，从"老熊绎公公"再往前推就是蚩尤。蚩尤是黄帝杀死的敌人。按照原始人的禁忌，敌人被杀后即转化为本族的守护神，并将其名重新命名在小孩身上，以视其再生①。从这个角度看，有熊最初可能是蚩尤，其被黄帝杀害后即转化为黄帝部落的守护神，其名加在黄帝部落小孩身上，因此有熊氏当为黄帝之后。

《史记·五帝本纪》云黄帝"教熊罴貔貅貙虎，以与炎帝战于阪泉之野"。这个记载所谈的六种动物，实际上可以分为熊与虎两类。其中，熊居其四，为熊罴貔貅。罴是熊的一种，也叫棕熊、马熊或人熊，古称之为罴。貔与貅像熊，其雄为貔，雌为貅。虎居其二，貙属虎类。从黄帝所教的六种动物多半是熊类可知，有熊氏，当为黄帝之后。

---

① ［奥］佛洛伊德：《图腾与禁忌》，中国民间文艺出版社，1986年版，第75页。

有熊氏在中国文化史上的作用举足轻重。产生于汉代谶纬思潮的纬书虽然是一批以神意附会儒学经典的著作,基本内容为神学迷信,但其中也保存了一些古史传说及天文、乐律、医学等零星资料,其中有一些与黄帝有关的提法,很有意思。如《易纬·乾凿度》云:

> 黄帝曰:太古百皇,辟基文籀,遽理微萌。始有熊氏,知生化柢,晤兹天心。譓念虞,思慷慨,虑万源无成。既然物出,始俾太易者也。太易始著,太极成。太极成,乾坤行。

"始有熊氏"一语的关键是"始"与"太初"之说颇类。这使我们想到了基督教的《圣经》。《圣经》之《创世纪》第一章云:

> 起初,神创造天地。
> 地是空虚混沌;渊面黑暗;神的灵运行在水面上。
> 神说:"要有光",就有了光。
> 神看光是好的,就把光暗分开了。

如果"有熊氏"是指宇宙的起始,那么它实际上是"太易",也就是所谓的"道";如果将它视为历史的起点,那么"有熊氏"实际上是指"祖"。司马迁著《五帝本纪》从"黄帝"始,这不是"始有熊氏"吗? 因此,这个"有熊氏"是一种祖道合一的人格。

河南新郑讲黄帝,更多地将黄帝与有熊氏联系起来,其传说有云:

很早很早以前,具茨山姬水河一带,住着一个少典族部落。少典部落的首领叫少典。这少典个头又大又高,有一张强硬的好弓,又射得一手好箭,经常独自一人携弓带箭,出入深山密林,射猎鸟兽。

有一次,少典往西边深山里奔走了半日,只猎获了几只山鸡野兔。狩猎人有条规矩,前半天往外走,日到中午就得往回走,一般不在山野过夜。少典坐在一棵大树下,吃了点干粮,想休息一会儿往回走,不知不觉就睡着了。朦胧之中,他觉得有什么东西轻轻推他的手臂,一惊跃起,原来是一只大熊站在面前。

这只熊简直是头大牛,比普通熊大得多。猎人们都知道这是熊群的领袖,人们都称它熊将军,平时是很少见到的。

熊将军见少典醒来,连忙跪在地上叩头。少典以为它乞求猎物充饥,拾起一只山鸡扔给它。它却不理,只是叩头。熊将军见少典不懂它的意思,就调转身子卧伏在少典胯下,摆摆头,轻声吼叫着,示意少典骑在它身上。少典见熊将军反复这样做,眼里似乎还流着泪,猜想定是有急难事求他,就背起弓,拿着箭,骑上了熊将军的脊背。

熊将军驮着少典在山中也不知奔走了多少路,进入了一条阴森的大峡谷,才渐渐地放慢了脚步。它全身也战栗起来。

这峡谷里尽是参天古树,密密麻麻,阴阴森森,不见天日。熊将军一边走,一边四处张望,似乎怕什么会一口吃掉它。

熊将军慢走了约有三五里路,来到一片平坦的青石上停了下来。青石旁有一棵白果树,高十数丈。熊将军靠在大树上,靠靠树,摆摆头,轻声叫叫,示意少典爬到树上。

少典背着弓箭,攀援树干而上。熊将军站在树下抬头仰望着他。当他爬到树脖想停下来时,熊将军摇摇头,举起前掌直指树顶,示意他再往上爬。少典又往上爬了爬停住,骑在一个树杈上。熊将军围住大树走了一圈看看,又跪下叩头,然后离去。

太阳落山了,少典就在树上歇宿。一夜无事,直到第二天黎明时分,少典看见平坦的青石上有两道亮光闪烁,也看不清是什么怪物,又过了一会儿,才看清那是一头巨兽。它身躯庞大,全身毛色乌黑,正静静地站在那里,似乎在等候着什么。

又过了一会儿,天大亮了,从峡谷那头走出一群熊来,有百余只。最前头的那只特别大,一望便知那就是昨天驮他来这里的那个熊将军,正领着熊群慢慢向这里走来。

它们排队走到巨兽面前,一齐趴在地上,听从摆布。巨兽走进熊群,扑杀了两只,当场吃掉。之后,熊群才战栗而去。

少典目睹了兽中这一凄惨景象,终于领悟了熊将军的心意:请求他除掉这头巨兽。他取弓抽箭,拉满弓,居高临下,连发三箭皆中。巨兽负伤,环顾四周,不知箭从何处来,大声狂吼。树木被震得哗哗作响,如刮了一阵大风。

少典见三箭未中要害,就从树叶中露出身子,朝巨兽连喊两声,引它走近前来。巨兽看见少典,疯狂扑到树下,朝他吼叫。少典急忙拉满弓,对准巨兽喉咙嗖地一箭。巨兽中箭后狂蹦乱跳,折腾了好大一阵,才气尽死去。

过了片刻,熊将军走来,一步一望地走到巨兽身边,用爪触触尸身,得知它确实死了,才仰天大吼。顷刻间,熊群从谷底奔来,有数百头之多,它们齐声大吼,像似欢呼胜利!声震峡谷,远传数十里。

之后,熊群一齐下跪,朝大树叩头。熊将军走到树下,再次朝少典下跪,并示意少典从树上下来。

少典会意,忙从树上下来,骑上熊背。

熊将军驮着少典在前,熊群列队随后,送少典又回到他歇息的那棵树下。熊将军再次跪地叩头,熊群也都伏地叩头,然后才依依别离而去。

从此,少典成了熊的救命恩人,与熊交上了朋友。只要有用到熊的地方,走到那棵大树下学熊大吼三声,马上就有熊出来供他役使。有一年,居住在箕山(今禹州市南)的狼部落向北扩展。与少典部落发生了冲突。少典部落被狼部落打败,失去了不少土地,损失惨重。后来,少典到那棵大树下学熊叫三声,几千只熊从深山密林中奔来。少典带着这些熊赶走了狼部落人,夺回了土地。因为熊帮助少典部落重建了家园,熊最勇猛,少典就把少典部落改名为熊部落。熊部落的人,感到自己有熊相助,很安全,经常对外部落人夸耀说:"我们有熊。"这样久而久之,大家都称少典部落为"有熊氏"或"有熊部落"。再后来,这个部落逐渐强大,发展成为有熊国,少典就成了有熊国的国君。①

第二节　神话、仙话以及史话中的黄帝

在文化史的话语结构中,谈黄帝实际上有三个维度:一个是神

---

① 高院艾主编:《黄陵文典·黄帝故事卷》,陕西人民出版社,2008 年版,第 113—114 页。

话维度,在其中,黄帝是神话人物,此谓之"神话黄帝";二是仙话维度,在其中,黄帝是神仙人物,此谓之"仙话黄帝";三是历史维度,在其中,黄帝是历史人物,此谓之"史话黄帝"。兹述如下:

一、神话黄帝

上古思想经历了其神话阶段,古史人物皆以神话传说的形式表现出来。因此,在对神话传说进行文化诠释的时候,就出现了两个路子,一是从神话传说中找出历史,一是认为黄帝传说皆为神话。《史记·五帝本纪》讲:

> 黄帝者,少典之子,姓公孙,名曰轩辕。生而神灵,弱而能言,幼而徇齐,长而敦敏,成而聪明。

这里的"生而神灵,弱而能言"本身就是神话。走在神话道路上的学者们认为,黄帝本来是神话,但是后来的儒家将其转化为历史人物了。著名的神话学家袁珂就是这种主张。他曾举例说,黄帝"传说中他本来有四张脸,却被孔子巧妙地解释做黄帝派遣四个人去分治四方"。他认为,这种转换就是中国神话走向死亡的重要原因[1]。袁珂此论是否正确,我们这里不予讨论,但是他将黄帝放在神话的话语中进行讨论,我们在这里可以接受。

黄帝的称谓,本作"皇帝"。《庄子·齐物论》云"是皇帝之所听荧也",释文:"皇帝,本又作黄帝。"其《至乐》又云:"吾恐回与齐侯言尧、舜、皇帝之道,而重以燧人、神农之言。"释文:"皇帝,司马本

---

[1] 袁珂:《中国古代神话》,商务印书馆,1950 年版,第 27—28 页。

作黄帝。"

作为"皇帝",在神话学的话语中有两层意思:第一层与太阳有关,黄帝实即太阳神。《风俗通义》:"皇者,中也,光也,弘也。"黄、晃、皇、煌、光在古代音同义通,可以互用。第二层意思与天有关。"皇"与"天"相通过。《诗经·大雅·文王》云:"思皇多士。"《毛传》:"皇,天也。"是知"黄帝"一名含有皇天上帝即含有天的意思。《汉书·郊祀志》云:"今称天神曰皇天上帝。"可见"皇天上帝"是汉代人对"天神"的称呼。而汉代以前,"天神"又是"黄帝"的别称。《淮南子·说林训》云:"黄帝生阴阳。"高诱注:"黄帝,古天神也。始造人之时,化生阴阳。""帝"字与"天"有关。"考帝字最被授义,当与日字同源。""象日之光芒四射之状。"①

但是"天帝"后来代神农氏而成了管理大地四方的"中央之帝"。《尸子》曰:"子贡问孔子曰:'古者黄帝四面,信乎?'"这就是说,黄帝是四面神。孔子曾将四面历史化,其云:"黄帝取合己者四人,使治四方,不谋而亲,不约而成,大有成功,此之谓四面也。"所谓四面神,即是治理天下四面的神。《孙子兵法·行军》云:"凡此四军之利,黄帝之所以胜四帝也。"银雀山汉简《孙子兵法》的佚文里,有篇题为《黄帝伐赤帝》的文献,同样也记载了黄帝用兵的方法:

〔黄帝南伐赤帝,至于□□〕,战于反山之原,右阴,顺术,倍(背)冲,大威(灭)有之……东伐□帝……北伐黑帝……西伐白帝……已胜四帝,大有天下……天下四面归之。

① 张舜徽:《说文解字约注》,《张舜徽集》,第1册,华中师范大学出版社,2004年版,第8页。

因为天下四方归有熊氏,而他居中央以治四方,所以,自然就是
"中央之帝"了。而这位中央之帝以黄色为尚故称"黄帝"。这样看
来,从有熊氏起,东亚大陆就已经出现了以一帝治四面的格局,这就
是"中国"的萌芽,而这个萌芽在夏商周三代得到了健全的发展。

从天神到中央帝要有沟通的中介,这就是圣山。黄帝沟通天地
的圣山是昆仑山,这也是黄帝的行宫所在地,因此谈神话的黄帝免
不了要谈昆仑山。《山海经·西山经》:

> 西南四百里,曰昆仑之丘,是实惟帝之下都。神陆吾司之。
> 其神状虎身而九尾,人面而虎爪。是神也,司天之九部及帝之
> 囿时。有兽焉,其状如羊而四角,名曰土蝼,是食人。有鸟焉,
> 其状如蜂,大如鸳鸯,名曰钦原,蠚鸟兽则死,蠚木则枯。有鸟
> 焉,其名曰鹑鸟,是司帝之百服。有木焉,其状如棠,黄华赤实,
> 其味如李而无核,名曰沙棠,可以御水,食之使人不溺。有草
> 焉,名曰薲草,其状如葵,其味如葱,食之已劳。河水出焉,而南
> 流注于无达。赤水出焉,而东南流注于泛天之水。洋水出焉,
> 而西南流注于丑涂之水。黑水出焉,而西流注于大杆。是多怪
> 鸟兽。

这里讲"昆仑之丘""实惟帝之下都"。《穆天子传》云:"天子升
于昆仑之丘,以观黄帝之宫。"由此可知,黄帝通过昆仑山等圣山下
临四方而为中央之帝,通过昆仑山等圣山上天而为天帝,似此通天
彻地的人物,只有放在神话的话语中进行解释才是合理的。

二、仙话黄帝

神话的黄帝被道家、方术之士利用了,从而将黄帝神话转化为

关于黄帝的仙话。在道士、方术之士的口中,黄帝就是得道的神仙。

但是黄帝之成为神仙是有前提的,这个前提是强调黄帝是治世的人王。东晋葛洪所著的《抱朴子》,内篇言神仙方药、养生祛邪,外篇论治国理政、人间得失,将儒教与神仙之说结合在一起。其《明本》记黄帝云:

> 黄帝能治世致太平,而又升仙,则未可谓之后于尧舜也。

"治世致太平"是帝王事业,"升仙"是个人追求。从《抱朴子》的记载中,我们可以知道,道教心目中的黄帝,就是仙人。《抱朴子·辨问》讲得更清楚:

> 黄帝先治世而后登仙,此是偶有能兼之才者也。古之帝王,刻于泰山,可省读者七十二家,其余磨灭者,不可胜数,而独记黄帝仙者,其审然可知也。

不仅黄帝可成仙,据刘向《列仙传》记载,他的治下有许多人也成了仙。如宁封子,"黄帝时人也,世传为黄帝陶正。有人过之,为其掌火,能出五色烟,久则以教封子。封子积火自烧,而随烟气上下。视其灰烬,犹有其骨。时人共葬于宁北山中,故谓之宁封子焉"。还有一个马师皇,此人是黄帝时马医。据云:他"知马形死生之诊,理之辄愈。后有龙下,向之垂耳张口。师皇曰:此龙有病,知我能理。乃针其唇口中,以甘草汤饮之而愈。后数有疾,龙出其波,告而求治之。一旦,龙负皇而去"。

成仙需有师的指引。西汉刘向《列仙传》中有不少关于仙话黄帝的记载。如：

> 黄帝者，号轩辕，能劾百神，朝而使之。弱而能言，圣而预知，知物之纪，自以为云师，有龙形。自择亡日，与群臣辞，至于卒，还葬桥山。山崩，枢空无尸，唯剑舄在焉。《仙书》云，黄帝采首山之铜，铸鼎于荆山之下，鼎成，有龙垂胡髯下迎帝，乃升天。群臣百僚悉持龙髯，从帝而升。攀帝弓及龙髯，拔而弓坠，群臣不得从，仰望帝而悲号。故后世以其处为鼎湖，名其弓为乌号焉。

还有，要服用金丹。《抱朴子·金丹》云："按《黄帝九鼎神丹经》曰，黄帝服之，遂以升仙。又云，虽呼吸导引，及服草木之药，可得延年，不免于死也；服神丹令人寿无穷已，与天地相毕，乘云驾龙，上下太清。黄帝以传玄子，戒之曰：此道至重，必以授贤。苟非其人，虽积玉如山，勿以此道告之也。"其《微旨》云："俗人闻黄帝以千二百女升天，便谓黄帝单以此事致长生。而不知黄帝于荆山之下，鼎湖之上，飞九丹成，乃乘龙登天也。黄帝自可有千二百女耳，而非单行之所由也。"《续博物志·问答释义》："孙兴公问曰：世称黄帝炼丹于凿砚山，乃得仙，乘龙上天，群臣援龙须，须坠而生草，曰龙须。有之乎？答曰：无也。有龙须草，一名缙云草，故世人为之妄传。"

当然还要游圣山。《汉书·郊祀志》云：

> 天下名山八，而三在蛮夷，五在中国。中国华山、首山、太室山、泰山、东莱山，此五山黄帝之所常游，与神会。黄帝且战

且学仙,患百姓非其道,乃断斩非鬼神者。百余岁然后得与神通。黄帝郊雍上帝,宿三月。鬼臾区号大鸿,死葬雍,故鸿冢是也。其后黄帝接万灵明庭。明庭者,甘泉也。所谓寒门者,谷口也。黄帝采首山铜,铸鼎于荆山下。鼎既成,有龙垂胡颜下迎黄帝。黄帝上骑,群臣后宫从上龙七十余人,龙乃〔上〕去。余小臣不得上,乃悉持龙颜,龙颜拔,堕,堕黄帝之弓。百姓印望黄帝既上天,乃抱其弓与龙颜号,故后世因名其处曰鼎湖,其弓曰乌号。

成仙的意义在于追求个人的长生不老。制造黄帝成仙的仙话在很大程度上是为了回应汉武帝的疑问。汉武帝勒兵十余万骑北巡朔方之后,到了桥山黄帝冢,准备祭黄帝。但此时的汉武帝有一个很大的疑问:“吾闻黄帝不死。有冢,何也?”这个时候,臣子中有人解释:黄帝其实没有死,他是成仙上天了。桥山黄帝冢里葬的不是黄帝本人,而是黄帝的衣冠,所以黄帝冢其实是衣冠冢。

仙话黄帝虽然近乎荒诞,但是它肯定黄帝是一个真实的个人,这一点,应该引起我们的重视。

三、史话黄帝

作为历史话语中的黄帝,他被视为真实的历史人物。我们首先看司马迁著《五帝本纪》,他所依据的就是“文献”。所谓“文献”包括“文”与“献”两个方面。所谓“文”,就是指典籍;所谓“献”就是指“贤人”。历史学研究,从文献的角度讲,就是“征文考献”的过程,也就是说,它一方面取证于书本记载,另一方面要研究耆旧言论。“当我们祖先没有发明记载思想语言的文字工具以前,一切生活活动的事实,都靠口耳相传。这种口耳相传的资料,在古代便是史料。所以'古'字在《说文解字》中的解释是:'故也,从十口,识前言者也。'"①比如,司马迁写黄帝一方面运用《宰予问五帝德》及《帝系姓》等古文,即先秦时期的蝌蚪文资料,而这些蝌蚪文所记帝系本身就是珍贵的古史资料,此谓之"征文";另一方面,他西至空桐,北过涿鹿,东渐于海,南浮江淮,广泛收集了各地黄帝的传说,此谓之"考献"。因此,司马迁笔下的黄帝就是"征文考献"的结果,它属于历史学的范畴。在现代史学研究中,尤其是炎黄学研究中,很多人将"文献"仅仅理解为典籍,而将"考献"排斥于文献之外,结果,将"黄帝"变成了可以任由人理解的文字符号。

作为古史人物的黄帝,在历史的话语中有两个层面:其一是将黄帝作为可考的历史人物,其二是层累地构成的历史人物。前者在文献与考古二重证明的过程中显示了出来,后者表现在各地耆旧对黄帝及其功绩的讲述中。

关于将黄帝作为可考的历史人物的研究,路径有很多,将金文资料与文献资料结合起来进行研究,就是其中一条。例如,学界结合文献对《陈侯因资敦铭》中的黄帝的研究,就是将他作为可考的历史人物而进行。陈侯因资敦属于陈侯四器之一。所谓"陈侯四器"是指陈侯午及陈侯因齐父子两代之物。在中华人民共和国成立之前,它们先藏于沈阳故宫,后收藏于民国时期北平古物陈列所的武英殿内。其中的陈侯因资敦是战国中期的,有铭文。其云:

---

① 张舜徽:《中国文献学》,《张舜徽集》,华中师范大学出版社,2004年版,第1页。

唯正六月癸未,陈侯因齐曰:皇考孝武桓公,恭戴! 大谟克成。其惟因齐扬皇考,绍绳高祖黄帝,俅嗣桓文,朝问诸侯,答扬厥德。诸侯寅荐吉金,用作孝武桓公祭器敦。以烝以尝,保有齐邦,世万子孙,永为典常。

铭文中出现了"高祖黄帝"四个字,因而是研究黄帝文化的重要资料。整个铭文的大意是陈侯因齐说明他为什么要铸造这件精美的敦器。据铭文,时在六月癸未这一天,齐成王——陈侯因齐铸造了此敦,目的是称赞其父亲桓公(田国午——陈侯午)。他说,他父亲能够实现兴邦大计,他最敬佩。为了弘扬父亲并继承先祖黄帝及效法齐桓公(指春秋初之齐桓公——小白)和晋文公的霸业,大会诸侯,以光耀祖先的盛德,就用诸侯献来的纯好美铜,铸造了这件敦器,以在秋冬祭祀他孝武双全的父亲,愿祖先庇佑他能保有齐国的强大,使万世子子孙孙永远引为典范。

《陈侯因齐敦铭》曾引起学界的高度重视。在我们看来,此铭最值得重视的地方在于,它将"黄帝"与陈侯因齐的家世结合起来,从而将黄帝视为有册可考的历史人物。

《攈古录金文》引翁祖庚释"齐"云:陈侯因齐即齐威王。威王名因齐,而此作齐者,古齐、齐字通。本铭的器主"陈侯因齐"乃《史记·田敬仲完世家》中的威王"因齐",是田敬仲完(陈完)的十二世孙。陈完其人本系春秋初期陈厉公之子,因恐罹祸,于齐桓公十四年(前672)奔齐,并以田为氏。据现在所见金文,凡陈国之"陈"皆作"敶",然陈完奔齐后改作"墬",将原本从"攴"而"陈"声之字改为从"土"。

根据翁祖庚提供的线索,结合《史记·田敬仲完世家》的记载,我们不难发现,(齐威王)因齐初即位九年,其间,齐多遭诸侯讨伐,且国人不治,至在位二十四年时,国势强大了起来,楚、赵及燕诸国皆不敢来侵,且泗上十二诸(邾、莒、宋及鲁等国)皆来朝;在位二十六年,救赵败魏,最强于诸侯,于是始自称为"王",以号令天下;在位三十六年卒,其子辟疆立,是为齐宣王。本铭中之"因资(齐)"自称"陈侯"(田侯),是尚未称王之时;而六月之前,大会诸侯后,他就用诸侯献来的美好纯铜,为其父桓公——陈侯午(田午)铸制此一祭器。齐威王(因齐)的祖父叫田和,原是齐康公时丞相,由于齐康王淫于酒及妇人,不听政,田和遂篡夺其位,五年后周天子立他为齐侯。二年田和卒,子田午立,称桓公,就是齐威王的父亲。此齐桓公田午即铜器上的"陈侯午",他在位第七年时,用诸侯送来的美铜铸了一件"陈侯午七年敦";在位第十四年时,又用群诸侯进献的美铜,铸了两件"陈侯午十四年敦"及一件"陈侯午十四年簋"。

根据《史记》记载,陈齐是陈胡公之后,胡公是帝舜之后,舜是黄帝之后,齐威王即黄帝后,故《陈侯因资敦铭》称黄帝为高祖,其与《国语》《帝系》《世本》相传之古帝王世系密合。据《田完世家》,知齐威王是陈完(田完)的十二代孙;再据《陈杞世家》,可由陈完溯出齐威王是陈胡公满的二十三代孙,而《左传》及《国语》又称陈胡公为虞胡公,是虞帝舜的后裔;最后据《五帝本纪》,虞帝舜是颛顼的七代孙,是黄帝的九代孙。这样一来,齐威王与其高祖黄帝的谱系脉络便非常清晰可见,黄帝即战国时齐威王的"高祖",因此铭而成为可以"触摸"的史实。这样一来,黄帝就是古史人物了。

关于后者,我们根据文献对黄帝其人的武功、文治以及文化创造等方面的记载可知,黄帝就是由功绩与荣光累积起来的人物。

先说武功。据说在神农氏世的晚期,以蚩尤最为残暴。于是黄帝出来收拾残局。他先把炎帝族的余众收服下来，再和蚩尤决战。黄帝和蚩尤的战争，可以说是惊天地、动鬼神的大战。蚩尤"铜头铁额""兵杖刀戟"，但黄帝能驱使熊、罴、貔、貅、䝙、虎等猛兽作战。他的大臣发明了弓箭，"弦木为弧，剡木为矢"。双方经历了七十一战还不能分胜负。最后的决战是在涿鹿，是役，蚩尤灭亡。战败后的蚩尤，黄帝令人剥了他的皮做成一个靶子，叫大家射，射中多的人有赏；又剪下他的头发挂在天上，叫作蚩尤旗；还把他的胃填成球让大家踢；把蚩尤的骨肉也做成肉酱，混到苦菜酱里，命令所有的人分食。——古人的战争够残酷的。蚩尤灭亡，诸侯推尊黄帝代神农而为共主。

次说文治。马上打天下重要，但更重要的是马下治天下。传说黄帝拥有像太山稽、常先、大鸿这样的贤臣。他对农业人才尤其重视，据说一年四季都安排有专门指导农事的官员。大乱以后，部落有很大的迁动，划定界限更不可缓，作为共主的黄帝"命风后方割万里，画野分疆，得小大之国万区"。他还"置左右大监"，"监于万国"。国与国之间划分疆界，人与人之间的耕地也有界线，后来的井田制由此而来。黄帝以云名官，《史记》记载黄帝说："于是有天、地、神、祇、物类之官，是谓五官。各司其序，不相乱也。"其官都以云为名号。古记载上有"缙云氏"，可能是黄帝的夏官，此外还有春官青云氏、秋官白云氏、冬官黑云氏、中官黄云氏。《唐律疏议》云："黄帝受命有云瑞，故以云纪事也。春官为青云，夏官为红云，秋官为白云，冬官为黑云，中官为黄云。今白龙、白云者，掌刑之官也。"之所以这样做，恐怕与《周礼》上说"以五云之物辨吉凶、水旱，降丰荒之祲象"有关，也就是说，是出于发展农业的需要。

传说黄帝有刑法，1973年马王堆三号汉墓中出土了帛书，其中有黄帝战蚩尤的故事。这里不仅讲了黄帝对蚩尤的处置,而且还记载了黄帝的刑令。其云:"上帝以禁。帝曰:毋犯吾禁,毋流吾醢,毋乱吾民,毋绝吾道。犯禁,流醢,乱民,绝道,反义逆时,非而行之,过极失当,擅制更爽,心欲是行,其上帝未先而擅兴兵,视蚩尤共工,屈其脊,使干其胻,不死不生,悫为地桯。帝曰:谨守吾正名,毋失吾恒刑,以示后人。"意思是说,黄帝禁止触犯他的律令,禁止不吃他分给的人肉苦菜酱,禁止扰乱他的民心,禁止不按他的路子去做。如果触犯律令,如果偷偷倒掉人肉苦菜酱,如果扰乱民心,如果不听他的话,如果不守规矩时限,如果明知故犯,如果越过界限,如果私自改动制度图自己快活,如果想怎样就怎样,如果他还没有颁布命令而先起来用兵造反,看看蚩尤共工部族的下场,他们得俯首做奴隶,他们得吃自己的粪,他们求生不得求死不能,在地底下当墓室的柱子。黄帝最后说:"所以你们都要谨慎地遵从我,不许触犯我制定的刑律,以示后人。"这些律令,如今听起来很是野蛮,然而,我们应该考虑到,它本身就是在野蛮生活的沙漠上建立起来的。它的颁布恰恰意味着人们此后就要告别野蛮,进入文明时代。这一点,我们在《周易·系辞》的一则资料中,可以得到实证。其云:"黄帝、尧、舜,垂衣裳而天下治,盖取诸乾坤。"什么是垂衣裳而治天下? 黄帝之前,人们兽皮麻葛缠身,在行走、跑时常会将私处暴露无遗,可谓寡羞寡耻。为解决这一问题,黄帝就教人们把裹身的兽皮麻葛分成上下两部分,上身为"衣",缝制袖筒,呈前开式,下身为"裳",前后各围一片起遮蔽之用,两端开叉,这就形成了上衣下裳的形制,遮了私处,从此也就有了羞耻感。"盖取诸乾坤"一语表明,乾上坤下,如同衣在上,裳在下。这里,天地、阴阳、男女、父子、君臣等观念,都可以从上衣下裳之制表达出来,所以"垂衣裳"所蕴含的正是一个礼教化的秩序世界。在这个世界里,人们垂下双手,也就没有像征蚩尤那样的战事了。可见在文治方面,黄帝创造了别上下的礼教社会。

再看文化创造。一是天文历法创造。《世本》:

> 〔黄帝使〕羲和占日,常仪占月,臾区占星气,伶伦造律吕,大挠作甲子,隶首作算数。容成综此六术而著调历也。

二是文字,上古结绳记事,即用打成种种式样的绳结来表示繁复的事情,后来慢慢利用象形的简单图画和刻在木板上的符号来记事,这就是文字。在黄帝之前各种构成文字的符号已经出现,但是最终发展成文字的却是黄帝时代的那些符号。正如《荀子》说:"故好书者众矣,而仓颉独传者,一也。"仓颉造字,传说很古。造字的虽不止他一人,而他独为后人所知。

相传仓颉是"仓帝史皇氏,名颉,姓侯冈"。相貌古怪,有四只眼睛,有书写绘画的天才。他仰观天文,俯察万物,天上的星斗、龟背的甲纹、鸟的羽翼、山川的形势,都收摄模仿,创为文字。这在人类文明上,确是一件了不得的事,于是"天为雨粟,鬼为夜哭,龙乃潜藏"。此外,弓矢、鼓、指南车等,都与黄帝有关。

衣食住行方面的创作。据说黄帝元妃西陵氏女嫘祖开始养蚕。衣裳是黄帝之臣伯余做的,最初只是用细麻绳手织成的绸。有的书上又说"胡曹作衣",大概胡曹做的是衣的另一部分,所以又说"胡曹作冕",他制作的是帽子。《世本》又说:"黄帝臣于则作扉履",扉履大概是一种鞋子。这些东西当时大都很简陋,式样颜色都很单纯。黄帝这一族自有特殊的装束,每一种衣饰有其传说的发明者。

在黄帝以前火已经发明,燧人氏钻木取火,用来烧烤熟食。农业发达以后,五谷也需熟食。从前烧烤生肉的办法不甚合适,黄帝似乎有一种新的方法,后人又有说黄帝发明了火食。收获五谷,去壳磨碎,连带着需要新的工具。据说黄帝臣雍父作杵臼:"断木为杵,掘地为臼",一种最简单的杵臼,可以把米和高粱的壳子舂掉,其余的工具都没有记载。原始的人穴居野处,后来在树上构木为巢,巢上面加一层掩蔽,以遮挡风雨,慢慢形成房屋。房屋的样式经过许多变化,中国的建筑以用木为特色,有人说是黄帝的发明:"伐木构材,筑作宫室,上栋下宇,以避风雨。"以木材筑作宫室正是中国建筑特色的体现。汉朝人传有黄帝的"明堂"图,明堂是人王发号施令、祭祀鬼神的处所,是古时的宫廷和庙宇。据说黄帝的明堂,中间有一殿,四面无壁,上盖茅草,垣墙的周围是水。它是一种权力机构,即除了祭祀之外,凡朝会、庆赏、选士、养老、教学等大典,均在这里举行。从《管子·桓公问》"黄帝立明台之议者,上观于贤也"一语中可知,明堂是治理天下的议事机构和权力机构,因为《尸子》指出由此可"观黄帝之行"。关于行,有的人说,"黄帝作车,引重致远。少昊时驾牛,禹时奚仲驾马"。

从以上传说中,我们可以看出,与神农的功德主要体现在经济基础这方面不同,黄帝在经济基础或生产方式方面的成就也是有的,但主要体现在上层建筑方面,比如他重武功、划疆域、设百官、制刑法、制礼教、定历法、创文字等等,这些都属于文明的要素,也就是构成国家的要素。

有必要说明的是,以上如此之多的发明与创造不可能是一个人所能完成的,然而我们的历史竟然将它们累加到黄帝一人身上,形成了关于黄帝的古史特色。不过,如果一层一层地剥去累加到他身上的东西,我们在历史的深处就会发现黄帝原来是齐威王的"高祖"。当然,他不仅仅是齐威王的高祖,还是更多姓氏的高祖,关于这个问题,我们在牒谱炎黄学中将要做更为系统的研究。

第三节　礼制与宗庙

中国文明中"礼"至为重要。要了解中国文化,必须要看到其核心思想,这就是"礼"。这里所说的"礼"很难与今天所说的礼仪、礼貌对等,它与风俗习惯也不是一回事。礼与宗教、道德、政治、法律等息息相关,是渗透于礼典、贯彻于制度、紧系于政治权力的规范与行为的制度系统。

一、礼制

中国的礼义制度自黄帝始。这一问题,有很多文献做了记载。如《史记·秦本纪》云:

> 夫自上圣黄帝作为礼乐法度,身以先之,仅以小治。

《尚书大传》亦云:

> 黄帝始制冠冕,垂衣裳,上栋下宇,以避风雨,礼文法度,兴事创业。

《吕氏春秋·上德》记载:

为天下及国，莫如以德，莫如行义。以德以义，不赏而民劝，不罚而邪止。此神农、黄帝之政也。

《白虎通·谥》亦记载：

黄帝始制法度，得道之中，万世不易，名黄，自然也。后世虽圣，莫能与同也。

此外，汉桓宽编《盐铁论》有《遵道》一篇，其云：

上自黄帝，下及三王，莫不明德教，谨庠序，崇仁义，立教化。此百世不易之道也。

所谓礼制，就是概括人对人的依赖关系的规范系统，首先是别男妇，明上下，等贵贱。"黄帝治天下，……别男女，异雌雄，明上下，等贵贱"（《淮南子·览冥训》）别、异、明、等这四项制度，将人网格化在男女、雌雄、上下、贵贱等规矩之中。别与异是性别规定，明与等是阶级规定。这样，在社会生活中，人人都有了自己的位置。其次是"制法度"，《管子·任法》云：

黄帝之治天下也，其民不引而来，不推而往，不使而成，不禁而止。故黄帝之治也，置法而不变，使民安其法者也。

把这两方面结合起来，就是黄帝所立的礼教，《周易》称之为"垂衣而治"。

设行政官吏也是礼制的重要内容。《黄帝四经·十大经·立命》记黄帝"德乃配天,乃立王、三公,立国置君、三卿。数日、历月、计岁,以当日月之行。允地广裕,吾类天大明"。《史记·五帝本纪》称黄帝"置左右大监,监于万国",而《管子·五行》则云:"黄帝得六相,而天地治,神明至。"

以上三方面,最核心的就是"作制度",也就是形成"典制"。故罗泌《路史》卷十四云:"是则官有常职,民有常业,父子不背恩,兄弟不去义,夫妇不废情,鸟兽草木不失其长,而鳏寡孤独各有养也。于是立货币,以制国用。"这里讲通过立货币以制国用。使"鳏寡孤独各有养",其实就是如何分蛋糕的问题。所谓"典制"涉及了社会资源的分配与再分配问题。礼制首先就是立规矩,让人有所禁。《吕氏春秋·序意》云:"尝得学黄帝之所以诲颛顼矣:'爰有大圜在上,大矩在下,汝能法之,为民父母。'"其《去私》又云:"黄帝言曰:'声禁重,色禁重,衣禁重,香禁重,味禁重,室禁重。'"

礼与乐是联系在一起的。黄帝既然是以礼治天下,那么他就一定与乐联系在一起了。《吕氏春秋·古乐》云:

> 昔黄帝令伶伦作为律。伶伦自大夏之西,乃之阮隃之阴,取竹于嶰溪之谷,以生空窍厚钧者,断两节间,其长三寸九分,而吹之以为黄钟之宫,吹曰"舍少"。次制十二筒,以之阮隃之下,听凤皇之鸣,以别十二律。其雄鸣为六,雌鸣亦六,以比黄钟之宫适合。黄钟之宫皆可以生之,故曰"黄钟之宫,律吕之本"。黄帝又命伶伦与荣将铸十二钟,以和五音,以施《英韶》,以仲春之月乙卯之日,日在奎,始奏之,命之曰《咸池》。

《汉书·律历志》云:

> 律以统气类物,一曰黄钟,二曰太族,三曰姑洗,四曰蕤宾,五曰夷则,六曰亡射。吕以旅阳宣气,一曰林钟,二曰南吕,三曰应钟,四曰大吕,五曰夹钟,六曰中吕。有三统之义焉。其传曰,黄帝之所作也。黄帝使泠纶,自大夏之西,昆仑之阴,取竹之解谷生,其窍厚均者,断两节间而吹之,以为黄钟之宫。制十二筒以听凤之鸣,其雄鸣为六,雌鸣亦六,比黄钟之宫,而皆可以生之,是为律本。至治之世,天地之气合以生风;天地之风气正,十二律定。

用乐来实现礼,是黄帝礼教的重要特色。

礼是通过一定的器物来表现的。在青铜没有出现之前,表现礼的器物是玉器。据《越绝书》记载:"楚王曰:'夫剑,铁耳,固能有精神若此乎?'风胡子对曰:'时各有使然。轩辕、神农、赫胥之时,以石为兵,断树木为宫室,死而龙臧。夫神圣主使然。至黄帝之时,以玉为兵,以伐树木为宫室,凿地。夫玉,亦神物也,又遇圣主使然,死而龙臧。'"这里讲"黄帝之时,以玉为兵",说明在黄帝那个时代玉的使用是十分普遍的。我们在本书有关考古的章节中将会看到,以玉为兵,主要是将玉作为象征权力的神物。比如琮,《公羊传·定公八年》何休注:"琮以发兵。"显然像琮之类的玉器蕴藏着礼。王国维考证"禮"字之"豊"旁形即为"盛玉以奉神人之器",是知玉乃藏礼之器。儒者所谓"理在器中"实由"礼在器中"演变而来。黄帝不仅使用玉器,更重要的是,他开始以铜制器,以为礼的象征物。如,《史记·封禅书》记载:"黄帝采首山铜,铸鼎于荆山下。鼎既成,有龙垂胡髯下迎黄帝。""黄帝作宝鼎三,象天地人也。"

二、宗庙

在礼制中,宗庙十分重要,可以说它是礼制的集中体现。宗庙是指人们为亡灵而建立的寄居所。它有严格的等级规定,天子七庙,诸侯五庙,大夫三庙,士一庙,庶人不准设庙。对于一个朝代而言,宗庙就是供奉其先君牌位,对他们进行祭祀的地方。庙看起来是建筑,但其内涵是指先人之像。《诗经·周颂》有《清庙》,它是祀文王的地方。其云:"於穆清庙,肃雍显相。济济多士,秉文之德。对越在天,骏奔走在庙。不显不承,无射于人斯!"这里讲到了"庙",郑玄笺:"庙之言貌也,死者精神不可得而见,但以生时之居,立宫室象貌为之耳。"据《说文解字》:"庙,尊先祖貌也。"《释名》:"庙,貌也。先祖形貌所在也。"《白虎通》:"庙者,貌也。象先祖之尊貌也。所以有室何?所以象生之居也。"《三辅黄图·宗庙》:"宗,尊也;庙,貌也。所以仿佛先人尊貌也。"《魏氏春秋》:"夫谥以表行,庙以存容。"由此可知,庙实质上是存先人尊貌的地方,就其内涵上讲,它实际上就是"先祖形貌"。《唐律疏议》将"谋毁宗庙"定为"谋大逆"罪,其对宗庙的解说可能是最全面的。其云:

> 宗者,尊也。庙者,貌也。刻木为主,敬象尊容,置之宫室,以时祭享,故曰"宗庙"。山陵者,古先帝王因山而葬,黄帝葬桥山即其事也。或云,帝王之葬,如山如陵,故曰"山陵"。

可见庙里的主神本来就是"刻木为主,敬象尊容,置之宫室,以时祭享"的。

　　中国最早的庙与黄帝有关。有的文献说,黄帝死后,其臣在庙
里供奉之,是为"祖"之始。《古本竹书纪年辑证》辑《汲冢书》"黄帝
仙去,其臣有左彻者,削木作黄帝之像,帅诸侯奉之"一语。《汲郡
冢中竹书》此语为《抱朴子》引用,据《抱朴子》介绍,张华《博物志》
亦引此语,云:"黄帝登仙,其臣左彻者削木象黄帝,帅诸侯以朝之。
七年不还,左彻乃立颛顼。左彻亦仙去也。"不过,今本《抱朴子》不
见此语,平津馆本《抱朴子》以之为外篇佚文。张华在《博物志·史
补》中确实引用此语。这样看来,是从黄帝之臣左彻开始削木为黄
帝像的①。从左彻"帅诸侯奉之"那一刻起,中国的宗庙制度也就开
始了。

　　然而在《黄帝四经·十大经·立命》中,我们看到了这样的话:

　　　　昔者黄宗,质始好信,作自为象,方四面,傅一心,四达自
　　中,前参后参,左参右参,践位履参,是以能为天下宗。吾受命
　　于天,定位于地,成名于人。唯余一人□乃配天,乃立王、三公,
　　立国置君、三卿。数日、历月、计岁,以当日月之行。允地广裕,
　　吾类天大明。

　　这样看来,并非是左彻开始削木为黄帝像的,而是黄帝本人"作
自为象,方四面"的,《尸子》"古者黄帝四面",《吕氏春秋·本味》
"黄帝立四面",这与黄帝方四面相吻合,只不过,并没有指出是由
谁制作出的黄帝四面像,或许不是别人,就是黄帝本人,至少是其臣
左彻。黄帝立四面与前面所说神农作腊祭当为同解,此略。自从有

————————————

① 范祥雍编:《古本竹书纪年辑校订补》,新知识出版社,1956年版,第5—6页。

了削木为像的庙,中国人的祖的观念也就形成了,所以黄帝被称为"黄宗"。后来拜祖宗之礼更加完善了,据《汉书·郊祀志》云:

> 王者尊其考,欲以配天,缘考之意,欲尊祖,推而上之,遂及始祖。是以周公郊祀后稷以配天,宗祀文王于明堂以配上帝。

将始祖之祀与天相配,意味着始祖就是"天",或者至少是与"天"并列的。这就有了所谓的"皇天"。

宗庙在往后的历史发展中,引出了一系列支配中国人生活的制度系统。首先是昭穆。因为有了始祖,其后就有二代及以后祖先的排位问题,这个排序就是所谓的昭穆。在昭穆制度中,王与他的王族是社会的顶端。后者是由王与有继承王位资格的或与有继承王位资格的人有直接关系的全部男性亲属和他们的女性配偶所组成的。在王室的宗庙里,中央是太祖,其左即东边排列的是昭级的祖先,而穆级的祖先排列在右边即西边。《周礼·春官·小宗伯》载:"辨庙祧之昭穆。"郑玄注曰:"自始祖之后,父为昭,子为穆。"也就是说,始祖在宗庙中居中,以下子孙分别排列左右两列,左为昭,右为穆。始祖之子为昭,始祖之孙则为穆;始祖孙之子又为昭,始祖孙之孙又为穆。这样一来,在昭穆的排列中,父子始终异列,祖孙则始终同列。在祭祀时,子孙也要按照这样的规定来排列次序,用以分别宗族内部的辈分。正如《礼记·祭统》所说:"夫祭有昭穆,昭穆者,所以别父子、远近、长幼、亲疏之序而无乱也。"其次是宗法制度。上述的王族位于一个父系宗族的顶端,其成员宣称他们都是由同一个传说中的祖先传下来的。这一宗族的下面又分若干宗族,其成员都有从系谱上可以追溯下来的血缘关系。而在同一宗族之内,其成员根据他们与由每一代嫡长子组成的主支在系谱上的距离而又分成若干宗支。一个大的宗族本身便是多层级的社会。最后是封建。当宗族分支自父系主干别分出来后，宗支的族长便带着他的族内成员与财富，到他自己的领地建立城邑和政治结构，如此等等。

由宗庙中引出的这些制度正是礼制的精髓，也是黄帝文化在制度层面的体现。礼制之初适应了中国人化蛮荒为文明的文化之需，但到了末期，它成了"吃人"的东西。

黄帝氏世的祭祀有社稷之祭，也有宗庙。罗泌《路史·后纪四》云："黄帝，时为有熊氏，实懋圣德，诸侯利宾之。参卢大惧，谡禅于熊，黄帝乃暨力，牧神皇风后，邓伯温之徒及蚩尤氏转战，执蚩尤而诛之。于是四方之侯争辩者宾祭于熊，爰代炎辉，是为黄帝，乃封参卢于路，而崇炎帝之祀于陈。"这里提到黄帝时代四方之侯宾祭于熊和黄帝崇炎帝之祀于陈两件事。"炎帝之祀"实即社稷之祭。我们在前面已经探讨，社稷溯源与炎帝有关。炎帝后裔共工氏为土神；烈山氏之子柱能植百谷百蔬，祀以为谷神。土神曰社，谷神曰稷，合称社稷。宾祭，即"宗庙之事"。《左传·襄公十年》："鲁有禘乐，宾祭用之。"杨伯峻注："鲁用周王之禘乐，于享大宾及大祭时用之。"不过，黄帝的宗庙里祭祀的是谁，罗泌没有说明，我们也不得而知之。可是从"昔者黄宗，质始好信，作自为象"一语中，我们知道黄帝是自己为自己立庙，所以黄帝的宗庙里祭祀的是他自己。

可见黄帝时代已经有了宗庙与社稷两种祭祀，它们虽然不同，但却被统一于"明堂"。明堂又为"明台"，或称为"合宫"。它首先是神庙与祖庙合一的祭祀之地。《通典·礼四·大享明堂》记载："黄帝拜祀上帝于明堂。（或谓之合宫。）其堂之制，中有一殿，四面无壁,以茅盖,通水,水圜宫垣,为复道,上有楼,从西南入,名昆仑,天子从之入,以拜祀。"

从祭祀上看,"明堂之制"首先是拜祀上帝的地方。被黄帝所祭的这个"上帝"是否指后世所说的"天",有待进一步考证,根据我们的看法,这个上帝其实是指黄帝本人。其次它还包括对土地神、谷神的拜祀,这就是所谓的"迎年"。司马迁在《封禅书》中云:"方士有言'黄帝时为五城十二楼,以候神人于执期,命曰迎年'。"《史记》不止一次谈及此事,其《孝武本纪》亦云:"方士有言:'黄帝时,为五城十二楼,以候神人于执期,命曰迎年。'"关于迎年,张守节正义引颜师古云:"迎年,若言祈年。"可见黄帝的五城十二楼是与祈年祭祀紧紧联系在一起的,而这里的所谓"祈年"即是指"孟春祈谷于上帝,孟冬祈来年于天宗",它与方神、社神并举。《诗经·大雅·云汉》云:"祈年孔夙,方社不莫。"郑玄笺:"我祈丰年甚早,祭四方与社又不晚。"由此可知祈年祭实际上是祈拜谷神和土地神,也就是社稷之祭。祭上帝与祈年并列,或许就是宗庙与社稷并祭的雏形,由此形成的成语是"皇天后土"。皇天以宗庙为象征,后土以社稷为标志。

在黄帝时代,"皇天后土"包含了一个十分重要的特点,就是宗庙高于社稷,它其实意味着文化已经上升为文明。宗庙高于社稷的意义还在于我们在讲炎帝神农氏时已经看到,黄帝以祖宗身份执管四方。开始他还是以炎帝为社稷之神,后来他取代了土地神(不论是他本人取而代之,还是别人用他取而代之都是取代),而将炎帝降为社稷中的一方之神。这样作为"天下宗"的黄帝又成了"地主"。《吕氏春秋·应同》云:"黄帝之时,天先见大螾大蝼。黄帝曰:'土气胜。'土气胜,故其色尚黄,其事则土。"其《本味》篇对黄帝何以立

四面进行了解释,其云:

> 人主有奋而好独者,则名号必废熄,社稷必危殆。故黄帝
> 立四面,尧、舜得伯阳、续耳然后成,凡贤人之德有以知之也。

黄帝立四面而自己坐中央,是为中央之帝,也就是"地主"。有
学者认为,中国的"'祖先崇拜'与领主宗教有关,起源于'地神'崇
拜"①。其实应该这样讲,开始是地神崇拜,当祖先崇拜发展起来
后,它代替了地神崇拜,至少对它做了限制,即"宗"居中央土,执绳
而制四方,后土只是宗之臣佐而已。这个限制的宗教含义是祖宗是
最大的社神,四方受其管控;而其经济学的蕴涵则是取得统治权的
部落或部落联合体,以祖宗的名义实行国家对土地的占有。所有的
人都要依赖于这个"祖宗"。

何新在解释黄帝之黄何以为黄时,曾这样写道:"黄,《说文》指
出其字黄,《说文》指出其字从古文'光'字,也读作光声。实际上
黄、光不仅古音相同,而且都有光的语义。《风俗通义》说:'黄,光
也。'《释名》说:'黄,晃(日光)也。犹晃晃像日光色也。'日光本色
即黄色。所以古天文学中,日行之道,称作'黄道'。皇帝之袍,不
用红,而用黄。封建时代,以黄和杏黄作为五色中最尊贵的颜色,其
俗应皆本于此也。""《易传》说:'日煌煌似黄。'凡此皆可证,黄、晃、
皇、煌、光在古代音同义通,可以互用。所以,黄帝可释作'光帝'。
所谓黄帝、皇帝,其本义就是光明之神。《风俗通义·五帝》:'黄
者,光也,厚也。中和之色。德施四季,与地同功,故先黄以别之

---

① [法]勒内·格鲁塞:《中国简史》,九州出版社,2016年版,第7页。

也。'黄帝名轩辕。《淮南子·本经训》：'玄元至砀而运照。''玄元'即轩辕,亦即元神。'砀'通'阳'。楚帛书：'王正乃明,元神是享。'元神,又作圆神、浑沦神——都是指太阳。"①

何新这里的考据虽丰,然而不能落地。因为这里的黄并不是太阳发出的光,而是指土色。《说文解字》："黄,地之色也；从田,从芡,芡亦声；芡,古文光。"许慎此解,并非一家之言。事实上,《礼记·月令》："中央土,其日戊己。其帝黄帝,其神后土。其虫倮,其音宫,律中黄钟之宫。其数五。其味甘,其臭香。其祀中霤,祭先心。天子居大庙大室,乘大路,驾黄骝,载黄旗,衣黄衣,服黄玉,食稷与牛,其器圜以闳。"《春秋纬》之《春秋考异邮》云："黄帝将起,有黄雀赤头立日旁。帝占曰：'黄者,土精；赤者,火荧；雀者,赏萌。余当立。'"这里将"黄"理解为"土精"。王充《论衡·验符》进一步解释："黄为土色,位在中央,故轩辕德优,以黄为号。"可见"黄"当作"地之色也"解,而不应该解作太阳之光。可见黄帝之黄并非太阳之光,而是地色。轩辕之所以以黄为号,是因为他才是最大的"地主"。

何新没有从经济学的角度考虑问题,而事实上,任何意识形式都是一定的经济关系的反映。马克思说："我决不用玫瑰色来描绘资本家和地主的面貌,不过这里涉及的人,只是经济范畴的人格化,是一定的阶级关系和利益的承担者。"②任何人物,包括史前传说人物都是经济范畴的人格化,是一定的阶级关系和利益的承担者,黄帝也是一样。因此将人理解为"经济范畴的人格化"的历史唯物论,为我们解开了黄帝何以为社稷主即地主这个历史文化之谜的锁

① 何新：《诸神的起源》,北京工业大学出版社,2007年版,第42—43页。
② 马克思：《资本论》,第1卷,人民出版社,2004年版,第30页。

钥。何新在黄帝是太阳神的问题上,运用了考据学的方法,似乎只为求得考据学上的通融,没有考虑经济学上的本源性与合理性。黄帝本来是配天的,可以说是天帝,但是胜四帝之后的他,要居中央而执掌四方,或者说,他的后裔要以他的名义掌控所有的土地,进而实现天下之大莫非王土的宗法所有权,这在经济学上必定要将黄帝从天神转化为"地主",其于宗教与神话的话语表达即是"社神"。

第四章　炎裔、黄裔与炎黄部落的形成

介绍了炎黄神农氏与黄帝轩辕氏之后，我们有必要进一步介绍炎裔、黄裔以及炎黄部落的形成过程。谈炎裔，我们以蚩尤为主要代表；论黄裔，我们主要以黄帝及其继承者所创造的五帝时代为对象。

炎帝与炎裔与中国经济的生产方式相联系，其创造的经济形态是"食货"，宗教形态是"社稷"；黄帝与黄裔与中国政治生活相联系，其创造的制度形态是"礼"，宗教形态是"宗庙"。炎裔与黄裔在历史发展中走向了联盟，其创造的社会形态是祖宗以"地主"的名义掌控生产方式，其宗教形态就是"宗庙社稷"。

第一节　炎帝与蚩尤

炎帝与蚩尤的关系似乎比较复杂。就有关研究而言，炎帝与蚩尤的关系甚至有多种说法。一些学者，比如夏曾佑、丁山、吕思勉等认为蚩尤即炎帝，而另一些人则认为蚩尤可能一度臣属于炎帝，或者曾经加入以炎帝为首的部落联盟。但后来蚩尤与炎帝发生了激烈的冲突，并大败炎帝。在种种不同的说法中，我们可以梳理出这样一个基本的看法:蚩尤属于炎裔,是炎帝治下一个有取代炎帝野心的诸侯。他有杰出的军事才能,有战神之称,与黄帝发生了多次激烈的战争,最后战败。

一、蚩尤部落

在中国神话传说中,蚩尤以在涿鹿之战中与黄帝交战而闻名。因其善战,蚩尤在后世几乎成了"战争"的同义词,有人誉之以战神,有人斥之为祸首。不论是誉还是斥,有一个事实不容否定,那就是蚩尤曾是一个强大的部落首领。裴骃撰《史记集解》引应劭曰"蚩尤,古天子",又转引《汉书音义》臣瓒引《孔子三朝记》云:"蚩尤,庶人之贪者。"司马贞撰《史记索隐》,对"天子"与"庶人"两说提出质疑。他先引太史公原文"诸侯相侵伐,蚩尤最为暴",说明蚩尤非为天子;引《管子·地数》言"蚩尤受庐山之金而作五兵",说明蚩尤并非庶人。司马贞的观点是蚩尤盖诸侯号,即是说,他是一个"诸侯"。如果说,炎帝神农氏是"农祖",黄帝轩辕氏为"政祖",那么蚩尤则为中华"兵祖"。

所谓诸侯,在远古社会里,其实就是指部落首领,当然,这是一位神勇的部落首领。据史籍记载,蚩尤部落很强大,因为他的活动疆域很广。如果我们将其"城"、冢、祠等遗迹所在地联系起来分析,蚩尤部落的活动区域大抵是清楚的。如涿鹿有蚩尤城。《水经注》卷十三涿水条记:"涿水出涿鹿山,世谓之张公泉,东北流经涿鹿县故城南……《魏土地记》称,涿鹿城东南六里有蚩尤城。泉水渊而不流,霖雨并则流注阪泉。"又引《晋太康地理记》曰:"阪泉亦地名也。泉水东北流与蚩尤泉会,水出蚩尤城,城无东面。"故涿鹿在今河北涿鹿县。《太平寰宇记·河东道七》邑县条下记:"蚩尤城在县南一十八里……其城今摧毁。"故安邑县治在今山西运城市安邑镇。《梦溪笔谈》卷三记："解州盐泽方百二十里，久雨，四山之水悉注其中未尝溢，大旱未尝涸。卤色正赤，在版泉之下，俚俗谓之'蚩尤血'。"山东巨野县有蚩尤冢。《皇览·墓冢记》："蚩尤冢，在东平郡寿张县阚乡城中，高七丈，民常十月祀之。有赤气出，如匹绛帛，民名为蚩尤旗。肩髀冢在山阳郡钜野县重聚，大小与阚冢等。"三国时之东平寿张县治在今山东阳谷县寿张镇，山阳钜野县治在今山东巨野县，山东东平县有蚩尤祠。据《史记·封禅书》记载，秦始皇东巡狩，封泰山，禅梁父，礼祠齐八神。八神之中，"三曰兵主，祠蚩尤。蚩尤在东平陆监乡，齐之西境也"。今山东东平县即其故治。又，《汉书·地理志》东郡寿良（张）条下记："蚩尤祠在西北（涑）〔沛〕上，有胸城。"汉东郡寿起兵之时，"祠黄帝蚩尤于沛庭"。秦时沛县，治在今江苏徐州市沛县。沛县东境隔微山湖与山东相望。《述异记》卷上云："太原村落间祭蚩尤神，不用牛头。"又云："汉武时，太原有蚩尤神昼见……其俗遂为立祠。"又载："今冀州有乐名蚩尤戏，其民两两三三，头戴牛角而相抵。汉造角抵戏，盖其遗制也。"秦汉置太原郡，属并州，首县晋阳，治在今山西太原市。两汉时的冀州，地在今河北南部、山西南部及河南省黄河以北地区。由此可知，蚩尤部落的最初活动范围北至河北涿鹿，西至山西太原运城，东到山东东平，南至江苏沛县，中原的广大地区似曾是蚩尤活动频繁地。

作为一个强大的部落，蚩尤族被后人称之为"九黎"。《国语·楚语》注曰："九黎，黎氏九人，蚩尤之徒。"《战国策·秦策一》高诱注："蚩尤，九黎民之君子也。"张守节《史记正义·五帝本纪》引孔安国语云："九黎君号蚩尤。"蚩尤包括九支，或者说黎之九支皆尊蚩尤为君。

二、蚩尤与炎帝的关系

蚩尤,又称阪泉氏。他与炎帝是有族裔关系的,他们都由神农氏族发展而来。《逸周书·史记》载:"武不止者亡。昔阪泉氏用兵无已,诛战不休,并兼无亲,文无所立,智士寒心,徙居至于独鹿,诸侯畔之,阪泉以亡。"阪泉氏,据《路史·后纪四·蚩尤传》:"阪泉氏蚩尤,姜姓,炎帝之裔也。好兵而喜乱,逐帝而居涿鹿,兴封禅,号炎帝。"

一些研究者,比如丁山等人认为,所谓赤帝(或炎帝)即是蚩尤。文献之所以把蚩尤与炎帝弄成两人,主要的原因可能是"蚩尤既称炎帝,故古史或称其号,则曰炎帝;或称其名,则曰蚩尤。后人不知,以为炎帝自炎帝,蚩尤自蚩尤。遂至群书互证,彼此违异,一篇所载,先后齟齬"[1]。我们这里首先要说明的是,从文献上看,炎帝与蚩尤因为同姓姜,所以他们属于同一个图腾。比如炎帝人身牛首,而《述异记》云蚩尤是"人身牛蹄,四目六手,耳鬓如剑戟,头有角"。

但是在神农氏世炎帝并不是指一个人,是有世系的。我们前面引述《山海经》"炎帝之妻,赤水之子听訞生炎居,炎居生节并,节并生戏器,戏器生祝融。祝融降处于江水,生共工,共工生术器,术器首方颠,是复土穰,以处江水。共工生后土,后土生噎鸣,噎鸣生岁十有二",就是炎帝的世系。《帝王世纪》:(炎帝神农氏)"纳奔水氏女,曰听詙。生帝临魁,次帝承,次帝明,次帝直,次帝厘,次帝哀,次帝榆罔,凡八代,及轩辕氏也",此亦是炎帝的世系。据此,同治版

---

[1] 蒋智由:《中国人种考》,华通书局,1929 年版,第 96 页。

《随州志》将神农氏世的炎帝世系整理为：

> 神农名石年，或作石耳。
>
> 神农母有侨氏，名安登。
>
> 神农妃承桑氏，一作桑水，一作奔水。
>
> 炎帝临，一作临魁。
>
> 炎帝直，一作植。
>
> 炎帝厘，一作来，一作氂。
>
> 炎帝居，母桑水氏，名听訞。
>
> 炎帝克，一作宸，又作泰，又作哀。
>
> 炎帝魁。时夙沙侯杀其谏臣箕文。……
>
> 炎帝榆罔，一作榆冈。……榆罔犹袭神农之号。

从神农氏世的炎帝世系中，我们可知，蚩尤虽然是活跃在"神农氏世衰"的历史舞台上的强大姜姓部落首领，也号炎帝，但并不属于炎帝之列，因为他的"炎帝"之号是从"榆罔"手中夺过来的，用我们今天的话讲，是篡权者。

榆罔之时，部落林立。各部落依仗自己的经济实力和武力而互相争斗共主之位，而不再服从榆罔的约束，所以说"神农氏世衰，诸侯相侵伐，暴虐百姓，而神农氏弗能征……蚩尤最为暴"，蚩尤便是其中之一。从记载上看，榆罔虽为共主，但是加之于他的历史功绩实在是少得可怜；而蚩尤则很不简单，他发明了戈、殳（今按："殳"这种兵器古籍虽多有记载，但在曾侯乙墓开挖之前，并无实物可见，曾侯乙墓出土了这种兵器，证明古籍所载不虚）、戟、酋矛、夷矛等等。正因如此，蚩尤瞧不起榆罔，驱赶了榆罔，自己做起神农氏世的共主炎帝来,所以有人说,蚩尤是冒牌的炎帝。此事《逸周书·尝麦解》有记载:"蚩尤乃逐帝,争于涿鹿之阿,九隅无遗,赤帝大慑。"

榆罔也不甘失去帝位,于是跑到中原地区,请求黄帝,帮助征讨蚩尤。这样,我们看到了,榆罔所代表的炎帝部落就与黄帝部落结成了同盟,是为炎黄部落的开始,徐旭生称之为"华夏集团"。炎黄部落形成后,榆罔便与黄帝一起战蚩尤。《逸周书·尝麦解》接着讲炎帝"乃说于黄帝,执蚩尤,杀之于中冀"。但此时的共主已经不再是榆罔,因为共主之位已为黄帝取而代之了,此时神农氏世亡,中国历史进入了黄帝开创的五帝时期。

因此,我们可以说,九黎之首蚩尤是神农氏的一支,对此,苗族学者石启贵也有论述。他说:"苗者,即田间之秧苗也,禾之未秀之义,如植物萌芽初生,尚未发育滋长,表示其弱小之意。有说此族,从事耕凿,继神农氏之稼穑,以艺百谷而得名。"①这里所说的"苗"就是以蚩尤为祖的族群。蚩尤与榆罔同是姜姓,虽然未能进入炎帝世系,但是毕竟曾代替榆罔而行炎帝之职。

三、蚩尤与黄帝之战

从神农氏的内部来看,榆罔的力量弱于蚩尤,所以蚩尤夺了其炎帝之位;榆罔悦黄帝而与之结盟后,盟主却不是榆罔,而是黄帝,这样一来,天下就出现了两个"太阳",或者说,出现了两个共主,即蚩尤与黄帝,这势必引发新的战争。

黄帝与蚩尤之战并不像《逸周书·尝麦解》所记载得那么简单。据说,炎帝榆罔与黄帝结盟之后,黄帝就习用干戈,并以天子的

---

① 石启贵:《湘西苗族实地调查报告》,湖南人民出版社,1986年版,第38页。

名义与蚩尤战于涿鹿之野,最后遂擒杀蚩尤。

可能一开始,黄帝通过谈判,劝蚩尤加入榆罔(炎帝)与黄帝的同盟组织。蚩尤的力量虽然很强大,据张守节《史记正义》引《龙鱼河图》云:

> 蚩尤兄弟八十一人,并兽身人语,铜头铁额,食沙石子,造立兵仗刀戟大弩,威振天下,诛杀无道,不慈仁。

但是面对榆罔(炎帝)与黄帝的同盟组织,其力量还是要弱小一些,所以,蚩尤最初很可能加入了这个组织。我们有以下理由支持这个说法:其一,炎帝、黄帝与蚩尤有一个共同的图腾,就是蛇。炎帝、黄帝是蛇,这我们已经论及。现在再来看蚩尤。"蚩"字于甲骨文有见。在甲骨文里,"蚩"作 🐍,系由 🐾(止,脚趾)与 🐍(头部呈三角形的毒蛇)组合而成,可知"蚩"与"蛇"有关。《说文解字》释为"蚩,虫也。从虫,之声。",可见蚩尤也是蛇。其二,有资料表明蚩尤曾接受黄帝的领导。《龙鱼河图》:"黄帝制服蚩尤,帝因使之主兵,以制八方。"

但是,蚩尤并不服黄帝代天子位,他最终与以黄帝为共主的炎黄部落分裂了,于是二者之间的战争爆发了。战争可能首先是由蚩尤挑起来的。《山海经·大荒北经》载:"蚩尤作兵伐黄帝,黄帝乃令应龙攻之冀州之野。应龙畜水,蚩尤请风伯、雨师纵大风雨。黄帝乃下天女曰魃,雨止,遂杀蚩尤。"这一"作"一"伐",充分说明蚩尤是战争的发动者。黄帝似乎是不得不应战的一方。《龙鱼河图》云:"万民欲令黄帝行天子事,黄帝以仁义不能禁止蚩尤,乃仰天而叹。天遣玄女下授黄帝兵信神符,制伏蚩尤。帝因使之主兵,以制八方。蚩尤没后,天下复扰乱不宁,黄帝遂画蚩尤形象以威天下,天下咸谓蚩尤不死,八方万邦皆为弭服。"《史记·五帝本纪》说:"黄帝乃征师诸侯,与蚩尤战于涿鹿之野,遂杀蚩尤。"

黄帝与蚩尤战于涿鹿之野,是役打得非常艰苦。因为蚩尤的力量十分强大。而且蚩尤善战,其"制五兵之器,变化云雾","作大雾,弥三日"。因此黄帝与之"九战九不胜""三年城不下"。《龙鱼河图》载黄帝"不敌"蚩尤,"乃仰天而叹,天遣玄女下授黄帝兵信神符",即依靠女神"玄女"的力量方才取胜。一说黄帝借助风后所做之指南车方在大雾中辨明方向,才获得胜利。战争结束后,黄帝对蚩尤的军事才能是充分肯定的。他命人画蚩尤的形象,蚩尤成为威慑天下的战神。《路史·后纪四·蚩尤传》说:"后代圣人著其像于尊彝,以为贪戒。"罗萍注云,"蚩尤天符之神,状类不常,三代彝器,多著蚩尤之像,为贪虐者之戒。"《龙鱼河图》说:"蚩尤没后,天下复扰乱不宁。黄帝遂画蚩尤形象以威天下。天下咸谓蚩尤不死,八方万邦皆为珍状。"但是在这个"兵主"或"战神"的形象背后,是对"贪"的惩戒。蚩尤不服炎帝榆罔,也不服黄帝摄政,而是要自己拥有炎帝的大位,所以他成了"庶人之贪者",著蚩尤之像的三代彝器,是在威慑天下的同时,告诫天下"百姓":一个人本领再大,但是只要其"贪",挑起纷争,终究会走向灭亡。因此,中国人对"武"的价值取向是止戈为武,"不战"是最高的价值取向。

四、蚩尤的后裔

蚩尤被杀后,九黎集团的一部分为黄帝集团所吸收、融合,成为中原炎黄部落的一部分。但是其遗裔也有北迁者,也有南迁者。王嘉《拾遗记》载:"轩辕去蚩尤之凶,迁其民善者于邹屠之地,迁恶者于有北之乡。其先以地命族,后分为邹氏屠氏。"所谓"善者"无非是指臣服黄帝的那一部分人,他们融于炎黄集团后,成为华夏族的一部分,今之邹、屠、黎、蚩等汉族诸姓即为蚩尤在汉族的遗裔。王献唐说:

> 黄帝既为黄河流域而驱逐炎裔,炎裔原在黄河流域东方者愈驱而东,为日后之东夷。其在黄河流域北方者愈驱而北,为日后之狄貊。其在黄河流域西方者愈驱而西,为日后之羌戎。其在黄河流域南方者愈驱而南,为日后之苗蛮。故当时四夷皆炎帝一族,被逐于黄河流域散至四方者也。初时尚近,愈驱愈远。东夷之区域,由青、齐而海嵎,而兖、徐。狄貊之区域,由河北、山西中部而北部而边塞。羌戎之区域,由伊、洛而陕而川。苗蛮之区域,由河南南部而皖而鄂而浙而赣而云、贵。其间不无交迁互移之处,全局之情势大抵如斯也。因其同为炎族,故总名曰夷。《穀梁传序》:"四夷交侵。疏:四夷者,东夷、西戎、南蛮、北狄之总号也。"《左氏·文十六年》传疏:"夷为四方之总号。"以其分为一方,又别其在东者曰夷,在北者曰貊狄,在西方者曰羌戎,在南方者曰苗蛮。蛮从虫,狄从犬,貊从豸,羌从羊。《说文》诸书,因以四夷为犬羊虫豸之种。[①]

原来的九黎变成了东夷、西戎、南蛮、北狄,总称为"夷"。

南方的蚩尤后裔,又称"三苗"。《国语·楚语》:"三苗复九黎之德。"注曰:"三苗,九黎之后。"孙星衍《尚书今古文注疏·吕刑》

[①]　王献唐:《炎黄氏族文化考》,齐鲁书社,1985年版,第27—28页。

引郑玄注云："苗民谓九黎之君也。九黎之君于少昊氏衰而弃善道，上效蚩尤重刑，必变九黎。言苗民者，有苗，九黎之后。颛顼代少昊，诛九黎，分流其子孙，居于西裔者为三苗。至高辛之衰，又复九黎之恶。尧兴，又诛之。尧末，又在朝。舜时，又窜之。禹摄位，又在洞庭逆命，禹又诛之。"

"三苗"与今之苗族有亲缘关系。《山海经·大荒北经》记："西北海外，黑水之北，有人有翼，名曰苗民（敦璞注：三苗之民）。颛顼生驩头，驩头生苗民。"驩头又作驩兜，见《尚书·舜典》："放驩兜于崇山。"又作驩兜，见《史记·五帝本纪》："放驩兜于崇山，以变南蛮。"据苗族自己的讲述，湘西苗族五大姓之一的石姓与驩兜有亲缘关系。石姓有大小之分，大石姓在苗语中被称为"驩兜"，泸溪、花垣有驩兜墓、驩庙。因为这层关系，蚩尤在现代苗族的历史记忆深处，就是他们的祖先。苗族管蚩尤叫姜央、"剖尤"。姜央译成汉语可以称为"姜炎"。这与《国语·晋语》"炎帝以姜水成，……（故）炎帝为姜"的记载十分吻合。苗语黔东方言的苗族《枫木歌》古歌唱道：

> 姜央生最早，
> 姜央算最老。
> 他把天来开，
> 他把地来造，
> 造山生野菜，
> 造水生浮萍，
> ……
> 才生下你我，

做活养老少。①

在汉族的典籍中,枫木与蚩尤是联系在一起的。《山海经·大荒南经》说,宋山上,有赤蛇,名曰育蛇。山上生长着许多枫木,它是蚩尤的桎梏所变。又《云笈七签》卷一百引《轩辕本纪》也说,黄帝杀蚩尤于黎山之丘,掷械于大荒之中的宋山之上,后化为枫木之林。枫木与蚩尤的关系从此得到证实。另外,《太平御览》卷九百五十七引《述异记》曰:"南中有枫子鬼,枫木之老者为人形。亦呼为灵枫。"今天川黔滇方言的苗族中,还有许多关于蚩尤的古歌、传说、风俗等。《蚩尤的传说》就收录了流传在安顺等地区的《蚩尤神话》《苗族迁徙歌》《蚩尤传神药》等八篇传说。《蚩尤神话》叙述的是:

> 蚩尤生长在黄河边上的阿吾十八寨,十八岁时就懂得了一百二十种礼规,掌握了一百二十种药,精通十二副神路,创制文字和历算,分别发现和发明了铜矿和铜兵器,成为了阿吾十八寨的领头人,并打败了垂耳妖婆对兄妹父老们的入侵,后来垂耳妖婆的三个妖娃在他们的父亲赤龙公、舅父黄龙公和雷老五的帮助下,联合进攻蚩尤,蚩尤最终失败并被俘牺牲,剩下的人们被迫放弃了阿吾十八寨,经过长途跋涉,才在黑洋大箐定居下来。②

---

① 根据苗族古歌,姜央与枫香树有关。此树原来生长在天下仙家,后来只长在苗家寨鱼塘边,后遭砍伐,变成蝴蝶妈妈与水沫成亲,生下十二蛋,孵出了姜央等人。

② 吴一文:《蚩尤与姜央、蚩尤与榜香尤关系考》,寒声主编:《黄河文化论坛》,第12辑,山西人民出版社,2005年版,第66页。按:此文作者系苗族人,为贵州省黔南民族师范学院教授。

黔西北苗族民间文化有芦笙起源的传说。其云：

> 沙敖格米(意为汉人国王)与格蚩尤老的战争爆发后的第三个鸡年，格蚩尤老失利退入丛林中，大家一起研究此后的联络方法——拟六种鸟音。后来格蚩尤老用六根竹管制成芦笙，吹出六种鸟音，战争胜利后，吹起来庆祝。①

贵州省赫章县苗族民间舞蹈中有芦笙舞蹈《大迁徙舞》，讲述的是苗族先民离开祖居地直米力城后的艰苦跋涉历程，舞队由一人在前领歌，歌词是：

> 古时苗族住在直米力，
> ……
> 是富饶的地方啊，
> 怪的是攻不破来打不进。
> ……
> 格米二次调兵苗民，
> ……
> 格米施展美人计，
> ……
> 使出全力与敌拼一仗，

---

① 吴一文：《蚩尤与姜央、蚩尤与榜香尤关系考》，寒声主编：《黄河文化论坛》，第12辑，山西人民出版社，2005年版，第66页。

格蚩尤老牺牲在哪里?①

　　此处的"格蚩尤老""格米"分别为苗语音译与直译。前者是指苗民的领袖,后者译作国王、皇帝或黄帝。

　　湘西传说中有英雄人物"剖尤"。"剖"苗语意为公公,"尤"系人名,"剖尤"就是尤公之意。祭祖时必须杀猪供奉"剖尤"。由此看来,从苗族古歌中姜央是苗族祖先,以及湘西、川黔滇方言苗族的风俗、传说及汉文献记载蚩尤为苗族祖先等情况来看,蚩尤与姜央可能有同源关系。

五、蚩尤的贡献

　　在苗族历史记忆的深处,蚩尤的历史贡献与神农是一样的。比如,川黔滇方言中,蚩尤掌握了一百二十种药,成了能治百病的神医。而《蚩尤传神药》说,蚩尤有八十八道神通、九十九副药功,人死了七年救得活,死了七春救得生。这与《搜神记》卷一"神农以赭鞭鞭百草,尽知其平、毒、寒、温之性"等史书记载何其相似。我们这里从众多文献资料将蚩尤对中华文明的贡献概括为两个方面:一个是首创冶炼以及金属工具的制造业;其二是明天道,对气象预测做出了贡献。

　　关于冶炼业及金属工具的制造业。据说,神话传说将蚩尤与铜和铁联系在一起。他任黄帝的臣属时,曾主管金属冶炼。《管子·地数》记载:

---

① 潘定智、杨培德、杨寒梅编:《苗族古歌》,贵州人民出版社 1997 年版,第 276—283 页。

　　黄帝曰:"此若言可得闻乎?"伯高对曰:"上有丹沙者,下有黄金,上有慈石者,下有铜金,上有陵石者,下有铅锡赤铜。上有赭者,下有铁,此山之见荣者也。苟山之见其荣者,君谨封而祭之。距封十里而为一坛,是则使乘者下行,行者趋。若犯令者,罪死不赦。然则与折取之远矣。"修教十年,而葛卢之山发而出水,金从之,蚩尤受而制之,以为剑铠矛戟,是岁相兼者诸侯九。雍狐之山发而出水,金从之,蚩尤受而制之,以为雍狐之戟芮戈,是岁相兼者诸侯十二。故天下之君顿戟壹怒,伏尸满野,此见戈之本也。

　　这里所说的"葛卢之山""雍狐之山"究竟何指,或许无考,但是"蚩尤受而制之",说明他已经能大规模地开矿冶炼并制造金属工具了。此类事迹,他书亦有述及。如《述异记》云:蚩尤"食铁石","人身牛蹄,四目六手,耳鬓如剑戟,头有角"。《世本·作篇》:蚩尤"以金作兵器"。《史记·五帝本纪》正义引《龙鱼河图》说:蚩尤兄弟八十一人"铜头铁额","造立兵杖刀戟大弩,威振天下"。所有这些材料说明,蚩尤是金属冶炼的最早发明者,也是金属兵器制造的最早发明者。

　　关于蚩尤明天道气象。《管子·五行》记载:"昔者黄帝得蚩尤而明于天道,得大常而察于地利,得奢龙而辩于东方,得祝融而辩于南方,得大封而辩于西方,得后土而辩于北方。黄帝得六相而天地治,神明至。蚩尤明乎天道,故使为当时。"郭沫若等集校引冢田虎曰:"当时,官名。"这里讲黄帝明于天道,是因为他有蚩尤。因为蚩尤明乎天道,所以黄帝委任蚩尤做了"当时"一官。可见从职业上看,蚩尤之明乎天道不是"业余"的,而是他的"专业"的一部分。蚩尤明天道一事,还可以从他与风伯雨师的关系得到佐证。风伯雨师在中国古代有很高的地位。《周礼·春官·大宗伯》记载:"以槱燎祀司中、司命、风师、雨师。"郑玄注:"风师,箕也",意思是"月离于箕,风扬沙,故知风师其也"。东汉蔡邕《独断》则称,"风伯神,箕星也。其象在天,能兴风"。在蚩尤和黄帝部落展开的那场恶战,传说蚩尤请来了风伯、雨师施展法术,突然间风雨大作,使黄帝部众迷失了方向。蚩尤能请风伯雨师,说明他与风伯雨师的关系不凡,以至于有人猜测风伯雨师是蚩尤的师弟,这说明风伯雨师还要听蚩尤的,这或许是蚩尤能做"当时"的重要原因。蚩尤、风伯、雨师战败后,黄帝令风伯作为天帝出巡的先锋,负责打扫路上的一切障碍。每当天帝出巡,总是雷神开路,雨师洒水,风伯扫地。《韩非子·十过》说:"昔者黄帝合鬼神于泰山之上……蚩尤居前,风伯进扫,雨师洒道。"

　　蚩尤对中华文明的这两项贡献,对于农业生产力领域而言,其具有革命性。首创冶炼以及金属工具的制造业,意味着蚩尤将中国的历史由石器时代推向金属工具的时代,这构成了文明之为文明的一个重要条件。然而从历史上看,蚩尤所发明的金属工具多与战争有关,很少运用到生产领域。因此蚩尤的革命是在意识形态领域进行的。至于天文气象,对于以农业为本的社会而言,天文历法的知识,具有首要的意义。当时,谁能授予历法,谁就有资格成为领袖。因此,他是当之无愧的神农文化的继承者,其创新意义在于,将发明用于战争,即领导权之争。

第二节　黄帝与五帝时代

　　黄帝及其后裔可以称之为五帝时代,这是中国文化在其前轴心时期的又一重要历史阶段。这个时期的历史亮点表现为,以黄帝为首创,社会进入礼制体系的创作阶段。

一、五帝诸说

"五帝"之说,自古多有不同。比如:《吕氏春秋·十二纪》以季节及五行论"五帝"与"五神";其云五帝为:太昊——炎帝——黄帝——少昊——颛顼;《史记·封禅书》中以颜色分五帝,其为白帝——青帝——黄帝——炎帝——黑帝。以上这些说法多与五行、五色有关。

我们这里所讲的"五帝"与五行无关,而是指在中国历史顺序中显示出来的天下共主的代称,这就是《史记·五帝本纪》所列举的黄帝、颛顼、帝喾、唐尧、虞舜。这个"五帝说"所列的"五帝"为多数人所认同,因为它虽然删除了很多关于五帝的图腾以及不符合后世礼教制度的不雅之言,但是它是从百家谱记中,尤其是从《世本》《大戴礼》的其言尤雅者选编而成的,且其大体上坚持了"疑则传疑"的慎重态度,故《五帝本纪》应该是诸说中最好的一说,或者说是诸说中最接近历史真相的一说,论"五帝"当以此为据,五帝时代即是由黄帝、颛顼、帝喾、唐尧、虞舜所体现的历史时代。

根据《五帝本纪》的记载,颛顼、帝喾、尧、舜都是黄帝的后裔。这个帝系中的五帝各有其德。比如:颛顼,史书上说他"静渊以有谋,疏通而知事;养材以任地,载时以象天,依鬼神以制义,治气以教化,絜诚以祭祀"。据说他进行政治改革,又对九黎族进行宗教改革,禁绝巫教,强令他们顺从黄帝族的教化。帝喾在位时国泰民安。他的元妃姜原生了弃,是周朝姬姓王族的始祖。次妃简狄生了契,是商朝人的先祖。次妃庆都生了尧。帝尧"其仁如天,其知如神。

就之如日，望之如云。富而不骄，贵而不舒。黄收纯衣，彤车乘白马。能明训德，以亲九族。九族既睦，便章百姓。百姓昭明，合和万国"。他在位时洪水泛滥，曾命鲧治水，又命羲、和二人掌管时令，制定历法，教民按时农作。帝舜以孝闻名，父亲、后母、弟弟多次害他，他却既往不咎。他执政时期，推举"八恺"和"八元"这十六位贤人，驱逐"三凶"，任用大禹治水。南巡时驾崩于苍梧之野。

二、五帝时代的两个历史阶段

对五帝时代的历史进程，我们可以划分为两个基本阶段：一是从黄帝到颛顼的历史时期，二是从颛顼到尧、舜、禹的时期。这是两个历史内容有所不同而又相互连接的历史时期。兹述如下：

从黄帝到颛顼的历史时期。五帝时代，社会已经由母系社会进入由父系支配社会的历史时期。商人、周人都把本族形成的历史推至母系社会。《商颂》说："天命玄鸟，降而生商。"《大雅》说："民之初生，自土沮漆。"又说："厥初生民，时维姜嫄。"可见商人、周人对本族起源的记忆是从"不知其父"的时代开始的。但事实上，商人、周人的建国，是他们进入父系时代之后的事情，尽管在商代，女性在社会生活中还起着十分重要的作用。中国的母系社会至五帝时代已经发生了巨大的变化，开始确立以父系计算世系的制度。以父系计算世系的制度，有一个突出的表现，就是不尊重女性，恩格斯曾将这种不尊重表述为"妻子则被贬低，被奴役，变成丈夫淫欲的奴隶，变成生孩子的简单工具"[1]。在中国的传说中，女性受尊重的时代在神农氏世以前，而到了黄帝氏世，已经出现了不尊重女性的情形。

---

[1]《马克思恩格斯选集》，第4卷，人民出版社，1972年版，第52页。

例如,黄帝有个女儿.叫旱魃,她是一个光头,且相貌奇丑。据《山海经》,是时蚩尤起兵攻打黄帝,黄帝令应龙进攻冀州。蚩尤请来风伯雨师助阵,他们以狂风骤雨对付应龙的军队。黄帝令其女旱魃助战,旱魃阻止了大雨,黄帝赢得战争,但是她却再也无法回到天界,而在人间成为引起旱灾的怪物。《诗经·大雅·云汉》:"旱魃为虐,如惔如焚。"孔颖达疏:"《神异经》曰:'南方有人,长二三尺,袒身,而目在顶上,走行如风,名曰魃,所见之国大旱,赤地千里,一名旱母。'"是为僵尸之始。旱魃奇丑,有战功而不能回天界,只得沦为人间的僵尸等等。在这里,虽然战争让女性成为重要的参与者,但是却没有受到应有的尊重。恩格斯曾指出,母权制的被推翻,乃是女性的具有世界意义的失败。根据这个说法,女性形象"被贬低"是母权制被推翻、男子在家中掌握了权柄的产物。在这种情形下,人们对黄帝之子的记忆是十分清晰的。比如,《汉书·艺文志》记载了黄帝的封胡、大挠(又称大填)、大山稽(又称太山稽)、力牧(又称力黑)、风后、大鸿(又称鬼臾区)、孔甲、岐伯、伶伦、天老、五圣、知命、规纪、地典、常先、羲和、隶首、容成、俞柎诸子,而对其女则只有丑陋的回忆。不过在黄帝时期,中国社会似乎还没有形成以男性为祖的习惯。这习惯始于黄帝既逝,左彻"削木为黄帝之象",于是有了以黄帝为祖的庙。这样在颛顼继黄帝位后,按男系计算世系的制度就有了每年率诸侯朝奉黄帝像的新内容。贾谊《新书·修政语上》说颛顼"故上缘黄帝之道而行之。学黄帝之道而赏之,弗加弗损,天下亦平也"。它不仅没损反而有加,例如《淮南子·齐俗训》说:

帝颛顼之法,妇人不辟(避)男子于路者,拂(《太平御览》

作"被",当是)之于四达之衢。

《淮南子·齐俗训》此说,可以在良渚文化瑶山遗址中得到佐证。因为在这里玉璜及纺轮见于男性墓葬,女巫一般无琮,说明男觋地位一般高于女巫①。而在苏秉琦看来,良渚文化所对应的传说史正是"颛顼时代"。徐旭生也指出:"大约帝颛顼以前,母系制度虽然逐渐被父系制度所代替,但尊男卑女的风俗或尚未大成。直到帝颛顼才以宗教的势力明确规定男重于女,父系制度才确实地建立。"②

黄帝所创立的社会制度至颛顼时期得到了极大的发展。在这一时期,颛顼至少做了两件大事:一是推动了"家庭革命",即将当家人的角色由女性转化成男性。这个问题,我们在前面已经谈及:黄帝时已经出现了女性不受尊重的情况,颛顼为天下共主后,他将这种情况加以规范化,即将男尊女卑作为一种制度,此即所谓"颛顼之法"。如果我们将颛顼时期立黄帝为祖的做法以及"妇人不辟(避)男子于路者,拂(被)于四达之衢"的规定结合起来,那么,我们不难看出,所谓"颛顼之法"所导致的"家庭革命"其实就是构建中国宗法制度的雏形。二是推动了宗教革命。五帝以前,人们的宇宙观处于混沌状态,认为万物与人一样,皆有灵性。其低级阶段是物我不分,物与人两者之间可以相互转化;其高级阶段是认为万物皆有灵魂,把万物看作灵魂活动的结果,模糊地看到了人与物的区别。既然万物皆受灵魂的支配,所以那时人们凡事都要问神,此即人人

① 苏秉琦:《中国文明起源新探》,生活·读书·新知三联书店,1999 年版,第146 页。
② 徐旭生:《中国古史的传说时代》,文物出版社,1985 年版,第 85 页。

为巫通神。章太炎《訄书》言："初征鬼神，教令訾严，蚩尤、九黎，人为巫史。"这就是说，在五帝之前，人与神打交道是非常个人化的事情。人人都可以通神，但是到了颛顼时代人人为巫通神受到了限制。《国语·楚语》记载：

> 及少昊之衰也，九黎乱德，民神杂糅，不可方物。夫人作享，家为巫史，无有要质。民匮于祀，而不知其福。烝享无度，民神同位。民渎齐盟，无有严威。神狎民则，不蠲其为。嘉生不降，无物以享。祸灾荐臻，莫尽其气。颛顼受之，乃命南正重司天以属神，命火正黎司地以属民，使复旧常，无相侵渎，是谓绝地天通。

"绝地天通"，韦昭注为"绝地民与天神相通之道"，指的是颛顼对原始宗教加以改革，对祭祀权进行改革，南正掌管祭"天神"，火正黎管祭"地神"。从此对二者的祭祀不再是个人的行为，而是组织的行为了。据《庄子》记载："颛顼作玄宫。"此"作"为"建"，所有的大事都要通过玄宫举行宗教仪式来决定，自然宗教因此而变成了人为之宗教。以颛顼为代表，中国文化史上的"信仰精英"出现了，他们是前轴心时期的文化创造主体。这个主体将前轴心时代的巫文化推向了宗教文化的高度。

颛顼的宗教革命，在他的有生之年并没有完成，这个事业被尧、舜、禹继承了下来。当此之时，部落之间的征战频繁，尧、舜、禹的部落先后征服了多个部落，《尚书·尧典》云："流共工于幽州，放驩兜于崇山，窜三苗于三危，殛鲧于羽山，四罪而天下咸服。"初步形成了统一的奴隶主王国。在意识形态上，掌控统一大权的部落毁人宗庙,焚人祭器,强迫三苗改变原有信仰。《尚书·吕刑》是这样记载此次事件的:苗民互相欺诈,纷纷乱乱,没有忠信,以致背叛誓约。受了虐刑和一些被侮辱的人向上帝申告自己无罪,上帝考察苗民没有芬芳的德政,刑法所发散的只有腥气。帝哀怜众多被害的人没有罪过,就用威罚处置施行虐刑的人,制止和消灭行虐的苗民,使他们没有后嗣留在世间。又命令重和黎,禁止地民和天神相互感通,神和民再不能升降来往了。这个记载告诉我们,颛顼的宗教革命就是为宗教立法。

从这次"绝地天通"宗教改革的结果来看,它实际上是将多神分成了主神和次神两类。主神就是《礼记·月令》所说的"皇天上帝社稷",由共主、贵族祭祀,所谓"乃命太史,次诸侯之列,赋之牺牲,以共皇天上帝社稷之飨",即是指此;次神就是《礼记·月令》所说的"山林名川之",由一般百姓进行祭祀,所谓"至于庶民,土田之数,而赋牺牲,以共山林名川之祀"。主神即"皇天上帝社稷",说简单点,即是《尚书·武成》所说的"皇天后土"四个字。"皇天"如前所述即指"黄帝";"后土"即地祇,即"社稷"。宗庙社稷构成了中国国家制度的核心元素。次神是较土地神要低一层的方神,即是民间所说的"土地爷"。

从颛顼到尧、舜、禹时期。这一时期,万邦林立。《尧典》说尧"克明俊德,以亲九族。九族既睦,平章百姓。百姓昭明,协和万邦"。这24个字给我们描述出了一系列的社会层次:九族——百姓——万邦。"九族"是指同姓内部的各分支,也就是氏,氏与氏在强调"女生"即姓的基础上结合成宗族,所以用一个"亲"字;"百姓"是指邦内各姓,《孔传》"百姓百官",郑注"百姓,群臣之父子兄弟"。由己姓与他姓组成的社会组织就是本邦,它是单一制的邦国。对邦内百姓,尧的办法是辨明与表彰,即所谓"平章"。己姓之外的他姓组合形成万邦,对万邦,尧的办法是协调,此即"协和"。很显然,尧之时虽有万邦(国),但是它们能够协同成一体,这是一种源于邦国又高于邦国的邦国联盟。过去人们常将这个整体称为"部落联盟",可这并不贴切。王震中认为,"与其称为'部落联盟',不如称为'邦国联盟',唐尧、虞舜、夏禹之间的关系实为邦国与邦国之间的关系,只是当时随着势力的互相消长,唐尧、虞舜、夏禹都先后担任过'族邦联盟'的盟主而已"①。这个说法是准确的。

从《尧典》的叙述方式来看,在宗族这一层次上,尧是族长;在单一制邦国这一层次上,尧是酋长;在邦国联盟这一层次上,尧是最高酋长。《舜典》说舜"宾于四门,四门穆穆","觐四岳群牧,班瑞于群后"。这里提到"四岳",显然与"万邦"具有同一性的意义。这样一来,唐尧、虞舜、夏禹时代即是"族邦联盟的时代",在其中,"尧、舜、禹是双重身份,他们首先是本邦本国的邦君,又都曾担任过联盟的'盟主'亦即'霸主'"。比如,尧的邦国是唐,舜的邦国是虞,禹的邦国是夏,可见唐尧、虞舜、夏禹也在"群邦诸君"之列。在本邦之内,一切权力皆归于他。在邦国联盟中,他们虽然也拥有最高权力,但是这种权力就其渊源而言,是由前任提议,万邦推举,邦国联盟进行考核而最终产生和确认的,这就是所谓的"禅让制"。对此《尧典》有记载:

　　帝(尧)曰:"咨,四岳。朕在位七十载,汝能庸命,巽朕

---

① 王震中:《中国古代国家的起源与王权的形成》,中国社会科学出版社,2013年版,第383页。

位?"岳曰:"否德忝帝位。"曰:"明明扬侧陋。"师锡帝曰:"有鳏在下,曰虞舜。"……帝曰:"我 其 试 哉,女 于 时,观 厥 刑 于二女。"

　　这里的"四岳"便是参加邦联酋长全体会议的各邦酋长。在这个会议上,尧建议大家推荐一位新的酋长。各酋长共同推荐了舜。尧接着对舜进行了一系列考察后,就任用了舜。尧去世之后,舜又提请部落联盟酋长会议推选出禹来。关于"禅让制",《论语》《荀子》等文献都有记载,《论语·颜渊》:"舜有天下,选于众,举皋陶,不仁者远矣。"这是讲,舜能为最高首长是"选于众"的结果,是合乎仁道的。《荀子·成相》:"尧授能,舜遇时,尚贤推德天下治……舜授禹,以天下,尚得(德)推贤不失序,外不避仇,内不阿亲贤者予。"在这里"禅让制"是"尚德推贤"的结果。

　　不过贤与不贤恐怕没有儒家的道德标准那么简单,这要看邦国经济实力与邦君的能力。邦国经济实力居群邦之首,且邦君能力超群者,就是盟主。没有一个邦国始终是群邦之首,邦国之间的力量是此消彼长的。因此,没有一个邦君能永远占着盟主的位置。当联盟中的一个邦国发展得比盟主所在的邦国还要强大时,原来的盟主就要退位,此谓之"禅让"。在一定意义上,"禅让"即是"尚贤",所谓"大道之行也,尚贤与能"即是指此。贤是形声字,从贝,从臤,臤亦声。"臤"本义为"驾驭臣属",因而属于"能力"的范畴。"贝"指钱币、财富。"臤"与"贝"联合起来表示"牢牢掌握财富",其有多财之义。所以最初所尚之贤,实即指经济实力。如果一任盟主,领导群邦创造财富的能力不那么强了,他就进入了"德衰"期,会被赶下台来。我们这个说法是有文献依据的。《竹书纪年》:"尧元年丙子","舜囚尧于平阳,取之帝位"。"复偃塞丹朱,使不与父相见也。""后稷放帝子丹朱于丹水。""帝葬苍梧。"有人据此认为禅让只是个虚套子,而从唐尧到虞舜至夏禹的权力交接只不过是"黑暗的权谋较量"而已。这种看法实际上是肤浅的表现,逼退其实是"禅让"的一个表现形式。逼退以不流血的方式实现了权力从一个盟主到另一个盟主的转移。这对于前任盟主个人,甚至包括他的家庭来说,是一件很可悲的事情。比如,唐尧被囚,舜就规定唐尧父子不得相见。但是这悲摧、这凄惨换来的是邦国之间的和平相处,换来的是财富增长能力的提高。从这个意义上看,不应该对逼退做过多的负面评判。当"邦国联盟"发展到一个邦国的力量足以支配其他一切邦国的历史阶段时,这个邦国就会凌驾于他邦之上。这就造成了一种可能:盟主之位被此邦垄断了下来,其他诸邦只能是被垄断的权力之下的群臣,这样"盟主"就变成了"天下共主"。从历史上看,在从颛顼到尧、舜、禹这一时期,夏禹这一邦已经有了这样的实力。《左传·哀公七年》:"禹会诸侯于涂山,执玉帛者万国。"禹在涂山召见万邦之君,万国之君执玉帛去朝拜大禹,这表明夏禹的邦国已经有了足以支配其他一切邦国的力量,他事实上已经将邦国联盟变成了最初的王国。因此,禹没之后,其子启就将"盟主"变成了"共主",历史进入"三代时期"。

尧之时出现复合制邦国体制的原因很多。首先是治理洪水。《尚书·尧典》称帝尧之时"汤汤洪水方割,荡荡怀山襄陵,浩浩滔天"。据《史记·夏本纪》,"尧求能治水者,群臣四岳皆曰鲧可。……于是尧听四岳,用鲧治水。九年而水不息,功用不成。于是帝尧乃求人,更得舜。……行视鲧之治水无状,乃殛鲧于羽山以死"。治理洪水是巨大的水利工程,仅靠一邦之力无法完成,必须受洪水之灾的各邦国形成联盟的力量方可完成此任。如此之大的治水工程需要统一指挥,分层管理,分工协作,以合理调配人力和资源。在这种情形之下,复合制的邦国呼之欲出。其次是军事讨伐。尧舜禹时期,黄河流域一方面遇到了东部的黄河改道与泛滥,另一方面又遇到西南部的三苗骚乱。所以在鲧、禹治水的同时,又有尧舜禹伐三苗战争的进行。要取得战争的胜利必须有一个能集中统一指挥参与讨伐各方的机构。

总之,五帝时代从黄帝到颛顼确定了父权制以及宗法社会的基本原则,而在唐尧、虞舜、夏禹时代,父权制以及宗法社会进一步表现为复合制的邦国体制,禹之后,这种体制画上了句号。

三、炎黄及炎黄部落

在谈蚩尤与黄帝之战时,我们就接触到了"炎黄部落"的问题。

炎黄部落是在炎族与黄族的互相整合中产生的。这里的融合包括两个阶段:第一个阶段是炎帝榆罔与黄帝的联合。炎帝部落中的榆罔与蚩尤之战,作为共主的榆罔打不过蚩尤,就跑到黄帝那里与之联合形成了共同对付蚩尤的集团。不过在这个集团中,共主已经不再是榆罔,而是黄帝。第二个阶段是榆罔—黄帝联合体与蚩尤之战。在这一时期,蚩尤部落因战败而解体了,一部分被杀戮,一部分逃亡边野,还有一部分归顺了榆罔—黄帝联合体。在后一种情况下,一个新的社会集团——炎黄部落出现了。

文献中留下了很多关于炎黄部落的记载。比如,《国语·晋语》记载:"昔少典娶于有蟜氏,生黄帝、炎帝。黄帝以姬水成,炎帝以姜水成。成而异德,故黄帝为姬,炎帝为姜,二帝用师以相济也,异德之故也。"这则记载向我们透露:黄帝与炎帝本来是"异德"的,即是说,他们分别属于两个不同的社会集团,但是都属于"有蟜氏"所生,所以又是一个相济的整体。贾谊《新书·益壤》记载:"黄帝者,炎帝之兄也。炎帝无道,黄帝伐之涿鹿之野。"其《制不定》篇亦云"炎帝者,黄帝同父母弟也,各有天下之半。黄帝行道,而炎帝不听,故战涿鹿之野,血流漂杵。"炎帝、黄帝"各有天下之半",可见他们分别属于不同的社会集团,之间还曾发生了极为残酷以至"血流漂杵"的战争,但是他们又是兄弟。当然也有人对炎黄是兄弟之记载提出疑问。例如王献唐曾云:既然神农氏在前,黄帝在后,那为什么又说炎黄是兄弟呢? 这个问题其实并不难于理解。在神农氏世的晚期,黄帝氏族因习用干戈而使属于神农氏的诸侯归顺之。黄帝氏族与这些神农部落建立婚姻关系,因之也就有了兄弟关系,这当为情理之中的事情。炎黄结盟意味着社会组织已经由部落走向了一个更高级的社会组织,即酋邦联盟。从《五帝本纪》中,我们可以看出,炎黄结盟时期天下万邦林立,它们有强有弱。万邦之中最强大的为"共主",最初是炎帝,但是炎帝欺凌"诸侯",所以"诸侯"就纷纷投向另一个强大的酋邦,这就是有熊氏。最终有熊氏代替了炎帝,于是就有了黄帝这位新的天下"共主"。

这个新的社会组织不同于过去的炎帝部落或黄帝部落,它表现出了新的社会特征。在这些社会特征中,有四个方面值得我们重视:

其一是出现了多元一体的图腾构成体系。酋邦联盟时代,其联盟标志或所谓的图腾,有了重大的创新。炎帝部落和黄帝部落各有其图腾。炎帝部落的图腾是牛,当然也有人认为是羊。原因是炎帝姓姜,而姜与羌本是一字。而羌字,据《说文解字·羊部》系指"西戎牧羊人也,从人从羊,羊亦声"。不过,在牛羊之间,主流的意见是炎帝以牛为图腾。黄帝部落的图腾如前所述,也是很多的,但最引人注目的当为熊。从新的酋邦联盟角度看,原有图腾只是各个部落的,并不对一切社会成员有效。但是酋邦联盟的图腾必定对其所有的社会成员都有效,这是图腾主义的原则。苏联学者柯斯文在其《原始文化史纲》里指出了这一原则,他说:“图腾主义相信,人与某种动物或植物之间(主要是人与动物之间),有时也相信人与无生气的物体之间,或甚而人与自然现象之间,存在着特殊关联。图腾主义的基本的也是最普遍的因素,显然是认为:一个氏族集团的一切成员都起源于某种动物或植物或其他物体或现象,这种动物或植物或其他物体或现象就成为他们的图腾。图腾主义是和氏族社会一道发生的,从而图腾成为氏族的不可或缺的附属物。”这里讲到了图腾主义的基本的也是最普遍的因素即“一个氏族集团的一切成员都起源于某种动物或植物或其他物体或现象”①。这正是我们所说的普遍有效性。

我们在上面所引用的《国语·晋语》说,有蟜氏生黄帝、炎帝。“黄帝以姬水成,炎帝以姜水成”一语,从图腾构成上看,就是一个一元多层次或者说是多元一体的格局。所谓多层次是指姬、姜之别。姜的图腾,我们已经讲过;姬的图腾,闻一多指出就是蛇。所谓一元是指姬、姜皆属“有蟜氏”。蟜字从虫,乔声。《说文解字》谓“蟜,虫也。从虫,乔声。”汉人枚乘的赋作《七发》云:“蚑、蟜、蝼、蚁闻之,柱喙而不能前。”他将蟜与蚑、蝼、蚁并列,显然属于虫类。蟜不仅是虫,而且是有毒之虫。南朝梁顾野王《玉篇》就释“蟜”为“毒虫”。作为一种毒虫,它或许是指螫虫,即“尾部有毒针可刺人的

_____

① ［苏］柯斯文:《原始文化史纲》,人民出版社,1955 年版,第 171 页。

虫"。如《山海经·中山经》云:"缟羝山之首,曰平逢之山,南望伊洛,东望谷城之山。无草木,无水。多沙石。有神焉,其状如人而二首,名曰骄虫。是为螫虫,实惟蜂蜜之庐。"或许是指毒蛇。按:"蛇"也被称为"虫"。"蛇"的古体字是"它"。在《说文解字》中,小篆"它"的写法,便是蛇形,上面不是宝盖头,而是一条大蛇的头,下面的"匕"一弯钩是蛇身及尾部,后世书法家称之为龙尾钩。《说文解字》:"它,虫也。从虫而长,象冤曲垂尾形。上古草居,患它,故相问:'无它乎?'"从"虫"的"蛇"是后起字。从中国的蛇图腾文化来看,将蟜解之为蛇更为合理一些,因为蛇是一种占主导地位的中国图腾。但是"有蟜氏"绝不简单地是蛇,它已经吸纳了其他图腾因素,比如,姜就从"有蟜氏"而生。根据图腾主义的原则,炎黄之生,是由于"蛇"(图腾)入居了妇女体内,而死亡则是人返回了自己的氏族图腾。这种吸纳了其他图腾因素的蛇,用闻一多的话说就是"龙"。"所谓龙便是因原始的龙(一种蛇)图腾兼并了许多旁的图腾,而形成一种综合式的虚构的生物。这综合式的龙图腾团族所包括的单位,大概就是古代所谓'诸夏',和至少与他们同姓的若干夷狄。"①

其二是出现了由典册固定下来的"纪系"。炎黄集团可以说是有典有册的社会集团。这就是说,炎黄所结成的酋邦联盟,不仅形成了一个普遍有效的图腾,而且以典册的形式记载了这些普遍有效的原则。《史记·三代世表》云:"余读谍记,黄帝以来皆有年数。稽其历谱谍终始五德之传,古文咸不同,乖异。夫子之弗论次其年

---

① 闻一多:《伏羲考》,苑利主编:《二十世纪中国民俗学经典·神话卷》,社会科学文献出版社,2002年版,第184—185页。

月,岂虚哉! 于是以《五帝系谍》《尚书》集世纪黄帝以来讫共和为世表。"《索隐》注:"牒者,纪系谥之书也。下云'稽诸历谍',谓历代之谱。"司马迁称他看到并且读研过黄帝氏世的系谍,他用"岂虚哉"表达了自己的坚信。只是因为其文太古,所以到了他那个时代识之已然不多了。有系谍,也就有了典册,所以文献称五帝时代有"五典"。

我们知道,在谈炎帝、黄帝出生时,出现了一个"少典氏"。但是根据图腾主义的原则,"少典氏"在生二帝时根本就是多余的,因为那时的人是只知其母不知其父的。唐人司马贞也感觉到这个问题,所以他在《索隐》中说:"少典者,诸侯国号,非人名也。"那么这个"少典氏"究竟是指什么呢? 从"典"字看,它与"册"字形象相似。典似乎是以竹册、木牍串在一起的简片,置于祭台上,供祭司、酋长们查看本氏族人员情况和记载祭神过程。所以"典"字后来被衍化为典册、典籍、典常、典型、典范等名词。在甲骨文里,"典"字为 ,由 和 两部分组成。前者即是指册,代表权威书籍,故《说文解字》云:"典,五帝之书也。"后者是双手捧着之状,表示双手奉持权威书籍,在上古最权威的典籍莫过于祭典,它其实就是万事之法。"少"字,《说文解字》释云"不多也",而《周易·略例》则云"夫少者,多之所贵也"。从字面上看,所谓"少典"其实是指炎黄二族所共同遵从的规则,它以书籍的形式存在,所以称为册;双手其实是两族友好的象征,表示他们遵守共同的典册。此典册由两族共同推举的大巫师或大祭师掌管。由于竹木板很难保存至今,故迄今为止,我们很难发现典的实物。典册的出现意味着在炎黄联盟里,已经出现了书同文、习同俗的文化现象,在这种情况下,各部落的地方语要服从于联盟的通用语,这就形成了所谓的"雅言"。司马迁在

《五帝本纪》中说："予观《春秋》《国语》,其发明《五帝德》《帝系姓》章矣,顾弟弗深考,其所表见皆不虚。书缺有间矣,其轶乃时时见于他说。非好学深思,心知其意,固难为浅见寡闻道也。余并论次,择其言尤雅者,故著为本纪书首。"他的意思是,《五帝德》等是"雅"言,而他所著《五帝本纪》是"雅言"中之"尤雅者"。从此以后,言就有了雅言与蛮言之分。关于这个问题,我们在讨论中华民族的内在精神时还要论及。

徐旭生将我国古代部族划分为华夏、东夷、苗蛮三大集团,认为"华夏部落"又分两个亚族,一个叫作黄帝,一个叫作炎帝①。徐氏的观点是先有"华夏集团",后有炎黄两个亚族,用我们的问题表达,就是先有"少典氏",后有炎黄。我们的看法恰恰相反,先有炎裔与黄裔两个部族,然后才有确定他们之间融合关系的典册。古人看到了典册对于炎或黄部落的重要性,于是就造出了"少典氏"这一形象,认为炎与黄与之的关系,犹如父与子的关系。但是真实的历史却是炎族代包牺氏而发展起来,此时黄族落后于炎族;但是到了炎族衰落期后,黄族却发展起来了,以至很多炎族分支依附了黄族。在这样的融合过程中,终于形成了一个新的集团,徐旭生称之为"华夏集团",古人称之为"少典氏",或许称为"少典集团"更准确。

其三,从祭祀层面上看,它形成了社稷宗庙并存的格局。我们已经看到,神农氏世已经出现社稷,黄帝氏世的颛顼时期则出现了宗庙,当然颛顼以后的黄帝氏世并没有抛弃对社稷的祭祀,他们在确保宗庙优先的前提下,保留了社稷,于是出现了社稷宗庙并存的

---

① 徐旭生:《中国古史的传说时代》,文物出版社,1985年版,第40页。

格局。《礼记·曲礼》说：

> 君子将营官室，宗庙为先，厩库为次，居室为后。

　　这里讲"宗庙为先"，并不排斥社稷，故《祭义》说："建国之神位，右社稷而左宗庙。"《考工记·匠人》亦云："匠人营国……左祖右社。"不过这里所谓的"并列"从某种意义上讲是"兼并"，因为社稷之祭本来属于炎帝神农的文化范畴，最初的社稷主是烈山氏之子柱。然而炎黄集团或少典集团形成后，却出现了宗庙之主兼社稷主的情况。比如，黄帝本来是颛顼的宗庙之主，但他同时又是中央之帝，也就是执管四方的地主。此时的社稷主其实就是黄帝。或许有人认为，黄帝之为中央之帝是按五行分配的结果，其实没有那么简单，其为中央之帝是由土地所有制的发展需求决定的。以此为例，此后的每个王朝都有自己的社稷。《论语·八佾》说："哀公问社于宰我。宰我对曰：'夏后氏以松，殷人以柏，周人以栗，曰使民战栗。'"《淮南子·齐俗训》说："有虞氏之祀（礼），其社用土……夏后氏〔之礼〕，其社用松……殷人之礼，其社用石……周人之礼，其社用栗。"社稷主是存在的，但它不再是烈山氏之子柱，随着朝代更替而更替。在更替之中，各王朝的宗庙之主兼任社稷主。因此中国古代国君自称是"社稷主"，其立国之初都要于右立其社。《古文尚书》有《夏社》序说："汤既胜夏，欲迁其社，不可，作《夏社》。"而夏禹也曾入社。社稷与宗庙各有其功能，《礼记·中庸》引用孔子的话说："郊社之礼，所以事上帝也；宗庙之礼，所以祀乎其先也。明乎郊社之礼，禘尝之义，治国其如示诸掌乎！"这就是说，祭社之礼是"事上帝"的，所以社祭是宗教的；祭宗庙之礼是拜祖先的，所以宗庙是宗法的。《尚书·甘誓》说:"用命赏于祖,弗用命戮于社。"在宗庙里赏"用命"之人,说明受赏者是宗庙之主的优秀子孙;在社稷里戮"弗用命"之人,说明被戮者是国家的罪人。

受宗法观念支配,五帝之政基本上由黄帝而出。司马迁在《史记》的《五帝本纪》《夏本纪》《殷本纪》《周本纪》《秦本纪》和《秦始皇本纪》中,把黄帝、颛顼、帝喾、帝尧、帝舜、夏禹、殷契、周后稷和秦始皇的祖先等等按照宗法安排成了一家人。黄帝是所有其他人的祖先,而其他人都变成了与黄帝有血统关系、一脉相承的子孙后代。即是说,第一个男性始祖是黄帝,其他诸帝皆为黄帝之后。其实,颛顼、帝喾、帝尧、帝舜、夏禹、殷契、周后稷等等是否有血缘关系,并没有过硬的证据,我们可以存疑。但是,从以黄为祖、群臣皆拜之的政治制度来看,它又是合理的。因为进入五帝时代后,黄帝之庙至少是政治意义上的祖庙。黄帝是国祖,他成了国家政权的象征。五帝在政治上祭黄为祖,同时也没有忘记神农。《吕氏春秋·审时》记载:黄帝"正五谷而已矣"。这就是说,黄帝开启的五帝时代,虽然将礼制建设作为主题,但是这个主题是以神农"艺五种"的生产方式为基础,同时祭祀神农。据罗泌《路史》:黄帝"谓土为祥,乃重坤以为首""祀地于方泽,牲玉取黄",这里的重"土""祀地"是祭土地神的范畴,而土地神属于神农文化。五帝尚农,后稷继之,《吕氏春秋·上农》称此为"所以务耕织者。以为本教也"。所以社稷与宗庙的并存格局,在社会形态上,表现为农耕生产、生活方式与祖先崇拜的完整结合,这是少典集团的文化内涵。所以,不能将少典集团简单地称之为"黄",也不能简单地称为"炎",而应该是由一个祭典维系着的整体,我们称之为"炎黄"。相对于"四夷",它就是"华夏"。

第五章　炎黄与中华姓氏

　　在中国传统文化中,姓氏文化是一个极其重要的组成部分。人们很早就对它进行了研究,以至形成一门学问,就是所谓的"谱系之学"或"姓氏之学"。南宋郑樵在其《通志·氏族略》中指出,"姓氏之学"的最早著作是战国时期的著作《世本》,"凡言姓氏者,皆本世本"。此后,汉有《邓氏官谱》,应劭有《风俗通义·姓氏》,又有颍川太守聊氏《万姓谱》。姓氏之学,最盛于唐。炎黄学研究也将姓氏文化当作重要内容。从炎黄学的视角来看,中国传统的家庭本位社会建立在姓氏文化的基础上,而姓氏又和炎与黄紧密相连。《国语·周语》:"有夏虽衰,杞、鄫犹在;申、吕虽衰,齐、许犹在。唯有嘉功,以命姓受祀,迄于天下。及其失之也,必有慆淫之心间之,故亡其氏姓,踣毙不振;绝后无主,湮替隶圉。夫亡者岂繄无宠?皆黄、炎之后也。"因此,通过"姓氏之学",我们将中华民族的初祖追溯到炎与黄,可以看到,中华文明从"古文化"(姓)到"古国"(氏)的演化过程。因此姓氏之学构成炎黄学的一个重要研究领域,我们或许可以简称之为谱系炎黄学。

第一节　姓与氏

　　在中国文化传统中,姓与氏这两个概念既有区别又有联系。在姓氏学中,"姓氏"后来成为包含姓与氏二者的合成名词,但是在最初却不能将姓与氏理解为同一个东西,姓即是氏,或氏即是氏。

从"姓氏"的形成来看,姓与氏分别是代表着两个不同的历史阶段。《通鉴外纪》说:"姓者,统其祖考之所出;氏者,别其子孙之所自分。"姓,起源于母系社会,是族号,在其中人人都有归属于族号的权利,因而姓意味着人皆生而平等;氏起源于父系社会,是姓的分支。而作为分支,它们之间有贫富之别,因而其社会地位是不平等的。在这个意义上,氏对姓具有某种否定性的意义。秦灭六国,无论是姓里高贵的氏,还是低贱的氏,其子孙都成了民庶,姓与氏合而为一了。隐藏在氏文化中的不平等又被否定了。作为否定之否定,它就是"姓氏",是对强调人皆生而平等的姓的一定程度的恢复。

一、姓

姓这个字早在殷墟甲骨卜辞里就已经出现。从殷墟甲骨卜辞来看,"姓"作𡊩,系由"生"和"女"组合而成。不过,有人认为,从用法上来看,此"姓"是指某个具体女性的名字,而不是指姓氏之姓。殷墟甲骨卜辞里的"姓"是否有"姓氏"之"姓",目前还没有发现例证。当然这只是一种说法,更多的专家认为,在甲骨卜辞中,"姓"相当于"生"。比如"多姓",它基本上写作"多生"。这意味着姓即是生。《白虎通·德论》:"姓者,生也,人禀天气所以生者也。"《说文解字》:"姓,人所生也。古之神圣母,感天而生子,故称天子。从女,从生,生亦声。《春秋传》曰:'天子因生以赐姓。'"可见,所谓姓有一种将某人或某些人归为同一女所生的功能。在这个意义上,姓从女。简言之,姓本作生,与出生有关,所有的人都是女人所生,有女方有生,加女方有姓。从殷墟甲骨卜辞可见,人之生是上帝授令的结果。对于人来说,这叫"受生"。武丁时代的宾组卜辞《南南》180 有:"丁酉卜,宾,贞妇好有受生";"(反)王占卜:吉,其有受生"。所谓受生,即是受"姓",也即是受"性"①。在金文之中,"姓"也即是"生"。郭沫若指出:"百姓在金文中均作'百生',即同族之义。"②《中庸》里的"天命之谓性"一语盖由此来,这就为君权神授提供了理论根据。因此,姓虽然是"女生",却也自有其宗教意义在。

朱凤瀚在《商周家族形态研究》一书中对"姓"字在先秦时代的含义做出了系统的梳理。他指出,姓是指女子所生的子女。所谓"人所生也"即母所生之子女。"姓"即是子女,子女相互为亲,相组为族。所以广其义,姓可作族属、族人解,亦可以进一步将之理解为泛称的"族"的意思,如殷墟卜辞中之"多生"是指占卜主体(王)的亲族。西周金文中的"百生",从铭文内容看,可以用来称本族族人,也可以泛指没有亲族关系的其他族的族人。至于东周文献中所见的"百姓",则不仅可以有以上"百生"之义,而且有的含义更广泛,几乎近于今日所说之百姓,即民众。旧解中也有将"百姓"释为"百官"的,但是其说不可信。

"姓"本义既为女子所生子嗣,则同一女子所生子嗣组成的亲族也可以称为"姓",由此表示其同出于一个女性始祖的这种血缘亲属关系。在这里,我们看到,姓之最初是从"女生"的角度确定人与人之间关系的范畴,它反映的是母系氏族阶段以血缘为基础的人与人的关系,强调的是子女对同一女性血缘的归属性。就图腾崇拜而言,它是子女对图腾的一种自觉归属认同,这与我们今天认定自

---

① 连劭名:《卜辞所见商代早期性命学说》,《周易研究》,2001 年第 2 期,第 31 页。

② 《郭沫若全集·历史编》,第 1 卷,人民出版社,1982 年版,第 120 页。

己是"龙的传人"是一样的。因此,姓的起源,可以追溯于母系氏族社会,即夫从妻居,子女属于母族,世系以母方计。郭沫若曾将这种社会描绘为"在当时男子要讲'三从',便是'在家从母,出嫁从妻,妻死从女'"①。一切都围绕"女生"来展开,从这个角度看,母系氏族社会是由"姓"支配的时代。

中国百姓虽然自古有之,但过去有人认为,中国百姓并非中国所固有,它们来源于西方。例如孙中山认为,"中国人说人民'百姓',外国人说西方古时有一种'百姓'民族,后来移到中国,把中国原来的苗子民族或消灭或同化,才成中国今日的民族"②。这似乎是说中国人的"百姓"是移入中国的西方"百姓民族",中国是"百姓民族"的殖民地。但是考古学已经证明中国百姓是自根自本的,我们在下面还有论证。

从由"姓"为"女生"这一事实出发,我们不难理解中国的许多古姓为何都与女字有关。如:中国上古时期著名的八姓姬、姚、妫、姒、姜、嬴、姞、妘都与女字有关。原来这些姓都认为自己为某女所生。这个某女,其实就是一群子女心目中的"圣母",整个族群就是围绕着这圣母而建立的,于是就有了母系氏族社会。一般说来,这社会在物质文化方面的表现,可以概括为五个方面:1. 锄耕农业盛行;2. 铜工具在燧石器工具占绝对优势下而出现;3. 供原始公社集体居住的庞大的黏土的住宅;4. 女酋长陶俑;5. 彩陶。女酋长陶俑就是所谓的女神像,这在考古学上也有表现。例如,红山文化就有自己的女神像,这女神应该就是红山人心目中的"圣母"。这一问

---

① 《郭沫若全集·历史编》,第 1 卷,人民出版社,1982 年版,第 15 页。
② 《孙中山文集》,上册,团结出版社,1997 年版,第 94 页。

题,我们在后面将有进一步的论述。而"圣母"所生的一族,常常用某种植物或动物作为本族的标志,这就是图腾。在图腾崇拜时代,各部落、氏族都有各自的图腾崇拜物,比如说麦穗、熊、蛇等都曾经是我们祖先的图腾。在红山文化中,我们发现这个族群的人崇拜的是熊。部落全体成员都归属于这个熊龙,可谓是"太初有熊",它有"统其祖考之所自出"的生之义,就是所谓的"姓"。既然同一图腾的子女都由同一女性所生,那么他们之间就不能有婚姻关系了,姓其实包含了婚姻禁忌,这就是所谓的"别婚姻"。

各个部落都有自己的女神,因而他们也就各有其姓了。三皇各有其姓,炎帝姜姓,黄帝姬姓,中国典籍中有"百姓"一词,可见族姓之多。各姓之间,是可以互相通婚的,炎族与黄族就是两个互相通婚的姓。在通婚过程中,不同的姓就有了兄弟关系,故炎黄为兄弟。既然是兄弟,那么就不能有一个姓比另一个姓高贵的情况出现。要说高贵,都很高贵,因为各姓都有自己崇高的图腾。郭沫若在讲"君子"与"小人"的对立时,认为"君子"就是"百姓",是当时的贵族。他说:"百姓是贵族,又叫作'君子'。……百君子就是百姓了。"[1]这个说法,将"姓"理解为阶级化的范畴,实际上是错误的。因为姓恰恰是无阶级社会的反映,它与贵贱没有关系。

二、氏

在甲骨文里,"氏"字已经出现。但在殷墟甲骨刻辞中究竟有几例,学者们的意见并不一致。持多例意见者认为氏有致送、带领、带来之意;持仅一见意见者认为,此字在殷墟甲骨刻辞中因刻辞残

---

[1]《郭沫若全集·历史编》,第 1 卷,人民出版社,1982 年版,第 120 页。

破,故其含义不明。所以氏在甲骨文里的确切含义有待进一步研究。

不过在西周文字中"氏"字已较为常见,其字义与东周文献中"氏"的含义多有相同之处,基本上是指"别其子孙之所自分"者。这就是说,氏本是从姓中分化出来的,或者说是姓的分支。

在母系社会,子女都归属于母姓。后来父系社会取代了母系社会,虽然姓被子女们保留了下来,但是自从父亲在社会中取得了领导地位后,子女们的姓不再从母,而从父了,即父也可以"生子"了。历史上的产翁即产公习俗,就是父生子女的制度形式。所谓产翁,就是男子装育习俗,或男子坐褥。其具体内容是:父亲在自己的婴儿出生时或出生后数日,应躺卧和实行斋戒,亦即拒绝食用某种食物。斋戒的理由是,如果父亲在此期间担当繁重和危险的劳动,又以不利于人的品性的野兽为食物,则婴儿将会受困厄,将会使其身体受害,甚至会使婴儿接受野兽的某种性格。产翁风俗出现于新石器时代的晚期,被认为是人类社会从母系到父系的一种过渡形式。产翁风俗在1949年以后还存在于我国云南、贵州一带的少数民族中。曾游中国云南、贵州一带的马可·波罗在其游记中曾记载:妇女生下小孩后,把小孩洗净包在褟褓里,女人的丈夫即到床上,把小孩留在身边看守,照本地风俗,他如此留在床上约二十天,或者更长些,除非有要事,他是不起来的。所有的亲朋都要来看他,为他举行大礼。他们如此做作,是因为他们认为妇女怀妊已非常痛苦,应当代替她们二十天或一定时间,使女子不再有苦楚。因此,女人生了小孩后,她就马上起来看管所有的家务,伺候床上的丈夫。其实,不独是马可·波罗做了这样的记载,中国的游记作家也有类似的记载。如袁枚在其《新齐谐》产公条中写道:"广西太平府,獠妇生子,经三日，便澡身于溪河。其夫乃拥衾抱子，坐于寝榻。起卧饮食，皆须其妇扶持之。稍不卫生，生疾，一如孕妇，名曰产公，而妻反无所苦。"在汉民族的传说史中也存在产公制。例如《天问》有"伯禹腹鲧"一语。"腹"，原注"怀抱也"。鲧是有妻子的，而他竟然怀抱禹，这不就是产翁吗？有了父生子之说，那么"姓"也可以由父生了。不过由于传统习惯的力量，源于母族的姓虽然被保留下来了，但是却增加了由父生这样一种情形，这种情形就是"氏"，所以有了女子称姓、男子称氏之说。而且，随着同一祖先的子孙繁衍增多，这个族姓往往会分成若干支，散居于各处。各个分支的子孙除了保留"姓"以外，另外为自己取一个称号作为标志，这也是"氏"。

氏的起源是多元的，换句话说，氏的获得方式也是多样的。

东汉应劭《风俗通义·姓氏》曾对氏的来源做了九个方面的介绍，其云：

> 万类之中，惟人为贵。《春秋左氏传》："官有世功，则有官族，邑亦如之。"《公羊》讥卫灭邢，《论语》贬昭公娶于吴，讳同姓也。盖姓有九：或氏于号，或氏于谥，或氏于爵，或氏于国，或氏于官，或氏于字，或氏于居，或氏于事，或氏于职。以号，唐、虞、夏、殷也。以谥，戴、武、宣、穆也。以爵，王、公、侯、伯也。以国，齐（一作曹）、鲁、宋、卫也。以官，司马、司徒、司寇、司空、司城也。以字，伯、仲、叔、季也。以居，城、郭、园、池也。以事，巫、卜、陶、匠也。以职，三乌、五鹿、青牛、白马也。

应劭这里所谓"盖姓有九"其实应该是指"氏"之源有九，爵位、职业以及城郭等都是氏之源。

　　郑樵在《通志·氏族略》继续了上述研究,它将氏的起源概括为或以姓为氏、以国名为氏、以邑名为氏、以乡亭之名为氏、以居住地为氏、以先人的字为氏、以兄弟次第为氏、以官职为氏、以职业为氏、以谥号为氏等等。以"什么为氏"显然与"女生为姓"有区别,因为这里已经看不到血缘关系的作用了。

　　从这些起源中,我们可以看出,职业分工的发展以及阶级的分化是"姓"分裂为"氏"的基本根源。因为有了阶级性根源,所以将人群分为贵贱有别的群体。氏的核心问题是贵贱问题。与贵贱相联系的是阶级矛盾和阶级斗争,因而国家问题也就产生了。古《孝经纬》云:"古之所谓氏者,氏即国也。"当然这里的"国"是指"古国"。

　　朱凤瀚在《商周家族形态研究》中,所得出的结论几乎与《通志·氏族略》完全一致。他认为,氏的主要用法是多方面的:一是指称个人,如可以接在官名后,作官称,像师氏、尹氏等。《左传·昭公》讲少昊氏诸鸟官名,亦是鸟名加氏为称。接在爵位后表示尊称,如"侯氏"。接在字或亲称后表示一种较亲近的称谓,如伯氏、叔氏、舅氏。接在姓后,指属于该姓族的女子,如"姜氏""姞氏""任氏"等等。接在作为家族组织讲的"氏"之名号后,指称属于该家族的个人,如叔孙氏、雍氏、庄氏。除以上用法外,东周典籍中称上古传说中的帝王、部落首领亦在其名后加氏为称,如"黄帝氏""少昊氏""共工氏"等。二是与表示姓族之"姓"义同,如《左传·昭公十年》:"姜氏、任氏实守其地。"(杜预注:"姜,齐姓;任,薛姓。")又如《国语·周语》:"王师败绩于姜氏之戎。"此"姜氏"即"姜姓",但这种用法较少见。三是指一些上古的部族,《国语·周语》:"皇天嘉之,祚以天下,赐姓曰姒,氏曰有夏……祚四岳国,命以侯伯,赐姓曰姜,氏曰有吕。"除此所谓有夏氏、有吕氏外,《左传·襄公》的所谓陶唐氏、御龙氏、豕韦氏、唐杜氏等等，以及《史记·五帝本纪》中所述诸上古国族，均未必是单纯的血缘组织。先秦典籍在记述商周时代的历史时，已很少使用此种含义的氏的概念，只是偶用以称一些边远地的部族，如《国语·周语》中"犬戎氏以其职来王"之"犬戎氏"。四是指一种家族组织。此种例子很多，如《左传·昭公三年》叔向曰："肸之宗十一族，唯羊舌氏在而已。"可见羊舌氏即叔向所属宗族的十一支分族之一。《国语·晋语》："终灭羊舌氏之宗者，必是子也。"韦昭注："宗，同宗也。"由知羊舌氏本身亦构成宗族。《左传·昭公七年》："子皮之族饮酒无度，故马师氏与子皮氏有恶。"子皮氏显即子皮之族。《左传·襄公十年》："初，子驷与尉止有争……子驷为田洫，司氏、堵氏、侯氏、子师氏皆丧田焉。故五族聚群不逞之人，因公子之徒以作乱。"这五氏亦即五族。《左传·哀公二十六年》中宋皇氏、灵氏、乐氏又称"三族"。《国语·晋语》："智果别族于太史为辅氏"，辅氏即从智氏中所分立出来的智果本人之近亲家族。以上文字可说明氏即族。实际上《左传》《国语》中凡列国卿大夫家族多称"某氏"，如鲁桓公之后称"孟氏""叔孙氏""季氏"，齐国称"崔氏""田氏"，郑穆公之遗族统称"穆氏"等，皆属于氏的此种用法，显然不同于上述那种非单纯血缘关系的政治区域性集团之氏。指称家族之氏，已经见于西周金文，如散氏、虢季氏等。春秋金文中所见厚氏、干氏、彪氏、京氏也是。这种属于家族组织的氏与姓族的关系，当如《史记·高祖本纪》索隐引《世本》所言："言姓即在上，占氏即在下。"即是说氏是统于姓族之下，二者有主体与分支的关系。五是"氏"亦可专指族氏这种血缘亲族组织之名号，也可以说只是一种标志。如《左传》中可见有"某氏之族"之称，如"游氏之族"，细析之，所谓"某氏"在这里实仅专指该族氏之名。

又如《春秋·隐公八年》："无骇卒。羽父请谥与族。公问族于众仲。众仲对曰：'天子建德，因生以赐姓，胙之土而命之氏。诸侯以字为谥，因以为族。官有世功，则有官族，邑亦如之。'公命以字为展氏。"所谓胙之土即分封土地。杨伯峻注："以字为族者，多用于公族。当时之制，诸侯之子称公子，公子之子称公孙，公孙之子不可再称公孙，乃以其祖父之字为氏，如郑公子去疾，郑穆公之子，字子良，其子为公孙辄，其孙良霄即以良为氏，良霄之子为良止是也。又有以父之字为族者，如卫之子叔、公孟，宋之石氏是也。"用无骇祖父的字命为展氏。杜预注："无骇，公子展之孙，故为展氏。"其六，在西周、春秋时代，作为贵族家族之"氏"，虽本身是血缘组织，但往往不是以单纯的血缘组织形式，而是以一种政治、军事、经济共同体的形式存在，其自身只作为这个共同体的核心。此种共同体有时亦可以"氏"相称。如《左传·昭公二十五年》记载昭公伐季氏，叔孙氏之司马言于其众曰："我，家臣也，不敢知国。凡有季氏与无，于我孰利？"皆曰："无季氏，是无叔孙氏也。"可见这些家臣、私属是将"我"归入叔孙氏之内。此时的叔孙氏严格起来讲，不是指叔孙氏家族组织，而是指包括其家臣、私属在内的共同体。但是，此种用法的"氏"显然是由"氏"的亲属组织含义引申而来，并不能因为有此种用法，而认为所有的"氏"皆是指此种共同体。这个共同体只是姓的分支而已。

这里所谓的"用法"实际上是氏的"起源"，即氏乃姓的分化，社会分工及阶级分化是姓分为氏的最根本原因。

从氏的角度看，姓有了分支，而不同分支之间就可能产生不平等。人类进入了由氏支配人的归属的历史时期，同姓的人可以不同氏，不同氏的人也可以是同姓的。人不再以同一血缘为归，而是以阶级为归。比方说，以官为氏，而官有等级，那么，氏也就有了等级之分；以业为氏，而业有贵贱之分，那么氏也就有了贵贱之分，如此等等。因此，氏显示的正是人与人之间的阶级性。"以'氏'来分别统治阶级和被统治阶级，即在城市享受礼的贵族和在农村处于奴役地位的野人，所以说'亲亲而爱私'。"①贵之氏是"君子"，贱之氏称"小人"。郭沫若在讲"君子"与"小人"时恰恰错"姓"为"氏"。

因为氏有阶级性，所以与国家联系起来了。"特古代之所谓部落者，不称国而称氏，古《孝经纬》有言，古之所谓氏者，氏即国也。吾即此语而推阐之，知古帝所标之氏指国言，非指号言。"②氏体现了社会阶级化以及古国形成的过程。

三、姓氏合一

姓与氏至少在三代以前是两个不同的范畴。郑樵在其《通志·氏族略》中指出："三代之前，姓氏分而为二，男子称氏，妇人称姓。氏所以别贵贱，贵者有氏，贱者有名无氏。"姓，每个人都有，是人生而有之的权利。但是氏似乎并不是每个人都有。当一个姓中某个分支出了卓越的人物后，这个卓越人物就会在不变其姓的前提下，为自己的家族取一个称号，这就是氏。商朝的王室是子姓，被周推翻后封在宋地，其后就以宋为氏，但还是以子为姓。孔子是宋国宗室之后，其以孔为氏，但也是以子为姓。周王室姓姬，周公旦氏周姓姬，他的儿子伯禽封在鲁地，就氏鲁姓姬，至于其他的燕国、晋国、卫国也都是依照这种模式。

---

① 侯外庐、赵纪彬、杜国庠：《中国思想通史》，第1卷，人民出版社，1957年版，第20页。
② 刘师培：《清儒得失论》，吉林人民出版社，2017年版，第136页。

一个姓里可以有多个氏。从姓的角度讲,这些不同的氏是不能互相通婚的。而从氏的角度看,一个姓内部也有了地位高低的区别,也就有了贵贱的不同。所以说"氏以分贵贱,姓以别婚姻",换句话说,氏的功能则在于扩张社会的维度,在同姓之中,每个家族、每个成员都可以为自己立氏,或以邑为氏,或以谥为氏,或以官为氏等。在这种背景下,父子、兄弟不必同氏,人也可以有几个氏,如晋卿士会,以士为氏,是承其祖氏,士氏初当是以官为氏。因为氏的来源不同,地位也不同,所以氏有了贵贱之分,它将社会成员分成了阶层或阶级。而姓的功能除了别婚姻之外,还有包括用血缘联系以及共同的祖先记忆将全体成员连成一体的功能。

到了战国时期,由于人口的不断繁衍,各诸侯国与卿大夫分出去的支族也越来越多,由此产生的氏难免有雷同,于是就有了"复氏",宗法制度已难以应付支族繁杂的局面。新的姓氏制度的产生也就有了必然性。秦灭六国,它用郡县制取代了分封制,天下没了公、侯、伯、子、男五等之爵,也没有了各自的封土。原先用来代表贵族身份的氏也就失去了以往的荣光,只剩下标记直系血统的作用,与先前用来别婚姻的姓没有什么区别。郑樵《通志·氏族略》云:

> 秦灭六国,子孙皆为民庶,或以国为姓,或以姓为氏,或以氏为氏,姓氏之失,由此始……兹姓与氏浑为一者也。

其次,剧烈的社会变革使原来不配赐姓享氏的平民一跃而成为新贵,他们自然不屑再来遵守原先的姓氏制度。汉高祖刘邦本为布衣,族姓已经无法考证,故而以氏代姓,而后世莫能改。这就导致了姓、氏混言,以氏为姓、姓氏合一的结果。自太史公著《史记》,已经是姓、氏混言不再区分。

　　姓氏合一在中国姓氏史上有着重要的意义。首先,姓、氏通称,姓即氏,氏即姓,二者没有区别,这就使秦以前大量的氏也变成了姓,中国的姓自此变得更为丰富了。其次,每一宗族都有了自己固定的姓,子子孙孙永久使用,不再像以前的氏那样,变来变去,以至于难考其血缘之所出。还有姓氏合一后,无论帝王将相,还是平民百姓,人人都有姓,而且没有一个姓氏比另一个姓氏更高贵。历史上,一个姓可以建立一个统治中国的政权,比如唐之李姓、宋之赵姓、清之爱新觉罗等等,但是没有一个姓能够一统江山万万年,就像小石变巨岩,就像巨岩长青苔。事实上,唐之李姓等等都要被其他的姓取而代之。而且每一个姓都有其代表人物,因而都为中国历史做出了杰出的贡献。

　　总之,从姓与氏的起源看,姓氏文化属于历史范畴。姓表示的是母系社会阶段的人与人之间的关系,氏是标志人类进入父系社会的范畴,它以地域、分工(职业)等确定人与人之间的关系。前者的功能在于,将社会不同的分层化为一宗,强调了血缘亲情;后者的功能在于,将社会化为不同的分层,强调的是阶级贵贱。从前者看,中国社会是宗族社会;从后者看,中国社会是阶级社会。姓氏的合一,使宗亲与阶级交织了起来,中国社会就是在这种交织中演绎自己的精彩。

第二节　姓氏与宗法社会

　　如上所说,中华姓氏与中国的宗法社会是联系在一起的。在历史上,姓氏在先,宗法制度以及宗法社会在后。可以说,宗法制度以及宗法社会是姓氏的内在矛盾的必然产物,有人说,姓氏一直是代表中国传统宗族观念的主要外在表现形式,而事实恰恰相反,宗法制度以及宗法社会是姓氏的内在矛盾借以表现自己的制度形式。没有姓氏,宗法无从产生。

一、姓氏的内在矛盾

姓与氏的合一,使姓氏这种文化现象一方面保留了姓对于社会成员的平等性特征,即姓氏是人生而有之的权利。在这种"受生说"中,姓氏没有高低之分。另一方面,它又保留了氏将社会成员划分为不同等级的特征。这两方面,构成了姓氏文化中的平等与不平等的内在矛盾。

从这个内在矛盾来看,中华姓氏文化与印度文化中的种姓制度即瓦尔纳制度,有本质的区别,同时又有某种相似之处。瓦尔纳制度源于印度教,形成于吠陀时代后期,具有 3000 多年的历史。根据瓦尔纳制度,人被分为婆罗门、刹帝利、吠舍和首陀罗四个等级,婆罗门是原人的嘴,刹帝利是原人的双臂,吠舍是原人的大腿,首陀罗是原人的脚。至于贱民,则被排除在原人的身体之外。四个等级在地位、权利、职业、义务等方面有严格的规定:婆罗门主要是僧侣贵族,拥有解释宗教经典和祭神的特权以及享受奉献的权利,主教育,垄断文化教育和报道农时季节以及宗教话语解释权;刹帝利是军事贵族和行政贵族,是婆罗门思想的受众,他们拥有征收各种赋税的特权,主政军,负责守护婆罗门阶层生生世世;吠舍是普通雅利安人,政治上没有特权,必须以布施和纳税的形式来供养前两个等级;首陀罗绝大多数是被征服的土著居民,属于非雅利安人,由伺候用餐、做饭的高级佣人和工匠组成，是人口最多的种姓，他们的职业被认为是低贱的职业。种姓的实质在于维护四个等级的不平等性。《摩奴法典》规定，刹帝利辱骂了婆罗门，要罚款 100 帕那（银钱单位）。如果是吠舍骂了，就要罚款 150 到 200 帕那。要是首陀罗骂了，就要用滚烫的油灌入他的口中和耳中。相反，如果婆罗门侮辱刹帝利，只罚款 50 帕那；侮辱吠舍，罚款 25 帕那；侮辱首陀罗罚款 12 帕那。高级种姓的人如果杀死了一个首陀罗，仅用牲畜抵偿，或者简单地净一次身就行了。在衣食住行方面，不同种姓的人不能待在同一个房间里，不能同桌吃饭，不能同饮一口井里的水。不同种姓的人严格禁止通婚，以便使种姓的划分永久化。

与中华姓氏相比，瓦尔纳制度确定种姓有等级之分，这与中国姓氏文化强调无论是帝王将相，还是平民百姓，人人都有"天令之姓"，而且就姓与姓之间而言，没有一个姓氏比另一个姓氏更高贵的平等性，是根本不同的。瓦尔纳制度严格禁止不同种姓的人通婚，这一点与中华姓氏都具有别婚姻的意味。但是区别婚姻是在不同种姓之间实行的，其目的在于使种姓的划分永久化，而中华姓氏并不禁止不同姓之间通婚，只是禁止同姓内部的通婚，这是基于生物学的考虑。不同姓之间的通婚，使各姓之间的血液在社会大交流中结成了"兄弟"，这与瓦尔纳制度有了本质的区别。

瓦尔纳制度将种姓的起源归结为天神梵天对已死的原始巨人普鲁沙进行肢解的结果。既然普鲁沙被肢解了，他也就没有了鲜活的血脉。所以印度种姓制度诉诸的是没有血缘关系的社会分化，而中华古姓则是在血缘关系的基础上强调不同社会成员的共同祖先，在这个意义上它强调的是社会整合。

当然，中华姓氏文化，就氏的一面来说，与瓦尔纳制度也有相似之处。最明显的相似就是有贵贱之分,即便是姓氏合一之后,情况也是如此。鲁迅的小说《阿 Q 正传》曾以文学的形式谈到了姓氏中的阶级化现象。在小说的序中,鲁迅讲到了为阿 Q 立传的困难,因为立传的通例——

开首大抵该是"某,字某,某地人也",而我并不知道阿 Q 姓什么。有一回,他似乎是姓赵,但第二日便模糊了。那是赵太爷的儿子进了秀才的时候,锣声镗镗的报到村里来,阿 Q 正喝了两碗黄酒,便手舞足蹈的说,这于他也很光采,因为他和赵太爷原来是本家,细细的排起来他还比秀才长三辈呢。其时几个旁听人倒也肃然的有些起敬了。那知道第二天,地保便叫阿 Q 到赵太爷家里去;太爷一见,满脸溅朱,喝道:

"阿 Q,你这浑小子! 你说我是你的本家么?"

阿 Q 不开口。

赵太爷愈看愈生气了,抢进几步说:"你敢胡说! 我怎么会有你这样的本家? 你姓赵么?"

阿 Q 不开口,想往后退了;赵太爷跳过去,给了他一个嘴巴。

"你怎么会姓赵! ——你那里配姓赵!"

阿 Q 并没有抗辩他确凿姓赵,只用手摸着左颊,和地保退出去了;外面又被地保训斥了一番,谢了地保二百文酒钱。知道的人都说阿 Q 太荒唐,自己去招打;他大约未必姓赵,即使真姓赵,有赵太爷在这里,也不该如此胡说的。此后便再没有人提起他的氏族来,所以我终于不知道阿 Q 究竟什么姓。①

---

① 《鲁迅全集》,第 1 卷,人民出版社,1981 年版,第 487—488 页。

本来，阿 Q 和赵太爷是本家，都姓赵，"细细的排起来他还比秀才长三辈"，他为此感到"很光采"，旁听人倒也对他"肃然的有些起敬了"。对阿 Q 姓赵的事实，就连赵太爷也否定不了。"你怎么会姓赵！——你那里配姓赵！"但是赵太爷不愿意承认阿 Q 姓赵的事实，因为他觉得阿 Q 不配姓赵。

鲁迅在这里揭露了一个客观事实：在中华姓氏文化里，姓里有氏之分，有大宗与小宗、富与穷之分。大宗、富有的氏力图独占姓的荣光，而小宗、贫穷的氏甚至连享有姓的荣光的权利都被剥夺了，就像赵太爷剥夺阿 Q 姓赵的权利一样。在这里，人们真的可以体会到这样一句话的含义："亲不亲，阶级分。"

中国的姓氏文化也不同于日本的姓氏文化。日本人原本有名，但没有姓，甚至日本人的天皇最初也没有姓。因为在日本文化中，其天皇被认为是天神的后代，具有至高无上的权力，因而没有必要有"姓"。进入阶级社会后，日本始有姓和氏，但它只是统治阶级的特权，一般平民仍然没有姓。直到 1870 年日本政府规定：所有的日本国民必须有姓，至此，日本才成为全民有姓的国家。可见在文化的原初，姓氏，尤其是其中的姓，是中国人生而有之的权利，这是中国人的根。通过这个根，中国人都能溯其所自出，回答"从哪里来"的问题。而日本的姓氏文化则不能溯其所自出。

二、姓氏与中国宗法社会

中华姓氏文化在融合了姓与氏之后，形成了平等性与不平等性之间的内在矛盾。在这个矛盾的支配下，姓的功能在血缘关系的基础上，以尊崇共同的祖先为取向，维系着社会成员之间的亲与情。而在姓族内部，氏的功能则是区分尊卑长幼，并规定继承秩序以及不同地位的宗族成员各自不同的权利和义务的法则,把这两方面结合起来,就形成了中国历史上的宗法制度和宗法社会。

祖宗观念是姓氏文化发展到一定历史阶段的产物。本来起源于母系社会的姓崇拜的是女神,正像郭沫若所说的,"母系制度的社会,酋长多是女性。《晋》六二:'晋如,愁如,贞吉;受兹介福,于其王母。'这王母二字并不是指祖母,也不是指王与母,更不是指所谓西王母,应该就是女酋长"①。这样的时代虽然强调个人是由女所生,但是并没有形成祖宗的观念。在甲骨文里,"祖"字作"且",似男性生殖器的形状,其文化含义即对父系社会血缘关系的维系和崇拜。这就意味着,在我国,祖先崇拜的出现与父系社会的出现有莫大的关系。考古资料显示,我国的祖先崇拜至少可以上溯至新石器时代中期(前4500—前4200)。当时的祖先崇拜有多种形式:一是"集体祖先崇拜",表现在陕西南部龙岗寺仰韶文化早中期的墓葬文化中(前4500—前4200),150个祭祀坑分布在168座墓葬周围,祖先包括所有死去的成员,没有贵贱高低之分;二是仰韶文化史家类型(前4300—前4000),在陕西中部的史家遗址中,某些女性死者从"集体祖先"中被排除出来,虽然仍是无等级社会,但是已经开始出现不同的社会次组织之间的不平等;三是针对个人的祖先崇拜仪式,在青海的阳山墓地(前2500—前2300年,马家窑文化半山类型中晚期),出现了个别成员享有较为特殊地位的墓葬;四是祖先崇拜仪式变成了社会政治制度的一部分,这体现在山东诸城呈子遗址及其他龙山文化遗址中,根据随葬品的情况,墓葬出现了等级,祭祀坑

① 《郭沫若全集·历史编》,第1卷,人民出版社,1982年版,第46页。

紧密分布在大型墓葬周围,社会等级分化加剧,但仍然保留着以血缘为基础的社会制度。郭沫若说:"祖先崇拜的习俗一定在氏族财产发生以后。原始人连父的观念都是没有的,不消说更说不上祖先。'古之葬者厚衣之以薪,葬之中野,不封不树;丧期无数'(《系辞下传》)——这分明是没有丝毫崇拜的痕迹。"①但是从黄帝起,中国社会就开始进入以礼治天下的时代,至其孙颛顼始建黄帝庙,并在庙前对黄帝进行祭祀,从此体现姓的女神就由男祖取而代之。郭沫若说,"王假有庙"是祖先崇拜的表示,这话是很有道理的。当然"表示""祖先崇拜"的还有陵。《汉书·郊祀志》记载汉武帝祭黄帝时曾提出这样的问题:"吾闻黄帝不死。有冢,何也?"大臣中有人是这样回答的:"黄帝以仙上天,群臣葬其衣冠。"这就是说,黄帝死后,好像他并没有被葬入土,只是后来"群臣葬其衣冠",这才形成了"陵"。这也是祭祀祖先的地方。在血缘关系的基础上,以黄为宗,每一代首领死后都依序排列下来,形成了所谓"列祖列宗"。其制度形式最初可能是家长制,父家长支配着家庭成员。父家长去世后,其权力和财产需有人继承,这就要求有一个继承程序。于是,宗法家族制度应运而生。禹死后,其子启继位,从此把禅让的官天下变成了传子的家天下,建立起了中国古代第一个奴隶制王朝。至西周,中国的宗法制度已经成为最基本的社会政治制度。

如果说血缘关系为基础的祖先崇拜是由姓演变而来的,在这里,以此为基础的"国"其实就是"家",那么从姓中分化出来的氏则使家族表现为多个支系,这就形成了大宗和小宗。关于大、小宗的组织,《礼记·大传》有记载:"别子为祖,继别为宗,继祢者为小宗。

---

① 《郭沫若全集·历史编》,第 1 卷,人民出版社,1982 年版,第 59—60 页。

有百世不迁之宗,有五世则迁之宗。百世不迁者,别子之后也。宗其继别子之所自出者,百世不迁者也。宗其继高祖者,五世则迁者也。"《仪礼·丧服》传曰:"为人后者孰后? 后大宗也。曷为后大宗? 大宗者,尊之统也。"对《礼记·大传》里的"别子为祖,继别为宗,继祢者为小宗",孔颖达疏曰:"别子谓诸侯之庶子也……继祢者为小宗,谓父之嫡子上继于祢,诸兄弟宗之,谓之小宗。"大宗与小宗是层级化的。比如,被分封的庶子,对嫡子的大宗来说,为小宗,但在其封国内又为大宗,其权位也由嫡长子继承。其他的庶子被分封为卿、大夫、士,士的长子为士,庶子为平民。这就是说,在一个祖先的名号下,大宗与小宗在政治上是隶属关系,即大宗率小宗,小宗率群弟,天子、诸侯、大夫(卿)、士、平民形成一个严密的家族式的统治体系。1926 年 3 月 31 日,毛泽东曾讲过这样的话:"人类由原始社会进化为家长社会……"[1]这里所说的"家长",据我们看来,就是宗法社会的"当家人"。在这个意义上,断言一部中国古代史就是一部家族统治史是正确的,孙中山讲,古代中国只有家族主义和宗族主义似乎也是正确的。

综上所述,中华姓氏文化在中国宗法制度形成过程中的作用,一方面是将国家变成了以血缘关系为基础的家族,另一方面,又将一个大的家族通过大宗小宗分成了各个社会阶层,从而使家族变成国家。在前一种情况下,姓氏文化必将是以共同的祖先为号召,团结社会各阶层,这就是《礼记·大传》所说的"亲亲故尊祖,尊祖故敬宗,敬宗故收族,收族故宗庙严,宗庙严故重社稷,重社稷故爱百

---

[1] 毛泽东:《纪念巴黎公社的重要意义》,《中国国民党政治讲习班旬刊》,第2 期。

姓,爱百姓故刑罚中,刑罚中故庶民安,庶民安故财用足,财用足故百志成,百志成故礼俗刑,礼俗刑然后乐"。在后一种情况下,又强调不同的社会阶层必须遵从一个共主,这就是"王"。《诗经·小雅·北山》中说:"溥天之下,莫非王土,率土之滨,莫非王臣。"意思是说,天下每一寸土地都是王的,沿着土地到海滨,都是王的臣民。王是天下的共主,孝敬父母就是忠顺共主,忠顺共主就是孝忠国家。

第三节 姜姓和姬姓

在姓氏文化结构中,"氏"在历史上可能有一个由少到多的发展过程,它服从递增律。最初姓在分化过程中,一个姓往往要分化出很多的氏。可是这一观点也可以反过来这样表述:氏之多最初可能源于为数不多的远古的姓。

一、姓衍生为氏与氏还原为姓

我们现在看到的"氏"是很多的,就其根源而言,它们都是由为数不多的姓衍生而来的。

郑樵在《通志·姓氏略》收录了 1745 个古代姓氏,明代翰林院编修吴沉等人据当时户部所藏户籍编成《皇明千家姓》,收录姓氏1968 个,清人张澍在其《姓氏寻源》《姓氏辨误》中指出,古之姓氏有5129 个。看来,还在明清之时,中国的姓氏已经不是"百家姓"而是"千家姓"了。中华人民共和国成立后,大陆学者阎福卿等曾编辑出版过《中国姓氏汇编》,共收录姓氏达 5730 个。其中:单姓 3470个,双字姓 2085 个,三字姓 163 个,四字五字姓 12 个。而台湾地区出版的《中华姓氏》共收录姓氏更是多达 6363 个。不过,其中有异体字重复收入的情况,因此中国的姓氏可能没有达到 6363 个。从宋到明清的姓氏记载情况来看,姓氏的发展可以说是递增的。不过在姓氏的发展中,姓氏有增长的情况,也有消亡的情况。根据中国语言文字改革工作委员会汉字处 1984 年的抽样调查及有关专家的估计,直到今天还在使用的姓氏在 3000 个以上,所以 5000 个以上的姓氏中失去使用功能的非常之多,不过这并不否定中国的姓氏不是"百家姓"而是"千家姓"的结论。

"千家姓"其实源于很少的古姓。上古的姓虽然称"百姓",但是真正流传下来的却不是很多,这里服从的是递减律,与氏恰好构成一个"反背"。这种情况不仅是由记录不全所造成,更是因为上古氏族部落的数量毕竟是有限的、可数的。每个部落各有其姓,但是,在部落的融合过程中,一些姓难以避免地消失在历史长河中。所以虽然每个部落各有其姓,但并不是每个部落的姓都能够保留下来。有人据《春秋》整理出 22 个古姓,它们是妫、姒、子、姬、风、嬴(秦)、己、任、吉、芊、曹、祁、妘、姜、董、偃、归、曼、芈、隗、漆(瞒)、允等。这些姓中近半数带女字旁。章太炎在《訄书·序种姓》中对姓氏进行了溯源,他指出,盖《尧典》言"百姓",其实今可著录者五十有一。也有人从《说文解字》《山海经》、甲骨文、金文等较古的文献中整理出约 80 多个古姓。古姓少则少矣,然而正是这些很少的古姓,演绎出了今天的 3000 个以上的氏,或所谓的"姓氏"。

换句话说,今天的"千家姓"看起来是很不一样的,但其实它们在过去可能是同源的。例如,在陕西韩城的冯、同二姓同源于"司马"姓。这是因为,二姓皆为司马迁的后裔。传说司马迁被汉武帝治罪,为免株连后代,嘱咐儿子司马临和司马观改姓避祸。司马临在"司"字的左边加一竖,改姓"同";司马观在"马"字的左边加两点,改姓"冯"。从此,司马迁的后裔不再姓司马,而是改成了冯与同,今天,在陕西韩城市嵬东乡龙门寨附近的徐村,还住着司马迁的后人。千百年来,他们同祭一祖,互不通婚,素有"冯、同不分,冯、同不亲"之说。

还有一些姓氏虽然在写法上不同,实际上都是从某姓衍生出来的。比如,五帝之一的舜之后,先是衍生出两个姓氏,这就是郑樵《通志·氏族略》所说的"虞有二姓,曰姚曰妫。因姚墟之生而姓姚,因妫水之居而姓妫"。因舜帝居姚地(今河南濮阳),其子孙有以姚为姓的,称为姚氏。舜曾住于妫河边,其子孙中留在妫河边居住的,便以妫为姓。其后,两姓又衍生出了五姓,因舜帝登帝位后,仁德荣耀,有子孙以帝名舜为姓的,禹封舜长子商均于虞,至始祖四十三世孙妫满封于陈,官拜陶正,谥胡公,其子孙或以国号陈为姓,或以官号陶唐为姓,或以谥号胡称姓,或以尊讳满称姓,这就形成了所谓的"妫汭五姓",即妫、陈、田、姚、胡。五姓中的姚至汉代衍生出的姓氏有妫、舜、虞、陈、胡、田、袁、王、孙、陆、车等。据 2005 年在湖南零陵召开的全球华人公祭舜帝大会上的最新统计,由姚姓衍生出的姓氏达 60 个之多。真可谓是繁姓同根,异氏同源。章太炎先生试图通过姓氏追溯五帝的做法是可行的,60 多个姓氏可还原为姚,"妫汭五姓"可还原为姚妫,姚妫可还原为虞舜。这样,我们就触摸到了历史。

这种还原性工作可以在科学中找到支持。比如有科学工作者在对中国人的 Y 染色体进行研究时发现,有好些人的祖先,在很多年前是同一个人。Y 染色体树状图的结构一般是"二叉",也就是一支变两支,两支变四支,但在某个年代的位置却呈现出"星状扩张",也就是一支突然变成了很多支。这种情况是一种非常强烈的人口扩张,说明这时有人生育了很多的儿子。就像传说中周文王有100个儿子一样。经过研究,现在的中国汉族超过60%都是这5个超级祖先的后代。这就是说,60%以上的中国汉族在基因上可以还原为5个超级祖先的后代。这种情况与姓氏的衍生与还原是一致的。

二、上古最有影响的姜、姬二姓

上面所举的妫、姒、子、姬、风、嬴、己、任、吉、芊、曹、祁、妘、姜、董、偃、归、曼、芈、隗、漆(瞒)、允等,皆为古姓,在递减律的支配下,现在存下来的最有影响力的是姬姓和姜姓。这就是《国语·晋语》所说的黄帝以姬水成,炎帝以姜水成。成而异德,故黄帝为姬,炎帝为姜。可见由姬姓和姜姓可以追溯至炎帝和黄帝。

从姓到氏的递增现象,在黄帝文化中表现得很明显。相传人类始祖黄帝轩辕有25个儿子,其中14人功德卓著,黄帝给了他们12个姓,以后世代沿袭,使用至今。《国语·晋语》:"黄帝之子二十五人,其同姓者二人而已,唯青阳与夷彭皆为纪姓……凡黄帝之子二十五宗,其得姓者十四人,为十二姓:姬、酉、祁、纪、滕、箴、任、荀、僖、姞、儇、依是也。"司马迁《史记·五帝本纪》沿是说:"黄帝二十五子,其得姓者十四人。"后来的五帝少昊、颛顼、喾、尧、舜以及夏禹、商族的祖先契、周族的祖先农神后稷等,都是黄帝的后代。后稷承继姬姓,他的后代建立了周朝。周初周天子姬发大封诸侯时,其中姬姓国53个。今天的姬姓在《百家姓》中也不是大姓,在《百家姓》中占第297位,人口仅54万余。但是由姬姓演出了411个姓,主要包括王、张、刘、陈、杨、周、吴、孙、胡、朱、林、何、郭、罗、宋、郑、韩、唐、冯、于、董、萧、程、曹、袁、邓、傅、曾、彭、苏、蒋、蔡、贾、魏、薛、叶、阎、余、潘、杜、戴、夏、钟、汪、田、范、石、姚、邹、熊、陆、孔、康、毛、史、顾、侯、邵、孟、龙、万、段、钱、汤、黎、常、武、乔、赖、庞、樊、兰、殷、施、陶、翟、安、颜、倪、严、牛、温、芦、季、俞、鲁等。由这 411 个姓衍生而出的姓氏还有更多。如果我们用还原思维来看,这些姓实源于姬姓,而姬姓又源于黄帝。所谓还原其实也是递减,减至不能再减,即是元祖。

姜姓也是如此。在今天的《百家姓》中,姜姓并不算是大姓,排第 32 位,在 2007 年全国姓氏人口中排名第 60 位,约占全国汉族人口的 0.34%。虽然如此,作为古姓的姜姓却有极强的繁衍能力。据一些姜氏族谱记载:如果从齐国第一代国君姜太公起,至于今共有 102 个姓氏由姜姓繁衍而来,其中包括吕、许、章、谢、齐、高、国、雷、易、方、文、申、卢、柴、庆、贺、纪、丘、薄、赖、盖、丁、查、封、邱、崔、骆、左、充、郦、逄、连、向、谷、聂、尚、焦、柯、饶、景、浦、厉、强、斜、晏、檀等 64 个单字姓氏和淳于、东郭、高堂、子雅、雍门、申屠、公牛等 38 个复姓。此外,在历史上还有改姓姜的情况。例如唐朝大臣桓庭昌改姜姓。清朝时,东北地区由于山东的移民和满洲八旗的全面汉化以及汉姓的使用,满族八旗的姜佳氏族全部、章佳氏族一部分集体改姓为姜。有人统计由姜姓衍生而来的姓氏多达 247 个。在还原性思维中,上述诸姓实源于姜姓,而姜姓又源于炎帝。

此外,属于东夷族的有 8 姓,占 120 姓的 7%,即:李、赵、黄、徐、马、谭、郝、江。兼属黄帝族与炎帝族的有 11 姓,占 120 姓的 9%,即:高、谢、吕、卢、丁、方、邱、贺、龚、文、洪。兼属黄帝族与东夷族的有 9 姓,占 120 姓的 7%,即:梁、沈、任、廖、金、白、秦、尹、葛。

姓氏之学中的姓与氏的"反背"能解释很多炎黄文化之谜。从姓到氏的递增,正是今天中国"百姓"基本上是炎黄之后的原因;从氏到姓的递减或还原,也正好解释了炎黄何以为中华百姓共同始祖的原因。

第六章　考古层面中华文明的早期根源与发展

　　"考古炎黄学"这个范畴的含义就是运用考古学成果探索中国国家起源问题。在这里,考古学成果主要不是作为"文献炎黄学"的证据,而是作为一个展示中国国家起源的自主性研究领域而存在,其任务在于,揭示不同考古成果文化内涵之间的联系,以物之所言的形式再现中国国家起源的过程从而构建中国古史系统。

　　在考古学家的群体中,苏秉琦为中国考古成就"铸成了一座巨大的丰碑",其成就被认为是中国考古学步入成熟进入新时代的标志。苏秉琦的观点是中国国家的起源作为一个发展过程,实际上包括三个基本阶段,他称之为"三部曲",其公式是古国——方国——帝国。中国国家起源的古国阶段包括古文化、古城、古国三个基本概念。在本书,我们这样使用这些概念:古文化是指原始文化,它以所祭祀的神为核心,"游团"也包括在其内。古城是指城乡最初分化意义上的城和镇,而不必专指特定含义的城市,包含了阶级分化、职业分工和地域区别等要素,相当于所谓的"部落"。在谱系炎黄学中,古文化就是"百姓"的形成时期;古国是指高于部落以上的、稳定的、独立的政治实体,是氏的形成期。这个历史阶段的考古学对应物是与社会分工、社会关系分化相应的,区别于一般村落的中心遗址、墓地。在原始社会的后期距今四五千年间或五千年前的若干个地点都已涌现出来，相当于所谓的"酋邦"。"方国"其实已经是"国家"了。此词为孙诒让所创，其萌芽形式可见之于殷墟遗址出土的甲骨卜辞，因为卜文中多以"X方"的形式称呼商之外的国家，故谓之"方国"。它是比古国更高级的国家形式，夏商周都是方国，或者说是以一个方国为中心的方国联盟。从古国到方国就是"氏"由"姓"生的过程，我们这里要阐述的是中国文明从古国到方国的转变过程，其实也是从"姓"到"氏"的转变过程。

第一节 "华部落"的形成：从古文化到古国

在进入主题之前，我们先介绍中国旧石器时代的人类进化的情况。中华人民共和国成立后，中国考古学的重要收获之一就是把人类在中国土地上的活动历史向前推进了100多万年。

一、从直立到智人

从直立猿人或原人直立种到智人的化石遗存在中国境内都有发现。1963年考古学家在陕西省蓝田县陈家窝村附近发现一块30多岁女性头骨的化石，其眉嵴硕大粗壮，左右几乎连成一条横脊，头骨高度很低，骨壁厚度超过北京人，脑量只有780毫升，小于北京人。据测定距今约50万年，是为蓝田猿人，或直立人蓝田亚种。生活的时代是更新世中期、旧石器时代早期，此为目前亚洲北部所发现的最古老的直立人。"直立人"是指已能直立行走，并懂得制造石器的人类。两年后的1965年，考古工作者又在云南元谋上那蚌村附近发现左右门齿两颗。它们属于直立人化石,经鉴定,距今年代为 170 万年左右(有争议,或为约 60 万年至 50 万年前左右),是属于旧石器时代早期的古人类。其可能生活在亚热带草原—森林环境中,是为元谋直立人或元谋猿人,是在中国发现的直立人化石。在此之前,考古学家还于 1927 年在北京市西南的周口店龙骨山发现北京猿人即"北京直立人"或"中国猿人北京种"的化石遗存。一般认为,"中国猿人北京种"距今 50 万年,2009 年英国《自然》期刊发表的应用 26Al/10Be 测年法的结果则把这一年代上推至距今 78 万至 68 万年前。"中国猿人北京种"是生活在更新世的直立人。中国境内的直立人包括元谋人、蓝田人、北京人、和县人、郧县人、沂源人、庙后山人、汤山人等。在直立人之后又有智人。1953 年,建筑工人在山西襄汾县丁村发现了石器和脊椎动物化石。1954 年大规模发掘时发现了 3 枚人类的牙齿化石,为同一个体的 10 余岁小孩的门齿 2 枚,臼齿 1 枚。1976 年 9 月在丁村人牙齿化石出土的同一地点的沙砾层中,又发现一个小孩右顶骨化石。这些化石是早期智人化石,距今 9 万至 7 万年,属于晚更新世早期的旧石器时代遗存,被命名为"丁村人"。在此之前的 1933 年至 1934 年间,由中国地质调查所的裴文中主持,对北京猿人洞穴进行了系统发掘。出土化石材料包括 3 具相当完整的头骨,还有其他不完整的颅骨、下颌骨及牙齿标本,总共代表至少 8 个个体。这些化石属于晚期智人的化石,是为"山顶洞人"。一般认为智人是由直立人进化来的,但也有人认为,直立人并非现代人类的直系祖先,他们被后来崛起的智人(现代人)灭绝,或在此之前就灭绝了。两者形态上的主要差别在于前部牙齿和面部减小,眉峰减弱,颅高增大,到现代人则更加明显。但是研究也发现,"丁村人"(早期智人)与北京人、元谋直立人一样都有铲形上门齿,这与现代蒙古人一致,或许是中国智人由中国境内的直立人进化而来的证据。目前这方面的研究有待继续深入。

二、"华部落"的形成

在晚期智人阶段,人种已经形成。此时的人直立步行,臂不过膝,体毛退化,手足分工,下颌骨浅且粗壮,大脑极为发达,有语言和劳动,也就有了创造古文化的基本条件。在距今 8000 年前,中国智人中的一支在甘肃秦安的大地湾发展起了栽培黍与粟、饲养狗与猪等的定居农业。他们开始制陶,并且开始照着自己的形象"抟土造人"。从大地湾遗址出土的人头形器口彩陶瓶这一考古事实中,我们可知大地湾先民已经能"抟土造人"。不过这里所造之人的性别尚不清晰,至红山文化时,我们的祖先已经抟土造出了"女神"。大地湾先民之后,在距今约 5000 年的时间段上,古国文化出现在中国各地,苏秉琦称此现象为"满天星斗"。当然"满天星斗"的古国文化并不是各个孤立,而是有其内在联系。苏秉琦根据这些内在联系,将中国国家起源的古国文化划分为六大区系,它们是以燕山南北长城地带为重心的北方区、以山东为中心的东方区、以关中—晋南—豫西为中心的中原区、以环太湖为中心的东南部区、以环洞庭湖—四川盆地为中心的西南部区、以鄱阳湖—珠江三角洲一线为中轴的南方区。这六大区系的交互作用,构成了中国国家起源的突破期。

我们还是从中原讲起。这不仅是因为在中国文化史上真正意义上的考古学是从 20 世纪 20 年代仰韶文化遗址的发现开始的,还因为在仰韶文化之前还有距今 6000 年至 5700 年的以种粟为主的磁山·裴李岗文化①。继磁山·裴李岗文化之后,中原地区又有距今约 5000 年至 4500 年的仰韶文化。仰韶文化因最早发现于河南省三门峡市渑池县仰韶村,故命名为"仰韶文化"。这个遗址的总面积近 30 万平方米,文化层一般厚约 2 米,最厚达 4 米。1951 年,中国科学院考古研究所对该遗址进行了小规模发掘,发现这里有四层文化层相叠压,自下而上是仰韶文化中期——仰韶文化晚期——龙山文化早期——龙山文化中期。"仰韶文化"以绘有"反映当时人民的审美观念"的华丽彩色图案的陶器为突出标志②。1994 年,中国历史博物馆组织中国和美、英、日等国的考古专家进行国际田野文物考察,在仰韶村附近的班村,发现了大量珍贵文物,其中包括数十斤 5000 年前的小米。

仰韶文化属于新石器时代范畴的文化,分布在整个黄河中游今天的甘肃省到河南省之间,以渭水河谷为中心,范围由陕西省宝鸡市向东延伸至河南省。生产工具以发达的磨制石器为主,常见有刀、斧、锛、凿、箭头、纺织用的石纺轮等,骨器也相当精致。各种水器、甑、灶等日用陶器以泥红陶和夹砂红褐陶为主,主要呈现红色,红陶器上常彩绘有几何型图案或动物型花纹,是仰韶文化最明显的特征,故称之为彩陶文化。

仰韶文化属于古文化范畴,处于以"姓"支配社会的历史时期。如果其时有"国"的话,那么此"国"当为"古国"。它是由种粟的族群创造的以农业为主的文化。其村落或大或小,大的村落房屋有一定的布局,周围有一条围沟,村落外有墓地和窑场。村落内的房屋

---

① 夏鼐:《中国文明的起源》,文物出版社,1985 年版,第 4 页。
② 夏鼐:《中国文明的起源》,文物出版社,1985 年版,第 5 页。

为地穴式的,主要有圆形或方形两种,早期的房屋以圆形单间为多,后期以方形多间为多。房屋的墙壁是泥做的,有用草混在里面的,也有用木头做骨架的,墙的外部多被裹草后燃烧过。选址一般在河流两岸经长期侵蚀而形成的阶地上,或在两河汇流处较高而平坦的地方,这里土地肥美,有利于农业、畜牧,取水和交通也很方便。如临潼姜寨的村落遗址,约有100多座房屋,分为5组围成一圈,四周有壕沟环绕,反映出当时有较严密的氏族公社制度。仰韶文化经历了母系氏族公社制由繁荣至衰落的历史时期。早期盛行集体合葬和同性合葬,几百人埋在一个公共墓地,排列有序。各墓规模和随葬品差别很小,但女子随葬品略多于男子。这种地穴式的居住方式较同期拥有排除异己的金字塔建筑的埃及人,相对落后一些。

仰韶文化后来裂变为半坡、庙底沟等类型。此前,仰韶文化以姜寨遗址前期为代表,两种小口尖底瓶由发展到成熟,共生同步发展。村落布局完整,三块墓地都在村外,男女有别,长幼有别,不到成年不能成为社会成员,只有成年男女才能埋在氏族墓地,这是母系氏族结构的典型标本。而到了距今6000年左右发生变化,典型遗址是元君庙,小口尖底瓶相当于姜寨结尾阶段,即由成熟的罐口退化到浅盘口沿。这一阶段姜寨遗址的墓地也由村外转移到中心广场,墓地下层尚保持单人葬传统,但已不如村外墓地整齐,上层压有男女老幼合葬墓,这就突破了原来氏族制男女有别、长幼有别的界限,小孩与成年人埋在一起,没有了辈分的差别,甚至没有了氏族成员与非成员的界限,这就违背了氏族公社的基本原则,而正是在这种破坏中,文明的因素开始产生了。

庙底沟类型是仰韶文化中的新事物,其标志物是出现玫瑰花图案的彩陶和双唇小口尖底瓶。双唇小口尖底瓶从符号上看与甲骨文中"酉"字下加一横,也就是"奠"字极肖,仅就符号意义而言,表示的是一种祭奠仪式,所以它可能获得了礼器的性质。庙底沟类型的分布中心在关中,往东以陕县为限,其典型材料是玫瑰花图案,其以玫瑰花为主,由蔷薇科的覆瓦状花冠、雷、叶、茎、蔓结合成图,此外还有菊花类的合瓣花冠构成的盘状花序,此类图案的种类达 6 种之多。就此而论,庙底沟先民们对花有一种特殊的情感,他们或许以花为族徽,因此仰韶文化庙底沟类型的部落可以称之为"花部落",也就是"华部落",或者可以称之为"有华氏"。陆思贤曾论及这一问题,他说:"群芳谱中,玫瑰花开,与太阳争辉,成为庙底沟先民们用为氏族标记的徽帜,即华族图腾的诞生。它象征了氏族的繁荣兴旺,犹如玫瑰花在茂密的百花园中夺魁而以枝蔓相连,以示氏族或部落的繁衍强大。"①"华"字是花的古字,比如今之华山,在北宋的碑文中名之为"花山"。尽管王安石在《游褒禅山记》中称"盖音谬也",但事实上在甲骨文里找不到"花"字,只有"华"字,"华"即是"花"。在中国的神话故事中,有"华胥氏",此"华"抑或为"花",因此,此"华胥氏"或为"有华氏"在神话中的投影,有华氏之民赞美其国的花,他们称其国是美丽如花的"国"。

"华部落"完整的墓地遗址有一个现象值得注意,就是在泉护村遗址南部发现一座成年女性墓,孤立于其他墓之外,单独埋在遗址聚落南部高地。这个墓随葬的大型鸮鼎不是生活用具,表明了墓主人的特殊身份,其时代相当于庙底沟类型的末尾。同样,半坡类型元君庙墓地尾有一座小孩墓,小孩无氏族成员地位,但埋葬却有特殊待遇,这不是他自己地位特殊,而是其母亲社会地位特殊,这是

---

① 陆思贤:《神话考古》,文物出版社,1995 年版,第 14 页。

对氏族社会的进一步冲击。因为此以前,即使是头人也是与氏族一般成员平等的,更遑论是头人的子女,他们更没有高于一般成员的特权。但是仰韶文化的晚期已经有玉钺出现,这表明仰韶晚期的先民们已经建立起了崇尚军权和王权的"古国",它或许没有那么多的神秘意味。

三、有熊氏与红山古国

半坡与庙底沟两个类型虽可并立,但半坡类型对周围的影响远远比不上庙底沟类型。所谓仰韶文化对周围的影响,北到河套,南到江汉,东到京广路以东,西到渭河上游,这些基本上就是庙底沟类型的分布范围。华胥氏之国成为中原最大的古国。

与此同时,来自以燕山南北长城地带为重心的北方区的红山文化也进入了古国时期。

红山文化遗存是在 1921 年被发现的,1956 年命名,其分布范围包括东北西部的热河地区,北起内蒙古中南部地区,南至河北北部,东达辽宁西部辽河流域的西拉木伦河与老哈河、大凌河上游。经碳14 测定,红山文化的年代约为公元前 4000—前 3000 年,其主体为距今 5500 年前。从其社会关系指示器来看,它属于新石器时代文化。生产工具包括烟叶形、草履形的石耜、桂叶形双孔石刀等农耕工具,还有磨制和打制的双孔石刀、石耜、有肩石锄、石磨盘、石磨棒和石镞等。细石器包括刮削器、石刃、石镞等,小巧玲珑,工艺精湛。此外,红山文化已经有使用金属工具的迹象了。因为在这个文化中还发现较多的冶铜用坩埚残片,说明冶铜业已经产生。红山文化的晚期开始进入铜石并用的时代,不过此时仍以石器为主。通过这些社会关系的指示器,我们知道了红山文化的居民,主要从事农业生产,而考古资料显示,红山文化集中分布地区属于世界上最早栽培旱地粟类农业作物的中心区域之一,这与仰韶华部落是一致的。此外,他们还饲养猪、牛、羊等家畜,兼事渔猎。

红山文化的居民生活用具包括罐、盆、瓮、无底筒形器等。陶器中的泥质红陶和夹砂褐陶的盆、钵、罐、瓮等各有自身的装饰纹样。彩陶多为泥质,以红陶黑彩见长,花纹十分丰富,多饰涡纹、三角纹、鳞形纹和平行线纹,横"之"字形纹和直线纹较具特征。泥质的彩陶在当时的社会生活中起关键作用,至少在母系氏族社会阶段的初期如此。

辽河流域牛河梁女神庙可以作为红山文化早期属于母系氏族社会的标志。女神庙发现于20世纪80年代初,由南、北两组建筑组成,其中北组为主体建筑,南北18米有余,东西宽近7米。墙壁经过彩绘,室内发现有大量的人物塑像碎块,有头、肩、手以及乳房等部位的残块,至少分属六个人像个体。其中最小的如真人一般大小,主室出土的大鼻大耳是真人的三倍。这些塑像均属女性。其中有一尊女神头像较为完整,其面部为朱红色,两颧突起,圆额头,扁鼻梁,尖下巴,是典型的蒙古利亚人种,与现代华北人的脸型接近。女神的眼珠用两个晶莹碧绿的圆玉球镶嵌而成,显得双目炯炯。从牛河梁女神庙以女性神为祭祀对象这一事实,可知当时女性的社会地位较高。红山文化的社会性质,"流行以女神崇拜为中心的多神崇拜。以往研究表明,兴隆洼文化与赵宝沟文化均以小型石雕女神像为崇拜对象。至红山文化时期,人们不仅没有忘记这一传统,更将发达的制陶工艺用于红山女神的雕塑,从而将辽西地区数千年来的女神崇拜发展到了极致"①。

---

① 王立新:《先秦考古探微》,科学出版社,2016年版,第30页。

　　供奉女神曾是一种世界性的文化现象。考古发现，远在旧石器时代，就有作为崇拜偶像的女性塑像产生。在中国，女神崇拜起于何时，目前虽无确论，但从红山文化遗存中的女神头像至少可以确定，在新石器时代中国大地上就有女神崇拜。至迟在新石器时代早期，女性在社会中起主导作用，因而她们是被崇拜的对象。崇拜的心理学表现即是敬慕，当其外化为一定仪式时，受敬慕的女性便被赋予神的品格，从而受到歌颂。虽然我们不能仅以女神崇拜一项就断定红山文化属于母系氏族的文化，但是女神崇拜的确是母系氏族文化的重要标志。

　　还有一个事实值得我们重视，即在红山文化中祭祀遗址与居住遗址是分离的。如在牛河梁周围方圆十几公里的范围内未曾发现人类的居住址，这似乎表明红山人在突出牛河梁的神圣地位，因而可以说明红山人的社会是以女神崇拜为中心的社会。这就意味着，当时维系人们之间关系的是基于母性血缘即强调"女生"的"姓"。基于母性血缘的"姓"到了红山文化的晚期依然存在，因为此时的女神庙并没有被废除。而且，还保留了多个死者埋于同一座墓穴的习惯，由此可知红山人的氏族血缘关系还是很稳固的。

　　红山文化的女性崇拜是宗教的，而不是世俗的。这一点，从考古发掘中，我们也能得到一定程度的印证。例如，到目前为止，在红山文化中还没有发现象征世俗军权与王权的钺，所以红山古国是崇尚神的，或者说是神的国度。

　　不过红山文化的晚期出现了一批新物件，它们就是玉器。玉以藏礼，蕴含着礼义的玉器的出现，意味着社会从女神崇拜向玉礼崇拜的发展，这应该是社会形态由母系向父系氏族过渡的重要标志。

　　红山文化玉器最早发现于辽宁凌源牛河梁遗址。1942 年，红山文化中的一件勾云纹玉佩被发现,之后有更多的玉器在红山文化诸遗址中被发现,凌源牛河梁、三官甸子、喀左县东山嘴等遗址出土较多,内蒙古翁牛特旗三星他拉、敖汉旗大洼、辽宁阜新胡头沟等处也有重要发现。玉器有猪龙形珏、玉龟、玉鸟、兽形玉、勾云形玉佩、箍形器、棒形玉等。据考古统计,红山文化的玉器已出土近百件之多。图6-1这件C形玉雕龙是红山文化玉器中的代表作。从形象上看,它无足、无爪、无角、无鳞、无鳍,综合了马、野猪、熊等多种动物形象。器物上许多动物形象的综合,实际上是许多不同氏族图腾的综合。在谈到龙的综合性时,我们有必要引用一下闻一多的话,他曾指出:"现在所谓龙便是因原始的龙(一说蛇)图腾兼并了许多旁的图腾,而形成一种综合式的虚构的生物。这综合式的龙图腾团族所包括的单位,大概就是古代所谓'诸夏',和至少与他们同姓的若干夷狄。"①

从这个综合的玉器中,我们可以看出,它有龙形,也有熊形,或者说它就是熊龙。熊龙已经不再是女神,应该称为"有熊氏"。熊图腾在汉代是常见的。汉代的造型艺术中熊形象颇为常见,例如其陶灯中就有一种熊形的。在汉画像石所描绘的神界形象中,如陕西神木大保当

图6-1　C形玉雕龙

———————

① 闻一多:《伏羲考》,苑利主编:《二十世纪中国民俗学经典·神话卷》,社会科学文献出版社,2002年版,第185页。

汉墓门楣石,右有牛头西王母,左是鸡头东王公,舞蹈状的熊位于中央。可见"熊"在汉代人心目中的位置之高。可是汉代人的熊也是有渊源的,这渊源向上可以与红山文化中的熊联系起来,可谓"始有熊氏"。熊龙玉器的社会成员都是有熊氏的人,或者说是龙生的人。"有熊氏"包括马、野猪、熊等多种动物形象,这表明"姓"的社会关系开始出现多个组成部分,此即是氏。熊龙玉器作为姓的标志,当然要包括多个组成部分,但是又明显地高于其他图腾形式,因此"姓"才是红山文化最基本的社会关系。

从玉器加工背后的技术指向来看,红山文化的玉器非常精细,玉雕工艺水平较高,为磨制加工而成,且其规模大、水平高,非有专司玉器加工的专业群体而不能为,这就证明晚期的红山文化内部已经出现了社会分工,即出现了专司玉器加工的专业群体。由于玉器与祭祀紧紧联系在一起,所以它在社会中起着支配性的作用。

考古发掘显示:红山文化的墓葬分为五个等级:中心大墓、台阶式墓、甲类石棺墓、乙类石棺墓以及附属墓。中心大墓远离生活区,出土的玉器也最精美,且都建在高于一切等级的山梁上,地位至高无上。这说明红山文化存在着一个超越氏族的组织,它以牛河梁遗址为中心。中心大墓与玉器联系得最紧密,每一冢的主人所陪葬的玉器都有其特点,很少重复,且玉器表现为有定式的组合。如第二地点一号冢第四号墓出土了玉龙和玉箍,第二地点一号冢第十四号墓出土了勾云形玉器,第二地点一号冢第二十七号墓出土了勾云形大玉佩,等等。这些玉器(图腾)亦见于红山文化北方的早期墓葬中,牛河梁遗址则汇集了所有红山文化遗址的玉器(图腾),可见牛河梁红山文化是多元的,每一组成部分都将其原有的图腾带进了其中,这就出现了牛河梁遗址玉器图腾的汇聚现象。多元图腾融合为统一图腾的过程,与社会分层是联系在一起的,这就有了"氏",古国也就形成了。

总之,以祭坛、女神庙、积石冢群和成批成套的玉质礼器为标志,红山文化的社会组织已产生了植基于公社又凌驾于公社之上的高一级组织形式,即基于血缘关系(姓)的能将不同图腾统一起来的高一级的组织形式,我们称这样的组织形式为古国。与此同时代的中原地区,迄今还未发现能与红山文化坛、庙、冢和成批成套玉礼器(玉龙、玉龟、玉兽形器)相匹敌的文明遗迹。因此,红山文化最早实现了中国由原始公社到古国的文明突破,这个古国或许可以称为"有熊国"。"以有熊氏为号的族群、部落所建的国家,史称'有熊国'。"①

此后在古文化得到了系统发展的各地,古城、古国纷纷出现,中华大地社会发展普遍跨入古国阶段。就六大区系而言,其社会发展虽然有快有慢,但在不迟于四五千年前的各区系,都大体上进入以城邦为基础的万国林立的古国时代。不同的古文化都会产生不同的古城古国,春秋以后的齐、鲁、燕、晋以及若干小国,在周初分封前都各有自己的早期古国,南方的楚、蜀亦然,广东、广西的东江、西江都存在这种古城古国的大遗址,包括印度支那半岛、南越的前身都是当地古国。考古发现的"大遗址"规格,就是古城古国所在,背景是人口密集,社会经济发达,社会已有分工。所以史载"夏有万邦""禹会诸侯于涂山,执玉帛者万国"是有据可依的。秦汉设郡大致都是以现专区一级范围的古文化古国为基础的。秦汉统一时中国幅员内各地大都经历了从氏族到国家的历史过程,各地相差的幅度

---

① 叶舒宪:《图说中华文明发生史》,南方日报出版社,2015年版,第96页。

一般不超过 500 至 1000 年,但都可追溯到 4000 年前、5000 年前、6000 年前,甚至还可追溯到更早。

第二节　从《山海经》看中国古文化与古国

叙述至此,我们中断一下"考古",暂时把目光转向《山海经》,因为这是一部记载从"古文化"到"古国"的经。

炎黄文化的形成与中国古文化是联系在一起的,从古文化到古国的过程其实就是炎黄文化的形成过程。这里所说的"古文化"是指原始文化,原始宗教与祭祀礼仪是其主要内容,是古国赖以形成的基础。构成"古国"的要素可能有很多,但是"古文化"是必不可少的。因为在中国古人的心目中,国之为国,祭祀排在第一位。"祭祀"很显然属于文化的范畴,它包括祭祀谁(神)以及怎么祭祀(礼)两个方面的内容。

曾经在中国历史上起过重要作用的古文化,在《山海经》中得到了保存。《山海经》所记载的山川、道里、物产、药物、民族、祭祀、巫医等内容,所保存的夸父逐日、女娲补天、精卫填海、大禹治水等远古神话传说都属于古文化的范畴。这些内容曾被人认为"荒诞不经",其实这部"志怪古籍"并不"怪",三代及以前的古文化或许本来就是如此,我们是"少见为怪"。有些内容在甲骨文里已经出现,如:"大荒之中有山,名曰鞠陵于天、东极、离瞀,日月所出。〔有神〕名曰折丹,东方曰折;来风曰俊,处东极以出入风。""有女和月母之国。有人名曰鹓。北方曰鹓,来之风曰狢。是处东极隅以止日月,使无相间出没,司其短长。""有神名曰因因乎,南方曰因乎,夸风曰乎民,处南极以出入风。""有人名曰石夷,来风曰韦,处西北隅以司日月之长短。"等等。而它所记载的王亥、"西周之国"、楚国等等都是有信史可查的,这些表明,《山海经》所保存的古文化具有一定可信性,并不完全是虚构的,因此其所记载的古文化与古国是可以作为从古文化到古国历史进程的参考资料的。

一、《山经》所记录的古文化

《山海经》对古文化的记载,是按南、西、北、东、中五个方位进行的,其所载古文化包括自然风物(动植物、矿藏资源等)、主宰这个区系的神灵、祭祀礼仪以及生活习惯。兹详述如下:

南方文化区系。分三个文化区域:第一个文化区域是从招摇之山以至箕尾之山,二千九百五十里,共十座山,其古文化是这样的:"其神状皆鸟身而龙首。其祠之礼,毛,用一璋玉瘗,糈用稌米,一璧,稻米,白菅为席。"就是说,它的山神之状是身子像鸟,头像龙。对其的祭礼是把长毛的动物与璋一起埋下,祭神的米是稻米,用白茅草来做神的座席。第二个文化区域是从自柜山至于漆吴之山,七千二百里,共十七座山。其古文化是这样的:"其神状皆龙身而鸟首。其祠:毛用一璧瘗,糈用稌。"这里的山神像龙的身子、鸟的头。对其祭祀是将长毛的动物与璧一起埋在地下,祭神的米是稻米。第三个文化区域是自天虞之山以至南禺之山,六千五百三十里,共十四座山,其古文化是这样的:"其神皆龙身而人面。其祠皆一白狗祈,糈用稌。"这里的山神都是身子像龙,面部像人。祭祀的献品是长毛动物中的一只白狗,祭神的米是稻米。

南方三个不同地区的山神各有不同,分别是鸟身而龙首、龙身而鸟首、龙身而人面,但其主要的构成要素是鸟与龙,把它们称为

《南山经》，说明这些文化具有超越自身而成为层级更高的地域文化的特征。

西方文化区系。也分三个文化区域：第一文化区域，即"凡西经之首"，范围是自钱来之山至于騩山，凡十九山，二千九百五十七里。其古文化为"华山，冢也。其祠之礼：太牢。羭山，神也。祠之用烛，斋百日以百牺，瘗用百瑜，汤其酒百樽，婴以百珪百璧。其余十七山之属，皆毛牷用一羊祠之。烛者，百草之未灰，白席采等纯之"。这里"冢"旧注为"神鬼之所舍也"，"羭山"之"羭"，其状如牝羊。《列子·天瑞》："老韭之为莧也，老羭之为猿也。"张湛注："羭，牝羊也。"对"羭山"的祭祀，用的是百牲、百樽、百瑜、百珪、百璧，斋百日，其规格非常之高。因此"华山冢"所居之神鬼与"羊"是联系在一起的。其第二文化区域即"凡西次二"，范围是自钤山至于莱山，凡十七山，四千一百四十里。这里的神中，有"十神者，皆人面而马身。其七神皆人面而牛身，四足而一臂，操杖以行，是为飞兽之神。其祠之，毛用少牢，白菅为席。其十辈神者，其祠之毛一雄鸡，钤而不糈：毛采"。第三文化区域即"凡西次三"，范围是从崇吾之山至翼望之山，凡二十三山，六千七百四十四里。"其神状皆羊身人面。其祠之礼，用一吉玉瘗，糈用稷米。"可见西方实际上是"神鬼之所居"，其神包括羭、人面而马身、人面而牛身、羊身人面，这里的马、牛、羊都属于长毛动物的范畴，它们的融合，构成了所谓的《西山经》的文化特色。

北方文化区系。"自单狐之山至于堤山，凡二十五山，五千四百九十里"，构成其第一文化区域，"其神皆人面蛇身。其祠之，毛用一雄鸡彘瘗，吉玉用一珪，瘗而为不糈。其山北人，皆生食不火之物"。第二文化区域"自管涔之山至于敦题之山，凡十七山，五千六百九十里"。"其神皆蛇身人面。其祠；毛用一雄鸡、彘瘞，用一璧一珪，投而不糈。"第三文化区域"自太行之山以至于无逢之山，凡四十六山，万二千三百五十里"，"其神状皆马身而人面者廿神。其祠之，皆用一藻茝瘞之。其十四神状皆彘身而载玉。其祠之，皆玉，不瘞。其十神状皆彘身而八足蛇尾。其祠之，皆用一璧瘞之。大凡四十四神，皆用稌糈米祠之。此皆不火食"。人面蛇身、蛇身人面、马身而人面、彘身而载玉、彘身而八足蛇尾的综合构成了所谓的《北山经》的文化特色。

东方文化区系。东方与春季相配，其帝大皞，其神句芒，其虫鳞。《山海经·海外东经》的记载是"东方句芒，鸟身人面，乘两龙"。从系的角度看，东方句芒属于大皞一系，其灵物是"鳞"。根据《山海经·东山经》记载，东方第一区域是"自樕螽之山以至于竹山，凡十二山，三千六百里"。这个区域的神"状皆人身龙首"，春祭时用长毛动物中的一只狗，祷告用鱼。说明鱼对于这个区域很重要。第二区域是自空桑之山至于碨山，"凡十七山，六千六百四十里"。它们的山神"状皆兽身人面载觡"，春祭时在毛物中用一只鸡献祭，在祀神的玉器中用一块玉璧献祭后埋入地下。第三区域是"自尸胡之山至于无皋之山，凡九山，六千九百里"。它们的山神"状皆人身而羊角"。祭祀时在毛物中用一只公羊，祭神用的米是黍。第四区域以北号之山为首山至于太山，凡八山，一千七百二十里，其山神与祭祀方式不明。人身龙首、兽身人面载觡、人身而羊角等构成了所谓《东山经》的文化特色。

中央文化区系。《山海经·中山经》是其五篇山经中内容最多的一篇，自《中山一经》至《中次十二经》共十二篇，因此，实际上可分为十二个文化区域。第一区域以薄山为首山，从甘枣之山至于鼓镫之山,"凡十五山,六千六百七十里"。这个区域的文化包括:"历儿,冢也。其祠礼:毛太牢之具,县以吉玉。其余十三山者,毛用一羊,县婴用桑封,瘗而不糈。桑封者,桑主也,方其下而锐其上,而中穿之,加金。"这就是说,被称为"历儿"的山是诸山的宗主。对宗主山山神的祭祀,是在毛物中用猪、牛、羊齐全的三牲做祭品,再悬挂上吉玉献祭。祭祀其余十三座山的山神是用一只羊做祭品,再悬挂上祀神玉器中的藻珪献祭,祭礼完毕把它埋入地下而不用米祀神。所谓藻珪,就是藻玉,下端呈长方形而上端有尖角,中间有穿孔并加上金饰物。第二区域以济山为首山。其"自辉诸之山至于蔓渠之山,凡九山,一千六百七十里"。这个区域的文化特点是:"其神皆人面而鸟身。祠用毛,用一吉玉,投而不糈。"诸山山神的形状都是人的面孔、鸟的身子。祭祀山神的祭品用毛物,再用一块吉玉。把它们投向山谷而不用米祀神。第三区域以萯山为首山,从"敖岸之山至于和山,凡五山,四百四十里"。这个区域的文化特点是山神形状不清楚,前三座山山神有名,后两座则没有具名。"其祠:泰逢、熏池、武罗皆一牡羊副,婴用吉玉。其二神用一雄鸡瘗之。糈用稌。"这就是说,祭祀泰逢、熏池、武罗三位山神,是把一只公羊劈开来祭祀,用的是吉玉。后面二位山神只是用公鸡一只,献祭后埋入地下。祀神的米都是稻米。第四区域以厘山为首山,其"自鹿蹄之山至于玄扈之山,凡九山,千六百里七十里"。这一区域的文化特点是:"其神状皆人面兽身。其祠之,毛用一白鸡,祈而不糈,以采衣之。"诸山山神的形貌都是人的面孔而兽的身子,祭祀方式是在毛物中用一只白色鸡献祭,祀神时用彩色帛把鸡包裹起来,但不用米。第五区域以薄山为首山,其"自苟林之山至于阳虚之山,凡十六山,二千九百八十二里"。其文化特点为:"升山,冢也,其祠礼:太牢,婴用吉玉。首山魁也。其祠:用稌,黑牺,太牢之具,蘖酿;干儛,置鼓;婴用一璧。尸水,合天也。肥牲祠之:用一黑犬于上,用一雌鸡于下,刉一牝羊,献血;婴用吉玉,采之;飨之。"升山是诸山的宗主,其祭祀典礼是在毛物中以猪、牛、羊齐全的三牲为祭品,祀神的玉器要用吉玉。首山,是神灵显应的大山,祭祀用稻米、整头黑色皮毛的猪、牛、羊、美酒,手持盾牌起舞,摆上鼓并敲击应和。玉器用一块璧。尸水是上通到天的,以肥壮的牲畜做祭品献祭:用一只黑狗做祭品供在上面,用一只母鸡做祭品供在下面,杀一只母羊,献上血。祀神的玉器要用吉玉,并用彩色帛包装祭品,请神享用。第六区域以缟羝山为首山,"自平逢之山至于阳华之山,凡十四山,七百九十里"。其文化特点是"岳在其中,以六月祭之,如诸岳之祠法,则天下安宁"。因大山岳在这一山系中,故在每年六月祭祀它,一如祭祀其他山岳的方法,那么天下就会安宁。第七区域以苦山为首山,"自休与之山至于大騩之山,凡十有九山,千一百八十四里"。其文化特色是"其十六神者,皆豕身而人面。其祠:毛牷用一羊羞,婴用一藻玉瘗。苦山、少室、太室皆冢也。其祠之:太牢之具,婴以吉玉。其神状皆人面而三首,其余属,皆豕身人面也"。其中有十六座山的山神,形貌都是猪的身子而人的面孔。对它们的祭祀是在毛物中用一只纯色的羊献祭,玉器用一块藻玉而在祭祀后埋入地下。苦山、少室山、太室山都是诸山的宗主,祭祀这三座山山神的祭品是毛物中的猪、牛、羊三牲,用吉玉。这三个山神的形貌都是人的面孔,却长着三个脑袋,而另外十六座山的山神都是猪的身子而人的面孔。第八区域以荆山为首山,"自景山至琴鼓之山,凡二十三山,二千八百九十里",其文化特色是"其神状皆鸟身而人面。其祠:用一雄鸡祈瘗,用一藻圭,糈用稌。骄山,冢也,其祠:用羞酒、少牢祈瘗,婴毛一璧"。诸山山神的形貌都是鸟的身子而人的面孔。对其祭祀是在毛物中用一只公鸡祭祀后埋入地下,并用一块藻圭献祭,祀神的米用稻米。骄山是诸山之宗主,对其山神的祭祀是用进献的美酒和猪、羊来祭祀而后埋入地下,在祀神的玉器中用一块玉璧。第九区域以岷山为首山,其"自女几山至于贾超之山,凡十六山,三千五百里"。其文化特色是"其神状皆马身而龙首。其祠:毛用一雄鸡瘗,糈用稌。文山、勾檷、风雨、騩之山,是皆冢也。其祠之:羞酒,少牢具,婴毛一吉玉。熊山,席(帝)也。其祠:羞酒,太牢具,婴毛一璧。干舞,用兵以禳祈,璆冕舞。"诸山山神的形貌都是马的身子而龙的脑袋。对山神的祭礼是将一只毛物公鸡埋入地下,祀神的米用稻米。其中,文山、勾檷山、风雨山、騩山是诸山的宗主,其祭礼是进献美酒,用猪、羊做祭品,在祀神的玉器中用一块吉玉。熊山是诸山的首领,祭礼是进献美酒,用猪、牛、羊齐全的三牲做祭品,在祀神的玉器中用一块玉璧。手拿盾牌舞蹈,为了禳除战争灾祸;祈求福祥,就穿戴礼服并手持美玉而舞蹈。第十区域以首阳山为首山,"自首山至于丙山,凡九山,二百六十七里"。其文化特色是"其神状皆龙身而人面。其祠之:毛用一雄鸡瘗,糈用五种之糈。堵山,冢也;其祠之:少牢具,羞酒祠,婴毛一璧瘗。騩山,帝也;其祠:羞酒,太牢其(具),合巫祝二人儛,婴一璧"。诸山山神的形貌都是龙的身子而人的面孔。祭祀山神用毛物公鸡一只,献祭后埋入地下,祀神的米用五种粮米。堵山是诸山的宗主,祭祀用猪、羊二牲做祭品,进献美酒来祭祀,在玉器中用一块玉璧,然后埋入地下。騩山是诸山的首领,祭祀要进献美酒,用猪、牛、羊齐全的三牲做祭品;让女巫师和男祝师二人一起跳舞,在玉器中用一块玉璧来祭祀。第十一区域以荆山为首山,"自翼望之山至于几山,凡四十八山。三千七百三十二里"。其文化特色是"神状皆彘身人首。其祠:毛用一雄鸡祈,瘗用一珪,糈用五种之精。禾山,帝也。其祠:太牢之具,羞瘗,倒毛;用一璧,牛无常。堵山、玉山,冢也,皆倒祠,羞毛少牢,婴毛吉玉"。诸山山神的形貌都是猪的身子而人的头。祭祀山神用毛物中公鸡一只,祭祀后埋入地下,同时用一块玉珪献祭。祀神的米用黍、稷、稻、粱、麦五种粮米。禾山是诸山的首领,祭祀用猪、牛、羊三牲祭品,进献后埋入地下,而且将牲畜倒着埋,同时用一块玉璧献祭,但也不必三牲全备。堵山、玉山,是诸山的宗主,祭祀后都要将牲畜倒着埋掉,进献的祭祀品是猪、羊,在祀神的玉器中要用一块吉玉。第十二区域以洞庭山为首山,"自篇遇之山至于荣余之山,凡十五山,二千八百里"。其文化特色是"神状皆鸟身而龙首。其祠:毛用一雄鸡、一牝豚刉,糈用稌。凡夫夫之山、即公之山、尧山、阳帝之山,皆冢也。其祠:皆肆瘗,祈用酒,毛用少牢,婴毛一吉玉。洞庭、荣余山神也。其祠:皆肆瘗、祈酒,太牢祠,婴用圭璧十五,五采惠"。诸山山神的形貌都是鸟的身子、龙的脑袋。祭祀山神:在毛物中宰杀一只公鸡、一头母猪做祭品,祀神的米用稻米。凡夫夫山、即公山、尧山、阳帝山,都是诸山的宗主,祭祀这几座山的山神都要陈列牲畜、玉器,而后埋入地下,祈神用美酒献祭,在毛物中用猪、羊二牲做祭品,在祀神的玉器中要用吉玉。洞庭山、荣余山,是神灵显应之山,祭祀这二位山神都要陈列牲畜、玉器,而后埋入地下,祈神用美酒及猪、牛、羊齐全的三牲献祭,祀神的玉器要用十五块玉圭、十五块玉璧,用青、黄、赤、白、黑五样色彩绘饰它们。

　　以上所记之神以及对其进行祭祀的形式以山为载体,所以其神为山神。在这里,我们看不到"城",而是各山山神及其祭祀方式、规格和要求。这些属于城市形成之前的"古文化"范畴。我们也能看到,在古文化阶段,不同的山区之神是可以归纳在一个宗山、一个方位中的,这其实是不同古文化之间融合的反映。在此融合中"山神"正在变成"方神",从而为城市或国家的产生奠定了文化基础。

二、《海经》所记录的古国

在《山海经》的《山经》部分,我们看到的是按照南、西、北、东、中方位顺序记录下来的古文化,还没有与"国"联系起来,而《海经》则不然,它将古文化与"国"联系在了一起,这使我们对文化的了解由"古文化"进到了"古国"的层次。

《海经》里的古国有海外、海内及大荒之分,也是按照"南、西、北、东"的方位顺序进行记录的。这些"古国"都与一定的"古文化"联系在一起,这说明古国是在一定古文化基础上发展起来的文明实体。

海外南的古国有结匈国、羽民国、讙头国(讙朱国)、厌火国、三苗国、贯匈国、臷国、交胫国、穿匈国、歧舌国、三首国、周饶国、长臂国;海外西的古国有三身国、一臂国、奇肱之国、丈夫国、巫咸国、女子国、轩辕之国、白民之国、肃慎之国、长股之国;海外北的古国有无䏿之国、一目国、柔利国(留利之国)、深目国、无肠之国、聂耳之国、博父国、拘缨之国(利缨之国)、跂踵国;海外东的古国有大人国、奢比尸国、君子国、青丘国、黑齿国、玄股之国、毛民之国、劳民国。海内南的古国有伯虑国、离耳国、雕题国、北朐国、枭阳国、氐人国、匈奴、开题之国、列人之国。海内西的古国有流黄酆氏之国、东胡、夷人、貊国、羽民国、毕方国;海内北的古国有犬封国(大戎国)、鬼国、林氏国、盖国、钜燕、倭、朝鲜、射姑国;海内东的古国有钜燕、埻端、玺㬇、大夏、竖沙、居繇、月支之国、西胡白玉山、吴、韩雁、始鸠、辕厉。

　　大荒南的古国有三身之国、季禺之国、羽民之国、有卵之国、盈民之国、不死之国、季釐之国、载民之国、蜮民之国、焦侥之国、鼬姓之国、张宏之国、骧头之国；大荒西的古国有共工国、淑士、白民之国、长胫之国、西周之国、先民之国、北狄之国、沃之国、女子之国、丈夫之国、弇州之国、轩辕之国、寒荒之国、寿麻之国、盖山之国、互人之国；大荒北的古国有胡不与之国、肃慎氏之国、大人之国、叔歇国、北齐之国、始州之国、毛民之国、均国、儋耳之国、无肠国、深目民之国、中辐、赖丘、犬戎国、牛黎之国；大荒东的古国有少昊之国、大人之国、小人国、蒍国、中容之国、君子之国、司幽之国、白民之国、青丘之国、维嬴土之国、黑齿之国、夏州之国、盖余之国、玄股之国、困民国、埙民之国、中容之国、女和月母之国。

　　最后《海内经》所记录的古国还有朝鲜、天毒等等。不过它似乎并没有按照"南、西、北、东"的方位顺序进行记录，《汉书·艺文志》在介绍《山海经》时，没有将其纳入其中。因此，它或许是后来加入的内容。

　　《山海经》所记载的这些古国无不与一定的古文化联系在一起，可以说，《山海经》的从《山经》到《海经》其实是中国文化史从"古文化"到"古国"的发展缩影。

　　三、夏、商、周的古国时期

　　《山海经》所记载的古国或者文明实体，有绝大多数我们已经不知道其是否真实地存在，但是有三个古国的存在却是真实的，它们就是夏、商、周。这三个古国演绎出了中国古史中的"三代"，它们先后成为古国的中央，或许因此之故，《山海经》分别记载了发生在三个古国的大事。

关于三代之首的"夏",《山海经·海内南经》记:"夏后启之臣曰孟涂,是司神于巴。人请讼于孟涂之所,其衣有血者乃执之。是请生。居山上,在丹山西。丹山在丹阳南,丹阳居属也。"《大荒西经》亦记:"西南海之外,赤水之南,流沙之西,有人珥两青蛇,乘两龙,名曰夏后开。开上三嫔于天,得《九辩》与《九歌》以下。此天穆之野,高二千仞。开焉得始歌《九招》。"这里的夏后启又称夏启、帝启、夏后启、夏王启。他耳饰两条青蛇,乘着两条龙。所谓"夏后开"即夏后启,汉景帝名启,避"启"字讳,汉人因改"启"为"开"。这里记载的史料亦见于《竹书纪年》:"十年帝(启)巡狩,舞《九韶》于天穆之野。"《九招》,据吴大澂《韶字说》云:"古文召、绍、韶、招、佋、昭为一字。"是《九招》即《九韶》。《周礼·春官·大司乐》:"九德之歌,《九韶》之舞。"司马迁《史记·五帝本纪》:"四海之内咸戴帝舜之功,于是禹乃兴《九招》之乐。"禹所兴的《九招》之乐,本来是祭祀上帝的上帝之乐。启在祭祀之后,却把《九辩》和《九歌》带到了下界为娱乐自己之用,这是违反祭礼的大错,被史家评为"淫溢康乐""天用弗式"。《墨子·非乐》引《武观》曰:"启乃淫溢康乐,野于饮食,将将铭,苋磬以力,湛浊于酒,渝食于野,万舞翼翼,章闻于天,天用弗式。"

关于商,《山海经·大荒东经》记:"有困民国,勾姓而黍食。有人曰王亥,两手操鸟,方食其头。王亥托于有易、河伯仆牛。有易杀王亥,取仆牛。河伯念有易,有易潜出,为国于兽,方食之,名曰摇民。帝舜生戏,戏生摇民。"这讲的是商之先祖王亥丧羊于易的故事,这是可信的历史。《周易·大壮》记"丧羊于易,无悔"。《周易·旅》记"鸟焚其巢,旅人先笑后号咷,丧牛于易,凶"。王亥是商汤的七代祖，"勾姓而食"一语透露其以句芒为神，所以他有"两手操鸟"的形象。这说明商人在王亥以前在东南部生活。不过他经常驾牛车于各部落间进行商贸活动，在有易部落做生意时，被有易国杀害，奴隶逃散，牛羊尽失。《山海经》关于王亥时代"困民国"的记载，说明"殷人重贾"，是以贾立国的古国。

关于"周"，《山海经·大荒西经》记："有西周之国，姬姓，食谷。有人方耕，名曰叔均。帝俊生后稷，稷降以谷。稷之曰台玺，生叔均。叔均是代其父及稷播百谷，始作耕。"又记："后稷是播百谷。稷之孙曰叔均，始作牛耕。"这些记载，向我们讲述了兴起于陶唐虞夏之际的"西周之国"的农业发展史，后稷即弃，播百谷，其耕赖人力，所以称为"耕"；但是到了叔均阶段，他开始使用牛耕，牛耕称为"犁"。

四、从古国到方国的过程

《山海经》之《海经》在记载古国的同时，将它们归纳进了一个更大的文化系统，天下的古国变成了由方帝与方神管辖的文明实体，形成了由方帝方神管辖的方国。

例如《海外南经》的古国有结匈国、羽民国、讙头国（讙朱国）、厌火国、三苗国、贯匈国、载国、交胫国、穿匈国、歧舌国、三首国、周饶国、长臂国。对这些古国，《海外南经》概括为"南祝融，兽身人面，乘两龙"。由此我们知道了，上述古国已经转化为以炎帝为帝、以祝融为神的南方国。海外西的古国有三身国、一臂国、奇肱之国、丈夫国、巫咸国、女子国、轩辕之国、白民之国、肃慎之国、长股之国。对这些古国，《海外西经》的概括是"西方蓐收，左耳有蛇，乘两龙"。由此我们知道了，上述古国已经转化为以少暤为帝、以蓐收为神的西方国。海外北的古国有无妥之国、一目国、柔利国(留利之国)、深目国、无肠之国、聂耳之国、博父国、拘缨之国(利缨之国)、跂踵国。对这些古国,《海外北经》的概括是"北方禺强,人面鸟身,珥两青蛇,践两青蛇"。由此我们知道了,上述古国已经转化为以颛顼为帝、以玄冥为神的北方国。所谓"禺强"实即"玄冥"。杜预注《左传·昭公十八年》"禳火于玄冥、回禄",为"水神"。据郭璞注,"玄冥"其实就是"禺强"。海外东的古国有大人国、奢比尸国、君子国、青丘国、黑齿国、玄股之国、毛民之国、劳民国。对这些古国,《海外东经》的概括是"东方句芒,鸟身人面,乘两龙"。由此,我们知道了上述古国已经转化为以大皞为帝、以句芒为神的东方国。

以上概括与《礼记·月令》是一致的。不过,根据《礼记·月令》,在夏与秋之间还有一个"中央土。其日戊己。其帝黄帝,其神后土"。"中央土"也可以称为"中央氏",《庄子·胠箧》云:

> 昔者容成氏、大庭氏、伯皇氏、中央氏、栗陆氏、骊畜氏、轩辕氏、赫胥氏、尊卢氏、祝融氏、伏羲氏、神农氏。当是时也,民结绳而用之,甘其食,美其服,乐其俗,安其居。邻国相望,鸡狗之声相闻,民至老死而不相往来。

《太平御览》引《遁甲开山图》亦云:

> 次有柏皇氏、中央氏、栗陆氏、骊连氏、赫胥氏、尊卢氏、祝融氏、混沌氏、昊英氏、有巢氏、葛天氏、阴康氏、朱襄氏、无怀氏,凡十五代,皆袭庖牺之号。自无怀氏已上,经史不载,莫知都之何在。

这些文献资料将"氏"与"国"联系起来,相邻之氏称为"邻国相望",因此"中央氏"也就是"中央国"了。不过,在《山海经》里,我们似乎没有发现这个"中央土"。这似乎在暗示我们,在由古文化向古国的发展过程中,大地之上有林林总总的古国,虽然无论是海内的,还是海外的,它们都属于方帝方神所管辖的文明实体,但是还没有形成一个以黄帝为帝、以后土为神的文明实体即"中央国"。"中央国"的形成始于夏代。这一点,我们在《山海经·海内经》也能找到证明。例如,其最后说:"洪水滔天。鲧窃帝之息壤以堙洪水,不待帝命。帝令祝融杀鲧于羽郊。鲧复生禹。帝乃命禹卒布土,以定九州。"

这一总结性的末尾说明,《山海经》所记载的由古文化向古国的发展过程,发生在"禹卒布土,以定九州"之前,禹定九州之后,古国之中有了一个以黄帝为帝、以后土为神的文明实体,也就是统领其一切古国的中央之国。不过,这个文明实体不是简单的黄帝文化,因为它以"后土"为神,而"后土"据《山海经·海内西经》记载是炎帝的后代。从古文化中产生了中央之国是炎黄文化的结晶。

第三节　从古国到方国的考古学解读

在距今 4000 年以前,中国古代国家的形成又实现了一次伟大的文明突破,即国家形式由古国进入了方国时代。与原始国家即古国相比,方国是比较成熟、比较发达和比较高级的国家形式,夏、商、周都是方国。不过在夏之前方国就已经出现了,江南地区的良渚文化就是夏之前的方国典型实例。

一、良渚文化概况

良渚文化属于长江流域的文化,分布于太湖流域,以杭州附近的良渚遗址而得名。遗址分布很广,主要分布在浙江余杭的反山、瑶山,江苏武进的寺墩等地。良渚文化时期的农业和手工业都很发达,琢玉工业尤为发达,大型玉礼器的出现揭开了中国礼制社会的序幕。尤为引人注目的是其中以玉琮、玉钺和玉璧为主的大量玉器,它们被称为良渚文化中的三大神器,公认为是当时世界上的极品。器物上琢刻出繁密图案,具有相当高的工艺水平。

过去很多人认为良渚文化只是中原龙山文化向南传播后的一个变种,而事实上它是"中国早期文化发展的另一种中心"①。在考古学上,良渚文化是在河姆渡文化的基础上发展起来的。河姆渡文化距今约 7000—5300 年,而良渚文化距今约 5300—4100 年。二者有渊源关系。比如,良渚文化玉冠形器与河姆渡文化蝶(鸟)形器就有渊源关系。殷商青铜器上常见的饕餮纹可以追溯到良渚玉冠形器,而良渚玉冠形器则与河姆渡文化中骨器和象牙制品上的"太阳鸟"有继承关系。此类关系的考古实例甚多。它与北方虽然都属于农耕文化,但是与种粟的黄河流域不同,以种稻为主。在钱塘江南岸有半山文明良渚稻作遗址,这类遗迹在浙江吴兴钱三漾、杭州水田畈等遗址也有大量发现。其中钱山漾发现的成堆成片的稻谷遗骸,经鉴定为粳稻和籼稻两种。良渚人是种稻的人,其"水稻栽培已经进入了高度发展的阶段"②。

---

① 夏鼐:《中国文明的起源》,文物出版社,1985 年版,第 7 页。
② 游修龄、曾雄生:《中国稻作文化史》,上海人民出版社,2010 年版,第 43 页。

良渚人有比较发达的手工制造业,包括陶器制作、玉石制作和纺织等。陶器制作自始至终以泥质灰胎黑皮陶和夹砂黑灰陶为主,次为泥质灰陶,另有少量红陶。制作技术比崧泽文化有了明显进步,普遍使用快轮制陶技术,造型匀称,器表一般经过打磨光滑。纹饰常见凸弦纹(或称竹节纹)、弦纹、镂空、刻画纹。其中刻画纹很纤细精美,有云雷纹、圆圈纹、折线纹、鸟纹等各种图案,很有特色。器形上,以圈足器、三足器为主,平底器较少,圈足器基本不见。盛行贯耳、宽把等附件。基本陶器组合自始至终以鱼鳍形或丁字形足鼎、细柄豆、贯耳壶、宽把杯、素面罐、实足或袋足鬶为基本组合。

如果说红山文化重玉,那么良渚文化简直是玉的王国。其玉石制作精致,器形规整,穿孔技术发达,使用了管钻技术。器形主要有三角形石犁、双翼耘田器、扁平有肩石铲、石斧、钺、长方形双孔或多孔石刀、窄条形石锛等。从加工痕迹看,大致使用了切割、凿、挖、钻、磨、雕刻、抛光等复杂工序。大部分有纹饰,多为阴刻,少量使用了减地法形成浅浮雕,部分还用透雕。常见纹饰有云雷纹、兽面纹、鸟纹。玉器主要是礼器和装饰品。礼器又分为两大类:祭器和礼仪器。祭器包括琮、璧、瑗、璜;礼仪器包括钺、刀、冠状饰、山子形饰。装饰品包括锥形饰、玦、镯、鸟、鱼等。

良渚人的建筑很有特色。房屋遗址的考古发现不多,也有北方地穴式的建筑,分半地穴式和浅地穴式两类。多为方形、长方形,面积20平方米左右,多无灶址,在房外常发现用火遗迹,表明居室与灶址可能是分开的。但是能反映良渚人建筑特色的是土木结构。如1987年发掘的瑶山祭坛即土木结构。瑶山祭坛位于杭州余杭海拔35米的瑶山山顶上,平面呈方形,由里外三重组成。最里面为一座红土台,第二重为一圈灰色土围沟,第三重为五花土筑成的土台,土台上原来铺有砺石台面,在台面的边缘发现石坎。整个祭坛都是人工夯筑而成,面积达到5000平方米。1992—1993年发掘的莫角山遗址发现了面积更大的人工夯筑大土台,面积达30万平方米,高出地面7~8米,最高达10余米。土方量据测算在250万立方米左右。而且在大土台上还发现3个人工夯筑的小土台,在3个小土台之间是2万平方米的夯筑基址,基址周围发现了大型柱洞,以前在莫角山下曾出土过边长半米以上的大木方,都说明这个2万平方米的夯土基址应是大型的土木结构的地面式建筑,有人称为殿堂式建筑。建造如此巨大规模的祭坛和夯土建筑,不仅需要大量人力、财力,而且也充分展示了良渚人高超的建筑水平,包括实现统筹规划和建筑本身的技术要求。

除土木结构外,良渚人还能建筑"带脚的房子",即干栏式房子。因为从考古发现看,中国新石器时代的河姆渡文化、马家浜文化和良渚文化的许多遗址中,都有埋在地下的木桩以及底架上的横梁和木板,表明当时已产生干栏式建筑。这种建筑水平要高于仰韶的地穴式建筑,其用木与埃及人之用石、巴比伦人之用砖,构成人类建筑文明的"邃古三绝"。

在钱山漾发现了丝织品绢的残片,经鉴定,丝线为蚕丝,密度为48根每平方厘米,这是目前为止发现的年代最早的丝织品。另外在吴江梅堰遗址出土的陶壶上还发现了5支刻画的蚕图案。这都说明良渚人的纺织技术已经比较发达了。此外还有渔猎和家畜饲养,但据说不是很发达。

考古发掘到目前为止未发现良渚人使用金属工具的情况。从这一点看,它似乎落后于红山文化晚期。但是决定社会进步与否的关键并不是器物的材质,而是将材质加工成器物和建造大型工程的技术能力与社会组织能力。良渚文化器物背后的生产力不是金属冶炼技术，而是琢玉以及规模宏大的工程技术。"真正能代表长江下游文明水平，并可以与中原青铜器相媲美的，是良渚文化的玉器。良渚文化玉器数量之多、制作之精美、内容之丰富，早就引起了国内外学术界的惊奇。"①良渚玉器以体大自居，对称均衡得到充分运用，其尤以浮雕的装饰手法见长，特别是线刻技术达到了后世几乎望尘莫及的地步。

　　良渚人的工程技术达到了营建大规模古城的水平。良渚人建立了自己的城市，其外围由规模宏大的水利系统构成。碳14测年数据表明它修建于距今5000年左右。在工程学上，它可能是为了防御洪灾，优化古城所在的广大地区的水环境，当然还包括疏通水路运输。设计这项庞大的工程，需要对当地水文、气象、年均降雨量和最大降水量等有深入全面和准确的了解，也需要测绘技术和建筑技术，例如在对古城城垣、塘山和岗公岭等水坝的发掘中，已经揭示了当时的人们营建这类大型土建时对基础处理、基础用土和坝（墙）体用土的不同选择，以及堆筑过程中草包泥块的分段和错缝堆砌等复杂工程技术。这样复杂的工程绝不逊于青铜冶炼技术。

　　二、良渚社会的阶级构成

　　种稻的人，从族属上看，在中国古籍中被称为"百越"，但是"百越"并不是指一个氏族的名称，而是指许多氏族的总和，《汉书·地理志》称"百越杂处，各有种姓"。从这个角度看，良渚人是百越种姓中的一支。良渚人究竟姓什么，我们暂且存而不论，这里先从良

---

① 江林昌：《中国上古文明考论》，上海教育出版社，2005年版，第315页。

渚人的社会组织讲起。良渚人在高度发达生产力的基础上,完成了农业和手工业、乡村和城市的分工。从聚落形态上看,良渚遗址群以莫角山为中心,建成了一个包括反山、瑶山、汇观山等在内的超大型聚落群。它不是一个超大的农业聚落,而是各种制造业生产、原材料和产品集散的中心以及连通它们的管理机构之所在,是最大的、最高级的能够领导全区的中心聚落,换言之,是一座按照不同社会功能组织起来的城市,其面积约 300 万平方米,城墙有 40 到 60 米厚。此其一。其二,它有地域性的中心聚落,如上海青浦福泉山、江苏武进寺墩、吴中草鞋山等。这些聚落址有祭坛和大墓,规格虽然不能和良渚比,却是周围一定地域内最大最高的聚落。其三,它还有一般性聚落,或者说是一般村落。良渚文化的小型遗址发现很多,墓葬属于小型墓,很少有中型墓,也很少有祭坛。这些村落的面积(不计村落外部的田地)多在 1 万平方米上下,村落内分散坐落着不到 10 座的居住建筑,其旁往往还有墓葬等遗迹,也即多不过 10 户的小家庭的聚居形态。出土遗物多为普通家居生活用陶制器皿、耘田器、刀、石犁等石质工具等。很显然一般村落属于农村,而地域性的、全域的中心聚落是镇是城,相对而言,乡村以农业为主要要素,中心聚落以手工业及精神性生产为主要要素。

这种情形说明,良渚文化进入了阶层和阶级化的社会。考古发现证明了这一点。如良渚遗址群的墓葬规格明显地包括四个等级。在瑶山和反山都发现了埋有墓葬的祭坛,祭坛上的墓葬都是随葬品丰厚的大墓和中型墓。反山墓地 M12 的随葬品多达 200 余件,玉礼器的组合最齐全,主要是琮、璧、钺和冠饰等,尤其在琮、钺和冠饰上都雕有良渚文化最完整的神徽。钺代表的是军权、王权,琮代表的是神权。琮、钺同为一人的随葬物,说明神权与军权集中到了一人之手,说明这位有冠的墓主就是良渚社会的最高统治者(王),标志着古国已经转化为方国了。"在良渚文化大墓门里常见钺、琮、璧三器同在的组合,这应该是墓主军权、神权、财权三位一体的象征。"①

反山墓地 M14 的随葬器物达到 260 件(组),数量上超过了 M12,但玉器质量不如后者,也没有完整的神徽图案。随葬的石钺多达 16 件,说明此墓墓主很可能是分管军事的高级贵族。M15 随葬的透雕玉冠饰工艺最高,神徽的图案也比较特殊,墓主可能是与神相通的巫师。在吴江龙南遗址 88M1,考古工作者发现随葬品 10 件,其中 8 件陶器、2 件石钺,表明墓主有一定的财产和权力,但没有良渚大墓所见的高级奢侈品和王室重器,墓葬规格也不能和贵族相比。在良渚遗址群以外,发现的多数墓葬都是这样的小型墓,表明平民阶层应是社会的主要成员。战俘和奴隶的墓发现很少,但是在昆山市赵陵山墓地中发现了丛葬墓,骨架散乱,墓坑窄小。在上海青浦福泉山墓地则发现了殉人。这些墓葬中的墓主在整个良渚社会中的地位应该是最低的,他们或许是战俘和奴隶,只不过数量很少,是否构成一个阶层还不能肯定。

总之,良渚文化的社会已经是一个社会阶层严重分化、形成了一个由贵族官吏簇拥着的以王为中心的广域的政权实体,其社会最广大的下层成员则处于被奴役的地位。我们或可用王、贵族官吏、平民和奴隶、战俘等概念来概括这些等级。因此,这个社会已经由以姓为主的古文化进入了受氏支配的古国时期,而从其军权、神权、财权三位一体的象征来看,似乎初步具有了广域性的方国特征。

---

① 江林昌:《中国上古文明考论》,上海教育出版社,2005 年版,第 316 页。

三、良渚人的文字生活

良渚人进入了以文字记录其生活大事的历史时期。2003 年至 2006 年,考古工作者在浙江平湖庄桥坟遗址发现了原始刻画符号。在该遗址中,共有 240 多件器物都有刻画符号。良渚的刻画符号有的似蝌蚪,可以与甲骨文对接起来,有的似云片。有的古文字学家认为,良渚人的原始符号,在笔画、结构、刻画方法上,都是简洁明了的。许多符号多次出现,甚至在甲骨文中也有相同或类似的符号出现。因此,可以判断,它们属于原始文字,至少是文字的萌芽形式。"文字的古老形式与萌芽形式都可以追溯到新石器时代。"它们在中国"用来指明亲属所属"①。这就是说,中国新石器时代的族徽标识其实就是文字的古老形式。

良渚人不仅有"字",而且他们已经能够将这些"字"并列在一起表示一种意思。例如有两件石钺上的刻画符号不像其他单体刻画符号那样孤立地出现,而是排列成序,或者说是连字成句。

图 6-2 是庄桥坟遗址石钺上的符号(反面),符号不是单独出现,而是连接成串,类似现代汉语的一个句子。单独地被使用的符号可能具有标识意义,还不好断定有记事的功能,但是几个独立的符号成为一串,变成一个句子时,就形成了"文","连属文字,亦谓之文。而其兴盛,盖亦由巫史乎"②。而这些"文"无疑具有了某种记事功能。所谓记事,其实是记史。《说文解字》:"史,记事者也。从又持中。中,正也。凡史之属皆从史。"从几个独立的

① 张光直:《中国青铜时代》,生活·读书·新知三联书店,2013 年版,第 14 页。
② 《鲁迅全集》,第 9 卷,人民文学出版社,1981 年版,第 345 页。

符号成为一串变成一个句子这一
考古事实出发，我们可以做出结
论：良渚文化已经进入了用文字
记载的历史时期，也就是文明
时期。

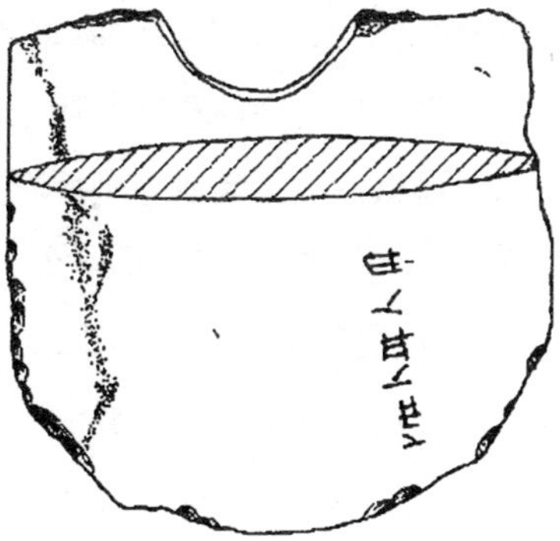

四、良渚人的国家形态

显然与红山文化的晚期一
样，良渚文化进入了文明时代。

图 6-2　庄桥坟遗址石钺上的符号串

不过与红山文化不同的是，良渚文化的文明程度更高，其国家形式
可能处于由古国向方国的突破阶段。因为与红山文化相比较，良渚
文化实现了从血缘到地域的跨越。

红山文化供奉女神像意味着它十分强调"女生"，即强调"姓"的
血缘关系，而良渚文化在血缘关系的基础上，强调国家的地域，形成了
"广域王权国家"。体现在姓氏文化上，它重视"氏"。例如，在红山玉
器中，最有代表性的玉器是琮。1986 年，考古工作者在浙江余杭反山
遗址发掘了良渚文化大墓 11 座，出土了 1200 多件套玉器，其中有一
件高达 8.8 厘米、重达 6.5 公斤的玉琮。这个以体大见长、深沉严谨
的良渚玉琮，具有王者气象。玉琮是祭祀礼器，与玉璧、玉圭、玉璋、玉
璜、玉琥一起被称为"六器"。《周礼》云："以苍璧礼天，以黄琮礼地。"
既然玉琮是良渚国玉器中最大的器件，那么由此可知，在良渚国最重
要的祀礼，就是对土地，也就是对社稷的祭祀。良渚玉琮所礼之地是
广阔的，其以太湖流域为基础，将余杭、嘉兴南、上海东、苏州、常州、南
京都纳入版图内，其西到安徽、江西，北到江苏北部，接近山东。如此
之大的疆域浓缩于玉琮之中。玉琮就这样代表了良渚国的大地，同时

也是财富的象征,其有四面,这或许是四方观念的体现。分布在四方之民,就其地域性而言就是氏。这些氏的根既然与土地,也就是社稷有关,那么这些氏实质上是神农氏的后代。良渚国就是神农氏族中建立的一个国家。玉琮中的神像,即玉琮四面雕刻的神人兽面纹图案,就是其国的国徽。这并不难以理解,因为"中国原始社会曾存在玉图腾的阶段,表现为中华民族的先民曾经用带有某种含义的玉刻品作为氏族的标志"[①],如图6-3:

图6-3 良渚玉琮神像

此"神徽"的意义值得深究。第一,它是人的形象。因为其分为上中下三部分。上部为人面,脸呈倒梯形,重圈圆眼,两侧有三角形的眼角,宽鼻,用弧线勾出鼻翼,大口,露出两排十六颗牙齿。头戴宽大的羽冠,冠上羽毛呈放射状排列。中部从总体上看像人的双臂抬起,肘部屈曲,双手五指平伸插于一个两端为圆圈、中间有短桥相连的器物内。这两个圆圈似乎可以视为玉璧图案。事实上,良渚

① 方泽编著:《中国玉器》,清华大学出版社,2014年版,第15页。

是有玉璧实物的,所以认定两个圆圈为玉璧并不违情理。下部像人的下肢作蹲踞状,脚为三爪的鸟足,给人一种凶猛逼人的气势,令人有神秘、恐惧之感。很显然,图案是人,但这个人很不一般。因为他能以玉璧和玉琮将天与地连成一体,所以他必定是王者。王,《说文解字》解之为:"天下所归往也。董仲舒曰:'古之造文者,三画而连其中谓之王。三者,天、地、人也,而参通之者王也。'孔子曰:'一贯三为王。'"从这个角度来看,"神徽"就是一贯三的"王"字。因为是王者,所以我们能合理地解释很多考古现象。比如,良渚国是在一片浅水沼泽上拔地而起的,古城的外围就是规模宏大的水利工程系统。据专家计算,古城城垣、外城以及水坝坝体,再加上古城城内南北 400 米、东西 600 米的莫角山高大堆筑台基的土方量,总计约 1100 万立方米。若以开采、运输和堆筑 1 立方米的土石各需要 1 人/日计,估算共所需 3300 万人/日;若每天出工 1000 人,每年出工 30 万人,整个工程需要连续建造 110 年。发动如此规模的劳工队伍,对其令行禁止地分配调度,为其提供包括工具、饮食等后勤保障和进行有效的工程质量监控,操作一整套系统工程,其背后必然存在着一个有高度权威的社会动员和管理机制,也就是那个以玉璧和玉琮将天与地连成一体的王者。因为是王,所以他具有调动各地资源的权力。

　　另一良渚神人兽面纹图案反映了强烈的鸟崇拜。良渚文化的神徽图案与鸟的关系密切。良渚玉琮、玉璧、玉璜、冠状饰等玉器以及少数陶器上的神徽图案两边都刻有鸟纹。良渚的王将自己装扮成鸟的形状。反山 M12 的玉钺把鸟的图案刻在神徽的下面,神灵在鸟之上的构图事实,让人产生神灵乘鸟飞翔的想象。在浙江余杭反山、瑶山的两处良渚文化墓地中,共出土了 5 件圆雕的玉鸟,其形态呈展翅飞翔状,在鸟的腹部均钻有牛鼻状隧孔。出土时其位置一般处于墓主人的下肢部位,有人推测应是缝缀于墓主人衣袍下部的一种功能性装饰良渚文化神人兽面纹的完整图案。所有这些,都应该是良渚先民们鸟崇拜的真实写照。良渚国应该是以鸟纪官的国家,《左传》《山海经》都有以鸟纪官的记载,说明良渚古国是个"鸟国"。

在神话中,鸟与炎裔是有关系的,比如炎帝小女儿女娃死后为鸟,是为精卫。精卫以木石填东海,这似乎有人类以干栏开发东南河谷、沼泽等地的影子。《说文解字》对"凤"有这样的解释:"神鸟也。天老曰:'凤之象也,鸿前麟后,蛇颈鱼尾,鹳颡鸳思,龙文虎背,燕颔鸡喙,五色备举。出于东方君子之国,翱翔四海之外,过昆仑,饮砥柱,濯羽弱水,莫宿风穴。见则天下大安宁。'"可见"东方君子之国"是以鸟为神的。在以鸟为神的族群里,精卫是最有名的。既然良渚文化以"鸟"为官,那么我们或许可称良渚国为"精卫国"。不过良渚国是不是文献所记载的"鸟国",我们不打算进一步引申。

五、良渚文化与夏商文化

从考古上看,良渚文化有一个"北渐"过程。其起于良渚文化一期(约前3300—前2800),即大汶口文化中期1、2段时期。良渚文化二期(约前2800—前2600)即大汶口文化中期3段时期达到高潮。良渚文化三期(约前2600—前2100)即大汶口文化晚期3、4段,北渐势头有所减弱。在这种北渐过程中,良渚文化因素逐渐渗透到江淮地区北部、苏北、鲁南和鲁北、胶东地区。考古工作者在江西德安湖湾乡、丰城荣塘乡发现了良渚式玉琮;在丰城桥东乡、樟树大桥乡发现了良渚式石钺和玉钺;在安徽潜山薛家岗、含山凌家滩、定远德胜村也发现了与良渚文化类同的玉琮、玉钺、石钺等器物；在湖北蕲春白水村、易家山、松滋桂花村、石家河、屈家岭等地发现了与良渚文化相近的玉琮、石钺等器物；在河南偃师二里头发现了良渚式贯耳壶、兽面纹青铜饰牌、玉钺等。二里头遗址中的良渚因素说明良渚文化是夏文化产生的一个源头。

在"北渐"中原的过程中，它也对殷商文化产生了深远的影响。从图腾来看，良渚文化与殷商文化有很深的渊源关系。鸟是良渚人的图腾，也是商人的图腾。《史记·殷本纪》记载："殷契，母曰简狄，有娀氏之女，为帝喾次妃。三人行浴，见玄鸟堕其卵，简狄取吞之，因孕生契。"在甲骨文祭祀卜辞中，比如祭祀王亥的卜辞，就将亥字上端刻有许多带有鸟字的文字或隹字。隹即鸟类。胡厚宣先生认为这是商族以鸟为图腾的确证。晚商铜器玄妇方罍上，铸有玄鸟与妇人的合并文字，即"玄妇"合文，亦可证商人出自《诗经》所言的玄鸟氏族无疑。1976 年河南安阳殷墟妇好墓出土两件成对的铜鸮尊。这对尊作站立的鸮状，鸮圆眼钩喙，小耳高冠，首微扬，挺胸，双翅聚拢，粗壮的双足及宽尾撑地，通体饰纹，有羽纹、蝉纹、蛇纹、饕餮纹、鸮纹及菱纹等。尊盖上有圆雕的鸟、龙，鋬上有浮雕的兽首。饰于尾上呈展翅飞翔状的鸮纹尤为引人注意。在殷墟卜辞中即有"于帝史凤"等句子[1]，说明神鸟凤是天地之间来往的媒介。殷商青铜器上常见的饕餮纹可以追溯到良渚玉冠形器，良渚文化的墓葬、居址、聚落都反映出严格的等级区分，俨然是金字塔式的社会结构。鼎、豆、壶、璧、钺、琮等礼器，都见于良渚文化。这些表明，长江流域的古国文化是中原方国的一个重要渊源。

———————

[1]《郭沫若全集·考古编》，第 2 卷，科学出版社，1982 年版，第 376 页。

第四节　陶寺、石峁文化与礼乐制度的初成

现在让我们再从良渚回到中原吧。

庙底沟的花文化与红山熊文化在山西襄汾县境内的碰撞，产生了一些巨大的文明成果，陶寺文化与石峁文化就是其中的典型。当然陶寺文化的形成也有大汶口文化、良渚文化的贡献，体现了多种文化的碰撞与融合。

一、陶寺、石峁文化的概况

陶寺遗址位于山西省襄汾县，与陕西神木的石峁文化一上一下，一南一北，一东一西，隔河相望，是我国新石器时代晚期的大型聚落遗址，而陶寺文化更为典型。考古工作者于 1978—1987 年对陶寺遗址进行了考古工作，探清了其居住区和墓葬区，发掘墓葬1000 余座。其中大贵族墓葬 9 座，出土了陶龙盘、陶鼓、鼍鼓、大石磬、玉器、彩绘木器等精美文物。1999—2001 年，确定了陶寺文化中期城址，城址呈圆角长方形，东西长 1800 米，南北宽 1500 米，中期城址总面积为 280 万平方米，方向 225 度。从此，陶寺遗址的田野发掘与研究目的，就由探索一个龙山文化晚期的超大型聚落，转向探索一个都邑聚落的布局与性质，进而追寻其社会组织发展水平是否已经进入国家社会的阶段。2002 年春，陶寺城址考古发掘4000 平方米，确定了面积为 56 万平方米的陶寺早期小城、下层贵族居住区、宫殿区、东部大型仓储区、中期小城内王族墓地以及祭祀区内的观天象祭祀台基址。2017 年，考古工作者对疑似东南门址和

东南拐角处的侧门进行了扩大发掘,基本确认了陶寺文化的早期已经开始了挖基槽夯筑城墙,此墙一直使用到中期。在早期墙基之上略微错位挖出较浅的晚期墙基槽夯筑城墙。同时,发掘中还通过解剖确认了东墙的存在。本次发掘基本确认了陶寺遗址宫城的存在。考古发现,陶寺遗址宫城在其鼎盛时期的面积达280万平方米,包括王族墓地、宫殿区、下层贵族居住区、普通居民区、手工作坊区等,它具备了作为都城的基本要素。近年对于陶寺遗址的发掘综合运用了磁力仪和探地雷达物探、环境考古、动物考古、植物考古(孢粉、浮选、选种)、人骨分析、DNA分析、天文学等多项科技考古手段,包括碳14测年技术,判断陶寺文化的绝对年代为前4300年至3900年之间。这个时代与传说中的帝尧时代具有高度的吻合性。

石峁文化遗址发现于1958年,发掘于2012年,总面积达400万平方米以上,是目前发现的龙山文化晚期最大的城址。在典型器物、筑城规划、城址结构、夯筑技术、用玉制度、彩绘图案、杀戮祭祀、铸铜技术等方面与陶寺都有千丝万缕的联系。

二、建筑、器具与技术

(一)建筑。这里的建筑包括"活人"的房舍与死人的墓葬。先看活人的房舍。陶寺人掌握了较高的建筑技术。考古发掘在陶寺类型居住址中发现了很多小型房址,周围有道路、水井、陶窑和较密集的灰坑。房址分地面、半地穴式和窑洞三种,以后两种居多。半地穴式房基平面多作圆角方形,少数呈圆形,长、宽一般在2～3米。室内地面涂草拌泥,经压实或焙烧,多数再涂一层白灰面,并用白灰涂墙裙,可见当时白灰已得到广泛应用。居住面中央有柱洞和灶坑。墙面上往往有或大或小的壁龛。有的还在室内一侧设置灶台,灶台后部有连通室外的烟道。窑洞式房址四壁向上弧形内收形成穹隆顶,高约 2 米,平面形制、结构等多与半地穴式房址相仿。水井为圆形,深 13 米以上,近底部有用圆木搭垒起来的护壁木构。陶窑为"横穴式",窑室直径在 0.7～1 米,有多股平行火道或叶脉状火道。灰坑有筒形、袋形、锅底形等几种。此外,还发现夯土碎块和刻画几何纹的白灰墙皮。

再来看死人的墓葬。陶寺居民的部落公共墓地,在居住地的东南,面积 3 万平方米以上。它的使用时间,大致同居住地相始终,发现墓葬 1000 余座,都是长方形土坑竖穴墓,除很少的二次葬、屈肢葬和个别俯身葬外,一般是成人的仰身直肢单人葬,头向东南,排列整齐。不同的氏族葬区在墓葬规模和坑位密度等方面,存在着差别。这里的墓大致可分为大、中、小三型。大型墓长 3 米上下,宽 2 米多,使用木棺,随葬品可达一二百件,有彩绘陶器、彩绘木器、玉或石制的礼器和装饰品以及整猪骨架等。这类墓已发现 9 座,不及墓葬总数的 1%。经鉴定,墓主都是男性。中型墓长、宽尺寸略小,使用木棺,一般随葬成组陶器(包括少量彩绘陶器)、木器和玉、石器,几件至一二十件不等,常见猪下颌骨数个至数十个。这类墓占墓葬总数的近 10%。死者多系男性,仅分布在大型墓两侧的为女性。小型墓墓坑小而狭长,一般长 2 米,宽 0.5 米左右,大多没有木质葬具和随葬品。这类墓约占墓葬总数的 90%。在石峁遗址中,女性陪葬的现象也有发现。陶寺墓地各类墓"金字塔式"的比例关系,应是当时社会结构的反映。早期大、中、小型墓在规模和随葬品有无、多寡、品类、优劣等方面,差别已经十分显著,显示出氏族成员间的平等关系早已被破坏,贵贱有别、高下依序的等级制度已经存在。处在塔尖位置的大型墓,随葬品丰富、精致,有鼍鼓、特磬等重要礼器,推测墓主应是掌握祭祀和军事大权的部落首领人物。而占墓葬总数将近 90%的小型墓,墓室仅能容身,死者身无长物。

(二)器具。器具即生产和生活工具,它们正如马克思所说是构成人类社会生活的骨骼,是人类建立社会关系的指示器。陶寺遗址出土的生产工具有石制的斧、锛、凿、铲、刀、镞,骨质的铲、锥、镞,陶纺轮和制陶用具陶拍、陶垫等。石峁人的器类有刀、镰、斧、钺、铲、璇玑、璜、牙璋。有些器物现已流失于海外,被几家欧美大学博物馆入藏。陶寺扁平长方形石铲数量最多,晚期有肩石铲。石铲和木耒是当时两种主要的起土工具,灰坑壁和墓壁上留有它们的痕迹。这些工具的使用说明陶寺先民不仅有发达的农业,而且还有发达的畜牧业。饲养的家畜有猪、狗、牛、羊等,以猪为最多,盛行用整猪或猪下颌骨随葬便是例证。

生活用具有灶、罐、壶、瓶、盆、盘、豆,个别墓有鼎和觚。凡泥质盆、罐、壶、瓶、盘、豆均施彩绘,都是烧成后着彩,以黑陶衣为地,上施红、白、黄彩;或以红色为地,上施黄、白彩。纹样有圆点、条带、几何形纹、涡纹、云纹、回纹、龙纹、变体动物纹等。斑斓绚丽的彩绘陶器,构成陶寺类型文化一大特色。石峁人善壁画,其以白灰面为底,以红、黄、黑、橙绘出几何图案,于后来的北方地区流行。陶寺人的彩绘蟠龙图形的陶盘,是其中最富特征的器物。这是迄今在中原地区所见蟠龙图像的最早标本。大型墓出土的还有彩绘木器,构成陶寺类型文化的另一特色。这些木器的胎骨都已朽没,依靠残存的彩绘颜料层得以剔剥出原来的形状,已知有案、俎、几、匣、盘、斗(勺)、豆、仓型器、鼓等多种器形。

陶寺遗址范围内保留着很多陶窑,正式清理发掘了 10 多座,显示出其制陶手工业的发达。陶器所体现的技术水平有早期与晚期的区别。早期陶器主要为手制,陶胎一般比较粗厚,器壁厚薄不均,器形不规整。此后以轮制为主。陶器颜色较杂,纹饰主要采用绳纹;炊具釜灶较多,其次为扁矮足鼎、侈口深腹罐、陶缸等;器具以平底器为主,圈足器很少,袋状三足器仅有一种;盆、罐、瓮的口沿多平折;扁壶的对称钮多在颈部。从已发现的陶器群来看,除折腹盆的形制和庙底沟仰韶文化的浅腹盆有着某些相似之处,陶缸、矮足陶鼎等可以在山西、河南等地的其他龙山文化遗址中找到。

此外,陶寺人还善于打井。陶寺遗址有原始水井,正式清理发掘了4眼,均为圆筒形,到了底部变成了方形,深度都在14米左右,井底堆积了大量取水时打碎的陶扁壶片。在井底都搭有用木桩或栅栏做成的护井木栏,这种护井木栏,俯视其平面呈"井"字形交错搭建。水井的发明,使人类摆脱了必须滨水而居的习俗,在生活居处区的选择上有了主动权,有了充分的选择余地,从而为进入长久聚居奠定了技术基础。

三、青铜时代的序幕

最能代表陶寺文化生产力先进性的是它的铜器及铜器背后的技术力量。陶寺遗址出土了多件铜器,时代属于中晚期。例如,陶寺都邑建筑区发现的一片含砷的铜容器残片属陶寺文化中期。考古工作者推测它可能是铜盆的口沿,这表明此时陶寺都邑已经开始使用铜容器了。陶寺文化晚期有更多的铜器发现。例如在一座仅能容身的小墓里,出土了迄今所见中国历史上第一件金属乐器。该墓主是一位年过半百的男子,铜铃入葬前应挂于死者腰部至下腹间。经成分测定,铜铃系用将近98%的纯铜铸成。纯铜质软性脆,呈红色,所以一般称为红铜。它长五六厘米,宽两厘米多,做工粗劣,表面有铸造的缺陷和气孔。较之合金制品的青铜,具有相当的原始性。

图6-4　陶寺铜齿轮形器

　　在此一时期的一座中小型墓中出土了一件铜齿轮形器,经金相分析,铜齿轮形器系用含砷的铜制成。这件铜器在墓中与一件玉瑗粘在一起,套在墓主的手臂上,推测可能是臂钏一类的饰物,随后,在陶寺墓地扰乱墓葬形成的地层中又发现了一件红铜环。令人不解的是,陶寺早中期大墓礼器群中并不见铜制品,表明复合范技术在出现之初可能尚未被用来制作礼器,铜铃也是如此,不过它们也没有被用于生产领域。我们可以推测这些具有高新技术含量的铜制品可能是由平民阶层发明的,是方便生活或美化生活的用具。从铸造工艺上看,陶寺铜铃是完整的复合范铜器,而且是迄今所知年代最早的。这就表明,来自陶寺平民阶层中的匠人已掌握了复合范铸造工艺,它是青铜礼器群问世的技术准备,也是中国青铜时代到来的技术准备。

从陶寺拥有如此发达的技术体系可知，在当时手工业已从农业中分离出来，形成了包括木工、彩绘髹饰、玉石器镶嵌和冶金等新的手工门类，也就产生了《考工记》所载的专业匠人群体。

在石峁遗址中，也有制作青铜武器的石范的发现，说明与陶寺人一样，石峁人也进入了青铜时代，他们制造了环首铜刀等金属工具。

四、陶寺的礼乐制度

陶寺文化可以说是中华文明礼乐典章制度的肇始者。这一问题，可以从四个方面来看：一是授时，二是礼器，三是礼乐，四是"文章"。

陶寺人是能够"观天授时"的族群。在陶寺遗址，考古工作者发现了大型建筑夯土基址，位于陶寺中期大城东南的一个小城之内，平面大致呈半圆形，面积约 1400 平方米。根据发掘得知，它有三道夯土挡土墙，原来可能有三层台基。在第三道挡土墙的内侧，有一道弧形夯土柱列，共 11 个土柱，土柱与土柱的间距在 15～20 厘米之间，形成了 10 道缝隙，缝隙中填满了人工花土。这些柱间缝隙从台基中心的观测点开始，像扇面一样分别对着塔儿山的各个山峰。研究人员曾专门用一年的时间对其与山峰、缝隙、太阳之间的关系进行了实地观测记录，发现 2003 年 12 月 22 日是农历的冬至，观测的结果是在二号缝，8 点 17 分 38 秒太阳出现在大峰峦东坡以北，刚好一半，到 8 点 23 分 48 秒，太阳正好到达东二号缝的缝隙正中央。这些观测结果实证了柱缝隙是专门为观测太阳出山时刻与山峰在缝隙中的投影变化而设置的，它与"观天授时"有关，当然也可能有祭祀、观礼等功能。

这个"观天授时"的族群与华族有关，是龙的传人。在陶寺的陶器中,有精美的彩绘龙纹陶盘。其直径近半米,内饰盘龙,口衔松枝。其绘于黑色磨光陶衣上的朱红色龙纹,在陶盘的内壁和盘心作盘曲状。龙纹蛇躯麟身,方首圆目,巨口长舌,无角无爪,似蛇非蛇,似鳄非鳄。如图 6-5：

图 6-5　陶寺陶盘

陶盘原系盛食器或水器,但此彩绘陶盘火候很低,烧成后涂饰的彩绘也极易剥落,所以不是用于生活日常的器具,而是用于祭祀的祭器,属于礼器的范畴。在陶寺早期墓地中,龙盘只见于几座大型墓,且每座墓仅有一件。稍大的中型墓虽有绘朱彩的陶盘,但其上绝无蟠龙图像。这表明龙盘的规格很高,蟠龙图像也似乎有特殊的含义,而非一般纹饰。据推测它很可能是族团的标志,如同后来商周铜器上的族徽一样。我们知道,龙图腾可以上溯到红山文化,因此这支"观天授时"的华族与红山有熊氏有很深的渊源关系,他们以熊龙为姓,是有熊氏的后裔。

根据古籍记载推测,陶寺遗址正是传说中的尧都所在地。因为古籍关于尧的记载与陶寺文化的时代有高度契合性,所以很多人主张陶寺文化就是尧文化。如果我们用尧文化来概括陶寺文化的话,那么我们可以看到,这种文化已经将前期的礼制发展到了礼乐阶段。良渚文化的玉器组合已经具有礼的性质,但是似乎还没有用乐来表达礼。良渚文化很少有乐器,陶寺则不然,它出土了不少乐器,包括鼍鼓、土鼓、特磬、陶铃、铜铃、陶埙等,目前所发现的乐器达26件之多,其中之大件或为鼍鼓和特磬,因此最早的礼乐组合可以称为鼓磬之乐。鼍鼓鼓腔作直筒形,高1米,直径0.4~0.5米,系树干挖制而成,外着红彩或以红色为地,用黄、白、黑、蓝诸色描绘出繁缛的纹饰。由散落在鼓腔内的鳄鱼骨板得知,当初是以鳄鱼皮蒙鼓,即古文献中所称的"鼍鼓"。如图6-6。

鼍系扬子鳄的古称,鼍鼓即上蒙鳄鱼皮的木鼓。《诗经》中已有"鼍鼓逢逢"的生动描述。《吕氏春秋·古乐》还记载了鼍鼓的制作过程。它是仅见于古代文献的宫廷庙堂乐器。陶寺的"鼓"是不是尧的创造,我们不知道,但是在文献上"鼓"确与尧有关。《吕氏春秋·自知》曰:"尧有欲谏之鼓,舜有诽谤之木。"《淮南子·主术训》中说:"古者天子听朝,公卿正谏,博士诵诗,瞽箴师诵,庶人传语,史书其过,宰彻其膳,犹以为未足也,故尧置敢谏之鼓……"在石峁遗址中,也发现了鳄鱼骨板,说明石峁人也使用以鳄鱼骨板制作的鼓。

图6-6 陶寺鼍鼓

　　与鼍鼓形成配组的是石磬。同鼍鼓一样,石磬也只见于陶寺早期的几座大型墓。一般每墓放鼍鼓两件,其旁置石磬一件。石磬长达 0.8～0.9 米,只是未经琢磨雕刻,略显粗陋。如图 6-7:

图 6-7　陶寺石磬

　　鼍鼓与石磬配组,这说明在陶寺都邑已存在某种约定俗成的、严格按照等级次序使用礼器的规制,我们或可称之为鼓磬礼乐。它当是中国礼乐制度的最初。

　　当然,在鼓磬礼乐组合之外,还有金属乐器——铜铃,不过在当时它并未进入宫廷鼓磬中,虽然如此,我们并不能小视铜铃的重要意义,因为它的出现拉开了中国以“金石之声”为内涵的三代音乐文明来临的序幕,从渊源上看,其下与二里头文化成熟形态的铜铃有明显的承继关系。

　　与鼓磬礼乐制度相联系,这群能“观天授时”的华族有熊氏后裔进入了用文字记录历史的时代。考古工作者在陶寺发现了“文”字,其书写于一种陶器——扁壶之上。扁壶在陶寺遗址是常见的汲水用具,其造型的基本特征是口部和腹部均呈一面鼓凸,另一面扁平或微凹,以利入水,颈或口部设泥鋬,便于系绳。扁壶皆为泥质灰陶,手制,其使用时间与陶寺文化相始终。出土朱书“文”字扁壶的灰坑,属陶寺遗址晚期。

陶寺的朱书"文"字是在偶然间发现的。根据考古工作者高天麟回忆,编号为 H3403 的灰坑口部堆了不少大块陶片(扁壶残片)。素有摸陶片、兑陶片(将破碎的陶器片兑合起来——便于后面由技工黏合复原)"癖好"的高天麟在兑陶片时,发现几块陶片的表面有鲜红的"道道",疑似笔迹。洗刷去红色笔迹周边的泥巴后,似是"文"的符号在扁壶鼓的一面显现了出来,平的一面也有一个符号,其上为一个近似的圆圈,其下为一近似"?"的形迹,而中间被一横隔着。

当时大家一致认为这些为软笔朱书无疑,其中的一字可释读为"文"字,而另一字不易释读。出土时字迹鲜红,后因见了空气和阳光褪成了粉红色。此后李健民在《中国社会科学院古代文明研究中心通讯》第 1 期(2001 年 1 月)上发表了《陶寺遗址出土的朱书"文"字扁壶》,文中配发了实物线图并对之做了具体描述。2002 年 1 月,高炜在《中国社会科学院古代文明研究中心通讯》第 3 期发表了《陶寺出土文字二三事》,此文披露,作者曾就朱书"文"字扁壶请教过张光直和张政烺两位先生。张光直有说法,但迄今似未公布。张政烺看了扁壶照片和原大摹本线图后认为,这个字同大汶口文化陶文、殷墟甲骨文和现在通行的汉字属同一系统。自此之后,把扁壶鼓面的字释读为"文"已成共识,而扁壶平面的那些符号迄今为止众说纷纭:有人释为"勿",两面的字组合起来释为"文勿";有人释为"禹",两面的字组合释读为"文禹";还有人释为"尧",两面的字组合后释为"文尧"。不论读什么,反正有一点是肯定的:陶寺人已经有了将单独符号连接成串的书面句子。

陶寺古城址有早中期之分。早期是小城位置在陶寺南河至中梁沟之间。西城墙残长 274 米,墙下有墙基槽,上宽下窄,上宽 4.25 米,下宽 2.1 米,深 1.45 米。墙体虽然被破坏,仅剩 1.5 米高,但残体尚存宽 4.2 米。墙体用夯土法夯成,每层夯层的厚度 5—15 厘米不等,层与层之间平面相叠,没有夯窝,说不定是用"石板"平夯打实的。东墙长约 567 米,墙体有宽有窄,4—8 米不等,有的地方尚留有 2 米左右的残高。夯层与西墙一样清楚明显,夯层厚度也是 5—15 厘米不等。北墙被陶寺中期文化的灰坑打破,是碎石素填土城墙,与其他几面的早期城墙是一个体系。城墙的夯筑技术是用墙体内横穿木棍并分块夯筑的办法,每块夯土通常宽 0.6 米,高 1 米,长 1 米。早期小城南北长约 1000 米,东西宽约 560 米,总面积约 56 万平方米,方向 315 度。中期城市变大,其北墙筑于早期小城的北墙之外(此时早期小城的北墙已经废弃了),向东发展和早期小城的东墙相接并且利用了原小城的东墙,接着向南又向西,构成了一圈"匚"形状的城圈。中期大城的东南角,又另圈了一个小城,面积约 10 万平方米,被称为"中期小城",城内有供祭祀和观察天象的建筑基址,很可能是一种有专业职能的特殊"小区"。中期大城的平面形状可能是圆角长方形,南北长 1800 米,东西宽 1500 米,总面积约在 280 万平方米,方向为 315 度。

石峁是一座石砌的古城址,其由外城、内城、"皇城台"组成,其规模大于年代相近的陶寺。在这一区域,4300 年前的大型建筑遗址、瓮城、广场保存完好。在瓮城石墙处还有两件象征权力的玉钺以及石雕人面像,说明石峁已经是有权力的王国了。

陶寺都邑虽然气势庞大,但是它的"国土"并不辽阔。考古调查表明,陶寺文化聚落的分布,基本上限于陶寺都邑所在的临汾盆地。盆地位于汾河下游,迄今已发现百处以上同时期的遗址。从面积和内涵上看,遗址可以分成不同的等级,形成以陶寺都邑为中心的多层次的聚落群。距陶寺都邑直线距离不过 20 公里、中隔塔儿山的方城——南石遗址,面积逾 200 万平方米,左近的开化遗址面积 100 余万平方米,可能是陶寺国家的另两处重要的中心聚落。陶寺国家似乎不在乎开疆拓土,因而没有形成广域王权国家,未形成像二里头那样的具全国意义的文化中心。值得注意的是,陶寺文化自中期开始似乎改头换面,涌现了大量来自北面的文化因素。到了晚期,陶寺的外来人口剧增,早中期的大墓被有意识地破坏。而北面最大的王国是石峁,这使人猜测:陶寺文化的消亡很可能是神木石峁人所为,很可能,陶寺晚期已经附属于石峁权力中心,其人民或遭屠杀,或被俘而为奴,或迁徙他处,总之陶寺文明被毁了。

第五节　使用"鸡夷"的二里头文化

陶寺文化属于龙山文化。郑州二里岗文化属于商代前期的文化,与商代后期的殷墟文化相衔接。在过去很长一段时间内,人们明显地感觉到在龙山文化与二里岗文化之间存在缺环。后来,这个缺环被补上了,这就是人们在郑州市的洛达庙、南关外等地发现的早于二里岗文化下层的"洛达庙期"。与之同类的文化遗址目前已经发现近百处,如洛阳东干沟、矬李、东马沟,陕县七里铺,临汝煤山、郑州洛达庙等。地域范围包括河南中、西部的郑州、洛阳附近和伊河、洛河、颍河、汝河等流域以及山西南部的汾河下游一带。1959年二里头遗址发掘以后,由于它在"洛达庙期"文化类型更具典型性,所以被更名为"二里头文化"。时代为大约前 21 世纪到前 16 世纪,其时代、地望与传说中的夏王朝高度吻合,因此目前学界很多人将它称为"考古学上的夏文化"、二里头文化或者是夏文化,但是,在这里我们力图避免使用"夏文化"这个范畴,还是以对二里头文化进行陈述为主。二里头文化的发现将陶寺文化与二里岗文化连接成一个完整的脉络。

根据其所出陶器的不同,二里头文化通常被分为四期:一期的遗存有文化层、灰坑和墓葬;二期的遗存有大中型夯土建筑基址、小型房基、铸铜遗址和墓葬;三期的遗存有两座大型宫殿基址、一座大基和其他中、小型墓,还有大型铸铜遗址;四期的遗存有建筑基址和小型房基、灰坑、墓葬等。

一、中国青铜时代之始

二里头文化目前所发现的青铜器大部分属于第三期。遗址的南部有面积达 1 万平方米的大型铸铜作坊遗址,出土大量陶范,有的直径达 36 厘米。这说明二里头时期的青铜冶铸业已达到了较高水平,进入了中国青铜时代的发展期。二里头所出的青铜器数量和种类繁多,其中有刀、凿、锥、鱼钩等生产工具,有戈、戚、镞等兵器,有爵、斝、鼎、盉、觚等礼器与生活用具,有铜铃等乐器,还有圆牌铜器和绿松石镶嵌的兽面纹铜牌饰等等。生产工具多出自遗址,兵器和礼器以出自墓葬为多。二里头青铜器在种类、造型、纹饰等方面,对商代早期青铜器直接产生了影响。其铜器铸造已采用了先进的复合范工艺,说明它的技术水平已经达到了一定的高度,同时说明二里头文化已经进入了"青铜时代"。判定一个时代是否进入了青铜时代,不是看它是否使用了青铜,而是看青铜器在考古记录中是否有显著的重要性,即"我们所发现器物的种类和数量,使我们对青铜器的制作和使用在中国人的生活里占有中心地位这件事实,不容置疑"。根据这个标准,"二里头的遗物具备了中国古代青铜器的特征:块范铸法、铜锡合金、有特征性的器物类型如爵和戈的使用、铜器在酒器上的重要性和青铜之用于兵器"。正因为如此，二里头文化是"了解青铜器在青铜时代里真正的意义的第一条线索"①。在二里头文化之前，仰韶文化、红山文化、陶寺文化、石峁文化都使用了金属，但是它们没有使青铜器的制作和使用在中国人生活里占有中心地位，陶寺文化显示了青铜器的制作和使用在中国人生活中的重要性，但没有像二里头文化那样使之"占有中心地位"，因此，二里头文化是中国青铜时代的开始。

二、社会分层和都邑

二里头文化已经是由王公贵族主宰的阶级社会。王的存在是由王公贵族主宰的阶级社会的重要标志，而证明王的存在的重要考古物件就是钺的出现，因为"王"字的来源与钺的造型有关，其本义最初就是指"斧"。

在二里头遗址中，有青铜钺的出土。青铜钺的前身有孔石斧，似由斧类演变而来，后来作为武器使用，也用于"大辟之刑"，由此逐渐演变成为象征军事权威的仪仗用器。商周时期，君王通常以弓矢斧钺赐予大臣或诸侯，尤其是钺，可以说是授予征伐大权或王权的象征。也就是说，青铜钺与王权是紧紧联系在一起的。因此继良渚、陶寺而来的二里头方国，"王"的意义十分明显。其次，在二里头文化二期开始出现柄形器，三期则有各类大型有刃礼器出现。这些带刃的玉器与其本来的装柄方式和用途无关，从其宽片状的形制看，与日后的"玉圭"，也即衣冠束带的贵族在朝廷上所持的"笏"颇类，表明持此物者身份高贵。且其与宫城、

---

① 张光直:《中国青铜时代》,生活·读书·新知三联书店,2013 年版,第2—7页。

大型宫殿建筑群的出现大体同步,说明在二里头文化中由王与臣组成的宫廷礼仪已经具备。再看二里头遗址的都邑。它具有王朝气象,其中心位于河南偃师市西南约 9 公里处的洛河南边,东西长 3 公里,南北宽 3 公里。地下遍布着大大小小的夯土建筑基址,其中大者为宫殿,小者为普通居址,又有铸铜、制骨等手工业作坊遗址,还有大小墓葬等。出土的遗物有青铜器、玉器、陶器、石器等,又有用于占卜的卜骨。总之,整个遗址规模宏大,内涵丰富,体现了王者气派。因此是一个王朝的都邑中心所在。1 号宫殿整体呈正方形,坐北朝南,东西长约 108 米,南北宽约 100 米,总面积在 1 万平方米以上,是一座大型的夯土台基。根据现存遗迹观察,当初在台基上有一套自成体系的建筑,主体是一座殿堂,位置在整个 1 号宫殿基址的中央偏北。殿堂南面有一片平整宽阔的空地做庭院,面积不小于 5000 平方米,可能是发布政令的场所。整个宫殿基址的四周围绕一周廊庑式的建筑,拱卫着正殿堂。在南面廊庑中部设有三条通道,是为“正门”;东北角廊庑开设两道小门,是为“闱门”。整个建筑由堂、庑、门、庭四部分组成,十分雄伟壮观。它可能是夏王朝集会、祭祀、行礼或发布政令的场所。2 号宫殿基址在 1 号宫殿基址东北约 150 米处。基址呈长方形,东西约 57.5 米,南北以东墙计长 72.8 米。遗址的四边包括北墙、东墙、东廊、西墙、西廊,南面为复廊和大门。基址中央偏北是中心殿堂,殿堂前为广庭,殿堂与北墙之间有一大墓。这样,整个基址由廊庑、大门、中心殿堂、广庭、大基五个部分组成。大墓为长方形竖穴,墓内有生土二层台,二层台环绕墓室。墓上部为红褐夯土,下部主要是红夯土,或间铺青白夯层。在墓口下 2.7 米深处,有一完整的狗骨架,狗骨架似在一红漆木匣中。在墓室底部还出现有少量烧过的骨头渣和一块经过加工的骨片。这是二里头文化中迄今为止所发现的一座最大的墓葬,墓主有可能是当时的某位国王。2号宫殿基址位于1号宫殿的左侧,又出有大墓,而且两者都位于遗址的中心区,与后世《考工记》所记古代王宫、宗庙的相对位置基本符合,二里头遗址所发现的1号宫殿可能是中国最早的王朝宫殿,2号宫殿基址可能是当时的宗庙。因此,二里头遗址是"中国头一个在考古学上看出来有一个明显界说的权力中心的文化"。

三、二里头文字之谜

在二里头遗址所出的陶器上,发现了24种刻画符号,绝大多数刻在大口尊的内沿上,它们是:

图6-8   二里头遗址刻符

就目前的发现而言,二里头遗址的刻符比较多,可分为两类:一类可能与计数有关,一类与后来的甲骨文有十分密切的渊源关系。中国社会科学院考古研究所曹定云对其中一些刻符与甲骨文进行了比较分析，并将一些刻符释为"矢""井""皿""丰""道""行""麦"以及女阴和鞭子等的象形字①。现在的问题是，二里头遗址一个刻符是否具有记事的功能。张光直认为，"就我们目前所知，二里头文化还没有文字。二里头许多陶片上有陶文，其中若干是可以认出来的，但它们大概是辨别用的符号而不是当时事件的记录"②。可以肯定，二里头文化的思维水平已经进行到了用刻符辨别具体事物的阶段，这一阶段的实质是"以符辨物"。这里的符号，张光直不认为是"文字"。当用两个以上的符号记录一件事情时，文化的发展就进入了鲁迅所说的"文"的阶段。这一阶段的实质，我们可以称为"以文记史"，这里的"符号"已经是确定无疑的"文字"了。良渚人、陶寺人达到了用两个以上的符号记录一件事情的历史阶段，因此他们的符号是文字。目前的确没有发现二里头文化"以文记史"的实例，但是中国的文字很是神奇，具有用一个符号记录一个事件的功能。例如，《春秋·隐公八年》八月所记，就只有一个"螽"。这个符号所记录的事件是"鲁国发生螽灾"。显然此"螽"是一个"文字"，能记载一个完整的事件。类似的例子很多，这表明用一个符号记录一个事件是汉语的普遍现象。既然二里头在良渚、陶寺之后，而且一个符号也有"以文记史"的功能，那么二里头的符号应该属于串联成文的文字，而不应该属于非文字的范畴。只是这些"文"目前尚没有基本的解读，这使二里头文化的文明性质不是那么清晰。

---

① 曹定云：《夏代文字求证——二里头文化陶文考》，《考古》，2004 年第 12 期，第 76—83 页。
② 张光直：《中国青铜时代》，生活·读书·新知三联书店，2013 年版，第 9 页。

四、龙的传人

创造二里头文化的族群与陶寺人一样，与龙有缘。陶寺大型墓有彩绘蟠龙陶盘，二里头遗址出土有龙纹或雕塑。陶塑龙出土于二里头遗址灰沟。灰坑出土的陶器肩腹部均雕有小龙，体形如蛇，双目似人眼。至于"龙"图案在二里头遗址也多有所见。20世纪60年代初在二里头遗址发现的3件残陶器上刻有"龙"形图案。1981年在二里头遗址 V 区清理的 M4 墓葬中出土 1 件绿松石铜牌饰，平面呈长圆形，长142厘米，宽98厘米。中间两侧呈弧状束腰，两侧各有二穿孔钮。在铜牌的凸面（正面）上由许多不同形状的绿松石片粘嵌排列成变形"龙"纹，凹面（反面）附着有麻布纹。1984年在二里头遗址 Ⅵ 区清理的 M11 墓葬中出土 1 件绿松石铜牌饰，铜牌饰的正面用许多碎小的长方形绿松石片很整齐地镶嵌成变形"龙"纹等。尤其是在二里头文化早期的大型夯土基址（3号基址）院内一座贵族墓中，考古工作者发现了一件大型绿松石器，人们一般称之为"大型绿松石龙形器"，如图6-9。

图6-9　二里头文化
大型绿松石龙形器

该器放置于墓主人骨架之上。全器由2000余片各种形状的绿

松石片组合而成,每片绿松石的大小仅有 0.2～0.9 厘米,厚度仅
0.1 厘米左右。绿松石原来应是粘嵌在木、革之类有机物上,其所
依托的有机物已腐朽无存。这件龙形器应是被斜放于墓主人右臂
之上,呈拥揽状,一件铜铃置于龙身之上,原应放在墓主人手边或者
系于腕上。龙头隆起于托座上,略呈浅浮雕状,扁圆形巨首,吻部略
微突出。以三节实心半圆形的青、白玉柱组成额面中脊和鼻梁,绿
松石质蒜头状鼻端硕大醒目。两侧弧切出对称的眼眶轮廓,梭形
眼,轮廓线富于动感,以顶面弧凸的圆饼形白玉为睛。龙身略呈波
状曲伏,中部出脊。由绿松石片组成的菱形主纹象征鳞纹,连续分
布于全身。龙身近尾部渐变为圆弧隆起,因此更为逼真,尾尖内蜷,
若游动状,跃然欲生。距绿松石龙尾端 3 厘米余,还有一件绿松石
条形饰,与龙体近于垂直。二者之间有红色漆痕相连,推测与龙身
所依附的有机质物体原应为一体。条形饰由几何形和连续的似勾
云纹的图案组合而成。由龙首至条形饰总长超过 70 厘米。由此可
知,二里头文化与陶寺文化一样,都是崇拜龙图腾的族群,或许,在
二里头人群中,就包含有陶寺人的后裔。

五、二里头文化的渊源

二里头遗址既然有都邑、青铜和文字等,那么我们可以说,它属
于文明的范畴。从渊源上看,二里头文化吸收了河南新密新砦龙山
和新砦期城址以及登封王城岗龙山大城等当地龙山或"新砦期"文
化。不过二里头一期文化与新砦期的差距还是比较大的。不能简
单认为二里头主体文化面貌是由新砦期发展起来的,其来源还包括
山西陶寺等龙山文化,比如,在宫殿基址方面,豫西二里头和晋南陶
寺都存在大型夯土基址,陶寺的观象台和二里头的 1、2、3、4 号等都

属于大型宫殿基址。从普通房基来看,陶寺、东下冯等遗址中,龙山文化的房子有地上和半地穴式两种,后者占多数。平面多作圆角方形,少数呈圆形或"吕"字形。山西东下冯类型的房屋分窑洞式、半地穴式和地面建筑三种。半地穴式建筑为单间,地面建筑为长方形,单间与豫西二里头文化的小型房基特征接近。豫西二里头的小型房基,也多为圆角方形,有单间和双间之分、地面和半地穴之分。在墓葬习俗和礼制方面,二里头遗址与陶寺都是土坑竖穴墓,分大、中、小三型墓,大墓都使用木棺,棺内铺垫朱砂。随葬品大都有彩绘(漆)器、精美的玉器、铜铃、石磬等。不同之处是二里头的大墓中随葬铜器以酒器最多,主要是爵、斝、盉等青铜礼器,而陶寺没有,这表明二里头文化已经将铜器的制作推向了青铜时代,并且在礼制方面突出了酒礼方面的内容。在日常的陶器风格方面,山西龙山的陶器一般以泥质灰陶和夹砂陶为主。纹饰以绳纹为主,篮纹次之。二里头文化则有鸭形器、盉、圆腹罐、折腹式器盖等与之相同。陶寺对豫西二里头文化影响最大的当是陶器口沿上压印纹饰、器物肩部饰鸡冠扳、口沿外附加泥条与鬲足内壁饰麻点纹的作风,它们在二里头文化的早中晚各期一直沿用。

二里头文化继承了陶寺的礼乐文化。陶寺的礼乐组合是鼍鼓与石磬,在二里头文化中也有鼓磬组合。其贵族墓中有漆鼓出土,为束腰长筒状,施朱红漆,通长 50 余厘米。还曾出土陶鼓形壶一件。在遗址的另一座贵族墓中,有一件石磬。磬体略呈折曲状,顶部有一悬孔以穿绳。形体较大而厚重,长 50 多厘米,厚近 5 厘米。正面磨制较精,其余保留有打制和琢制的痕迹。铜铃是二里头文化青铜器中富有特色的一个器种,早于二里头文化的唯一一件铜铃系红铜制品,见于前述的山西襄汾陶寺遗址。它出土于一座墓葬中,位于

墓主人的腰部。二里头文化的青铜铃都见于贵族墓,共出的随葬品
较为丰富。与陶寺遗址所见相同,一般也放置于墓主人的腰部或手
部,多见以纺织品包裹的情况。值得注意的是,在二里头遗址的贵
族墓中,铜铃往往与嵌绿松石铜牌饰共出,或与大型绿松石龙形器
共出,表明这类墓的墓主人具有特殊的身份,同时也暗示着铜铃与
祭祀礼仪相关联的功能。此外,二里头遗址还出土有陶埙。由此可
见,二里头的礼乐文化继承了陶寺的礼乐文化,这些情况表明,二里
头人中的确有陶寺人的后裔,不过他们移居于豫西后,接受了土著
文化,所以其文化与陶寺人有所不同。这就是说,二里头文化对陶
寺的礼制不是简单地继承,更重要的是有发展,突出的表现是,它有
酒礼器组合,就青铜礼器群而言,在东亚地区是最早的。这些酒礼
器有陶制的,也有青铜制成的。陶制的有温酒和注酒用的盉、鬶、爵
以及饮酒用的觚等,它们都是用经过淘洗的黏土精心制作而成,有
些系少见的白陶或黑陶。酒礼器很少出土于日常生活的场所,大多
随葬于墓中。与酒相关的陶器,还有酿酒和贮酒用的大口尊,是二
里头文化具有独创性和代表性的酒器。青铜酒器出现于二里头文
化晚期,最先制作的是仿陶器的小型酒器爵,后来出现了温酒器斝
和盉等。与身材瘦小的爵相比,盉、斝器高一般超过 20 厘米,容量
较大,因而还应有盛储的功能。这批最早的青铜容器数量极少,只
有一部分高级贵族能够使用。除了王公贵族对酒器的重视外,就酒
的加热而言,铜器还具有极好的传导性。在中原腹心地区的人们掌
握了复杂的铸造技术后,青铜这种具有美丽的光泽又富于延展性的
贵金属,首先被用来制作酒器而不是别的什么物件,足见酒器在当
时王朝礼制中的崇高地位。此后,大口尊又为二里岗文化所继承并进
一步盛行。自二里头文化到二里岗文化时期,大口尊的口沿内侧常见

有烧成后刻画的简单符号。这一时期的陶文主要见于大口尊。在制作大口尊时刻上符号或者使用刻有符号的大口尊这些文化行为本身，表明刻有符号的大口尊应是一种受到重视的特殊器物。

同时，我们也应该看到二里头文化中的大汶口、良渚等文化因素。二里头所在的嵩山周围、洛阳盆地一带，龙山时代的文化并无使用大型玉器的传统，可是二里头都邑却出现了成组的大型玉礼器，即大型有刃器（玉钺、玉刀、玉璋、玉圭、玉戈）和小型棒状的柄形玉器。在传统上看，钺、璋、刀、圭应都源自海岱地区的大汶口—龙山文化。石质的钺类器最早见于长江下游太湖地区的良渚文化，有人把二里头文化大型有刃玉礼器群归为"华西系玉器"，认为其与龙山时代的陕北玉器群关系密切。但是龙山时代的陕北玉器群多缺乏明确的层位关系，年代跨度较大，而上限不早于龙山时代晚期，玉器总体器形和在器缘加饰扉齿的装饰作风多显现出东方文化因素，其渊源恐怕还是要追溯至海岱地区的大汶口—龙山系统文化。来自黄河下游的大汶口—龙山文化的还有鬶、盉、斝、爵等等。这里谈谈爵，其本为一种小型温酒和注酒器。从整体形制和用途看，它与鬶或盉有关，与大汶口—龙山文化有渊源关系，但大小、把手的位置和足的形状都不相同，应该为二里头文化所独创。目前已经发现青铜爵10余件，属二里头文化晚期。铜爵在二里岗文化时期得到进一步的发展，它与斝的酒器组合具有代表性，一直延续至西周时代。值得注意的是，以酒器为中心的青铜礼器群，仅随葬于二里头都邑社会上层的墓葬中，成为社会等级中身份地位高贵的标志。它们与传统的玉礼器、礼乐器等构成了礼制为魂的王朝特色。而器表阴刻成组线纹的装饰作风，如饕餮纹等则显然来自良渚文化。

这里特别介绍一下二里头人所使用的盉。大汶口—龙山文化系统盛行的陶酒器是鬹,也为二里头文化所采用。在二里头文化中有封口盉,经考古学家邹衡比照研究认定,它原来就是山东龙山文化中常见的陶鬹。红陶鬹像一只伸颈昂首、伫立将鸣的红色雄鸡,而二里头文化的封口盉与之一样,只不过,它是一只黑色或灰色的雄鸡。

从文献上看,像黑色或灰色雄鸡的封口盉,被称为"鸡夷",而这"鸡夷",即亦"鸡彝",是中国古代的六彝之一。《周礼·春官·小宗伯》云:"辨六彝之名物,以待果将。"郑玄注:"六彝:鸡彝、鸟彝、斝彝、黄彝、虎彝、蜼彝。"这六彝均属古代祭祀的酒器,其中以鸡彝居首,而鸡彝是夏人专用的祭器。《礼记·明堂位》云:"灌尊,夏后氏以鸡夷,殷以斝,周以黄目。"

二里头文化的封口盉与传说中的夏后氏所用之物是同一种东西,以至于它们的颜色都具有相同性,是黑色的。《礼记》的记载可以解释:夏人尚黑,殷人尚白,周人尚赤。因为二里头文化与传说中的夏文化地望一致,所以很多人将二里头文化称为夏文化。这一做法,也遭到很多人的指责。因此,在这里我们或许可以避用"夏后氏"或"夏人"这样的名词来指称二里头文化的封口盉,但是有一点是回避不了的,这就是,尚黑的二里头人使用的是雄鸡似的封口盉,就是所谓的"鸡夷"。

总之"中国头一个在考古学上看出来有一个明显界说的权力中心的文化"即二里头文化,既有中原地区(有华氏)的渊源,也有东方(红山、大汶口)文化即有熊氏渊源,同时还有南方(良渚)文化渊源。这三大文化渊源,实际上是黄河文明与长江文明的结合体,体现了东西南北的大融合,而在这个大融合里,我们看到了有熊氏与炎帝族在"华族"里的一体化。

第七章　炎黄文化的基本形态（上）

在以上诸章，我们讨论了炎帝、黄帝以及炎黄传说，试图从谱系、考古的层面触摸炎黄文化的历史本真。在以下两章，我们从文化的各种特殊形态分析着手，透视炎黄文化的内在精神。为了方便，我们分上下两章研究这个问题。这一章，我们首先研究炎黄文化在语言、艺术和科学领域的表现。通过语言，炎黄文化是以象形表达意义的符号系统；通过艺术，炎黄文化在实用人生中追求着高明；通过科学，炎黄文化以八卦符号表达了对物理的"细推"。

第一节　炎黄文化的语言形态

莱布尼茨将"中国语言看做是人类最原始最古老的语言"①。我们将这种语言的古老性定义为商代以前的语言文字遗留。它包括两个层次的内容：一是考古学所发现的上古刻画符号，二是史籍所记载的"三坟""五典"等等。这二者之间是存在着某种对应关系的。

①　［德］莱布尼茨：《中国近事》，大象出版社，2005年版，第160页。

　　中华人民共和国成立以来,我国考古工作者在各大文化区系都发现了上古刻画符号。它们涵盖了黄河领域、淮河流域、长江流域。这些刻画符号的使用可以分两种情况,一种是一个简单的刻画符号独立使用(其中包括几个符号综合成一个新的刻画符号的情况),另一种是几个简单的刻画符号合成符号串。

　　关于第一种情况,我们可以贾湖遗址等为例。1987 年,考古人员在河南的贾湖遗址中发掘出甲骨契刻符号,它们分别刻在甲、骨、石、陶器上,共发现 17 例(一说 16 例),其中,龟甲上刻符 9 例,骨器上刻符 5 例,陶器上刻符 3 例,均由契刻而成。这些契刻符号的形体已与安阳殷墟出土的商代甲骨文字极其相似,但比以往发现的仰韶文化或大汶口文化陶器上的符号或图形要早一两千年,距今约8000 年了。如下图。

图 7-1　贾湖遗址甲骨契刻符号

　　1953 年陕西北首岭遗址被发现。从 1958 年至 1978 年 20 年间,考古工作者先后 7 次对此遗址进行了发掘,出土包括陶器在内的各类文物 6000 余件,距今大约 7000 至 5000 年。其中一些陶器上有比较简单的刻画符号,如图 7-2。

图 7-2　陕西北首岭遗址刻画符号

　　这些刻画符号出现在陶器,特别是重要器物上,说明它的含义已经为氏族成员所共知,具有了记事的功能。类似的刻画符号也见之于半坡氏族遗址,现今考古发现最具代表性、较为完整的成套刻画符号,是西安半坡村人(距今 6000 年左右)与临潼姜寨村人所应用的刻画符号:

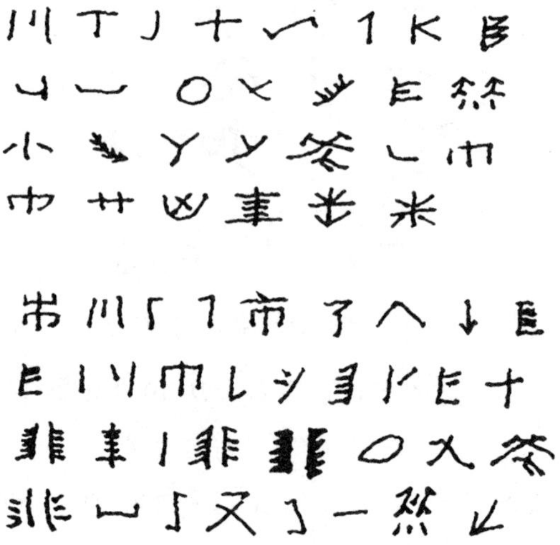

图 7-3　半坡、姜寨遗址刻画符号

　　20 世纪 70 年代,考古工作者在山东莒县陵阳河文化遗址出土

了一批文物,其中引人注目的是若干刻有
神秘字符的陶尊。陶尊都出现在大型的陵
墓中,这些字符有的刻在陶尊的颈部,有的
刻在腹部,但其中最清晰、最成形的就是图
7-4陶尊上所刻字符,上边是个圆圈,中间
像火焰,下边像山峰。

　　以上刻画符号的笔画简单,形状规则,
包括竖、横、斜、竖钩、箭头、T字形、倒钩
状、树杈状、乙字形、丰字形等,这些情况说
明,至少在距今约8000至5000年前,中国
大地上的先民已经开始使用有规则的符号
进行记事。这些刻画符号,尤其是半坡刻

**图7-4　陵阳河文化
遗址出土陶尊**

画符号出土后,引起了热烈的讨论。何炳棣认为它们是我国文字最
原始形态,李孝定认为它们是已知的最早的中国文字,而郭沫若似
乎综合了何、李之说,认为这些"刻划的意义至今虽尚未阐明,但无
疑是具有文字性质的符号,如花押或者族徽之类。我们后来的器物
上,无论是陶器、铜器,或者其他成品,有'物勒工名'的传统"。"可
以肯定地说就是中国文字的起源,或者中国原始文字的孑遗。"①

　　关于第二种情况,我们可以良渚文化、小河沿文化为例。我们
已经提及,在良渚文化中,有两件石钺上的刻画符号不像其他单体
刻画符号那样孤立地出现,而是排列成序,或者说是连字成句的。
图7-5是庄桥坟遗址石钺上的符号(反面),符号不是单独出现,而
是连接成串的,类似现代汉语的一个句子。类似的情形也存在于小

---

① 郭沫若:《奴隶制时代》,人民出版社,1973年版,第245—246页。

河沿文化(如图7-5)。小河沿文化属于红山文化的范畴,它于1974年在赤峰市敖汉旗小河沿乡(现四道湾子镇)白斯朗营子南台地遗址发现,考古命名为红山文化小河沿类型文化,距今4850年左右。正式发掘的属于该文化的遗址还有翁牛特旗大南沟石棚山、林西县锅撑子山、敖汉旗石羊石虎山墓地、敖汉旗三道湾子、敖汉旗四棱山、喀喇沁旗娄子店西山、赤峰市三座店、赤峰市元宝山区四合村哈啦海沟、辽宁省朝阳市庙前地等。目前发现的刻画符号达12种之多,其中有4个符号形成一串。

图7-5 小河沿文化刻画符号串

考古学的物之所言让我们得出这样一个结论:两种情况,从时代上看,实际上是文字形成的两个历史阶段。第一种情况8000年前至5000年以前,它属于一个简单刻画符号独立使用的历史阶段;第二种情况是早商至5000年前,它属于几个符号并列成行形成符号串的历史阶段。

以上讲的是考古学所发现的刻画符号。那么,对这些刻画符号属于文字的性质,古代文献是否有某种记载呢?回答是有的。东汉文字学家许慎在追述文字的起源与发展时指出:"盖依类象形,故谓之文。其后形声相益,即谓之字。文者,物象之本;字者,言孳乳而浸多也。著于竹帛谓之书。"书的形成可以视为文字的发展阶段。

在史籍中"文字"其实就是"三坟",而"书"则属于"五典"。"三坟""五典"最早见于《左传·昭公十二年》,楚灵王称赞左史倚相:"是良史也,子善视之,是能读三坟五典八索九丘。"郑玄注:"三坟""五典"是"三皇五帝之书"。可见楚灵王知道"三坟""五典",它们在楚灵王时代还存在,所以左史倚相不仅能读"五典",而且能读"三坟",所以被楚灵王称为"良史"。不过,我们认为,称"五典"是"书"可,但称"三坟"是"书"就不那么确切了,因为二者是不同的。汉代人也知道这一点,例如孔安国在其《尚书正义》卷一说:

> 古者伏牺氏之王天下也,始画八卦,造书契,以代结绳之政,由是文籍生焉。伏牺、神农、黄帝之书,谓之三坟,言大道也。少昊、颛顼、高辛、唐、虞之书,谓之五典,言常道也。至于夏、商、周之书,虽设教不伦,雅诰奥义,其归一揆。是故历代宝之,以为大训。八卦之说,谓之八索,求其义也。九州之志,谓之九丘,丘,聚也。言九州所有,土地所生,风气所宜,皆聚此书也。

唐人孔颖达疏云:

> 案《左传》上有"三坟五典",不言坟是三皇之书,典是五帝之书。孔知然者,案今《尧典》《舜典》是二帝二典,推此二典而上,则五帝当五典,是五典为五帝之书。今三坟之书在五典之上,数与三皇相当,坟又大名,与皇义相类,故云三皇之书为三

坟。孔君必知三皇有书者,案《周礼·小史职》"掌三皇五帝之书",是其明文也。

孔安国将中国"造书契"以"代结绳"的文字起源期推至伏牺(羲)氏世。他将这一个起源期分为两个阶段:一个是从伏牺到黄帝的历史阶段,此时的"书契",就是"三坟",也称"皇坟";另一个就是从少昊、颛顼、高辛(喾)、唐(尧)到虞(舜)的历史阶段,此时的"书契",就是"五典",又称"帝典"。但是它们的不同究竟在何处呢? 孔颖达解释说:"坟,大也。以所论三皇之事,其道至大,故曰'言大道也'。"将"三坟""五典"的区别解释为"言大道"与"言常道"的区别,是故作高深之论。其实区别在于从伏羲到黄帝的"书契"是从古墓中发现的,所以被称为"坟"。历史的真相应该是,"三坟"即是秦人或晋人从古墓里挖出来的刻画在陶器、玉器或者铜器上的符号。因为"坟"的本来意义据《说文解字》即是"墓也"。据扬雄《方言》郭璞注云:

> 冢,秦晋之间谓之坟(取名于大防也),或谓之培(音部),或谓之堬(音臾),或谓之采(古者卿大夫有采地,死葬之,因名也),或谓之埌(波浪),或谓之垄(有界埒似耕垄,因名之)。自关而东谓之丘,小者谓之塿(培塿,亦堆高之貌。洛口反),大者谓之丘(又呼冢为坟也),凡葬而无坟谓之墓(言不封也。墓犹幕也),所以墓谓之墲(墲谓规度墓地也。《汉书》曰:"初陵之墲",是也)。

可见所谓"坟"是指其大如丘的冢,许慎释"坟"为"墓"未必准确,因为凡葬而无坟者才称为"墓",而其大如丘的冢是有封土的,称为"坟"。不难看出,"三坟"是从其大如丘的古冢中挖出来的,它们是刻在古冢器物上的"书契"。从"三坟"所对应的考古材料来看,它们属于独立使用的刻画符号,而且之间有明显的继承性。例如,彝族已故作家李乔对大地湾和半坡"书契"进行比较,发现它们具有结构和形态上的一致性。

大地湾、半坡等地的刻画符号开始可能是个别人为了记某事"依类象形"而刻画的,后来与声结合了起来,随后附着其形的声失传了,这些符号又从"字"退回到了"形",这就形成了人们见其形不识其音其义的"天书"。

但是被视为少昊、颛顼、高辛(喾)、唐(尧)到虞(舜)"书契"的"五典"却未必出于古墓,所以不称为"坟",显然它们较"皇坟"更进了一步,达到了"著于竹帛"的阶段,因而也就形成了"书"。而且,也不是无人能读之的,所以称之为"典"。《尔雅·释言》:"典,经也。"《玉篇·丌部》:"典,经籍也。"《尔雅·释诂》:"典,常也。"《释名·释典艺》:"典,镇也,制教法所以镇定上下。"

可见典就是书,孔安国《尚书正义》孔颖达疏云:"典是五帝之书。孔知然者,案今《尧典》《舜典》是二帝二典,推此二典而上,则五帝当五典,是五典为五帝之书。"五帝之书成为典,说明在五帝时代已经出现了按一定规则将句子组织起来的"文章"。"五典"虽然不是从春秋以前的古墓里挖出来的,但是古人认为它与坟书一样,也是表示"道"的,可以视为坟书的进一步发展,是"言常道"的。如果从考古学的话语结构来谈这件事,事情就很清楚,"三皇"时代的刻画符号虽然有记事功能,也可能表达一个句子,贾湖遗址的甲骨契刻符号就是如此,但是按一定规则将句子组织起来成为"书籍"

的情况至今还没有发现。到了五帝时代记事发生了重大变化,出现了按一定的规则将句子组织起来表达完整事件甚至是思想的"书籍"。它们无疑具有了某种记事功能。所谓记事,其实是记史。从几个独立的符号成为一串变成一个句子这一考古事实出发,我们可以做出结论:五帝时期,中华文化已经进入了用文字记载的历史时期,也就是文明时期。根据司马迁在《史记》中的说法,他读过"五典"写成的"谍记",不过由于"五帝、三代之记,尚矣",而承载其文的材料如竹帛之类易于腐烂,那些刻于石玉之上的文字材料藏于地下,所以司马迁感慨"自殷以前诸侯不可得而谱",这或许是《尚书》独记尧以来情况的原因之一吧?

现在的问题是,司马迁所读的"谍记"是五帝时代本来就有的,还是后人根据传说的追记?"三坟""五典"在春秋时期就存在,而且良史能读之,这说明,记载黄帝以年数的"五典"即使是五帝以后的人根据传说追记的,那么肯定也较楚灵王、倚相为早,它们是楚灵王、倚相心目中的古书。由此可见,自殷以来的诸侯"谍记"源于黄帝以来的"年数",即所谓"五典"。"五典"之书源于"三坟"之文字,而"三坟"时代的文字就是作为"物象之本"的刻画符号。反过来说,作为"物象之本"的刻画符号是中华语言文字的源头,试图在此之外寻找中华语言文字的源头都将失去根本。

一、"雅言"和"夷言"的分叉发展

中华语言文字出现了多次的分叉发展,第一次是"雅言"和"夷言"的分叉,第二次是八卦符号与表意符号、官话与方言的分叉。此外,还有第三次书写与书法的分叉,不过这次分叉发展涉及了艺术问题,我们在下一节讨论。

　　五帝时期是炎黄时代的继续。所谓炎黄时代,是"华夏部落"的形成时代。当时的部族可以划分为华夏、东夷、苗蛮三大集团。"华夏部落"又分黄帝、炎帝两个亚族。后又有确定他们之间融合关系的典册。古人看到了典册对于炎或黄部落的重要性,于是就造出了"少典氏"这一形象,认为炎与黄与之的关系,犹如父与子的关系。但是真实的历史却是炎族代包牺氏而发展起来,此时黄族落后于炎族;但是炎族衰落后,黄族却发展起来了,以至于很多炎族分支依附了黄族。在这样的融合过程中,终于形成了一个新的集团,古人称之为"少典氏",或许称为"少典集团"更准确。处在"少典集团"之内的,就是"华",其言被称为"雅";处于之外的,就被称为"夷"。

　　华夷之分的语言学意义是非常巨大的。炎裔与黄裔都服从"少典",说明"典册"(也就是"书")包容了各部族原有的"文字",但是已经超越各部族,成为更高级联盟组织所通用的东西。在"少典集团"中更多的人能据其形而识其义,且读其音,所以古人称之所言为"常道"。到了尧舜时期,孔子则以"文章"称之,其"部落符号"的超越性更为明显。在陶寺遗址所出土的扁壶上出现朱书文字,如图7-6。

　　这类文字与甲骨文的字形十分接近。有的学者甚至"认出"了这两个字。如扁壶背面原来被看作两个符号的朱书被视为一个字,认为其字符分上、中、下三部分:上部是有转角的"◇"即土字,中部为一横画,下部为"卩"字,合起来就是古"尧"字,尧字的本意当如

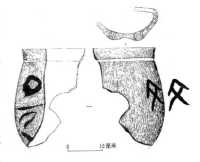

图7-6　陶寺遗址扁壶朱书

《诗经·小雅·车辖》"高山仰止,景行行止"所咏,言尧是高德明行、为人仰慕的圣王。它与"文"字结合在一起形成"文尧"。在殷墟卜辞中,"文"主要用为先王的尊号,周代金文中,"文"表示有文德之人,用其引申义。这让我们想起孔子,他将中国文明的起点定在"尧"时代。《论语·泰伯》云:"子曰:'大哉,尧之为君也!巍巍乎!唯天为大,唯尧则之。荡荡乎,民无能名焉。巍巍乎,其有成功也,焕乎其有文章!'"这里将文与尧结合起来,说明陶寺遗址所出土的扁壶上的"文尧"绝非偶合,"文尧"之后的部落符号与夏、商、周三代的文字符号一脉相承。从同时态来看,夏、商、周三族所过的都是有典有册的生活,因而都拥有扩大的刻画符号。比如,上面已经介绍了的二里头文化遗址陶器上的刻画符号被认为是夏代的文字符号。从这些考古材料中可以看出,"文尧"之后文字符号与五典阶段的部落符号相通,它们带有部落符号的素质,而在另一方面,它已经与成熟的甲骨文相通,属于更高国家组织的文字符号系统。不过,我们至今还没有找到能够辨认出属于夏的文字自证物。在这一事实没有改变之前,我们的结论可以是这样的:夏人似乎还没有将部落符号推向成熟文字符号的高度。率先实现这个突破的是商人,因为商族善于在各部落之间做生意,他们具有通晓各部落的符号的条件。在将符号整理成文字的过程中,他们具有收集、整理部落符号,从而实现了文字突破的条件。周人也是善于学习的民族,他们用文字整理了五典以来的史料、传说等等,这就形成了中国文化史上的《尧典》等《尚书》篇章。

少典集团语言文字的形成,同时也意味着它将不属于这个集团的部族排斥在外。被排斥的部族可能在皇坟阶段与少典集团或华夏集团使用相同"文字"。但是现在少典集团的新的语言文字已然在集团内部通用,而此前的"文字"则被视为落后的东西弃而不用,还使用旧文字的部族也被鄙视。这些族群被称为"夷",而使用新语言文字的少典集团则自称为"华"。前者的语言被称为"夷言",后者则被称为"雅言",这是中华文化语言文字的第一次分叉发展。

应该指出的是,在"雅言"和"夷言"分叉发展中,是包含少典集团的地理性语言歧视的。因为从地理语言学来看,"每个民族都相信自己的语言高人一等,随便把说另一种语言的人看作是不会说话的"①。例如希腊语中的"野蛮人"就有"口吃的人"的意思。但是,除此之外,在中华文化的语言发展史上,"雅言"的出现确实引领了一种新习惯,或者"跟衣着或装备相类似的风尚"②,这种新习惯或者新风尚,我们今天称之为"炎黄文化"。

华夏集团的通用语被整理成册之后,它原来赖以形成的基础——属于"三坟"的刻画符号就在这个集团逐步丧失其语言学功能,人们只知其形而不知其音其义。而在另一方面,即"三坟"刻画符号的另一支,即所谓夷言则更多地保留了其原貌,所以当"三坟"刻画符号再次以考古的形式呈现在一些"夷人"面前时,竟然有人能用本民族的语言读其音、识其义。

最典型的就是"三坟"刻画符号能用彝族语言读其音、识其义。彝族自称"尼",古代汉语"尼"发音为"夷",故汉文记载多称"夷","尼"又称为"夷"。古彝族主要包括今彝语支民族,是整个西南地区的主体民族。在古代,由于古彝族内部分化形成了今西南地区各

① ［瑞士］费尔迪南·德·索绪尔:《普通语言学教程》,商务印书馆,2009 年版,第 266 页。
② ［瑞士］费尔迪南·德·索绪尔:《普通语言学教程》,商务印书馆,2009 年版,第 265 页。

彝语支民族。古彝族语言为汉藏语系、藏缅语族、彝语支。彝族有内容涉及历史、语言、宗教、哲学、政治、经济、历法、社会、军事、文学、医学、地理等领域的卷帙浩繁的历史文献,如《西南彝志》《六祖源流》就是其中重要的著作。记录这些文献的文字是古老的形、音、义兼备的图画文字,有"写形写影"功能,起源于母系社会繁荣时期,其后演变为一种象形文字。蜀汉以前,彝族先民"论议好譬谕物,谓之夷经"①。据《大定县志》卷十三《风土志》载:

> 安国亨所译夷书九则,内载:阿呵,唐时纳垢酋,居岩谷,撰爨字,字如蝌蚪,三年始成,字母一千八百四十,号曰韪书,即今夷字。文字左翻倒念,亦有象形、会意诸义。

古夷人在不断向大西南各地迁徙的过程中,形成了大分散、小聚居的格局;久而久之,因各地彝族人所处生活环境不同,故在口语上也产生了差异,形成了现今六大方言区。由于不同方言区掌握刻画文字的祭师们处于封闭状态,他们没能与迁徙到其他地区的掌握文字的祭师们进行交流,所以彝文存在着同音字混用的情况。彝文经书都是世代手抄善本,在传抄彝经的时候,传抄者往往按自己的方音、方言书写,造成了同一个彝文异体字较多的情况,有的甚至多达40至50个左右。但是这些变异并没有改变其"写形写影"初创期的特征。与汉字相比较,彝文的传承更多地保存了其古韵。20世纪80年代初,彝族著名作家李乔在参观西安半坡时,发现这些符号在形态、结构上与彝文有高度的相似或相近性,于是他将半坡遗

---

① 常璩:《华阳国志》,时代文艺出版社,2008年版,第94—95页。

址出土的刻画符号样本带到彝族集聚地,请红河县一位不懂汉语的老布摩李八玉昆对这些刻画符号样本进行辨认,老布摩居然当即用彝语读出其中 23 个陶符。此外,在彝学专家中,能用彝文识读半坡等地陶符的,还有贵州彝学老专家王子国、陈世军,四川的伍精忠、钱玉趾,云南的朱据元等。老布摩李八玉昆以及其他彝人用彝文对半坡等地陶符的辨认及解读一事非同小可,因为它为从文字学的角度研究中国远古刻画符号提供了这样一种可能:用现今相对原始的民族文字如彝文去解读中国的远古刻画符号。此后,彝、汉学者通过古彝文释读西安半坡、山东丁公村、河南舞阳、河南偃师、甘肃大地湾、甘肃贾湖遗址、湖南彭头山、青海乐都柳湾、陕西临潼、浙江良渚、江西清江吴城等地的刻画符号,对所谓"天书"做出了一定程度上的破解。比如李乔发现半坡遗址出土的 31 个刻画符号能用彝文解读的有 24 个(包含重复字符),占总刻符的 77.4%。这表明西安半坡遗址的 31 个刻画符号与彝文相当。

李乔等人的研究成果是建立在彝文与刻画符号的结构与形态的相似性基础上的。虽然他们的这种解读为研究"三坟"开拓了一个新领域,但是这种解读是否为最终解读?我们最好保持谨慎的乐观。因为"相似"与"相同"在逻辑上并不等同,相同的东西一定相似,正如全等三角形一定是相似三角形,但是相似的却不一定相同,正如相似三角形不一定是全等三角形。因此建立在相似性基础上的彝文解读可能接近了历史的本真,而且很可能离历史本真很近,因为它有与甲骨文一样的象形、指事、会意等造字法。尽管如此,我们也不能说,它必然地就是历史的本真。但是一些研究者将这种接近做了不恰当的夸大。比如有人说,目前发现的古彝文距今有 1 万年至 8000 年。有关专家研究表明,古彝文可以与甲骨文、苏美尔文、埃及文、玛雅文、哈拉般文相并列，是世界古文字之一，而且可以代表世界文字的一个重要起源。根据目前的研究，古意大利、迈锡尼、印度等地都已经发现大量古彝文，意大利古岩画文字、迈锡尼古文字、印度古河谷文字、克里特岛古文字等世界未解之文字均已经被古彝文破解。其实，问题并不复杂，古彝文与汉字的确同源，它们是"三坟"刻画符号在发展过程中的一次分叉。华夏集团的这一支通过"五典"朝着汉字的方向发展，甲骨文就是它的主体；四夷也各居其支，其中最具代表性的文字就是古彝文。前者在发展中占据了优势地位，被尊为"雅言"；后者处于劣势地位，则被贬为"夷言"。不过占据了优势地位的"雅言"却失去了其古，而古彝文则更多地保存着"三坟"刻画符号的原汁原味。这就是今天的汉字解读不了"三坟"甚至是"五典"符号，而古彝文却能解读的原因。孔子时代已经知道这个道理，叫礼失而求诸野，或者天子失官，学在四野。彝文对刻画符号的解读优势，让我们明白了，被考古专家称为文字雏形的刻画符号是"文字"，而不仅仅是无法解读的刻画符号。当然这也更证明一个问题：今天的雅言与夷言的差别虽然巨大，但是在根子上，它们又是一体的。中华民族的多元一体在语言学上也有强烈的表现。

二、八卦文字与象形文字的分叉发展

"夷言"与华夏"雅言"分叉之后，各自走上了独特的发展道路。"夷言"的特殊发展，我们这里存而不论。

这里着重谈谈华夏"雅言"的独特发展。我们看到，华夏"雅言"也经历了一系列的分叉发展，这里至少有两次大的分叉发展，一是八卦文字与象形文字的分叉发展，二是汉语官语与方言土语的分叉发展。

先讲第一个分叉发展。一般人认为,汉字真正起源于原始图画。从一面看是文字。我们在前面所看到的那些刻画符号,其实就是一幅幅简单的原始的图画。中国自古就有"书画同源"说,莱布尼茨也是这样猜测的。他认为,中国文字最初是画。原始人用"图画"来记录事物,后来它们变成了一种"表意符号",这便是简单的文字。而从另一面看又是卦象。因此,原始文字与八卦卦象是同一的。《周易·系辞》说:"仰则观象于天,俯则观法于地,观鸟兽之文与地之宜,近取诸身,远取诸物,于是始作八卦。以通神明之德,以类万物之情。"近代学者也有认同此说的。钱玄同说:"中国开化顶早,在四五千年前,有一个皇帝,叫做伏羲氏,他做了八个卦,就是☰乾(天)☷坤(地)、☵坎(水)、☲离(火)、☶艮(山)、☳震(雷)、☱兑(泽)、☴巽(风)——左边注的,是卦的名目,右边( )括号里注的,是卦的意义,这八个卦就是中国文字的起源。"[1]这种说法似乎是主张中国文字起源于八卦,但是也有不认同此说的。例如,章太炎认为,八卦未必与文字有关。他说:"八卦与文字未必有关。其所以首举八卦者,大抵初造之文,有若干字取诸卦象。☵为水,𝌆字从之。☲为火,古之火字作𝌊。☰为气,天积气也。气作𝌇,义与天同。☷为州,汉人书坤作巛。地之大者,无逾九州,故州字重巛而书作𝌂。其余震兑艮巽,不与初文有关,盖造字时去取各有其宜耳。"[2]章氏此说,可能受孔安国的影响。孔安国在《尚书》序里说:

① 钱玄同:《中国文字略说》,刘琅主编:《精读钱玄同》,鹭江出版社,2007年版,第47页。

② 章太炎:《中国文字略说》,杨佩昌整理:《章太炎:在苏州国学讲习会的讲稿》,中国画报出版社,2013年版,第1页。

"古者伏牺氏之王天下也,始画八卦,造书契,以代结绳之政,由是文籍生焉。"唐人孔颖达疏云,孔安国认为:"万象见于卦。然画亦书也,与卦相类,故知书契亦伏牺时也。由此孔意正欲须言伏牺时有书契,本不取于八卦。今云'八卦'者,明书、卦相类,据《系辞》有画八卦之成文而言,明伏牺造书契也。"现在看来,"八卦"与文字是原始图画的两种形式,二者之间不是谁生谁的关系,而是相互渗透相互影响的关系。从文字的角度看,八卦即是文字之初;而从卦来看,文字最初其实就是卦。它们被统一在原始图画之中,包含在其中的文化既巫且史。后来发生了巫与史的分离,其在语言学上的结果便是"华夏雅言"的巫卜语言与记事语言的分叉。巫卜语言与记事语言都是"华夏雅言",但是分叉之后,它们却各有所专。

卦符是巫卜的专业语言。《荀子·大略》云:"善为易者不占。"这个话的意思是说,"占"本系"为易"的重要手段,但"为易"至于"善"境者,可以不"占",正如为诗者不说一样,占的专用符号,就是易之乾☰兑☱离☲震☳巽☴坎☵艮☶坤☷以及由此推演而出的六十四卦。这些卦符不仅包括了巫者所观之"象",而且还包括他们进行演算的"数"。巫卜语言的实质就是"象数"。莱布尼茨称巫卜语言为"数字符号",但事实上,数仅仅是巫卜语言的一面,其另一面便是"象"。比如,乾卦的象是"龙",即二十八宿中青龙运行的天象,贞人根据青龙变化推测人事吉凶。但是这个象的变化是通过卦符的变化来表述的,这里涉及的是数的运用。

这里我们可以谈一谈莱布尼茨的二进制。莱布尼茨把二进制说成是上帝创造世界的图像,上帝从虚无中创造万物,如同所有的数字来源于符号 0 与 1。1703 年 4 月,在中国传教的白晋试

图用二进制解开伏羲符号之谜,这让莱氏很是高兴。这年的 4 月
7 日,他给法国科学院送去了论文《论单纯使用 0 与 1 的二进制算
术,兼论二进制用途以及伏羲所使用的古代中国符号的意义》,不
过直到 1705 年,此文才正式发表。受白晋的启示,莱氏认为他的
二进制是一把锁钥,可以"打开中国一位古老皇帝与哲学家的线
条符号。这位中国皇帝与哲学家名为伏羲,据称生活在四千多年
前,中国人把他看作是他们的王国与科学的奠基者。其中有几个
线条符号,人们说是他发明的。所有这些符号均与这一算术形式
有关。为此我们只需要把被看作基本符号的所谓八卦画一下,附
上以下说明即可。第一,直线的意思是整体,或者是 1,第二,断线
表示零或 0"①。

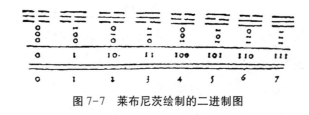

图 7-7　莱布尼茨绘制的二进制图

　　莱布尼茨绘制的图 7-7,也有人用计算机开关电路完成各种
作业进行说明。所有计算机数据和文件的储存和处理,都是用二
进制。有人以图 7-8 将《易经》八卦生成过程与二进制原理相
比较:

① ［德］莱布尼茨:《论单纯使用 0 与 1 的二进制算术,兼论二进制用途以及伏
　　羲所使用的古代中国符号的意义》,李文潮译,文载《中国科技史料》,2002
　　年第 1 期,第 54—58 页。

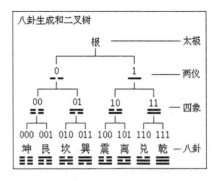

图 7-8　八卦生成过程与二进制比较图

如同莱氏认为二进制是上帝创造世界的图像一样,伏羲符号被认为是万物生成的图像,其初是卦(象),象之后是数,而数的后面又是天道。这种用包含数学原则的卦象符号来表达天文地理及万物变化的语言,代表了中国人细推物理的"科学"生活。莱布尼茨认为中国人已经忘记了线条符号的含义,对此,我们应该这样理解,伏羲卦符虽然与二进制算术原则有相似之处,或许它包含了二进制算术原理,但是中国人自始至终都是用伏羲卦符表达天道的。

象形文字是史家记事的语言。从贞人中分化出来的史官当然精通卜筮,但是他们已经不再以卜筮为目的,而是关注人事,特别是国之大事,是对这些事进行记录。这里还是以乾为例。此卦从初九至用九都是对事的记录,记录包括时间、地点、事件等要素。"潜龙"活动的方位是东,时间是龙还没有在地平线上出现的时刻,故称"潜龙",而相应的政教是"勿用"。从农耕文化的角度看,这就是对一个完整的农耕事件的记录。从整体上看,乾卦从初九至用九都是对青龙从地平线上升起再到落下的整个天象及相应的农事政教的记录。从升起到回落,就是"知来藏往",这就是"天道";无咎、有悔、吉等,就是"政教"。很显然,从初九至用九就是对起于"天道"、终于人事的政教记录,就是"史"。世称为经的《易》《书》《诗》《礼》《乐》《春秋》,其实是三代典章的政教记录。章学诚指出,"六经皆史也。古人不著书,古人未尝离事而言理,六经皆先王之政典也"①。关于《易》是史书,章学诚的解释是:"夫《易》开物成务,冒天下之道,'知来藏往,吉凶与民同患'。其道盖包政教典章所不及矣。"②章太炎评章学诚此说,是"拨云雾见青天",并进一步指出,"《易经》似乎与史不大相关,殊不知道,《周礼》有个太卜的官,是掌《周易》的,《易经》原是卜筮的书。古来太史与卜筮测天的官,都算一类,所以《易经》也是史。古人的史,范围甚大,和近来的史部有点不同,并不能把现在的史部,硬去分派古人。这样看来,六经都是古史。"③记录史的符号是象形文字。在五帝时代记史的符号是比皇坟更高一级的"五典",而到了三代,尤其是商代后,用以记录政教的典被商人发展成为甲骨文。甲骨文的内容大多为占卜结果的记录。商人用卦符进行了占卜,而记录占卜结果的符号却不是卦符,而是象形为基础的甲骨文,也就是我们今天所看到的象形文字。可以肯定的是,商人在用象形文字对占卜结果进行记录的同时,也对以典的形式固定下来的刻画符号的指事、象形、形声、会意、转注、假借六方面进行了再整理。至周代时,"周礼八岁入小学,保氏教国子,先以六书。一曰指事:指事者,视而可识,察而可见,'上''下'是也。二曰象形:象形者,画成其物,随体诘诎,'日''月'是也。三曰形声:形声者,以事为名,取譬相成,'江''河'是也。四曰会意:

① 章学诚:《文史通义》,中州古籍出版社,2012年版,第15页。
② 章学诚:《文史通义》,中州古籍出版社,2012年版,第15页。
③ 章太炎:《论六经皆史》,傅杰编校:《章太炎学术史论集》,中国社会科学出版社,1997年版,第26页。

会意者,比类合谊,以见指㧑,'武''信'是也。五曰转注:转注者,建类一首,同意相受,'考''老'是也。六曰假借:假借者,本无其字,依声托事,'令''长'是也"(《说文解字叙》)。一般都认为象形、指事、会意、形声属于造字之法,即汉字结构的条例;转注、假借则属于用字之法。通过六书,记录占卜结果的刻画符号进一步变成了汉字。从炎黄到禹夏,记录占卜结果的刻画符号是有的,但是因为处在巫史合一时期,所以记录占卜结果的刻画符号没有更大的突破。到了商代祖甲时代,史官从巫中分化出来后,他们用六书对以典的形式固定下来的刻画符号进行了整理,这样表现雅言的刻画符号最终定型为成熟的象形文字。据此,我们断言文字成熟的突破是商人的功劳,而不是夏人的功劳。中国文字的成熟期起于祖甲时期。这些象形文字比"象"更为具体,是对具体器物的直接刻画,"象形"就是"画成其物"的意思,在这种意义上,象形文字就是"器名"。

三、官话与方言的分叉发展

华夏集团形成后,兴起了通用的部落语,成为新的风俗、习惯,这是一方面,但是新的风俗并不能完全取代集团内部各氏族原有的语言,各氏族成员可能还保留着使用氏族语言的旧习惯,这就有了"官话"或普通话与方言的语言分叉。中国文化中这一语言文字现象,西方人感受尤深。例如,利玛窦来中国后,很快就观察到中国的语言分为口语和书面语两个层次。他说:"在中国的各个省份,口语也不大相同,以致他们的话很少有共同之点。然而共同的书写却构成彼此接触的充分基础。除了不同省份的各种方言,也就是乡音之外,还有一种整个帝国通用的口语,被称为官话,是民用和法庭用的官方语言。这种语言的产生可能是由于这一事实,即所有的行政长官都不是他们所管辖的那个省份的人……，为了使他们不必需学会那个省份的方言，就使用了这种通用的语言来处理政府的事务。"①官话之称始于明清。周代称为"雅言"，从 1909 年起，被称为"国语"，1955 年大陆称"普通话"。"普通话"也好，"国语"也罢，都是中国官语。借用索绪尔的《普通语言学教程》里的术语，我们可以称"官话"为"文学语言"，或"书面语言"。在讲究白纸黑字的中国文化中，官话无疑是炎黄语言中的一个非常重要的层面，是官方对器名的规范用法，在这个意义上，它们是共名。相对于全国通用的"官话"，"方言"即是"地方话"。当然，官话也有地方性。如果细分的话，其实包括八种次方言，即东北官话、北京官话、冀鲁官话、胶辽官话、中原官话、兰银官话、江淮官话、西南官话。各种不同的方言之间存在着语音、词汇、语法各个方面的差异，其于语音方面的差异尤为突出。其是不同族群对同一器名的不同称呼，在这个意义上是"私名"。有些西方学者认为，中国各种不同的方言之间的差别是根本性的。这是不对的，如果真是这样的话，中国语言就会导致族群之间的无限分裂，那就不可能有一个完整中国的存在。事实是，八大方言之间的差别性并不妨碍相互之间的交流和影响，官话是在这样的交流和影响过程中产生的。正如索绪尔所说的，"随着文化的发展，人们的交际日益频繁，他们会通过某种默契选出一种现存的方言使之成为与整个民族有关的一切事务的传达工具。选择的动机是各种各样的：有时选中文化最先进的地区的方言，有时候选中政治领导权和中央政权所在地的方言，有时候是一个宫廷把它的语言强加于整个民族。一旦被提升为正式的和共同的语言，那些享

① ［意］利玛窦、［比］金尼阁：《利玛窦中国札记》，中华书局，2010 年版，第 30 页。

有特权的方言就很少保持原来的面貌"①。在中国的古籍记载中，在多种方言中形成华夏雅言的那种"默契"，就是"典"，它可能是炎黄二氏语言的综合，两种以上的氏族语言通过互训等方式，构成了各种方言之间的共同基础。莱布尼茨甚至认为，"中国语言（即汉语）是人类最古老的即巴比伦塔建造之前人类使用的共同语言"，"在建造导致人类语言混乱的巴比伦塔时，中国人没有参加；在有史以来的所有时间中，中国语言一直延续着，并保留在书籍中；中国文字源自于象形，一直没有变化，现在还在使用"②。莱布尼茨甚至将这种共同性理解为人类语言的共同性，他举例说，如果将"船"字中的"几"读为"八"，那么"船"中隐藏着《圣经》所记载的"八人一条船"的挪亚方舟的故事。他还举了中文中"父""母"与西方语言有共同性的例子。汉语是不是人类最古老的语言，以及汉语与西方语言有多少共同性，我们这里不参与讨论，只是提及一下语言学家索绪尔的说法："汉语与印欧系语言"之间"没有亲属关系"③。但是有一点需要肯定：中国各种方言之间有共同的基础。莱布尼茨将中国的文字比作化学家们所使用的共同符号，这种"文字全国通用，不同的读法（即发音）并不妨碍对文字意义的理解"④。因此华夏集团的多元一体化在语言上的表现就是雅言、官话的形成。"地方话"虽然落在了引领新风俗的文学语言或官话之后，但是却更多地保存了

①　［瑞士］费尔迪南·德·索绪尔：《普通语言学教程》，商务印书馆，2009 年版，第 272 页。

②　［德］莱布尼茨：《中国近事》，大象出版社，2005 年版，第 105 页。

③　［瑞士］费尔迪南·德·索绪尔：《普通语言学教程》，商务印书馆，2009 年版，第 267 页。

④　［德］莱布尼茨：《中国近事》，大象出版社，2005 年版，第 106 页。

氏族时期的历史,也能更直接地表现民众的思想。

官话与方言的分叉形成后,前者发展为文学语言和书面语言,而后者则发展为乡间土话和口语。利玛窦在研究中国的语言后,认为中国人自古以来"一直把绝大部分注意力放在书面语言的发展上,而不大关心口语"①。不仅不关心,而且还刻意不避俗字俗语。所以,属于经的文献基本上是用文字语言写成的。当然这里也使用了方言,但它不是主要的。比如,《诗经》的语言运用包括风、雅、颂三者。所谓风,是指风土之音,即各地的民间歌谣;所谓雅是指朝廷之音,即贵族享宴或诸侯朝会时的乐歌;所谓颂是指宗庙之音,即宗庙祭祀歌颂祖先功业的乐歌和史诗。"乡土之音曰风,朝廷之音曰雅,宗庙之音曰颂。"显然风土之音是地方话,但是支配《诗经》的还是官话即朝廷之音和宗庙之音。《楚辞》用的是楚语,相对于中原雅言是地方话,然而却是楚国的官话。在这个意义上,《楚辞》还是用官话写成的。不过,在发展中,官话曾被过度使用了,其结果是使书面语言八股化,其言之无物、模仿古人、无病呻吟,充满滥调套语等。至五四运动时期,胡适提"文学改良",提倡不避俗字俗语,语言向口语回归。陈独秀更进一步,要求推倒雕琢的阿谀的贵族文学,建设平易的抒情的国民文学;推倒陈腐的铺张的古典文学,建设鲜明的立诚的写实文学;推倒迂晦的艰涩的山林文学,建设明了的通俗的社会文学。至毛泽东这种回归达到了顶峰,强调"要向人民群众学习语言。人民的语汇是很丰富的,生动活泼的,表现实际生活的。我们很多人没有学好语言,所以我们在写文章做演说时没有几句生动活泼切实有力的话,只有死板板的几条筋,像瘪三一样,瘦

---

① ［意］利玛窦、［比］金尼阁:《利玛窦中国札记》,中华书局,2010 年版,第 29 页。

得难看,不像一个健康的人"①。书面语言与人民的语汇同一化了,但是这也不是说"官话"被消解在方言之中了,事实上,中华人民共和国成立后,普通话得到了大层面的推广,地方话也受到了普通话语法的规范。所以华夏雅言的发展是官话与地方话互相作用而推动的。

第二节 炎黄文化的艺术形态

在研究中国艺术对炎黄精神的展现时,我们不可能论及所有的艺术样式,只能从中选择我们感兴趣的艺术样式而论述。好在尽管不同的艺术样式有不同的个性和风格,但是对于炎黄精神的展现来说,它们有共同之处。我们这里选择造型艺术来研究它对炎黄精神的展现。我们看到,造型艺术从线到面再到体,都有其对应的艺术形式,如:以线条为对象,造型艺术表现为书法;以面为对象,造型艺术表现为丹青;以体为对象,造型艺术表现为雕塑,而建筑则是造型艺术的综合体现。这个系列有一个共同的特点,就是通过"形"来展现一种内在的精神,这使我们认识到炎黄文化注重人的内在精神的形象表达。

一、关于线条的艺术——中国书法

如果我们将中国书法、中国画也放在语言文字范畴考虑的话,那么,我们认为华夏语言文字还有两个分叉发展,这就是文字与书

①《毛泽东选集》,第3卷,人民出版社,1991年版,第837页。

法以及文字与画作的分叉发展。在这个发展中,文字书写一方面向着实用的方向发展,另一方面则受审美规律的支配向着艺术方向发展,以至于形成了炎黄文化中的一个非常重要的组成部分——书写艺术,人们简称之为"书法",这是一门通过文字梗概表达书者内心的艺术体系。

中国文字起源虽然甚早,但是把文字的书写性发展到一种审美阶段,从而形成有史可考的书法艺术体系,却是较晚的事情。在东汉末年、魏晋时期中国的书法艺术体系才成熟定型。不过,这个成熟和定型经历了一个漫长的历史过程。书法书写的是文字符号,有了文字,就有一个如何写的问题。在汉字产生之际,如何写的问题就已经存在着,足见书法的古老,正如唐代书法家徐浩《论书》云:"《周官》内史教国子六书,书之源流,其来尚矣。"商代中后期甲骨文的用笔、结字、章法要素已经具备,有些牛骨刻辞若以书法审视,风格豪放,字形大小错落,生动有致,各尽其态,富有变化而又自然潇洒。只是这种形式美还附庸于文字,没有得到独立的彰显。从甲骨文、石鼓文、金文(钟鼎文)之后,大篆、小篆、隶书继之而起,附庸于文字的线条、单字结构对称、变化、章法以及风格的书法美依然存在,至汉末、魏晋时期,楷书、行书、草书出,附庸于文字的书法美,尤其是行草书飘若浮云,矫若惊龙,使如何写字的问题变成了一个如何借写字表达内心的问题。用书表达内心,在原始社会就有了,如反映部落图腾的标志符号,如陶器上的符号以及刻在石头上的岩画等等,就是这样的表达形式。但是书法与之不同,它不是为了某种实用目的的表达,而是超越某种实用目的的形式化表达。或者说,书法是书者创造的一种理想形式,人们在审其美时,能从中看到"自我"。

书法是有意义的形式。当我们讲书法的意义时,必须将书法艺术的精神内蕴与实用文字的精神内蕴区别开来。虽然从历史上看，书法艺术是在实用文字基础上发展起来的，而且书法也常常以书信、便条、公告、抄经、诗稿、文稿等记录与传递生活信息，因此书法艺术也可以是表达实用文字精神内蕴的一种文字形式，但是书之为法，其所表现的不是文字精神内蕴，而是书法艺术本身的精神内蕴。不能用前者代替后者，也不能用后者代替前者，必须将二者区别开来。从区别的目光看，书法艺术不同于写字，而是对写字的形而上学的超越，是超越性的书写。

我们讲书法艺术是一种独立的艺术形式，意思并不是说书法可以脱离汉字而天马行空。汉字是中国书法艺术之存在的永恒本体。从这个本体出发，书法必须服从两条规律：第一条我们称之为字真律。书法艺术的原初即是写字。字的写法，有对，亦有错。书法在用笔法、结构和章法来书写汉字时，必须遵守汉字的特点及规律。不遵守汉字的笔画、结构顺序，将字写错。把写错字当作"艺术创造"，再好的书法也会失真，也会失去存在的价值。第二条我们称之为字美律。书法解决的本来就是如何写美汉字问题的。写字，有可能将字写丑，也可能将字写美。写丑不是书法，只有在保持字不失真的前提下，运用变化多样以至于无穷的书法形式将字写美，书法才有价值。从这个意义上讲，书法是承载汉字美的形式的，是美在汉字中的重要表现，故我们以"艺术"称之。

书法是我们研究炎黄文化的一个视角，而体现在书法领域里的辩证思维则是炎黄精神的本质性特征。我们看到，汉字浑身都是辩证法，其于结构，则有大小、疏密的矛盾；其于笔画，则有横与竖、撇与捺、圆转与方折的矛盾；其于笔势，则有虚实、动静的矛盾；其于结体则有紧与松、欹与正、密与疏、避与就、奇崛与平正、向与背、外拓与内擫的矛盾;于笔法,则有中锋与侧锋、藏锋与露锋、提与按、逆与顺、迟与速、疾与涩、垂与缩、轻与重、凝重与浮滑的矛盾;于章法,则有茂密与疏朗、连贯与错落、纵向与横向的矛盾;等等。可以说,没有矛盾,就没有书法。这些矛盾的各方面互相排斥对立,又互相统一融合,它们互为存在的根据和条件。没有欹,无所谓正;没有藏锋,也就没有出锋;没有曲,无所谓直;没有淡,也就没有浓;没有茂密,无所谓疏朗;没有横,竖也就不存在;等等。这些对偶范畴交织在一起,形成一幅幅生动的由线条构成的图形,人们称之为"书法美"。当然,这些交织是在书法活动中实现的。书者的创作过程,实际上就是在制造矛盾,化解矛盾,从而使矛盾诸方面和谐相处,以达到完美的过程。王羲之在其《书论》中说:"夫书字贵平正安稳。先须用笔,有偃有仰,有欹有侧有斜,或大或小,或长或短。……欲书先构筋力,然后装束,必注意详雅起发,绵密疏阔相间。每作一点,必须悬手作之,或作一波,抑而后曳……作一字,横竖相向;作一行,明媚相成。……若书虚纸,用强笔;若用强纸,用弱笔。"这里讲的就是制造矛盾又解决矛盾的创作过程。

　　分析书法领域的诸多对偶范畴,我们发现,它们最终可以划归为这样一对矛盾范畴:规矩与自由。凡事都有规则,书法犹然。隶、篆、魏、楷、行、草诸体都有一定之规。这些规矩就是线条艺术中的"法"。可是在另一方面,书者创作过程中,常常写出超出一定之体的新样式,以显示独一无二的自己,这就是所谓的"自由"了。这是书法艺术的两方面。中国书法艺术的规矩意识在楷书中得到集中体现。楷书也叫正楷、真书、正书,由隶书逐渐演变而来,但更趋简化,横平竖直。《辞海》对其的解释是"形体方正,笔画平直,可作楷模",其规矩之森严、法度之完备、风格之繁复几令后世望而却步。

楷书章法首先是整齐,字与字、行与行之间的等距排列形式,给人以稳定、庄重的视觉效果。唐代初年是真楷发展的辉煌期。欧阳询世称"唐人楷书第一",其楷书法度严谨,笔力险峻;颜真卿楷书端庄雄伟,气势开张,世称"颜体";柳公权楷书清健遒劲,结体严谨,笔法精妙,笔力挺拔,世称"柳体"。可是在另一方面,唐代又孕育并产生了"狂草",其纵放恣肆、奇宕瑰玮,使书者的自由意志得到了淋漓尽致的表现。行书对楷书的某些部位做了简化,笔势流动,意态活泼;草体"存字之梗概,损隶之规矩,纵任奔逸,赴车急就"。王羲之的《兰亭集序》为历代书法家所敬仰,被誉作"天下第一行书",用"仿佛兮若轻云之蔽月,飘飘兮若流风之回雪"来赞美也不为过。可是在另外一方面,王羲之也是楷书大家。《乐毅论》《黄庭经》《东方朔画赞》是王羲之楷书名篇。这样看来,体现在楷书与行书、草书中的规矩与自由的矛盾,实际上将书法构成为一个整体。

这个既正又欹、既实又虚、既动又静的线条整体,体现在书法活动中,就是"守规矩而任自然",或者如孔子所说的,是"随心所欲不逾矩"。是书法,必从规矩做起,这叫"道中庸";是书家,当挥妙悟之道,这叫"极高明"。把二者结合起来,正是炎黄精神的文化价值。

书法中的"守规矩而任自然"的文化价值,从文化背景上看,产生于炎黄文化儒道相补的精神结构。楷书的规矩意识与儒家伦理精神相联系。它在唐朝得到辉煌发展,离不开统治阶级的大力提倡。唐太宗对"初唐四大家"的虞世南有极高的评价。据《旧唐书·虞世南传》云:"太宗以是益亲礼之。尝称世南有五绝:一曰德行,二曰忠直,三曰博学,四曰文辞,五曰书翰。"可见初唐四杰所提倡的楷书有君子之风,体现的是忠君的儒家伦理思想。儒家思想的源头正是黄帝开创的礼教文化,培养的正是以规而行的君子人格。

而损隶之规矩的行与草,体现的是道家之精神。例如,王羲之书法
艺术的文化背景就与道家和道教密不可分。王氏家族信奉黄老学
说,据《晋书》记载,王氏家族"世事张氏五斗米道"。《道经》中记载
了王羲之始祖王子晋向往神仙之灵虚,迈行放达于天台北门金庭桐
柏山(即今嵊州金庭)第二十七洞天(道界三十六洞天之一)的故
事。《潜夫论》记载:"因氏王氏,其后子孙,世喜养性、神仙之术。"
王羲之本人在晚年时,也隐居修性于浙江嵊州金庭道教圣地"第二
十七洞天",与道士共修服食,不远千里采药石。王羲之慨叹"我卒
当乐死"。黄老学说以及道教之灵虚构成了他的神韵气度,而这正
是其飘逸的书体风格之成因。王羲之的《兰亭集序》《快雪时晴帖》
等书法作品所具有的一种冲和之美,正是他尚道的精神体现。汉代
大书法家蔡邕是王羲之最为推崇的宗师,蔡邕认为"书肇于自然"。
又曰:"书者,散也。欲书先散怀抱,任情恣性,然后书之。若迫于
事,虽中山兔毫,不能佳也。夫书,先默坐静思……"蔡邕的这段话,
正是道家思想在书法艺术创作上的体现,而道家思想的源头正是炎
帝神农任自然的文化追求。

可见,在书法中,守规矩而任自然的文化价值有极其深刻的文
化背景。这背景就是儒与道的相补为用,儒家养成了书者的规矩意
识,道家养成了书者的超越追求。

二、关于国画的艺术——丹青

守规矩而任自然的文化价值,也体现在中国画中,并构成中国
画的内在本质。现在让我们再来看看中国画是如何体现守规矩而
任自然的炎黄文化价值的。

我国自古即有书画同源之说。传说中的伏羲画卦、仓颉造字被

认为是书画之初,太初并无文字与画图歧异之分。作为象形文字的汉字,既是文字符号,又是图画,甚至可以说,每一个汉字同时都是一幅完整的画。但是在作为线的艺术——书法,与实用文字分叉的同时,作为面的艺术——中国画,也从象形文字中分化了出来,成为炎黄文化中十分重要的美术领域。

中国画像文字一样,有悠久的历史。夏代以前就有原始岩画和彩陶画,战国时期就有画在丝织品上的帛画,这些都是以线为主要造型手段的中国画雏形。

中国画是用中国毛笔、水墨和颜料,依照长期形成的表现形式及艺术法则而创作出的绘画,历代称之为"丹青",如《汉书·苏武传》云:"竹帛所载,丹青所画。"《晋书·顾恺之传》:"尤善丹青。"杜甫《丹青引赠曹将军霸》:"丹青不知老将至,富贵于我如浮云。"丹青主要绘于绢、宣纸及帛,并加以装裱,此类卷轴画在民国以前,被称为古画,又称"中国画",是相对于从外域,特别是西方输入的油画而言的,是中国人在造型艺术领域不同于他人的东西。

从书画中分化出来后的中国画,形成了丰富的内容。如以使用材料和表现方法划分,其为水墨画、重彩、浅绛、工笔、写意、白描等;如按题材划分,其为人物画、山水画、花鸟画等等。各种画尽管所反映的内容不同,但都是中华民族的社会意识和审美情趣的体现,是炎黄精神的一种表现形式。

中国画是民族精神现象的艺术表现,画都是"写意"的,在这一点上,中西画作其实没有区别。许多论画者将写意写实之分,视为中西画作的区别,这其实是误解。作为民族精神现象的艺术表现,画作不能不是写意的。不过这里的"意"是有层次高低之分的,如以象观之,这里的"意"有三"象",构成了画对意的运用的三境界,

兹述如下：

一是感象之境。画，最初似乎是画者对人或物进行的描摹，如街头匠师给人画像。朴素的直观的反映论者常常认为这种描摹就是对对象的直接描写。但是，从意的角度看，这是误解。所谓的描摹，实即匠师据其所观，也即画者据其对对象的感觉和印象，进行"像真的一样"的构图过程。所以，这里也是在写意，但这个层次的"意"是感觉和印象，画家永远不能超出自己的感觉和印象对对象进行直接描写。他只是通过明暗、色彩、透视、解剖等方法，对其眼中所见的物象或者是感觉和印象进行组合，从而构造出图像来，这个图像，我们或可称为"感象"。构造感象的过程，即为"描绘"，但其所描之"绘"从来都没有超出感觉和印象的界限。所谓"像真的一样"的"描绘"，其实也是因不同的观察点而有区别的。同样一个人，街头匠师给出的素描与其他是有区别的，个中原因很多，但是观察点的不同，是很重要的。比如一个"远"的画面，就有高远、平远和深远之别。究其所别之因，在于视点不同。宋人郭熙《林泉高致·山水训》云："自山下而仰山颠，谓之'高远'；自山前而窥山后，谓之'深远'；自近山而望远山，谓之'平远'。"韩拙《山水纯全集》又创新说："有近岸广水，旷阔遥山者，谓之'阔远'；有烟雾溟漠，野水隔而仿佛不见者，谓之'迷远'；景物至绝，而微茫缥缈者，谓之'幽远'。"远之不同，全在于视点。感象属于某一对象的"象"，它是具体的，讲究的就是"很像"。

二是理象之境。画者将其长期描摹积累而成的感象在大脑中储存了起来，形成苏东坡所说的"成竹"。此时，画者对于竹的体态特征已经了若指掌，所以看到的不是竹子，而是竹之理。他之写竹不是对着实物一节节地描，一叶叶地堆积，而是依乎竹之理，运用明

暗关系的转折、色彩的对比与协调、透视原理与解剖结构进行构图，所以此时的画竹，实即运用绘画语言讲述已经得之于心的"成竹"。此时的创作过程，犹如庖丁解牛，在感象阶段，庖丁看到的是"全牛"。可是等他进入了"以神遇而不以目视，官知止而神欲行。依乎天理，批大郤，导大窾，因其固然。技经肯綮之未尝，而况大軱乎"①的阶段后，再也"未尝见全牛也"，他之所见只是牛之"天理"，据"天理"即能"因其固然"进行解牛。我们把这种依乎天理运用绘画语言讲述的对象，称为"理象"。理象超越了具体的象，而是类的象。从理而看的牛与所有的牛都像，因为它就是对此牛或彼牛的像的抽象。

三是自由之境。画者挥笔讲意象，所得者虽然超越了具体而进入了类，但是毕竟还是在进行像的构造，这不是画的最高境界。我们看到，在中国画家群体中，有这样一些人，在造型上不再拘于表面的肖似，而是根据意志之需要，舍弃理象中对其需要来说不重要的或关联度不大的内容，而对那些能体现出新构物象之理象部分，加以刻画，甚至不惜采取夸张、变形的手法。此时的构图经营并不是立足于某个固定的空间或时间点，而是根据画者自由意志超越时空限制对理象进行的重新布置，构造出的是画者心目中的形象。这形象可能与感象神似，也可能是感象的变形、夸张，相对于感象而言，甚至是怪诞的。不论如何，其是画者的自由创造物。毛泽东诗句"红雨随心翻作浪，青山着意化为桥"就能很好地对意象进行诠释。雨浪和山桥，一者随心，一者着意，都是超越理象之境的自由创造。其再也不是理之象，而是画者自由营构之象。对这类意象的营构，

---

① 《庄子·养生主》。

也就是中国画所追求的"高明",而此"高明"正是炎黄精神的内容。

西方画非常重视感象之境,力求肖似真物,故其注重在平面上表现立体物的透视法。我国现代画家丰子恺在其《中国画与西洋画》一文中指出:"西洋画中的市街、房屋、家具、器物等,形体都很正确,竟同真物一样。若是描走廊的光景,竟可在数寸的地方表出数丈的距离来。若是描摹正面的(站在铁路中央眺望的)铁路,竟可在数寸的地方表出数里的距离来。"因此,我们说西方画重写实,不过其所写之"实"乃感象之实。为了达到写实的目的,西方作人物画非常重视理象之境。他们先研究艺术解剖学,了解骨骼筋肉及其形状与变态,其所写之实是依乎天理、因其固然的,故其写人,犹真实人体一样。但是中国画以形之梗概任意表现,"故中国画中的男子,相貌奇古,身首不称。女子则蛾眉樱唇,削肩细腰。倘把这些人物的衣服脱掉,其形可怕"①。这是因为不求形似,而求神似。从这一点上看,中国画所写之意是对"成竹"进行的重新布置。在这里,中国画与中国书法竟然殊途同归了。在西方人的眼中,中国人物画没有经过科学洗礼,而在中国画者看来,西方画未能放任自由。

为了达到对高明的追求,中国画像书法一样,也是运用辩证法思维进行讲述的。中国画在笔墨运用中所处理的中锋与侧锋、藏锋与露锋、顺锋与逆锋、正锋与破锋以及快与慢、轻与重、转折与顿挫的关系,还有笔趣的巧与拙、刚与柔、光与毛、清晰与浑化、谨严与荒率等等,都是辩证对偶范畴的运用。

体现在中国画中的"极高明而道中庸"讲究"形神兼备"。如山

---

① 丰子恺:《艺术修养基础》,文化供应社,1949 年版,第 171 页。

水画的创作既要"运情"——追求自由之境以表达一种精神；又要"摹景"——对对象的形进行合理的营构。只是"摹景"，不能表达自由的高明追求，会陷进机械的反映论；不能存"形之梗概"而"运情"，陷入主观主义的泥潭，画也难以存在。高明的画者追求的是情者与景者的水乳交融，要有形的描写，但描写要服从于神的传达这一目的，此谓之"以形写神"。

在以上对偶范畴中，最重要的是实与虚的矛盾。"实"作为构图基础，有此"实"，才有"形"的立足之地，画者才能对它的位置等内容进行"经营"；虚是"空白"，即物象的空缺。以黑白二色为主彩的中国画，在经营中，有画处是黑的，也是实的；无画处是白的，也是虚的。全部是白，肯定无画；全部是黑，即使有画，也没有神韵。一幅中国画要有实的位置，也要有虚的位置。如何在一幅画里处理好实与虚的矛盾，中国画称之为"留白"。画要有实，但是由于中国画不求物象的完整，其在意者是遣貌传神，故在主题思想的支配下，删除了与主题思想没有重要联系和没有直接关系的形体构件，这产生了"空白"。当然"空白"并不是"没有"的意思，是一种隐藏起来的中国画的构件，包含的是画者没有说出来的内在精神。说犹未说，人们称之为"含蓄"。实与虚也即露与藏。一览无余，暴露无遗虽然是画，但绝非好画，必须留有余地，让人有所思，这样的画才叫有意思。问题是如何"留白"。中国画者根据"浓淡相生"的法则创造了"以有画无"的艺术方法，就是通过可以皴、擦、点、染的"有"来衬托出不能着笔处的"无"。"以有画无"又叫"烘云托月"，画者画月，对月之本身并不着墨迹，而是借周围环境把它烘托出来。对这个问题，冯友兰曾有论述。他说："画家画月的一种方法，是只在纸上烘云，于所烘云中留一圆底或半圆底空白，其空白即是月。画家的意

思,本在画月。但其所画之月,正在他所未画底地方。"①冯友兰所
讲其实就是"留白",是儒家和道家所有的虚实相生、黑白互依的
"阴阳"观念的运用,是画家讲述炎黄精神的语言,是寄托画者自由
的"家"。

三、关于体的艺术——雕塑

雕塑在炎黄文化中有十分重要的地位。在炎黄文化中,我们发
现,它是与人类同在的艺术形式,在神话传说、宗教祭祀以及考古发
掘中都能看到雕塑的影子。

中国神话传说中有女娲抟泥造人、
夏启之母涂山氏化为石像的故事。从
雕塑艺术来看,这些故事无不与雕塑有
关。前者无疑属于泥塑,后者属于石雕
的范畴。雕塑作为原始人的生活内容,
已经渗透到中国神话生活的骨髓之中
了。中国神话赋予了雕塑对于人类的
重要性:雕塑创造了人本身,这也意味
着雕塑是关于人的艺术。

这些神话传说,得到了考古学的印
证。早在 7000 年前就有雕塑作品出现
在裴李岗文化中,如河南省密县沟遗址
中就出土了小型人头陶像,大地湾遗址
中人头形器口彩陶瓶融雕塑、彩绘艺术

图 7-9 大地湾人头形器

---

① 冯友兰:《新知言》,生活·读书·新知三联书店,2007 年版,第 6 页。

于一体,是目前已知的中国最早的一批雕塑作品。图7-9为人头形红陶壶,于1973年出土于甘肃秦安邵店大地湾,属于仰韶文化庙底沟类型细泥红陶。高31.8厘米,口径4.5厘米,底径6.8厘米。器形为两头尖的长圆柱体,下部略内收,腹双耳已残。口作圆雕人头像,披发,前额短,发式刻画得很细致,短短的刘海垂于前额,左右和后面披短发,发整齐下垂。鼻呈蒜头形。鼻、眼均雕成空洞,目光深邃,口微张。两耳各有一小穿孔,可能原戴有耳坠。头顶圆孔作器口,腹以上施浅淡红色陶衣。黑彩画弧线三角纹和斜线组成二方连续图案三组。造型以抽象的线条与人头像相结合,颇具特色。装饰以雕塑与彩饰构成一人头形彩陶瓶体,极其自然。另一件是人头形彩陶瓶,于1975年出土于甘肃省天水市秦安寺,属于马家窑文化前期,瓶高26厘米,器表施橙黄色陶衣,瓶口塑有一额上有短发、耳垂有穿孔的人物。眼眶用泥条圈贴而成,显得炯炯有神,距今约5100年。

考古发掘显示:距今7000至5000年这一时期,陶塑人像多以女性形象为主,男性形象仅占少数。而且,它不仅发现于西北,也发现于全国许多其他地方。这类作品普遍地出现于仰韶文化、马家窑文化、龙山文化、红山文化、河姆渡文化、大溪文化等南北各地古文化遗址之中。中国新石器时代的雕塑,就其形象塑造而言,以人物和各类动物为主题。人物形象的塑造是重中之重,其中包括立体全身像、头像、浮雕人面,还有塑于壶、瓶、罐等容器口部的人头像。作品以小型居多,早期作品形态粗简、夸张,随意捏塑的成分居多。在湖北屈家岭文化、浙江河姆渡文化中,也出土了一些手捏的只有数厘米大小的陶鸟、陶猪、陶鱼之类,其表现手法真实、朴实、自由、夸张、概括,其美在自然、随意、稚拙,为后来较大和较精细的雕塑奠定了基础。我们发现,在神话的视角中,人是通过雕塑这种艺术形式创造的,但是在考古与历史学中,我们看到的却是,任何雕塑作品都是人自己的创造。在雕塑的问题上,神话与考古学、历史学之间形成了一个反背。当考古学、历史学发现雕塑在原始人类的生活中是极普遍的艺术形式时,神话早就以颠倒的形式断言,在炎黄文化中雕塑艺术创造了人本身。这无疑是对雕塑艺术在炎黄文化中重要作用的肯定。

中国传统雕塑受中国画的影响很深,它与绘画是同胞兄弟。我们已经看到,从原始的彩陶时代起,塑与绘便互相补充,紧密结合,成为一个整体。当传统雕塑发展成熟之后,仍然保持着"塑形绘质"的特点,即在雕塑上加彩以提高雕塑的表现能力。这与西方是有区别的。西方古代的雕塑也有加彩的,但到了文艺复兴后,除宗教神像为求逼真效果大多继续加彩外,其他雕塑不再加彩。中国塑绘不分家,故雕塑与绘画有一致的审美追求,其具有明显的绘画性。不过雕塑的绘画性,不是注意雕塑的体积、空间和块面,而是注意轮廓线与身体衣纹线条的节奏和韵律。这些线条都像绘画线条一样,经过高度推敲概括提炼加工而成,所以中国传统雕塑与以块面和空间的丰富变化来体现轮廓与衣纹形状的西方古典雕塑,其趣异然。中国传统雕塑立体感不强,绘画的平面效果明显;雕塑表面光滑,没有西方雕塑那么多明暗起伏的细微变化。这体现的是中国人的趣味,中国古代雕塑是从绘画艺术的角度去欣赏的。

中国传统雕塑是特定形式的中国民族精神物态化的凝固,它像画一样以意成象,以象寓意,所以人们称之为"精神之雕塑",也就是说,它是突破了事物本身形体结构的精神表达。西方雕塑从古希腊时期起,就努力模仿再现自然,故写实性极强,而中国雕塑则是突破理象而进入自由之境的高明追求,所以其形之梗概表现的是"神韵"。中国雕塑艺术所创造的人,正是通过"神韵"来表达的,此"神"此"韵"正是炎黄精神所追求的"高明"。

四、造型艺术的综合——建筑

建筑在炎黄文化所占比例尤重。我们中国人今天所使用的与建筑有关的词,如居、屋、层、庐、舍等多与炎黄时代的建筑创造有关。我们以"居"这种建筑形式为例。《说文解字》云:"居,蹲也。从尸,古者居从古。踞,俗居从足。"段玉裁注:"足部曰:蹲,居也。二字为转注。"说到"尸"字,人们就容易想到"死",但是在古代"死"与"尸"别为一字。"居"者所从之"尸",《说文解字》释之为"陈也。象卧之形"。段玉裁注:"尸,陈也。按凡祭祀之尸训主。《郊特牲》曰:尸,陈也。注曰:此尸神象,当从主训之。"这就是说,"尸"当为"主"。而这个"主",丁山训为"柱",其实是指植于地的用以支撑四角的木柱。"柱"的最初形制可能是神像,也即是社神,所以,柱又称社主。从烈山氏之子被称为柱的情况来看,以木柱支撑四角的建筑样式是炎族的发明。王献唐认为,"原始房屋形制,其与炎族有涉者,大抵有三种:一则架木为之,单者为巢,为榭;迭者为层为楼……一为棚帐之属,游牧贸迁用之。一者为土穴,豫陕一带居民用之。一为土茨屋室,东方居民用之"①。"初期重层只架木为之,制出于巢,有巢氏构木为巢,即其权舆。木上或为上下两巢,名之为层。……凡其为制,殆又炎族所遗也。"②我们这里并不是用"营造法式"对炎黄建筑体进行技术性描述,而是试图揭示炎黄文化是如

① 王献唐:《炎黄氏族文化考》,齐鲁书社,1985年版,第146页。
② 王献唐:《炎黄氏族文化考》,齐鲁书社,1985年版,第144页。

何通过建筑来展现人的存在方式的。

中国建筑艺术所体现的人文精神,是关于人的存在性思考。在这种思想中,建筑就其实体构成的部分而言,是人展示自己存在的条件;而其空虚的部分,也就是"留白"。"留白"是不画其所画,自有其画在。而建筑中的"留白"应该是不实其所实,其实自然有。

我们在《老子》中看到了这样的观念。这里要指出的是,当我们谈《老子》的建筑思想时,不是指将《老子》的观点,比如"道法自然"运用到建筑领域,而是《老子》对建筑问题的论述。比如其第十一章云:"三十辐共一毂,当其无,有车之用。埏埴以为器,当其无,有器之用。凿户牖以为室,当其无,有室之用。故有之以为利,无之以为用。"这句话里"凿户牖以为室,当其无,有室之用"讲的就是建筑房屋,意思是开凿门窗建造房屋,有了门窗四壁内的空虚部分,才有房屋的作用。《老子》的意思是房屋是由门窗墙壁(实有)和中空(留白)两个部分构成的。有了前者,房屋的中空部分才能显示出来,门窗墙壁对于房屋来说是使用价值,使用价值在经济学中就是"利益"的实体,"有之以为利"中的"利",就是使用价值;而中空的那部分才是人之所居住的地方,是房屋对于人的价值,这才是"无之以为用"。在《老子》看来,天下所有的建筑,莫不成于门窗墙壁的建成,这叫天下之房"生于有";但是门窗墙壁这个"有"是围绕着人之可居处即"中空"而展开的,这叫"有生于无"。换一句话说,建筑之为建筑并不在于门窗墙壁是否富丽堂皇,而在于它的中空即虚无是否能够满足人的栖居,中空即虚无高于门窗墙壁等实有。人在此世的栖居,是与室之"无"联系在一起的。

老子的这种建筑观也体现在海德格尔对建筑的认识中。在海德格尔看来,建筑的实质是居住,而居住是人的存在方式。他曾指出,建筑原始地意味着栖居。"在古高地德语中,建筑是 buan,bhu,beo,也就是我们现代德语中的'是'(bin)。……含有'是'(bin)的意思的古词 bauen 给出回答:'我是''你是'意味着'我居住''你居住'。我是和你是的方式,即我们人据以在大地上存在(sind)的方式,乃是 buan,即居住。所谓人存在,也就是作为终有一死者在大地上存在,意思就是:居住。"①海德格尔是否受到《老子》的启发,不在我们的探讨之列。我们这里只需强调一点:中国人认识到建筑不仅是人的存在条件,而且更深刻地体会到建筑是人的存在价值的体现。人的存在价值体现在留白处。

从建筑之有的层面看,门窗墙壁等所体现的人的存在价值是现实的人生,即是说为了现实的人的,或者说是便于现世的人。"在他们着手建造时,他们似乎是用人生一世的久暂来衡量事物的,是为自己盖房而不是为子孙后代。而欧洲人则遵循他们的文明要求,似乎力求永世不朽。中国人的这种性格使得他们不可能欣赏表现在我们的公私建筑中的那种富丽堂皇,甚至不相信我们告诉他们的有关情况。……他们的房屋城堡甚至不能经受百年的风雨,而不得不经常修缮。"②对自己的作品进行修缮这一特征,我们在谈中国神话时已有论述。这里要指出的是,中国人之所以用"人生一世"的观念来衡量建筑,是因为中国人"无论在天上或地上,都从不寻求死者灵魂的永生"③。因此中国的建筑没有像西方那样的"永世不朽"的观念,有的只是满足现实人生的需要。

---

① 孙周兴、王庆节主编:《海德格尔文集·演讲与论文集》,商务印书馆,2018年版,第159页。

② [意]利玛窦、[比]金尼阁:《利玛窦中国札记》,中华书局,2010年版,第20页。

③ [意]利玛窦、[比]金尼阁:《利玛窦中国札记》,中华书局,2010年版,第107页。

这一实用理性在中国建筑的用材方面，表现得尤为突出。人们称中国建筑是人类建筑体系中的一"绝"，绝就绝在用材以木为重这一点上。"埃及人用石，巴比伦用砖，中国人用木，可称'邃古三绝'"①。从中国建筑被称为"土木工程"可知，"用木"在中国建筑中是具有决定性意义的特征。西方的观察者早就对此有论述。例如传道士利玛窦观察到中国的"房屋大多是木结构，或者如果是砖石建筑，它们也由木柱支撑的房顶所遮盖。后面这种建造方法的优点是墙壁可以随时翻修，而房屋的其余部分保持原样不动，因为房顶是用柱子支撑的而不是架在墙上"②。这个观察是准确的，因为数千年来，中国建筑始终以木为主要构材，砖石常居辅材之位，故重要工程，以石营建者较少。张良皋将用木称为邃古三绝之一，十分精到。我们讲到烈山氏之子曰柱，这是中国之居的核心。

根据梁思成《中国建筑史》的介绍，中国建筑之用木表现在以下几方面：一是"以木料为主要构材"。"世界它系建筑，多渐采用石料以替代其原始之木构，故仅于石面浮雕木质构材之形，以为装饰，其主要造法则依石料垒砌之法，产生其形制。中国始终保持木材为主要建筑材料，故其形式为木造结构之直接表现"。二是"历用构架制之结构原则"。"既以木材为主，此结构原则乃为'梁柱式建筑'之'构架制'。以立柱四根，上施梁枋，牵制成为一'间'（前后横木为枋，左右为梁）。……此种构架制之特点，在使建筑物上部之一切荷载均由构架负担；承重者为其立柱与其梁枋，不借力于高墙厚壁之垒砌。建筑物中所有墙壁，无论其为砖石或为木板，均为'隔

---

① 张良皋：《三巴寻五帝　百越探三皇——一个建筑师的中国古史观》，《理论月刊》，1997 年第 4 期，第 10 页。

② ［意］利玛窦、［比］金尼阁：《利玛窦中国札记》，中华书局，2010 年版，第 16 页。

断墙'（Curtain Wall），非负重之部分。是故门窗之分配毫不受墙壁之限制，而墙壁之设施，亦仅视分隔之需要"。三是"以斗栱为结构之关键并为度量单位"。"在木构架之横梁及立柱间过渡处，施横材方木相互垒叠，前后伸出作'斗栱'，与屋顶结构有密切关系，其功用在以伸出之栱承受上部结构之荷载，转纳于下部之立柱上，故为大建筑物所必用。……虽砖石之建筑物，如汉阙佛塔等，率多叠砌雕凿，仿木架斗栱形制。斗栱之组织与比例大小，历代不同，每可借其结构演变之序，以鉴定建筑物之年代，故对于斗栱之认识，实为研究中国建筑者所必具之基础知识"①。

中国古代建筑因何以木为用，梁思成从两个方面分析了原因：从科学上讲，一是"匠人对于石质力学缺乏了解。盖石性强于压力，而张力曲力弹力至弱，与木性相反，我国古来虽然不乏善于用石之哲匠"，但"大多凿石为卯榫，使其构合如木，而不知利用其压力而垒砌之，故此类石建筑之崩坏者最多"。二是"垫灰之恶劣。中国石匠既未能尽量利用石性之强点而避免其弱点，故对于垫灰问题，数千年来，尚无设法予以解决之努力"。除了科学上的原因还有一点就是社会思想，梁思成特别强调"不求原物长存之观念"，在他看来，这种传统观念是中国建筑"满足于木材之沿用，达数千年；顺序发展木造精到之方法，而不深究砖石之代替及应用"的原因，也是"修葺原物之风，远不及重建之盛；历代增修拆建，素不重原物之保存，唯珍其旧址及其创建年代而已"的原因②。也有学者认为，中国建筑崇尚用木还有一个原因，那就是对生命的尊重。他们说，中国

① 梁思成：《中国建筑史》，百花文艺出版社，2005 年版，第 4—9 页。
② 梁思成：《中国建筑史》，百花文艺出版社，2005 年版，第 3—13 页。

木结构的建筑与中国人生命意识相关,因为欣欣向荣的树木本就是一种生气的象征。《易传·说卦》里提到"土生木,木生风",是一种求生的机制,接纳大自然整个的生气。顺卦就是木,为风,这就讲到了木结构,它本身跟人对生命的意识是息息相关的。石头是感受不到生命的,而在一个很多梁柱都是木头的建筑里,就有置身于森林的感觉,周围都是郁郁葱葱的树木,给人一种生气。而且木头碰上去不是冰冷的、生硬的,有一定的生命的感觉。何况木结构又有就地取材、适应性强、抗震功能较强、施工速度快、便于修缮搬迁的优势,再辅以特殊处理,因此使用年代也大大延长,既可供现在使用,又可供后人使用。著名的五台山佛光寺大殿,纯粹的木结构,历经千年,至今保存完好。由于木结构具有以上显著特点,故而覆盖面广,加之各地地理、气候、生活习惯不同,又使之产生许多变化,在平面造型组成、外观造型等方面呈现出多姿多彩的繁盛景象。择木而筑体现"上天有好生之德"。不论这种解释是否合理,有一点,我们是不能否认的,那就是,木结构建筑体现的是中国人的现世人生观。

为现世的人,就要方便现世的人的生活,即所谓"有之以为利"。中国建筑从皇帝的寝宫到署衙的后宅,从寺庙的方丈院到村野的农舍,虽然有等级差别,但是方便现世人的生活的思想却是共同点。建筑必须从方便生活、环境优良出发,创造出便于适人的空间,同时,也不能因为建筑而损害人的生活质量,建筑活动要受道德观念之制约,因此中国建筑活动尚俭德,诎巧丽营建之风①。

满足现世人生,这是中国建筑的一面;中国建筑还有"中空"或"虚无"的一面,而正是这"虚无"的一面却大有玄机在。因为恰恰

---

① 梁思成:《中国建筑史》,百花文艺出版社,2005年版,第12—13页。

是它，也因为有了它，人能够得以存在。人在天地之间立足，居室就是人得以立足于天地的地方，所以它就是人的天地。清人张南庄《何典》有一句"原来刘打鬼收成结果了雌鬼，把活鬼的古老宅基也卖来喂了指头，弄得上无片瓦遮身，下无立锥之地，只得仍缩在娘身边"。"上无片瓦遮身，下无立锥之地"讲的是人没有立足于天地之间的房子，或者说房子才能让人立足于天地之间。这样，我们就在中国建筑中看到海德格尔将居住理解为人"据以在大地上存在（sind）的方式"的观点。

不过，因为"虚无"而存在的人，不是西方的独立的个体，而是指群体性的人。换言之，突出的不是人的个性而是人的整体性。

首先，体现的乃是人是整个自然的一部分。中国建筑讲究心灵的运构，而不是单纯模仿大自然。从池岸的曲折、小径的弯曲、假山的多变，到亭台楼榭的点缀，无不包含人的聪明智慧。但是所有这些匠心独具的创造都要基于一个前提，那就是建房要借助自然环境，即强调将人融入自然之中。山环水抱，是中国建筑的遵循；寄情思于山水，是居者的追求。房虽由人住，却是"宛自天开"。"采菊东南下，悠然见南山"，不是单独讲人，也不是单独讲山，而是讲人与山的浑然一体。人在南山里，就在菊香处；山在深远处，眼前不见山。这种超越实用性的人性追求，使得中国建筑与西方截然不同，比如，在园林水景的设计中，西方喜欢喷水，与水的自然流向对抗；而中国人却喜欢落水之美，强调人与自然的协调。

其次，体现的乃是人的群体性。西方建筑讲求独立的个性，坐落于郊野中的西方古代建筑，往往形成一种以自然为背景孑然孤立的空间氛围。与之形成鲜明对比的是，中国建筑强调在总体布局上的整体统一性，形成大一统的格局。城镇要建在群山环抱的地方，西安、北京、南京、洛阳四大古都建在山环水抱的平原上；中国古代建筑绝大多数是四合院，北京故宫是众多四合院组成的，四合院四面的房子都朝向中间的院子。"四合"体现了人与我的统一性。但是在这个统一性中，重要的主题建筑居中，其中心之所在即为轴线所在，两侧则对称安排建筑群的其他副题建筑。无论古代的城市规划，还是四合院，都执行严格的中轴对称。体现人的整体性，而在整体性中"尊者居中"，各单元既相对独立，又依其性而得其所。总之，这里的"人性"是与个性截然不同的人的整体性。

最后，体现的乃是居者的德性。在中国建筑中，也是有个性的，然而这种个性是指个人的品德。《吕氏春秋·离俗》："仁者居之，古之道也。"这里的"居"不仅是指位子，还指安放位子的居住体。这意味着，居住体的"留白"是空又不是空。空是指空间的留置，不空是指居者的德性。孔子讲到了这个问题。据《论语·子罕》记载："子欲居九夷。或曰：'陋，如之何？'子曰：'君子居之，何陋之有？'"按："九夷"，《后汉书·东夷传》云："夷有九种。曰：'畎夷、于夷、方夷、黄夷、白夷、赤夷、玄夷、风夷、阳夷。'"何晏《论语集解》引马融曰："九夷，东方之夷有九种也。"因此九夷是指居东方的文化落后的民族聚集地。孔子曾打算到这个地方居住（至于原因，我们这里不做讨论），有人劝孔子不要去，因为这些地方闭塞落后，居住条件很差，但孔子的回答是，只要君子住这些地方，就不会有闭塞落后的问题了。从建筑学的角度看，孔子的回答其实包含这样一个观念：建筑是否简陋并不取决于门窗墙壁等构件是否富丽堂皇，而是取决于居者的品质是否高尚。这个观念对儒家产生了极其深刻的影响，例如："昔孟母，择邻处。子不学，断机杼。"孟母择邻而居，其实就是看邻居品质高尚与否，而不是看他的门窗墙壁等构件是否富丽堂皇。《荀子·劝学》云:"君子居必择乡。"这与孟母择邻而处是一个道理。唐人刘禹锡曾作《陋室铭》,发挥了孔子的建筑哲学观念,他说:"山不在高,有仙则名。水不在深,有龙则灵。斯是陋室,惟吾德馨。苔痕上阶绿,草色入帘青。谈笑有鸿儒,往来无白丁。可以调素琴,阅金经。无丝竹之乱耳,无案牍之劳形。南阳诸葛庐,西蜀子云亭。孔子云:何陋之有?"①在刘禹锡的笔下,他所居之室是"苔痕上阶绿,草色入帘青",可谓"陋室",但是在此陋室中谈笑的是鸿儒,既可调素琴,又可阅金经,如此"德馨","何陋之有?"同样,南阳茅庐,西蜀古亭,因有诸葛、子云居之,也不曾"简陋"。

总之,中国建筑观将居住理解为实与虚的矛盾体。实,体现的是居住的便生实体;虚,体现的是居住的道德形而上的实体。中国人可以不刻意追求便生实体的豪华,但是对于超越豪华的德性,是非常看重的,认为是德性给房子以灵性。"极高明而道中庸"的矛盾辩证法在这里得到了深刻的体现。

第三节　炎黄文化的科学形态

"从科学看炎黄文化"这个提法意味着,我们在这一节所要研究的是炎黄文化中的科学内容,也可以简称为"炎黄科学文化论"。如果用西欧近代诞生的科学的标准来看,"炎黄科学文化论"这个提法似乎是不可以的。因为根据"西欧近代诞生之科学"的标准,

---

① 这里要说明一下。关于《陋室铭》是否为刘禹锡所作,近年有人提出疑问。不过,在问题尚未有最终结论之前,我们依从旧说,认为其为刘禹锡作。

科学家虽然有国界,但是科学本身却没有国界,没有什么中国形态的科学,只有"西欧近代诞生之科学"标准下的"科学"。从这个标准来看,中国历史上有浩若烟海的科学技术成就,比如农学、天文学、数学和中医学以及技术层面的"四大发明"等,为世界文明的发展做出了突出的贡献;但是中国古代的这些科学成就缺乏西方近代科学的实验性、逻辑性和思辨性,因此中国传统文化虽然有科学内容,但是谈不上自成体系,因而不能称之为"炎黄科学"。不过,也有学者从另外的视角研究问题,例如,日本学者山田庆儿就提出了"与西欧近代诞生之科学不同的另一种科学是否成立"的问题①。山田庆儿就是在"另一种科学"的思路下,研究中国古代科学与技术文化的。我们的研究也是顺着这一思路进行的,不过,我们称这"另一种科学"为"炎黄科学论"。

一、中国古代科学的主要内容

我们这里所说的"中国古代科学"确切的称呼应当是"中国古代自然科学",即古代中国人对自然界事物的认识,其内容是自然事件和自然物及其相互关系。恩格斯曾以运动形式的不同对科学进行分类,对"不同的运动形式的探讨,就是自然科学的主要内容"②,中国古代的自然科学自然也是研究"运动"的,称"运动"为"易",从这个意义上看,其是关于"易"的科学。在"易"的科学中,包括物质存在的两个基本形式乾与坤,研究"易"就要从乾与坤着手。《周易·系辞》云:"乾坤其易之缊邪? 乾坤成列,而易立乎其中矣。乾

----

① [日]山田庆儿:《古代东亚哲学与科技文化》,辽宁教育出版社,1996年版,
　　自序第1页。
② [德]恩格斯:《自然辩证法》,人民出版社,2015年版,第325页。

坤毁,则无以见易。易不可见,则乾坤或几乎息矣。"中国古代自然科学就是在乾与坤以及二者的交互作用中产生的。围绕着乾,易之学表现为天文学;围绕着坤,易之学表现为地理学。而对二者的交互作用以及交互作用中的个别运动形式的思考,则产生了一系列的学科形式,如农学、医学等等。

观象授时的中国天文学。中国是农业民族,对科学的需要最先是定季节的科学,即天文学。"研究自然科学各个部门的循序发展。首先是天文学——游牧民族和农业民族为了定季节,就已经绝对需要它。"①拉普拉斯在其《宇宙体系论》中所说的第一句话是:"在自然科学的发现里,天文学居于领先的地位。"从文献上看,中国天文学起源于距今 4500 年以前。正如拉普拉斯所指出的,古代的民族中,中国人在编年史中为我们提供了最古老的观测。例如,在《尚书·尧典》中,就有这样的记载:帝尧"乃命羲和,钦若昊天,历象日月星辰,敬授民时"。这表明:在帝尧时,天文学在中国已经是很成熟的学科了。它不仅有观象授时的国家专职人员,而且有精密的观测仪器,所以《尚书·舜典》记载"在璇玑玉衡,以齐七政"。考古学将中国天文学的起源和成熟推到了 4500 年以前。比如,山东莒县陵阳河遗址的一座大汶口文化晚期墓葬中,就出现了"日月山"陶符。

人们可以称此陶符是文字,或许可以将它猜想为"旦"字,但是,图片给我们的直观感觉是,它是 4500 年以前的中国人用符号记录下来的天文学观测。这个记录正好是对尧舜时期天文学成就的一个印证。因此,尧舜时期天文学是很成熟的学科了。顾炎武说:

---

① [德]恩格斯:《自然辩证法》,人民出版社,2015 年版,第 28 页。

"三代以上,人人皆知天文。'七月流火',农夫之辞也;'三星在天',妇人之语也;'月离于毕',戍卒之作也;'龙尾伏辰',儿童之谣也。后世文人学士,有问之而茫然不知者矣。"①顾氏此说多被引作古来天文历法知识普及的证明,不过我们最好将其理解为:三代以上能立言者多知天文,而不应该理解为三代以上尽人皆知、皆通天文之学,否则尧舜颁制历法就无必要了。

当然,顾氏此说可以作为尧舜之时天文学已经是很成熟的科学的说明,而由此我们必然引出这样的结论:中国天文学起源于尧舜之前,因为成熟恰恰是由不成熟发展而来的。中国天文学史将天文学的起源追溯到伏羲氏世。《晋书·天文志》:"昔在庖牺,观象察法,以通神明之德,以类天地之情,可以藏往知来,开物成务。故《易》曰:'天垂象,见吉凶,圣人象之。'此则观乎天文以示变者也。"《晋书》此言也能得到考古学的印证。传说中的伏羲氏世在距今7000年至5000年这个时间段内,与之相对应的考古文化当属仰韶文化。伏羲观象察法的天文活动在其中能得到很好的证实。比如考古工作者在河南濮阳西水坡发现一处仰韶文化的聚落遗址,其中45号墓是一座土坑竖穴墓,南北长4.1米,东西宽3.1米,墓穴南边圆曲,北边方正,东西两侧有一对弧形小龛,墓主是男性,其头南脚北,仰卧在墓中,周围葬有三具殉人。在墓主骨架两旁,有用蚌壳排列成的图形,东方是龙,西方是虎,其头均向北,腿均向外。在墓主脚下,另有蚌壳排列成的一处三角形,旁边还有两根人腿骨。同时,在45号墓室以外的同一层位上,另有两处也用蚌壳排列的龙、虎、鹿等动物图形,这两处图形和45号墓排成一南北直线。此动物排

---

① 顾炎武:《日知录》卷三十。

列图形距今 6500 年。

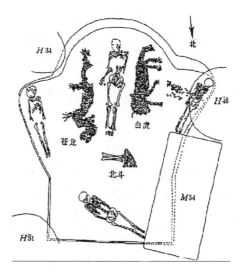

图 7-10　西水坡 45 号墓葬图

　　从墓穴呈南圆北方的形制可知,在仰韶文化时期,中国人已建立了天圆地方的观念,并且已经用四象来描述所观测到的天之"文";不仅如此,墓中殉人所处的方位以头指方向,表明他们已经有了"四时"观念,因此仰韶文化时期的中国人的确建立了自己"观象授时"的天文学了。

　　伏羲开创了中国天文学,黄帝及其子孙将其推向了成熟。《晋书·天文志》:

　　黄帝创受《河图》,始明休咎,故其《星传》尚有存焉。降在高阳,乃命南正重司天,北正黎司地。爰泊帝喾,亦式序三辰。唐虞则羲和继轨,有夏则昆吾绍德。

　　按照这个说法,仰韶文化时期建立起来的天文观念,至黄帝时开始以《河图》来表示,这才有尧舜之时如此发达的天文学。

　　中国天文学包括"观象"和"授时"两个部分。就观象而言,中国为天文学史提供了最古老的观测。对太阳、月亮、行星、彗星、新星、恒星,以及日食、月食、太阳黑子、日珥、流星雨等罕见天象,都有着悠久而丰富的记载,至今仍具有很高的科学价值。殷墟甲骨文即有丰富的天文现象记载。《左传·昭公十七年》引《夏书》云:"辰不集于房,瞽奏鼓,啬夫驰,庶人走。"这虽然属于记录错误,但毕竟是世界上最早的日食记录,从汉初到公元 1785 年,我国共记录有日食 925 次,月食 574 次,堪称世界之最。在恒星观测方面,载有数百颗不同方位恒星的《甘石星经》是世界上最早的星表,而敦煌石窟中的一幅唐代绘制的星图载有 1300 多颗恒星。在观测的基础上,中国人画出了"天"之"象"。据《晋书·天文志》记载,"古言天者有三家,一曰盖天,二曰宣夜,三曰浑天"。"浑天说"认为"浑天如鸡子,天体圆如弹丸,地如鸡子中黄,孤居于内";"宣夜说"认为天没有固定的边际,无边无际,模糊地提出了宇宙的无限性;盖天说"言天似盖笠,地法覆槃,天地各中高外下"。

　　濮阳西水坡的天文图清楚地显示,盖天之说在 6500 年前即已存在。而天之中的各星,中国人用"宿"的观点将其分成二十八"宿",进而归之于"四象"之中。

　　就授时而言,中国的天文学并不是纯粹的"观象",它强调"观象"要为人间政治服务。在这里,其有两个基本职能:一是为王朝占卜吉凶,预报祸福。我们在上面引用"黄帝创受《河图》,始明休咎"一语就已经指明观天象是为了"明休咎",所谓"休咎"也就是"吉凶"。我们看到《左传》《国语》等书经常将天象与人事联系在一起记载,就可以明白中国天文学有观天象"明休咎"的职责了。二是编订历法,历法有助于农业生产。《尚书·尧典》"乃命羲和,钦若昊天,历象日月星辰,敬授民时""期三百有六旬有六日,以闰月定四时,成岁",这里的时间被称为"民时",很清楚地说明:天文学就是要告诉万民,在什么时间安排怎样的农事。中国古代产生了很多历史著作。现在保留下来的最古老的历书是《夏小正》,其中记载有人们由观察天象和物候决定农时季节的知识。自汉代(前206—220)起,就有完整系统的历法著作留传至今,包括在各历史朝代中颁行过的和没有颁行过的历法共约一百种,绝大部分收集在《二十四史》的《律历志》中,如《三统历》《乾象历》《皇极历》《大衍历》《授时历》《崇祯历书》等等。历法不是谁都可以安排的,因为它掌握在人王的手中,所以尧退位时,告诉舜"天之历数在汝躬"(《尚书·大禹谟》),这就是说,编订历法之权之命必须掌握在舜本人的手中。这句话亦见之于《论语·尧曰》,其云:"咨尔舜!天之历数在尔躬,允执其中。"可见只有人王才有授"天之历数"的权力。中国古代历史上每次改朝换代都要改订历法,就是为了彰显皇权以及掌握皇权之人的正统,因此中国古代天文学其实就是中国王权的基础。

"俯察地理"的方舆学。炎黄文化将地理学称为"方舆之学"。同天文一样,"地理"一词起源甚早。《周易·系辞》:

> 仰以观于天文,俯以察于地理。

此"地理"一词,孔颖达云:"天有悬象而成文章,故称文也;地有山川原隰各有条理,故称理也。"可见地理是指山川原隰的条理。早在新石器时代,中国人就有了丰富的地理学知识,如距今约6000

年的西安半坡遗址坐落在渭河支流浐河阶地上。其门多向南开,表明已有方向概念,或已了解方向与日照和风寒有关。《尚书·尧典》中也有关于东、南、西、北四个方位的记述。《尧典》虽是后人所撰,但所反映的上古流传下来的一些认识,在商代甲骨文中都能得到实证。在"俯以察于地理"的悠久历史中,中国人形成了系统的地学知识。例如《诗经》记陆地地貌类型有山、阜、丘、陵、穴、谷、岵、冈等十多种,流水地貌类型有洲、兆、滨、澳、渚、浒、浦等。其记气象有"北风其凉,雨雪其雱……北风其喈,雨雪其霏"(《邶风·北风》)、"上天同云,雨雪雰雰"(《小雅·信南山》)等等。《管子·地员》将丘陵分为15种类型,山地分为5种类型。《周易·谦卦·象辞》记载了"地道变盈而流谦"的流水侵蚀和沉积作用,而《诗经·小雅·十月之交》则对地壳变化产生地形有自觉的认识,其云"高岸为谷,深谷为陵"。传说夏代已有表示山川等内容的原始地图,有人甚至将地图的发明归功于神农之臣。周代就有了掌管"天下土地之图"的职官大司徒,他们知"九州之地域广轮之数"。

因为地属人之财,所以中国人对大地与财富的关系了解得相当透彻。《尚书·禹贡》论述了冀、兖、青、徐、扬、荆、豫、梁、雍九州土壤分布的地区差异,有了自然区划思想的萌芽。《山海经》的《山经》部分以"山"为纲,对每一山岳都记述了位置、水系、天然动植物和矿产资源,虽然所记当然不尽正确,但对黄河和长江流域及其以外广大地区的自然条件进行了综合性记述。《考工记》提出了中国植物分布以淮河为界的思想,即"橘逾淮而北为枳,……此地气然也"。

《管子·地员》则阐述了土壤与植物的关系,提出了"凡草土之道,各有谷造,或高或下,各有草土"的理论。这样,我们中国人很早就知道了大地有不同区域，不同区域有不同草土，所以植物分布有其规律等等。

作为"政首"的农学及医学。天文学是王权的基础，但是仅有基础还不够，因为为政之道还必须让万民生存下来，而生存的第一要义就是解决衣食问题。马克思主义关于历史发展的基本规律有这样的论述：人们首先必须吃、喝、住、穿，然后才能从事政治、科学、艺术、宗教等活动。这种观念在中国古代的科学文化中早已有之，中国人认为人生一世吃穿二字，而解决吃穿问题的学科，就是农学。中国农学从战国至西汉一直被称为"神农之教"，认为它是由炎帝神农氏所创立的。虽然也有一些农学家提出不同的看法，如北宋曾安止在其《禾谱》中指贾思勰引《周书》"神农氏世，天雨粟，神农耕而种之"是"小说之举，不可用之"，但是主流的意见都认为中国农学是"神农之教"。例如《汉书·艺文志》著录作"《氾胜之》十八篇"，但目前该书只残存大约3700字，记载了黍、谷、冬麦、春麦、稻、大豆、小豆、麻、葫芦、桑等13种作物，对每种作物从选种、播种、收获和储种，都做了精确的叙述，其《杂项》讲："神农之教，虽有石城汤池，带甲百万，而无粟者，弗能守也。夫谷帛实天下之命。"可见氾胜之把关于"天下之命"的农学称为"神农之教"。

农学解决生存问题，但是人的生存常有病灾，而且还有一个长寿的问题，解决这个问题的学科，就是医学，汉人称之为"方技"。

据《汉书·艺文志·方技略》记载，在汉代时，我国方技类著作多达36种，有868卷之多，分为"医经""经方""神仙"和"房中"四种。关于"医经"，《方技略》云："医经者，原人血脉经络骨髓阴阳表里，以起百病之本，死生之分，而用度箴石汤火所施，调百药齐和之所宜。至齐之得，犹磁石取铁，以物相使。拙者失理，以愈为剧，以生为死。"关于"经方",其云:"本草石之寒温,量疾病之浅深,假药味之滋,因气感之宜,辩五苦六辛,致水火之齐,以通闭解结,反之于平。及失其宜者,以热益热,以寒增寒,精气内伤,不见于外,是所独失也。故谚曰:有病不治,常得中医。"关于"房中",其云:"情性之极,至道之际,是以圣王制外乐以禁内情,而为之节文。传曰:'先王之作乐,所以节百事也。'乐而有节,则和平寿考。及迷者弗顾,以生疾而陨性命。"关于"神仙",其云:"所以保性命之真,而游求于其外者也。聊以荡意平心,同死生之域,而无怵惕于胸中。然而或者专以为务,则诞欺怪迂之文弥以益多,非圣王之所以教也。孔子曰:'索隐行怪,后世有述焉,吾不为之矣。'"这四类医学都属于"皆生生之具",太古有岐伯、俞拊,中古时有扁鹊、秦和,汉朝建立后有仓公等等。就中医最早的一批著作而言,它们托之于炎黄而立其说,如《神农本草经》《黄帝内经》等等。

成书于汉代的《神农本草经》视神农为中药学的开创者。《太平御览》引《神农本草》云:"神农稽首再拜,问于太乙子曰:曾闻之时寿过百岁,而徂落之咎,独何气使然也。太乙子曰:天有九门,中道最良,神农乃从其尝药,以拯救人命。"这部文字简练古朴的《神农本草经》构成了中药理论的精髓。它载药365种(植物药252种、动物药67种、矿物药46种),并以君、臣、佐分类法将其分成上、中、下三品。上药120种为君,主养命以应天,无毒,久服不伤人,如人参、甘草、地黄、黄连、大枣等;中药120种为臣,主养性以应人,无毒有毒,斟酌其宜,如百合、当归、龙眼、麻黄、白芷、黄芩等;下药125种为佐使,主治病以应地,多毒,不可久服,如大黄、乌头、甘遂、巴豆等。在这个分类中,我们看到,神农将"拯救人命"的《本草经》分成了三个层次:"养命以应天",贵在"养命";"主养性以应人",贵在

"养性";"治病以应地",贵在"治病"。因此,它不是简单地将《本草经》视为治病之学,而是以"养命"为最高追求的。

《神农本草经》中提出了君臣佐使的组方应该充分考虑药物的特性,方中既要有君药、臣药,还要有起协助作用的佐使之药。其比例可按照一君、二臣、三佐、五使或一君、三臣、九佐使的原则来处理。药物的配伍往往是两味或两味以上的药物构成一个方剂。在其中,药物相互之间会产生不同的反应:有的是共同使用能发挥更大的功效,有的是两药相遇一方会减小另一方的药性;有的药可以制约另一种药物的毒性;有的两种药品本身均无毒,但如果两药相遇则会产生很大的毒性,不能同用等。《神农本草经》概括出了药物配伍中的七种情况,即单行、相须、相使、相畏、相恶、相反、相杀等,认为对这些情况要"合和视之",这便是"七情和合"的配伍原则。据临床经验,这365种药物的疗效多数真实可靠,至今仍是临床常用药;它提出了辨证用药的思想,所论药物适应病症能达170多种,比如人参补益、黄连止痢、麻黄定喘、常山截疟、大黄泻下等。而且各种药物主治疾病的种类也非常广泛,约有170余种,包括了内、外、妇、儿、五官等科疾病。对用药剂量、时间等都有具体规定,这也对中药学起到了奠基作用。

《黄帝内经》成书于西汉,包括《素问》《灵枢》两部分。前者以述脏腑、经络、病因、病机、病证、诊法、治疗原则以及针灸等内容为重点,后者除了述脏腑功能、病因、病机之外,还重点论及经络腧穴、针具、刺法及治疗原则等。《黄帝内经》精神包括整体观念(人体结构和各个部分都是彼此联系的,人体本身与自然界是一个整体)、阴阳五行(金木水火土相生相克)、藏象经络(人体五脏六腑、十二经脉、奇经八脉等生理功能、病理变化及相互关系)、病因病机(各种致病因素作用于人体后是否发病以及疾病发生和变化的内在机理)、诊法治则(认识和治疗疾病的基本原则)、预防养生(养生学说)和运气学说(气候对人体生理、病理的影响,并以此为依据,指导人们趋利避害)等。由此形成了藏象(包括经络)、病机、诊法和治则四大学说。与《神农本草经》一样,它托之于炎黄立其说,不过它托之于黄帝,意在溯源崇本,借以说明中国医药文化发祥之早。该书以黄帝、岐伯、雷公的对话为形式,阐述了病机、病理,主张不治已病,而治未病,创立了中医学的"阴阳五行学说""脉象学说""藏象学说"等,同时强调养生、摄生、益寿、延年。如《黄帝内经·素问·上古天真论》中有这样的对话:"乃问于天师曰:余闻上古之人,春秋皆度百岁,而动作不衰;今时之人,年半百而动作皆衰者,时世异耶? 人将失之耶?""岐伯对曰:上古之人,其知道者,法于阴阳,和于术数,食饮有节,起居有常,不妄作劳,故能形与神俱,而尽终其天年,度百岁乃去。今时之人不然也,以酒为浆,以妄为常,醉以入房,以欲竭其精,以耗散其真,不知持满,不时御神,务快其心,逆于生乐,起居无节,故半百而衰也。夫上古圣人之教下也,皆谓之虚邪贼风,避之有时,恬淡虚无,真气从之,精神内守,病安从来。是以志闲而少欲,心安而不惧,形劳而不倦,气从以顺,各从其欲,皆得所愿。故美其食,任其服,乐其俗,高下不相慕,其民故曰朴。是以嗜欲不能劳其目,淫邪不能惑其心,愚智贤不肖,不惧于物,故合于道。所以能年皆度百岁而动作不衰者,以其德全不危也。"这里将"上古之人,春秋皆度百岁"而"尽终其天年"作为最高目标。这种"天真论"我们也见之于《神农本草经》,其为"养命以应天",可见它构成了中国医学的共性,而从它们托之于炎黄而立其说这一点来看,称之"炎黄医学论"是符合中国医学史的发展实际的。

二、中国古代科学解释天地万物的元气本体论模式

自然科学必须有一套用以解释自然现象,甚至是做出某种预言的语言,它其实是科学之为科学的精神内核,对于中国传统自然科学,我们亦当作如是观。中国古代科学用以解释和预测的语言,可以称为"元气本体论",由宇宙本体论和宇宙生成论构成,其模式包括"气→阴阳→五行→万物"和"万物→五行→阴阳→气"两种形式。在"气→阴阳→五行→万物"这个模式中,盈天地间唯气,阴阳由气而生,五行由阴阳而生,万物由五行而生,周敦颐所说的"无极而太极,太极动而生阳,动极而静,静而生阴,静极复动,一动一静,互为其根,分阴分阳,两仪立焉。阳变阴合,而生水火木金土,五气顺布,四时行焉。阳变阴合,而生水火木金土,五气顺布,四时行焉",就是这样的概括,这是对宇宙生成过程的描述;在"万物→五行→阴阳→气"中,万物可以概括为五行,五行可以概括为阴阳,阴阳概括为气。周敦颐所说的"五行一阴阳也,阴阳一太极也,太极本无极也",就是这样的概括,最后将宇宙天地万物的本体称之为"气",周敦颐称之为"太极"。在中国古代自然科学的各种学科形式中,我们都能看到这种模式,可以说,如果我们将各种学科形式的具体内容去掉,那么中国古代自然科学就剩下由宇宙本体论和宇宙生成论构成的"元气本体论"了,与西方近代科学相比较,这种"元气论"缺少了实证性。

气及阴阳万物观。"气"以及阴阳诸字于殷商甲骨文中已见。据专家考证,"气"之一字,在甲骨文中有 3 种用法,字体达 20 多种。阴阳二字与"立中"即用于测量而竖立的中杆有关:阳是指立杆朝天,日光照射,引申为对来自天上、神的意志的测量;阴是指投影于

地,地上有影,引申为来自地下、人之行为的祭祀①。

殷商时期虽然有气及阴阳诸字,但是将这些字组合起来表达气分阴阳的观念还没有出现。在西周早期,人们已经将阴阳合在一起使用,如《诗经·大雅·公刘》有"既景乃冈,相其阴阳,观其流泉"这样的句子,不过,这里的"阴阳"是指山之南北,南曰阳,北曰阴。《说文解字》:"阴,暗也,水之南,山之北也。阳,高明也。"这里也没有气分阴阳且生万物的含义。

文献记载,气分阴阳且生万物的观点出现在西周末年。《国语·周语》有"阴阳分布,震雷出滞""古者,太史顺时脉土,阳瘅愤盈,土气震发,农祥晨正,日月底于天庙,土乃脉发"之类的记载,这里已经将气与阴阳联系起来了。最值得我们注意的是伯阳甫论阴阳,这则记载是:

> 幽王二年,西周三川皆震。伯阳父曰:"周将亡矣!夫天地之气,不失其序,若过其序,民乱之也。阳伏而不能出,阴迫而不能烝,于是有地震。今三川实震,是阳失其所而镇阴也。阳失而在阴,川源必塞;源塞,国必亡。夫水,土演而民用也。水土无所演,民乏财用,不亡何待?昔伊、洛竭而夏亡,河竭而商亡。今周德若二代之季矣,其川源又塞,塞必竭。夫国必依山川,山崩川竭,亡之征也,川竭山必崩。若国亡,不过十年,数之纪也。夫天之所弃,不过其纪。"是岁也,三川竭,岐山崩。十一年,幽王乃灭,周乃东迁。

---

① 王毓红、冯少波:《甲骨文"立中"与阴阳观念的起源》,《宁夏师范学院学报》,2015年第2期,第57—61页。

伯阳甫论阴阳从"天地之气"讲起,接着强调"序",这就对天地之气运行的规律性有了断言,或者是说,伯阳甫已经有了气的运行有规律性的观点。再往下看,在"序"之后,他论及阴阳。这就将气与阴阳联系起来了,建立了气分阴阳的观点。对于阳,他用了"伏"来描述;对于"阴",他用"迫"来描述。这表明气之阳是由下往上的,气之阴是由上往下的,这就是所谓的"阳下交于阴,阴上交于阳",天地之气的"序"正是二者的这种交互合和之态。有了这样的"序",也就有了生,所谓"土气震发,农祥晨正"正是生万物之始。但问题是,如果气之阴迫致使阳不能升,即"阳伏而不能出,阴迫而不能烝",那么天地之间也就失序了,而失序将导致"民乏财用",于是"周将亡矣"。

可见,伯阳甫使用了一套以"气→阴阳→秩序—存亡"为内容的普适性语言,形成了一种观念萌芽:万物的存亡决定于天地之气的阴阳分布是否有序。伯阳甫用这套普适性语言对自然现象与社会历史现象进行解释,并且也用它预测未来。例如"三川实震"的原因,伯阳甫的解释是"阳伏而不能出,阴迫而不能烝";川源堵塞的原因,伯阳甫的解释是"阳失其所而镇阴也。阳失而在阴,川源必塞"。川源的堵塞又导致王朝的灭亡,如"昔伊、洛竭而夏亡,河竭而商亡",原因是源塞而水土无所演,水土无所演就不能生财,民乏财用国必亡。基于这些事实,伯阳甫预测"周将亡矣",前提是"西周三川皆震",而深层原因是"夫天地之气,……过其序,民乱之也"。

到了春秋、战国时期伯阳甫的这套"气→阴阳→秩序—存亡"的普适性语言被上升到解释宇宙的本体论和生成论模式。《易传》在此基础上提出了阴阳的宇宙观。老子称宇宙的本体为道,强调它负阴抱阳,并在合和之态中生成天地万物。老子所谓之"道"未必是伯阳甫的"夫天地之气",但是他论阴阳及二者合和生物却有伯阳甫的思想内核。《易传》讲"一阴一阳之谓道"的宇宙观,其用阴阳"范围天地""曲成万物"等等观点与老子的观念是一致的。到了战国时期,气及阴阳万物的观点已经成熟。《荀子·礼论》讲"天地合而万物生,阴阳接而变化起",但是这个话并不是荀子自己的,因为他在这句话之前加了"故曰"二字,这说明,在荀子之前天地和合、阴阳变化以生万物的观念已成定论。《庄子·知北游》也表达了类似的思想,其云:

> 人之生,气之聚也;聚则为生,散则为死。若死生为徒,吾又何患! 故万物一也,是其所美者为神奇,其所恶者为臭腐;臭腐复化为神奇,神奇复化为臭腐。故曰"通天下一气耳"。圣人故贵一。

这个话将天地所贵之"一"称为气,气聚则为生,散则为死,这实际上是很成熟的气及阴阳万物观了。

五行说。"五行说"最早见之于《尚书·洪范》。从文献的角度看,它出自武王与商纣堂兄箕子的一次对话。据说周武王灭商后的第二年,向箕子请教如何治理国家,箕子的回答是治理国家有九大遵循,此即"洪范九畴"。其中第一大遵循就是"五行",其云:

> 五行:一曰水,二曰火,三曰木,四曰金,五曰土。水曰润下,火曰炎上,木曰曲直,金曰从革,土爱稼穑。润下作咸,炎上作苦,曲直作酸,从革作辛,稼穑作甘。

　　按照箕子的说法，五行是天赐给大禹的，这就是说与大禹治水有关。很多人认为五行说"大概是战国初期的作品"①，但是武王从箕子那里学到的五行说亦见之于西周末年的文献记载。《国语·郑语》记载了史伯为桓公论兴衰，其云："夫和实生物，同则不继。以他平他谓之和，故能丰长而物归之；若以同裨同，尽乃弃矣。故先王以土与金、木、水、火杂，以成万物，是以和五味以调口，刚四支以卫体，和六律以聪耳，正七体以役心，平八索以成人，建九纪以立纯德，合十数以训百体。""土与金、木、水、火杂，以成万物"虽然没有用"五行"之词，但是与《尚书·洪范》所讲的内容是一致的，可见在战国初期就已经有人用"五行"之说了。

　　史伯的这段话可分为两层：一是史伯自己的观点，即"夫和实生物，同则不继。以他平他谓之和，故能丰长而物归之；若以同裨同，尽乃弃矣"。这里提出了"和"的观点，强调万物因"以他平他"即相生相克之"和"而生。第二层是这个观点的理论根据，也就是"故先王以土与金、木、水、火杂，以成万物"等等。因此，这个"和"是指"土与金、木、水、火杂"。问题是，它并不由实验中来。史伯还将五味与土与金、木、水、火结合起来，这与《尚书·洪范》基本相同。史伯将这个没有使用"五行"之词的"五行说"当作立言之据，说明至迟在西周末年，五行之说已经很是流行了。从史伯在"土与金、木、水、火杂，以成万物"这句话之前加上了"故先王以"几个字，我们可以知道，这一理论渊源在"先王"那里。"故先王以"中的"以"常常被理解为"将"或"用"，但是如果我们将"以"理解为"认为"，那么这个话应该是这样的：先王认为土与金、木、水、火杂产生了万物。

---

① 张岱年：《中国哲学大纲》，中国社会科学出版社，1982年版，第29页。

把这个话与《尚书·洪范》结合起来,我们便可知道,持五行之说的"先王"应该是指武王。武王的"五行观"从箕子而来,但箕子讲的"五行"不是商人的观点,而是前朝夏人的观点,这是有考古学根据的。考古资料显示:在二里头发掘出的早商时期的陶器(如大口尊)刻画符号中,有六个符号与水、火、木、金、土、谷相联系。这表明:水、火、木、金、土"五行"是夏人日常生活的重要内容。因此,五行观其实是中国人用火、木、金进行平土导水而生谷的经验总结①。这六样东西,反映到《尚书·大禹谟》是所谓的"六府"。商人将"六府"改造成"五行",关键点在于将"六府"分为两个层次,水、火、木、金、土为一层,谷是第二个层次。第一个层次就是五行,水、火、木、金、土有一种以他平他的关系;第二个层次即谷,是五行以他平他而生成的。这就是说,"六府"之中,更深层次的东西就是"五行",其于夏代有之,可见其思想渊源之深。

三、阴阳、五行的合一

阴阳说与五行说本来是并立的两种理论,"分别从不同的角度反映了自然界的面貌"②。朱子说:"阴阳是气,五行是质。有这质,所以做得物事出来。五行虽是质,他又有五行之气做这物事,方得。然却是阴阳二气截做这五个,不是阴阳外别有五行。"③这就是说,阴阳属于自然万物的质料,而五行属于自然万物的性质,但是只有

① 萧萐父总编,李德永主编:《中国辩证法史稿》,第1卷,武汉大学出版社,1990年版,第78页。
② 蔡宾牟、袁运开主编:《物理学史讲义——中国古代部分》,高等教育出版社,1985年版,第19页。
③ 朱熹:《朱子语类·理气上》。

二者的结合才"做得物事出来"。因此,两种不同的理论必定走向合一。

其实,在伯阳甫论阴阳中,我们已经看到阴阳与五行合一的思想萌芽了。因为他讲阴阳不失其序时,论及"夫水土演而民用也",这里的"演"作"润"解,"水土演"意即水土和谐。水与土正是五行说中的两个要素,伯阳甫所讲的"水土演"是五行中的重要内容。可见虽然伯阳甫并没有论及五行中的全部要素,但是已经有了将五行"演"看作阴阳之序的表现的思想了。此后,老子讲万物负阴抱阳也是将万物看作阴阳的表现,这其中自然也包括土、金、木、水、火五材了。至秦汉之际,《黄帝内经》等著作将阴阳说与五行说糅合起来。《黄帝内经·素问》讲"夫自古通天者,生之本,本于阴阳",将四时看作阴阳的展开,说"夫四时阴阳者,万物之根本也"。在《黄帝内经》中四时与空间方位相联系,讲东风生于春,"风生木";南风生于夏,"南方生热,热生火";西风生于秋,"西方生燥,燥生金";北风生于冬,"北方生寒,寒生水";"中央生湿,湿生土"。这就是说,阴阳在空间的分割中变成了五行,即土与金、木、水、火;土与金、木、水、火的时间化(四时),就是阴阳。这就将五行与阴阳紧紧糅合在一起。这种糅合,在新儒家那里,达到理论上的自觉,正如周敦颐所说,"五行阴阳,阴阳太极,四时运行,万物终始"[1]。

四、中国古代自然科学所追求的物之理

李政道指出:"中文物理的含义是'物质的基本原理',因此它

---

[1] 周敦颐:《通书·动静第十六》。

适用于所有物理科学,从天体到亚原子结构。"①这样看来,中国人所追求的"物理"有广义与狭义之分。广义的物理是指概括天地万物的基本原理,这就是所谓"易学";狭义的物理是指具体事物的原理,包括物理、化学、生物之理等等。

无论是"易学",还是古代具体自然学科,在结构形式上都是对自然现象的观察和用气、阴阳、五行对观察进行解释的有机统一。从观察的角度看,中国古代自然科学与西方近代科学是一样的,区别只在于是设计的实验观察结果,还是日常观察的结果。中国古代自然科学也有设计的实验,但更大量的是日常观察。而从对观察结果的解释来看,中国古代自然科学与西方近代科学之间就有巨大的区别了。西方近代自然科学是以形式化的数学语言对观察内容进行分析与解释,而中国古代自然科学虽然也有运用数学分析,如对《庄子·天下》引惠施"历物""一尺之捶,日取其半,万事不竭"(意思是一尺长的竿,每天截取一半,一万年也分截不完)的分析,刘徽、祖冲之就运用了数学分析,即采用"割圆术"的方法。所谓"割圆术",就是在半径为 R 的圆中做圆的内接正多边形。从 4 边形开始,再画 8 边形、16 边形、32 边形,如此无限次地继续下去。当多边形的边数 n 增加时,其面积就有可能精确地逼近圆的面积。这就是刘徽所说的"割之弥细,所失弥少。割之又割,以至于不可割,则与圆周合,而无所失矣"。但这里的数学属于实用数学,没有达到形式化的高度。更主要的是,用数学分析观察现象不是中国古代自然科学的主流,这里占主流的是另一种形式化语言,即包含数学的阴阳八卦语言。在这种形式化的解释系统中,中国古代自然科学走上了与西方不同的另外的道路。

---

① 柳怀祖编:《李政道文录》,浙江文艺出版社,1999 年版,第 183 页。

　　阴阳消息中的"天地之化"。中国人细推天地之化用的是阴阳符号系统，也就是说，他们将天地万物之化看作元气之自身阴阳矛盾的消长与转化过程。按照《易经》的说法，阴阳二仪的消长过程形成了太阴、少阴、少阳、太阳四象。"太阴"表示事物处于静止状态，但到了"少阳"，情况开始发生变化，下方是阴，上方是阳；而到了"少阴"时，上方是阴，下方是阳，代表阳在进取而阴在退守，变化在继续进行中；最终形成了"太阳"态势，表示阳全面取代了阴，阴阳变化的一个周期至此完成。阳气至极时，阴气始生形成"少阴"，事物走向反面，开始进入衰落阶段；至太阴时，阳气全无，而事物也就进入了毁灭阶段。四象就是这样范围天地之化的，用阴阳的消息涨落来描述天地之化的成、盛、衰、毁。

　　在《易经》中用太阴、少阴、少阳、太阳四象图范围天地之化还是初级的，其还有自己的升级版，也就是《十二辟卦图》。所谓十二辟卦，也叫十二消息卦。凡一卦，其阳爻去而阴爻来，称为"消"；阴爻去而阳爻来，称"息"。乾、坤二卦各爻的消与息的变化构成了十二消息卦。在易学家那里，十二个卦与历数中的十二个月相匹配，每一卦为一月之主，这就是"辟"的意思。"十二辟卦"因是又可称之为"十二月卦"。组成十二辟卦的卦体是复、临、泰、大壮、夬、乾、姤、遁、否、观、剥、坤，如图7-11。

　　在阴阳四象图中，天地之化被划分为成、盛、衰、毁四个阶段，但是"十二辟卦"则将这四个阶段精细化了。在图7-11中，从复卦起，其六爻之中有五爻是阴，表示天地之化处于静的阶段，但最底一爻是阳，表示事物已有动之机，其全体之静已经被克服六分之一，故此卦表示一事物的最初变动。自复卦经临卦至泰卦，表示阳的连续增长，这一阶段构成了物之成，还原为四象，冯友兰称之为"少阳阶

图 7-11　十二辟卦图

段";自大壮卦经夬卦至乾卦,表示阳气继续增长,直到阴气被克服,表示事物的变易处于旺盛阶段,还原为四象,冯友兰称之为"太阳阶段";姤卦经遁卦至否卦,说明事物的阳气在减消,表示事物处于衰老阶段,还原为四象,冯友兰称之为"少阴阶段";观卦经剥卦至坤卦,说明阳之更消,以至达于坤卦时,六爻全部为阴,阳气消尽,此时事物就进入了毁灭的阶段,还原为四象,冯友兰称之为"太阴阶段"。这个天地之化的成、盛、衰、毁之每一个阶段,又有各自的构成环节。"少阳阶段"由复卦、临卦、泰卦三环节构成,"太阳阶段"由大壮卦、夬卦、乾卦三环节构成,"少阴阶段"由姤卦、遁卦、否卦三环节构成,"太阴阶段"由观卦、剥卦、坤卦三环节构成。

　　因此,天地之化的基本原理由包含一系列环节的阴阳循环构成,天地之化被表述为一个伟大的圆圈。冯友兰曾讲:这个"十二辟卦"是天地之化的总公式,它是形式化的,"不涉及于某类实际底事物。亦不涉及于某类事物之理之内容。邵康节名此为先天之易"①。天地

① 冯友兰:《新理学》,生活·读书·新知三联书店,2007 年版,第 64 页。

之化的具体内容,我们的看法是,在阴阳四象及其升级版——《十二辟卦图》中,形式化的东西是有的,这就是阴阳四象以及复、临、泰、大壮、夬、乾、姤、遁、否、观、剥、坤十二卦体符号,正如黑格尔所说,它们是"极抽象的范畴,是最纯粹的理智规定。〔中国人不仅停留在感性的或象征的阶段〕,我们必须注意——他们也达到了对于纯粹思想的意识,但并不深入,只停留在最浅薄的思想里面。这些规定诚然也是具体的。但是这种具体没有概念化,没有被思辨地思考,而只是从通常的观念中取来,按照直观的形式和通常感觉的形式表现出来的"①。从"最纯粹的理智规定"的角度看,我们同意冯氏关于"十二辟卦"是形式化的公式的说法,但是,这里要指出的是,中国古代的物理学恰恰试图运用这个形式化的东西对天地之化进行描述,就像西方自然科学试图用数学语言对物理现象进行描述一样。

其实,中国的形式化"十二辟卦"公式也包含了数学语言,比如,我们在前面已经看到,四象八卦之中包含二进制。"天文学只有借助于数学才能发展。因此数学也开始发展。"②中国的情况的确如此。与天文学相联系的是数学、几何学。据《周髀算经》记载:周公曾问于商高:"古者包牺立周天历度。夫天不可阶而升,地不可得尺寸而度。请问数安从出?"商高的回答是:"数之法,出于圆方。圆出于方,方出于矩,矩出于九九八十一。故折矩,以为句广三,股修四,径隅五。既方之外,半其一矩。环而共盘,得成三、四、五。两矩共长二十有五,是谓积矩。故禹之所以治天下者,此数之所生

① 〔德〕黑格尔:《哲学史讲演录》,第1卷,商务印书馆,2017年版,第141页。
② 〔德〕恩格斯:《自然辩证法》,人民出版社,2015年版,第28页。

也。"这就是说,数学几何出于"立周天历度"的需要。大约编纂于东汉初期的《九章算术》是中国古代数学体系的集中体现,它是这样讲数学的起源的:"昔在包牺氏始画八卦,以通神明之德,以类万物之情,作九九之术以合六爻之变。暨于黄帝神而化之,引而伸之,于是建历纪,协律吕,用稽道原,然后两仪四象精微之气可得而效焉。记称隶首作数,其详未之闻也。按周公制礼而有九数,九数之流,则九章是矣。"天文学与数学是联系在一起的。莱布尼茨曾经说:"只有通过几何学(即数学)人们才能揭示科学的秘密。尽管中国人几千年来致力于学问的研习,但他们并未建立起一种精密的科学,我认为其原因不是别的,只是因为他们缺少那个欧洲人的'一只眼睛'即几何学。"①事实是,中国人缺少的不是几何学,《九章算术》列出了分别隶属于方田、粟米、衰分、少广、商功、均输、盈不足、方程、勾股九章等246个应用问题,其中包含了多种几何图形(如线形和圆形)的体积算法、面积算法等几何学问题,还有开平方术、开立方术与二项二次、二项三次等方程的解法,以及应用勾股定理解决问题的各种算法等等。问题是,我们没有像西方几何学那样一个形式化的体系。《九章算术》里的许多题目都是直接取自农耕实际生活的具体场景,"方田"有关田亩面积,"粟米"有关粮食交易,"衰分"有关分配比例,"商功"关于工程,"均输"有关税收,等等,以解决实际问题为目标。中国人也不是不追求形式化的语言,但是,他们的主要精力放在四象八卦符号的形式化方面了,认为这才是"范围天地之化而不过"的最精确的形式化语言。

我们认为,探索与数学、形式逻辑不一样的形式化语言也未尝

① [德]莱布尼茨:《中国近事》,大象出版社,2005年版,第5页。

不可,甚至可以说是难能可贵的。问题是,中国古代数学用形式化语言所描述的是农耕生活经验,而不是科学家自己大胆设计实验对大自然进行拷问的过程,所以,它所观察的对象属于农耕日常。而近代科学对对象的研究"只是在按照自己的计划而产生的东西里面才有其洞见"①。既然中国传统文化所细推的"天地之化",不是人类对自己在拷问自然过程中所形成的可观察量的分析,所以所描述的内容是没有实验基础的生活日常,落后于西方近代科学。不过,在形式化语言的运用上,其像西方自然科学一样,达到了"对于纯粹思想的意识",只是走了另外一条道路,即易学的形式化。正是在这个意义上,我们认为其是不同于西方近代科学形态的另一种科学。

格万物之理。上面所谈的"物理"属于"天地之化",而在天地之间,还有万物,它们各有其理。戴东原在其《孟子字义疏证》中说:"理者,察之而几微必区以别之名也,是故谓之分理。在物之质,曰肌理,曰腠理,曰文理;得其分则有条而不紊,谓之条理。"既然理是物之质,是物之互相区别的"条理",那么"理"就不能离开"物"。因此对理进行研究就不能离开与物的接触,这叫"即物穷理"或"格物穷理",也叫"实事求是"。关于探究"物之质"的学问就叫"实事求是之学",一方面,强调"格物","犯手实做其事",其中包括对各种自然现象的观察;另一方面,又是观察者用气、阴阳、五行原理对现象观察进行的解释。二者结合在一起,就形成了物理学、化学、生物学等方面的知识。

首先是物理学知识。中国人在观察物理现象的过程中涉及了

---

① [德]伊·康德:《纯粹理性批判》,韦卓民原译,华中师范大学出版社,1991年版,第16页。

机械运动问题，如《墨经》云："【经】动，或从也。【说】动：偏祭从者，户枢免瑟。"这里所说的"动"，就是将"动"定义为物体由一个地方转移到另一个地方的"位移"，实际上是对"机械运动"观察的记录。对"机械运动"的观察，使《墨经》达到了力学的高度。比如《墨经》用"力"这个概念对"动"或"静"的原因进行了解释，其云："【经】力，刑之所以奋也。【说】力：重之谓。下、与。重奋也。"这里的"刑"即"形"，也即指"体"。"奋"原本指鸟张开翅膀从田野飞起，这里就是指"动"。因此这句话的意思是，力是使人的运动发生转移和变化的原因。有人认为《墨经》中力学知识包含了经典力学的三大定律，这个问题需要继续研究。《墨经》还对浮力进行了观察，其云："刑（形）之大，其沉浅也，说在衡。"这句话的意思是体大的物体在水中沉下的部分浅，原因是物体重量被水的浮力平衡了。这说明墨家不仅定性地认识到浮力同重力的平衡关系，而且有定量的概念。《墨经》不仅研究了浮力平衡，而且还对杠杆平衡进行了研究。杠杆平衡中的砝码，《墨经》称"权"，悬挂重物叫"重"，支点的一边叫"标"（力臂），另一边叫"本"（重臂）。如果两边平衡，杠杆必然是水平的。在平衡状态下，加重其中一边，必将使这边下垂。这时要想使两边恢复平衡，应当移动支点，使"本"缩短，"标"加长。而在"本"短"标"长的情况下，假若再在两边增加相等的重量，那么"标"这一端必定下垂。这里实际上提出了力学中"力矩"的概念。

　　《墨经》对光现象的观察与分析也是很深刻的。墨子和他的学生很可能做了世界上最早的"小孔成像"实验，《墨经》云："景光之人煦若射，下者之人也高，高者之人也下。"这句话的意思是：光线像射箭一样是直线行进的。人体下部挡住直射过来的光线，射过小孔，成影在上边；人体上部挡住直射过来的光线，穿过小孔，成影在下边,就成了倒立的影。这是对光沿直线传播的第一次科学解释。对物体和投影现象,其也是用光的直线传播原理来解释的。原来,光被遮挡就产生投影,物体的投影并不会跟随物体一起移动。飞鸟之影仿佛也在飞动,但实际上是飞鸟遮住了直线前进的光线形成了影子。飞鸟移动位置后,原来光线照不到的地方现在照到了,旧的影子也就消失了。而在新的地方,出现了新的影子。墨家还对两个光源同时照射一个物体的成影现象进行了解释。指出一个物体有两种投影,是由于受到两个光源照射的缘故;如果只有一个光源照射一个物体,则只会产生一个投影。这些论述与现代光学中的"本影""半影"描述非常吻合。此外墨家还对镜子成像等问题进行了研究,提出了平面镜、凹面镜和凸面镜的成像理论。

声学是中国古代物理学的重要组成部分,包括乐器制作与乐律理论。《诗经》记载的频率固定的打击乐器有鼓、磬、钟、铃、革兆(摇鼓)等,调频弹拨乐器有琴、瑟,管类乐器有箫、管、埙、笙等。《汉书·律历志》将当时的乐器分为"土曰埙,匏曰笙,皮曰鼓,竹曰管,丝曰絃,石曰磬,金曰钟,木曰柷"八种,其中最引人注目的是编磬和编钟。1979年在湖北随州出土的战国早期曾侯乙墓编钟,一套共65件,总重2500余斤,总音域跨5个八度,12个半音齐全,音色优美,效果极佳,充分显示了我国古代音乐、冶金和乐器制造水平之高超。在律学方面,中国最晚到殷商时期已产生了宫、商、角、徵、羽五声,西周编钟刻有黄钟、大吕、太簇、夹钟、姑洗、仲吕、蕤宾、林钟、夷则、南吕、无射和应钟等铭文,其以黄钟为标准音高之首,逐次按半音降低,形成了十二律。《管子·地员》提出了"三分损益法"的乐律计算法,将主音律的弦(或管)长三等分,取其两份(全管长的2/3,为损一),或增加一份(全管长的4/3,为益一)。对于发声现象，东汉王充《论衡·论死》的解释是"箫笙之管，犹人之口喉也，手弄其孔，犹人之动舌也"。而人的语言是由于"气括口喉之中，动摇其舌，张歙其口"而生的。王船山《张子正蒙注》则用"形"与"气"的冲突而发声的观点解释发声现象，其云："声者，形气相轧而成。""两气"相碰发出"谷响雷声之类"的声音；"两形"相碰，发出"桴鼓所击之类"的声音；"形轧气"，发出"羽扇敲矢（指羽扇生风、飞矢鸣镝）之类"声音；"气轧形"发出"人声笙箫之类"的声音。明代宋应星的《论气·气声》将声的发生分成冲（飞矢）、界（跃鞭）、振（弹弦）、辟（裂缯即撕丝织品）、合（鼓掌）、击（挥椎）等形式，然后解释"气而后有声"，"气本浑沦之物，分寸之间，亦具生声之理，然而不能自生"，此其一；其二是"以形破气"，"气之一动"，"急冲急破，其声方起"，例如击物就是"气随所持之物而逼及于所击之物有声焉"。宋应星则明确提出"物之冲气也，如其激水然。气与水，同一易动之物。以石投水，水面迎石之位，一拳而止，而其文浪以次而开，至纵横寻丈而犹未歇。其荡气也亦犹是焉，特微渺而不得闻耳"。

在冷热问题上，中国人留下了丰富的观察记载。据《考工记》记载，在铸铜与锡时，随着温度的升高，火焰的颜色先后变为暗红色、橙色、黄色、白色、青色，然后才可以浇铸，这就形成了我国古代热工艺中一个内容丰富的特有概念——"火候"。据《周礼》记载，周代已设专人司贮冰事，利用天然冰来降温。他们冬季凿冰加以贮藏，到春、夏季用以冷藏食物和保存尸体。春秋晚期已经掌握高温技术。如江苏曾出土一块春秋晚期的生铁，而生铁的冶炼温度需要摄氏千度以上的高温。除制陶和冶炼金属之外，我国古代还在农业中采用了控温技术。据《汉书·召信巨传》记载，西汉末年，我国已利用冬季栽培蔬菜，其方法是"覆以屋庑，昼夜蕴火，待温气乃生"。

我国先民们还从理论上对冷热问题进行了分析。如王充在其《论衡·寒温》说:"夫近水则寒,近火则温,远之渐微,何则? 气之所加,远近有差也。"他把"气"作为物体之间进行温寒传递的承担者,指出距离变远,"气"的作用渐小。这里所涉及的热传递思考,显然是用"元气说"对冷热及其传递的经验进行的解释。据说是南北朝成书的《关尹子》中认为,"外物"的来去是使瓦石一类物体发生寒热温凉之变的原因。而北齐时期的《刘子·崇学》则从"五行"观念出发猜想物体寒、热、温、凉的变化是一种"内物"在起作用,他说:"譬诸金木,金性苞水,木性藏火,故炼金则水出,钻木而火生。"这种所谓的"外物"或"内物"都是把热设想为一种实体物质,类似于18 世纪"燃素"和"热素"的观念。此外我国古代很早就开始了对热动力的认识和利用,唐代出现了"烟火起轮,走线流星",宋代制成了用火药的火箭、火球、火蒺藜,明代制成了"火龙出水"的火箭,这些都是利用燃烧时向后喷射产生反作用力使火箭前进的原理,属热动力的应用,是近代火箭的始祖,被世界所公认。

从对雷电及摩擦起电现象的观察,我国先民开始了对电的认识。殷商时期的甲骨文中就有了"雷""电"等字,西周初期的青铜器出现了加雨字偏旁的"电"字。《淮南子·地形训》认为"阴阳相薄为雷,激扬为电"。明代刘基说得更为明确:"雷者,天气之郁而激而发也。阳气困于阴,必迫,迫极而迸,迸而声为雷,光为电。"在我国,摩擦起电现象的记述颇丰,西晋张华记述了梳子、丝绸摩擦起电引起的放电发声现象:"今人梳头、脱着衣时,有随梳、解结有光者,亦有咤声。"至于磁,《管子》记载:"上有慈石者,其下有铜金。"我们现在知道,在造岩矿物中,只有磁铁矿、钛磁铁矿、磁黄铁矿和磁赤铁矿具有强磁性,而磁黄铁矿往往与铜矿金矿共生。《吕氏春秋》记载："慈石召铁，或引之也。"《韩非子》记载："故先王立司南，以端朝夕。"表明当时已经知道特殊磨制的磁司南可以指示南北方向，并用在宫廷中。汉代人已经知道经过磁化的棋子同性相斥的现象，这是对磁悬浮现象的认识。

　　其次是化学知识。中国古代化学在火药、陶瓷、造纸、金属的冶炼和炼丹术上做了很多探索与尝试。火药是伴随着炼丹成长起来的，从战国至汉初，帝王贵族们沉醉于做神仙并长生不老的幻想，驱使一些方士与道士炼"仙丹"，在炼制过程中逐渐发明了火药的配方。中国早在新石器时代就发明了陶器。仰韶文化的陶器中含有赤铁矿或炭黑使陶器呈现出红色或黑色。当时的陶器烧成温度已高达 1300 至 1400 度。每朝每代制陶技术都在发展，形成了许多闻名世界的陶器品种。商朝就已经掌握了冶铜、冶锡的技术。虽然纯铜纯锡的质地软，但是只要将两者以适当比例熔成合金，就能成为质地坚韧的青铜。在商朝和周朝主要用孔雀石加木炭炼铜。《考工记》中记载了我国古代创制的六种铜锡比例不同的合金成分配比，称之为"六齐"，是中国也是世界上最早的合金配制记载，故其科学价值为许多学者所关注。到了秦朝，铜制品空前繁荣。在秦始皇陵出土的三把宝剑，通体光亮，没有锈蚀。被波斯人称为"中国石"的白铜，是我国先民在炼铜过程中发现的，紫赤色的铜中加入镍，合金就失去紫赤色而渐成白色。宋朝开始将铜的水炼法应用于生产，沈括《梦溪笔谈》就有"烹胆矾则成铜"的记载。

　　中国人对生物学现象的观察与研究，成就更为独到。这部分的主要内容，我们在前面介绍农学与中医时，已经谈过。这里只强调一点，以上所"细推"的"物理"，从观察的角度看，有很多早于西方，被视为中国古代自然科学的成就；而从理论的角度看，当中的绝大多数被纳入了气、阴阳、五行的解释系统,这就形成了别于西方自然科学的另一种科学形态。

五、以"人"为核心的古代感应系统科学

我们前面多次谈到,在近代西欧产生的自然科学,用实验的方法研究自然界的各种运动形式,并以精密的数学形式分析实验结果,从而揭示自然界的发展规律。为了实现这一目的,它采取了极其专业化的学术分工,这就是恩格斯所说的,为了认识自然界的细节,"我们不得不把它们从自然的或历史的联系中抽出来,从它们的特性、它们的特殊的原因和结果等等方面来分别地加以研究"。从15世纪下半叶开始的自然科学把自然界分解为各个部分,把各种自然过程和自然对象分成一定的门类,对有机体的内部按其多种多样的解剖形态进行研究,这是近代自然科学在认识自然界方面获得巨大进展的基本条件。

但是,中国与强调获得专业知识的近代自然科学不同,追求的是知识的"广大悉备",即知识的系统性,试图将天地人当作一个整体来研究。《周易·系辞》云:"《易》之为书也,广大悉备。有天道焉,有人道焉,有地道焉。兼三才而两之,故六。六者非它也,三材之道也。道有变动,故曰爻;爻有等,故曰物;物相杂,故曰文;文不当,故吉凶生焉。"对系统性的追求,中国人与古希腊人是一致的。正像恩格斯所指出的,原始的、素朴的但实质上正确的世界观是古希腊哲学的世界观,认为首先呈现在我们眼前的,是一幅由种种联系和相互作用无穷无尽地交织起来的画面,其中没有任何东西是不动的和不变的,而是一切都在运动、变化、生成和消逝。这是由赫拉克利特最先明白地表述出来的:一切都存在而又不存在,因为一切

都在流动,都在不断地变化,不断地生成和消逝。不过这种观点虽然正确地把握了现象的总画面的一般性质,却不足以说明构成这幅总画面的各个细节;而我们要是不知道这些细节,就看不清总画面。不过,当中国人将自然界作为"总画面"来把握时,将这个大系统分成天—地—人三个子系统。《孟子·公孙丑下》云:"天时不如地利,地利不如人和。"《荀子·天论》亦云:"天有其时,地有其财,人有其治,夫是之谓能参。"对于"天道",中国古代科学强调"时",主要的学科形态是天文学;对于"地道"以及大地之上的"物之理",中国古代科学强调"财"或"利",主要的科学形态是地理学、物理学、化学等;对于"人道",中国古代科学强调"治",主要的科学形态是农学(包含手工技术)、中医学。"广大悉备"的中国古代科学探究的其实就是这"三材之道",也就是天与人、人与地以及人与人的三种关系。

中国古代自然科学试图将"三材之道"或三种关系化为四个字:"物类相感。"其早期形式就是秦汉时期的"天人感应"说,董仲舒是此说的主要发挥者。他在《春秋繁露·阴阳义》中指出,"以类合之,天人一也"。这是说,天和人是同类的,人有什么,天也就有什么;天有什么,人也就有什么。人也可以说是天的副本、宇宙的缩影。其《人副天数》云:

> 天地之符,阴阳之副,常设于身,身犹天也。……天以终岁之数成人之身,故小节三百六十六,副日数也。大节十二分,副月数也。内有五藏,副五行数也。外有四肢,副四时数也。乍视乍暝,副昼夜也。乍刚乍柔,副冬夏也。乍哀乍乐,副阴阳也。……于其可数也,副数;不可数者,副类。皆当同而副天,一也。

天人同类不仅表现在人体的构造方面,而且还表现在情感方面。而在《为人者天》中,他说:

> 人之形体,化天数而成。人之血气,化天志而仁。人之德行,化天理而义。人之好恶,化天之暖清。人之喜怒,化天之寒暑。人之受命,化天之四时。人生有喜怒哀乐之答,春秋冬夏之类也。……天之副在乎人,人之性情有由天者矣。

因此,"天人感应"成了将天人关系、人地关系以及人与人的关系化归为一的桥梁,以大系统或总画面为追求的中国古代科学可以名之曰"相感系统论"。

从公元 10 世纪即北宋时期起,"天人感应"被改造成为"物类相感"。这里有一本标志性的著作,就是《物类相感志》。据《宋史·艺文志》,这部博物志托名苏东坡著,而实为僧人赞宁所著。它有一个"总论",然后按照传统的类书分类法将分论的内容分成身体(11 条)、衣服(30 条)、饮食(115 条)、器用(41 条)、药品(18条)、疾病(6 条)、文房(30 条)、果子(35 条)、蔬菜(13 条)、花竹(33 条)、禽鱼(44 条)、杂著(72 条),计448 条。赵希弁将这些内容分成"四门",其云:"《物类相感志》十卷。右皇朝僧赞宁撰,采经籍传记物类相感者志之,分天、地、人、物四门。"①可见宋人已经建立了门类观念,他们将赞宁的 448 条物理观察分成"天、地、人、物四门",这拓展了《周易》等书的"三才"分类。不过对各种自然现象做精细的观察并不是宋人的目的。从《物类相感志》看,全编虽然自

---

① 赵希弁:《郡斋读书后志》卷十二《杂家类》。

始至终一味地记述现象,也没有提出物类相感现象所用概念的理论或注释,但是它的"总论"从磁石引针、琥珀拾芥开始,举了 77 例现象,最后总结了一句:"物类相感如斯而已。"这是运用归纳逻辑得出的结论。再往下看,赞宁以"物类相感如斯而已"为纲,分别汇集了各门类的特殊现象,虽然作者再也没有说其他的话,但是读者一看便知,赞宁是在运用演绎逻辑将各部门的现象视为"物类相感"的表现。从"天人感应"到"物类相感"是一个智力进步,因为前者的主题是阴阳五行之气,而后者则完全没有运用阴阳五行之气对448 条物理观察进行解释,只是吸收了"天人感应"中的"类固相召"的思想因素,从这个意义上看,后者是前者的改进版。以这种改良的"物类相感"为纲领,从 10 世纪起,中国人就将各门类之物理观察综合成一个整体或一个系统。那时,因为没有"系统"这个词,所以建立起来的跨学科性的"物类相感"的"广大悉备"的理论系统,被赵希弁称为"杂家"。

"广大悉备"的中国古代自然科学所处理的"关系",在终极目标上是为了"人"。人性是中国古代自然科学的灵魂。从天人关系看,中国古代科学强调人是天的一部分。正如荀子指出的,人对于天有制约的一面,此即"制天命而用之"。但是人要顺天,因为人的好恶、喜怒、哀乐等心理活动是"天情","耳目鼻口形能各有接而不相能也,夫是之谓天官。心居中虚,以治五官,夫是之谓天君",等等。因此人当"备其天养,顺其天政,养其天情",从而做到"不为而成,不求而得"。在这两面中,天文学主要发挥了后一面,以至于形成了这样一种观念:某种天象的发生预示着人间就会出现某种事变或事件,所以天文学的落脚点是人事,是为了人的。从人地关系看,地理学将大地视为人的"财",所以地理之为学也是为人服务的,正如《淮南子·泰族训》所说:"俯视地理,以制度量。察陵陆水泽肥墩高下之宜,立事生财,以除饥寒之患。"这里强调"俯视地理"是为了根据不同的地理环境安排生产,以解决穿衣吃饭问题,所以地理学的落脚点也是人事,也是为了人的。至于在天人关系和人地关系的综合交叉中形成了医学、农学等交叉学科形式,更是人事的聚焦。中医的立足点在"天",但所有的君臣佐使之药都是地出之财,二者的交叉形成了人如何"养命以应天"的医学;农学从地生财,但是阳光、气象、气候等无不系于"天",所以二者的交叉形成了如何生产"夫谷帛实天下之命"的农学。从关系论上看,"广大悉备"的中国古代科学可以表述为由天学、地学以及二者综合而成的农学、医学等学科整体,其灵魂是关注"人事"。

基于上述,我们用来表示"与西欧近代诞生之科学不同的另一种科学"即"炎黄科学论",是以人为目的的"物类相感"系统论。它不是指属于哲学社会科学范畴的学科,不是指仁义礼智信等道德伦理,但却是仁义礼智信等道德伦理赖以产生的基础,这就是中国人所理解的"古代科学"。

第八章　炎黄文化的基本形态（下）

在这一章，我们进一步讨论神话、宗教、哲学三项。通过中国神话，我们看到了重视劳动的炎黄精神；通过中国宗教，我们看到了以祖为本和以祖配天的炎黄精神；通过中国哲学，我们看到了以民为本的炎黄精神。

第一节　伟大的劳动神话

中国神话是炎黄精神在神话领域的具体显示，今天看来，它似乎是很怪诞的想象，但却是中国先民在自己经验的基础上对宇宙人生进行的思考。在其中，劳动是最崇高的价值。为了更好地说明这个问题，在这一节，我们运用中外神话比较分析的方法，阐述中国神话里的炎黄精神。

一、中国开辟神话中的"人化自然"

我们在前面已经介绍了中国的开辟神话，从这些介绍中我们看到，中国的开辟神话具有人类开辟神话的共同元素，如黑暗、混沌、巨蛋等等，但是除了这些共同性之外，还有其更为独特的价值，即强调天地万物是"人化自然"。

我们首先看盘古开天地。世界万物其实是盘古的垂死化身,徐整《五运历年记》云:"气成风云,声为雷霆,左眼为日,右眼为月,四肢五体为四极五岳,血液为江河,筋脉为地里,肌肉为田土,发髭为星辰,皮毛为草木,齿骨为金石,精髓为珠玉,汗流为雨泽,身之诸虫,因风所感,化为黎甿。"天地万物实即盘古化身。在白族《打歌》中有《开天辟地篇》,通过对答的形式叙述盘古和盘生两兄弟,一个变天,一个变地,后二人又化为巨人木石伟。木石伟死后,左眼变日,右眼变月,眼睁为白天,闭眼为黑夜;头发变树木,眉毛变竹子,鼻子变山,肠子变河,肌肉变泥土,筋脉变道路,心变成启明星,牙齿变星星。这与汉族的盘古神话是一样的。不过这里还有一个盘古如何化成天地万物的问题需要解决。20世纪80年代,河南省桐柏县、济源县文化馆和河南大学张振犁、程健君等人在桐柏山等地调查时发现,在今桐柏山区和太行山区始终流传着盘古从混沌的鸡蛋中出世,在大蛋中孕育了一万八千年,醒来用脚把蛋蹬破,然后又用斧头开天辟地,创造万物。贵州黔东南苗族也有开天辟地古歌,其云:传说天地原为一团雾气,四脚八手的巨人府方用斧头开辟了天地,又有各种巨人创造了山河万物。派四个老人去东海运金运银,用以锻造日月星辰,铸造十二根撑天柱。太阳是用金子按照水波圈纹的样子造的,一共造了十二个;月亮是用银子造的,也造了十二个,由巨人榜样布友送上天去。

如果用科学的眼光看盘古开辟神话,其所描述的世界生成图景与宇宙大爆炸理论是有几分相似的。不过这不是我们关注的重点,我们所关注的是盘古用斧头开天辟地这一活动本身。从原始经验上看,"斧头"为当时主要的石制工具。这也表明原始人所想象的征服自然的力量,离不开支配他们生活的原始经验。话说回来,如果我们对用斧头开辟了天地这一行为模式进行属性分析的话,那么它当属"劳动"。这里的"劳动"是指用物质的力量去改变物质对象的感性物质活动,这是最原始的经验。盘古的开辟神话用想象描述了劳动创造世界的过程,包含了世界是劳动哪怕是最原始的劳动的对象化的思想。

　　盘古用斧头开天辟地的这一神话特质,将中国开辟神话与其他文明古国的开辟神话区别开来了。我们先来看看并不完整的古埃及的开辟神话。虽然古埃及开辟神话并不完整,但是依据种种文献典籍和考古文物,后世可以触摸到一些脉络,揣测到某种梗概。其典型者出现于赫利奥波利斯、孟斐斯、赫尔摩波利斯、底比斯、埃斯奈五个地区。虽然各有特色,但均与"努"——混沌、水渊有关。赫利奥玻利斯的开辟神话说,宇宙间始而一片幽暗,没有任何生气。大地是无边无际的瀛水,即"努恩"。水中出现了一个丘阜,于是有了陆地。一朵荷花赫然而现,绽开的花中出现一个婴儿,这便是太阳——拉。初升的太阳驱散黑暗,照亮寰宇,世间逐渐有了生命。另据《死者之书》所述,太阳神拉是生于一巨卵,此卵为巨鸟"大戈戈通"生于混沌中隆起的丘阜上。拉神出生后,没有天,没有地,没有动物,只有水渊"努恩",幽暗笼罩于其上。拉神以水渊之土造天和地,天和地空空荡荡,没有众人,也没有群神,拉神便按照自己的模样思于心,于是,诸神相继出世。拉神首先从口中吐出两神,即空气——舒,和水汽——泰芙努特;空气和水汽结合,生了天——努特,和地——盖布。接着,拉神的眼泪落在地上,人遂生于其泪水。孟斐斯的开辟神话说,世界的创造之神是孟斐斯的工匠之神卜塔,他是先天地之生而生,在世界还没有发生之前就已经存在了。卜塔通过心和言获得力量,以心中思之、口中道出的方法生出创世八神。然后与这八位神祇创造视力、听力、呼吸,以使心有所知;而舌头,它重复心所构思的事,于是卜塔宣读所有东西的名字,地和天、人、动物、植物相继诞生。紧接着,卜塔再以言创造灵魂。善者给以生,罪者给以死;任何劳作、任何技艺、手之动作、脚之行走、一切器官的运作,无不据心之所思和言之所述而产生。赫尔摩波利斯的开辟神话说,在最早的时候,世界是一片混沌不明,而后有四对男女神祇出现,他们分别是地——盖布,天——努特,空气——舒,太阳——阿图姆、拉,黑暗——库克和乌特克,无垠——胡赫和哈乌赫特库克。这八位代表"黑暗、深邃、不可知、无边"的自然神,融合在水渊——努恩里,共同创造了世界。

古埃及的开辟神话中除了黑暗、混沌、巨卵等共同性的神话元素外,还有世界是神用口中道出的方法生出创世八神等等,强调开天辟地是语言力量。我们知道语言的力量是巨大的,但是并没有开天辟地的能量。

古印度的开辟神话也颇为强调语言的力量。古印度的开辟神话最有影响的应该是金蛋说。在《摩奴法典》中,我们读道:"当时这宇宙沉浸于黑暗中;不可见,并无明显的特征,不能靠推理去发现,也未曾被启示,如同完全处在睡眠中。……他在思想中既已决定使万物从自体流出,于是首先创造出水来,在水内放入一粒种子。此种子变成一个光辉如金的鸡卵,像万道光芒的太阳一样耀眼,至高无上的神本身托万有之祖梵天的形相生于其中。"①此外,还有资料说,创生神 Prajapati 摆脱金蛋而出后,想开口出声,第一声生成了

① [法]迭朗善译:《摩奴法典》,商务印书馆,1982 年版,第 8 页。

地,第二声化成了天,第三声有了四季。

印度开辟神话主张宇宙最初沉浸于黑暗中,首先创造出水来,在水内放入一粒种子,种子变成一个光辉如金的鸡卵,这与《涢山祭祀歌》中的开辟故事十分相似,但是《涢山祭祀歌》强调了精心养育天地这一环节,而印度开辟神话强调的是万物从思想中流出,天与地是通过语言的力量形成的。这与古埃及的开辟神话相同,而与强调劳动的中国开辟神话格格不入。

古希腊开辟神话与古埃及、古印度的开辟神话有类似之处,但亦有不同。它说,太初,混沌一片(一片混沌之海),忽然大女神欧律诺墨从混沌(混沌之海)中诞生。但她周围没有一片可以立足之处,于是,便用手指划分了天宇与大洋。欧律诺墨便降下,站在波涛汹涌的浪尖环视四周,片刻开始向着南方翩翩起舞,身边产生并吹起了南风诺特斯。女神经过之处创生了无数新事物,突然她急速逆转北方,抓起产生的北风波瑞阿斯疯狂搓揉并舞动起来。在女神的狂舞下北风越来越大,越来越暖,女神造就了大蛇奥菲恩。奥菲恩向着欧律诺墨蠕动,缠绕在女神身上,并与她交合。此后欧律诺墨变成鸽子在大洋上筑巢,孕育生下了宇宙蛋。在女神的吩咐下奥菲恩盘绕宇宙蛋七天七次,随着一声轰然的巨响,在波涛中宇宙蛋终于孵化出了宇宙万物,形成了世界。

从这些描述中,我们可以看出,在古希腊人看来,天地是女神通过狂舞而创造的,这里强调艺术开辟天地,我们同样也很少能看到感性物质劳动的影子。

《圣经》的开辟神话与古希腊开辟神话也有类似之处,但亦有区别。《圣经》开篇第二节就说到"地是空虚混沌"。神从混乱及其负面特性中创造了一个有秩序的世界。神灭除混乱的第一步是把光暗分开。第一日,神说:"要有光,就有了光。"第二日,神分开了地上的水和天上的水,创造了天穹。第三日,神将天下的水都聚在一处称之为海的地方,使旱地露出来,那儿生长着各种各样的植物。第四日,神在天上造了两个光体,大的管昼,小的管夜。神又造了众星。神在第五日创造了另一层秩序:造出了海中的鱼类和天上的鸟类。第六日,神终于在地上造出了生命:牲畜、昆虫以及地上的动物。如同往日,神看着一切都是好的。由此看来,神是通过语言即"神说"来创造天地的,这与古埃及、古印度的开辟神话是一致的,而与中国的世界万物是劳动的对象化这一点根本不同。

二、中国神话中化害为利的水利观

由世界万物是劳动的对象化或者世界万物是人化自然这一本质,中国开辟神话又演化出了通过劳动化害为利的特质。这里以洪水神话为例。洪水神话是世界性主题,其他文明古国如巴比伦、古印度、希腊以及犹太人的洪水神话都具有相同或相似的情节,即洪水是神对人的惩罚,人类中的善良者用船逃命。我们先来看巴比伦大洪水神话,它至少有三个,其中的一个拥有多个版本,最古老的版本可以追溯到汉谟拉比后代 Ammi-Saduqa 统治时期(前 1646—前1626)。据记载,人类从此开始在大地上繁衍,但有好几次因数量日多,喧哗嘈杂的声音直冲云霄,把众神灵吵得心神不定。坏脾气的恩利尔每次都忍受不住,先后召开众神会议,将疾病、饥馑、贫困、瘟疫、旱灾降至人间,人类弱肉强食,互相残杀。最终诸神降下了最具毁灭性的灾难,就是所谓灭世洪水。其中有位叫埃阿的神对一位特殊的人类阿特拉·哈西斯怀有同情之心,对他的茅屋泄露了天机,警告他建造一艘船用以从洪水中逃生。他遵照启示建造了一艘方舟,载着一家大小以及各类动物逃脱了灭顶之灾。

古印度洪水神话与摩奴有关。摩奴是古印度神话中的人类始祖,他曾经救了一条鱼并一直照顾长大。鱼在进入大海时跟摩奴预言了灭世洪水的到来,教授摩奴建造了一条非常结实的大船,搜罗齐各种种子,并与北斗七星七位仙人登上船,在鱼的拉航下停在了雪峰下,存活下来,从此衍生出子子孙孙来。

据希腊神话中的洪水神话,宙斯与诸神商量,决定根除这一代可耻的人。他决定降下暴雨,用洪水灭绝人类。这时,除了南风,所有的风都被锁在风神埃俄罗斯的岩洞里。南风接受了命令,扇动着湿漉漉的翅膀直扑地面。南风可怕的脸黑得犹如锅底,胡须沉甸甸的,好像满天乌云。洪涛流自他的白发,雾霭遮盖着前额,大水从他的胸脯涌出。南风升在空中,用手紧紧地抓住浓云,狠狠地挤压。顿时,雷声隆隆,大雨如注,暴风雨摧残了地里的庄稼。农民的希望破灭了,整整一年的辛劳都白费了。宙斯的弟弟,海神波塞冬也不甘寂寞,急忙赶来帮着破坏,泛滥的洪水涌上田野,犹如狂暴的野兽,整个大地一片汪洋,无边无际。人类面对滔滔的洪水,绝望地寻找救命的办法,有的爬上山顶,有的驾起木船,航行在淹没的房顶上。大水一直漫过了葡萄园,船底扫过了葡萄架。鱼儿在枝蔓间挣扎,满山遍野逃遁的野猪被浪涛吞没、淹死。普罗米修斯的儿子丢卡利翁事先得到父亲的警告,造了一条大船。当洪水到来时,他和妻子皮拉驾船驶往帕耳那索斯。被创造的男人和女人再也没有比他们更善良、更虔诚的了。

《圣经·创世记》关于洪水的记载与之类似。其云:主对挪亚说:"你跟你全家的人都要进到船里,因为我发现在这个世代只有你行为正直。你要带牲畜进船:凡宗教礼仪定为洁净的,每一种雌雄七对;不洁净的,每一种雌雄一对;鸟类每一种雌雄七对。这样,各种牲畜、飞鸟得以保存,在地上传种。七天后,我要降大雨四十昼夜,把我所创造的一切生物都消灭。"挪亚遵照上主的命令一一做了。挪亚六百岁的时候,洪水泛滥大地,他跟妻子、儿子和儿媳都进到船里逃避洪水。按礼仪定为洁净和不洁净的各种牲畜、飞鸟、爬虫,也都照上帝的命令雌雄一对对地跟挪亚上船。七天后,洪水泛滥大地连续四十天。水往上涨,船从地上浮起来。水越涨越高,船开始在水面上漂荡。洪水淹没大地,使天下所有最高的山峰都没顶。但是水继续高涨,高过山峰七米。地上所有的牲畜、飞鸟、爬虫和人类都死光。地上一切有气息的生物也都死了。主消灭了地上一切的生物,只有挪亚以及跟他在船里的得以存活。

面对洪水,巴比伦、古印度、西方人的神话是教他的子民选择用方舟逃避洪水,尤其是希腊神话,逃命只顾自己及家人,全然没有拯救人类的思想。

与之形成鲜明对比的是,中国洪水神话视洪水为自然灾害。面对洪水,不能逃命,而应该抗洪,化害为利,将水害变成水利。中国古代文献对史前洪水传说有丰富的记载,大致分为尧舜禹前和尧舜禹时期两个阶段。典籍中尧舜禹之前关于洪水的记载虽然多为只言片语,但较为丰富。如虞世南《北堂书钞》转引《尸子》:"燧人氏时,天下多水。"《淮南子·本经训》:"共工振滔洪水,以薄空桑。"《列子·汤问》道:"共工氏与颛顼争为帝,怒而触不周之山,折天柱,绝地维。"尧舜禹时期发生的洪水,文献记载尤为丰富。如《尚书·益稷》中禹曰:"洪水滔天,浩浩怀山襄陵,下民昏垫。予乘四载,随山刊木,暨益奏庶鲜食。予决九川距四海,浚畎浍距川;暨稷播,奏庶艰食鲜食。懋迁有无化居。烝民乃粒,万邦作乂。"《孟子·滕文公上》记载:"当尧之时,天下犹未平,洪水横流,泛滥于天下……尧独忧之,举舜而敷治焉……禹疏九河,瀹济、漯而注诸海;决汝、汉,排淮、泗而注之江。"《庄子·天下》中提道:"昔者禹之湮洪水、决江河而通四夷九州也,名川三百,支川三千,小者无数。"《淮南子·齐俗训》也记载:"禹之时,天下大水,禹令人民聚土积薪,择丘陵而处之。"

此外,《国语》《山海经》《吕氏春秋》等历史文献对于尧舜禹时代发生的洪水亦有所提及。对第一阶段的洪水,中国先民们是怎么对待的,因史籍乏载我们不去猜测。但是第二阶段的记载却鲜明地反映了中国先民把洪水看作是一种自然灾害,有一种化害为利的水利精神。

2002年一件西周中期的青铜器"遂公盨"被发现,上有铭文:"天命禹尃(敷)土,隓(堕)山浚川……"最近又在湖北随州发现春秋时期的曾侯宝夫人芈加墓编钟铭文,不仅记载了"禹之堵",而且记载了"夏"。这是目前所知中国较早的关于大禹治水的文献记录,这一发现甚至使我们感到大禹治水是真实的历史事件。禹的父亲——鲧用息壤埋(堵)洪水失败了。这就是《山海经·海内经》所记载的"洪水滔天,鲧窃帝之息壤以埋洪水,不待帝命。帝令祝融杀鲧于羽郊"。禹受帝命,继续治水。他吸取了其父堵水失败的教训,改堵为疏,如导河积石、岷山导江、导淮自桐柏等等,据《吕氏春秋》,禹为疏通水路向东至于海边,向南至于羽人裸民之乡,向西至于三危之国,向北至于犬戎国。三过其门而不入,以至于"股无胈,胫无毛,手足胼胝,面目黎黑,遂以死于外"①。在治水过程中,禹还

---

① 司马迁:《史记·李斯列传》。

与诸多恶神展开斗争,诛相柳、擒无支祁等。当然他也得到诸神灵的支持与帮助,最终祸害人间的洪水被制服了。大禹曾回忆此事说:"鸿水滔天,浩浩怀山襄陵,下民皆服于水。予陆行乘车,水行乘舟,泥行乘橇,山行乘檋,行山刊木。与益予众庶稻鲜食。以决九川致四海,浚畎浍致之川。与稷予众庶难得之食。食少,调有余补不足,徙居。众民乃定,万国为治。"[①]他的意思是说,他和益一同给黎民百姓稻米和新鲜的肉食。疏导九条河道引入大海,又疏浚田间沟渠引入河道。有了沟渠,粮食欠缺地区的百姓就可以迁到有粮食的地区居住。民众安定下来了,各诸侯国也都治理好了,这就化害为利了。

三、现在世界之革新、修复中的劳动力量

在《圣经》中,我们看到,西方人的上帝虽然从混沌中创造出了一个"各从其类"的有序世界,但是当他看到这个世界没有达到他的完美预期时,见人在地上终日所思想的尽都是恶,心中忧伤,所以要将所造的人和走兽并昆虫,以及空中的飞鸟,都从地上除灭,因为他后悔了。在巴比伦、希腊神话中,这样的故事情节也是存在的。这样的情节,在炎黄神话中是看不到的。我们看到的是,现存世界秩序有可能不完美,对人类造成不方便,但创造神不是毁灭现在世界,而是帮助人类按自己的意愿对世界不完善处进行改良;现存世界秩序可能会被破坏,但创造神不是毁灭被破坏的现在世界,而是对被破坏的世界进行修复。

关于第一种情形,《列子·汤问》中的"愚公移山"就是典型。

---

① 司马迁:《史记·夏本纪》。

这个神话说:

> 太行、王屋二山,方七百里,高万仞,本在冀州之南,河阳之北。北山愚公者,年且九十,面山而居。惩山北之塞,出入之迂也,聚室而谋曰:"吾与汝毕力平险,指通豫南,达于汉阴,可乎?"杂然相许。其妻献疑曰:"以君之力,曾不能损魁父之丘,如太行、王屋何?且焉置土石?"杂曰:"投诸渤海之尾,隐土之北。"遂率子孙荷担者三夫,叩石垦壤,箕畚运于渤海之尾。邻人京城氏之孀妻有遗男,始龀,跳往助之。寒暑易节,始一反焉。河曲智叟笑而止之曰:"甚矣,汝之不惠!以残年余力,曾不能毁山之一毛,其如土石何?"北山愚公长息曰:"汝心之固,固不可彻,曾不若孀妻弱子。虽我之死,有子存焉。子又生孙,孙又生子;子又有子,子又有孙;子子孙孙无穷匮也,而山不加增,何苦而不平?"河曲智叟亡以应。操蛇之神闻之,惧其不已也,告之于帝。帝感其诚,命夸娥氏二子负二山,一厝朔东,一厝雍南。自此,冀之南,汉之阴,无陇断焉。

高万仞的太行、王屋二山存在于冀州之南、河阳之北,对于北山愚公及其家人来说,是不合理的。因为愚公及其家人"惩山北之塞,出入之迂也",因此他们协商"毕力平险,指通豫南,达于汉阴"。这个协商结果不是停留在口头上,而是落实在"遂率子孙荷担者三夫,叩石垦壤,箕畚运于渤海之尾"的行动中。这个行动得到了京城氏之孀妻遗男的"跳往助之",虽然也有河曲智叟"笑而止之",但是愚公不为所动,坚持毕力平险。这种劳动精神令"操蛇之神"恐惧,也感动了天帝,"帝感其诚,命夸娥氏二子负二山,一厝朔东,一厝雍南。自此，冀之南，汉之阴，无陇断焉"。可见人类持续不已的劳动精神是一种令神恐惧、令天帝感动的力量，中国神话对改良现在世界的劳动的赞美是如此之高。

关于第二种情形，《淮南子》所记载的"女娲补天"就是典型。《淮南子·天文训》："昔者共工与颛顼争为帝，怒而触不周之山，天柱折，地维绝。天倾西北，故日月星辰移焉；地不满东南，故水潦尘埃归焉。"其《览冥训》又云："往古之时，四极废，九州裂，天不兼覆，地不周载；火爁炎而不灭，水浩洋而不息，猛兽食颛民，鸷鸟攫老弱。于是，女娲炼五色石以补苍天，断鳌足以立四极，杀黑龙以济冀州，积芦灰以止淫水。苍天补，四极正；淫水涸，冀州平；狡虫死，颛民生。"共工是炎族首领，颛顼是黄族首领，他们因争夺领导权爆发战争而使"四极废，九州裂"。但是天帝并没有放弃这个秩序被破坏的现在世界，而是"炼五色石以补苍天，断鳌足以立四极，杀黑龙以济冀州，积芦灰以止淫水"，于是世界回归正常秩序，重现"苍天补，四极正；淫水涸，冀州平；狡虫死，颛民生"的太平局面。

我们常常思考一个问题：为什么在四大文明古国中，中国不是最古老的，但是能够保存至今天的却只有中国文明？你可以从许多方面去分析原因，不过，从神话的角度看，中国神话追求的是改良现在世界的不足，修复被破坏的秩序，惩处破坏秩序的凶恶，这样被开辟出来的世界就保存了下来。但是在其他文明古国的开辟神话中，我们看到的是创造神对自己开辟的世界的毁灭。这就可以解释当其他古老文明销声匿迹后，中国古老文明为何以"周虽旧邦，其命维新"的方式独存于世了。

第二节　崇本教及其教派

研究炎黄文化的神话构成之后,接下来的工作就是研究炎黄文化的宗教构成。这项工作可以说是神话研究的升级,因为宗教是从神话中演变而来的,人类早期的宗教其实就是神话。古希腊神话中的宙斯、赫拉、阿波罗、雅典娜的故事,就包含了"超自然力"的崇拜,这其实是宗教崇拜的对象。不过当我们谈"炎黄文化的宗教构成"这个题目时,首先遇到的问题是,中国究竟有没有宗教。与之相联系,中国人究竟有没有信仰,也成了问题。我们研究炎黄文化的宗教构成必须回答这两个问题。研究的结果表明:中国是有宗教的国家,中国宗教可以称之为"崇本教",儒与道是"崇本教"中的两个教派,其他外来宗教之所以能在中国传播,原因是它们能在一定程度上自觉中国化。我们的研究试图围绕"崇本"这个主题,梳理中国人的本崇拜的形成过程,结论是:从宗教构成来看,炎黄文化包含崇本之教,围绕这个"本",中国人产生了敬天法祖的宗教意识。中国人对"本"有坚定不移的信仰,我们今天所讲的"不忘初心",其实就是"崇本"的表现。

一、"一主多辅"的神灵结构

透过甲骨文,我们现在仍然能感受到中国宗教文化的崇拜气息。我们先来看"崇"字,其由"山"与"宗"合成。崇上为"山",于甲骨文中几乎是山的白描,其取高之义。《国语·周语》:"融降于崇山。"韦昭注:"崇,崇高山也。夏居阳城,崇高所近。"《说文解字》："崇，嵬高也。"《尔雅》亦云："崇，高也。"其下"宗"字，有供祖先牌位之状，含尊祖之义。《说文解字》："宗，尊祖庙也。"因此由高山和祖宗牌位合成的"崇"字会意十分明显：祖宗崇高，或者说祖宗如高山。再来看"拜"字，其于甲骨文中即有之。《说文解字》："撵，首至地也。从手、桊。桊音忽。"扬雄注云："拜从两手下。"在金文中，它作手持庄稼谷物，表示虔诚祭告之义，其本义是作揖、磕头，以表示最高内心敬意。因此，它是一种祭祀仪式。在南北朝时期，我们看到"崇拜"合成一词的情况，如《南齐书·百官志》云："其诸吉庆瑞应众贺、灾异贼发众变、临轩崇拜……则左仆射主，右仆射次。"但这里的"崇拜"是"尊重拜授"之义，并没有"两手至地以虔诚祭告崇高的祖宗"的宗教含义。近代太平天国将"崇拜"与"上帝"联系起来，如太平天国文献《贬妖穴为罪隶论》云："今妖穴住居北地，不知崇拜皇上帝，不知修好炼正，其罪之多不可胜数。"但这里的宗教含义与中国的"两手至地以虔诚祭告崇高的祖宗"无关。

　　中国文化中的崇拜对象是特定的，与"崇高的祖宗"有关，与之相配的，还有苍天。在中国的宗教文化中，二者被称为"本"。"崇"字中"两手至地以虔诚拜祭"的对象，就是此"本"。仅就"本"而言之，中国宗教所崇的是"一"；然而"本"之中不仅有天，而且有祖，甚至还有师。而在"本"之外，中国民间还信仰着多不胜数的神灵。"本"与"多"二者并不是并列的，它们有主次之分，形成了"一主多辅"的神灵结构。在中国的典籍记载中，我们经常看到这种神灵结构。在《列子·汤问》的愚公移山故事中，我们看到的神灵结构分三个层次：第一层是掌管各种具体现象的职能神，如"操蛇之神"之类，他们可以说是无限多；第二层是上帝身边的神灵，如夸娥氏及其儿子，他们是上帝的使者，执行上帝的命令；第三层就是"帝"，他是宇宙的主宰。愚公移山故事中所体现的这个"一主多辅"的神灵结构表明,中国人的信仰结构中有一个主神,但是不否定使命神和职能神,同时尽管中国人相信众多的使命神和职能神,但并不排除主神的存在。利玛窦说:"在欧洲所知的所有异教徒教派中,我不知道有什么民族在其古代的早期是比中国人犯更少的错误的了。从他们的历史伊始,他们的书面上就记载着他们所承认和崇拜的一位最高的神,他们称之为天帝,或者加以其他尊号表明他既管天也管地。看来似乎古代中国人把天地看成是有生灵的东西,并把它们共同的灵魂当做一位最高的神来崇拜。……他们还教导说理性之光来自天上,人的一切活动必须听从理性的命令。"①利玛窦似乎有将"最高的神"归为"唯一的神"的意思,而事实是,中国人在信仰一位最高的神的同时,从来也没有否定"多神"的存在。简言之,中国文化的宗教没有走向无一主统领的多神教,也没有走向只有本神的一神教。其容许许多职能神的存在,但主张多神都归一个主神领导,形成了"一主多辅"的神灵结构。这是有中国特色的宗教。

从殷墟甲骨文卜辞可知,殷人凡事卜问,其所问对象是神。天地成物的背后都有神。商人之神大抵可分三类:天神、地示、人鬼。天神是指日、月、云、风、雷等;地示包括土、四方、山、川等;人鬼包括先王、先公、先妣、诸子、诸母旧臣等。殷商时代如此,而由殷商时代上溯,人们更是如此。五帝以前的自然宗教认为万物与人一样,皆有灵性。但是殷人认为,在这些职能神的背后还有一位从来不与他们亲近但能左右人间吉凶福祸的神,这个实为"太一"的"神",殷人称之为"帝"。如:"戊申卜,争贞,帝其降我黑,一月。"(《甲骨文合

① [意]利玛窦、[比]金尼阁:《利玛窦中国札记》,中华书局,2010年版,第99页。

集》10171 正)"帝降其摧(摧,原指鸟害,引申为灾害之义)。"(《甲骨文合集》14173 正)"帝唯其终兹邑。"(《甲骨文合集》14209 正)"贞,帝其作我孼。"(《甲骨文合集》14184)以上是帝为灾难或为害的记载。"贞,唯帝肇王疾。"(《甲骨文合集》14222 正丙)"王作邑,帝若(佑)我。"(《甲骨文合集》14200 正)"来岁帝降其永,在祖乙宗,十月卜。"(《小屯南地甲骨》723)"帝受我佑。"(《甲骨文合集》14671)这些是"帝"降福的记载。不过,"帝"并不亲自做这些事,他指令各种神灵各司其职。如:武丁时期的卜辞说:"上帝……降……旱。"祖庚祖甲时的卜辞说:"……兄……上帝……出……""唯五鼓……上帝若王……有佑。"如:"贞,今三月帝令多雨。"(《甲骨文合集》14136)"贞,帝其及今十三月令雷。"(《甲骨文合集》14127 正)"翌癸卯,帝不令风,夕雾。"(《甲骨文合集》672 正)帝可以命令下雨、刮风、打雷。殷人凡事都要通过问卜探明"帝"的旨意,但是他们是通过风雨诸神以及祖先神(鬼神)等间接地探明,如"河令雨"(《殷墟乙编》3121)、"求雨于上甲,……"(《甲骨文合集》672 正)等等。这就决定了中国宗教的信仰方式——信诸神,目的是从"帝"那里得到"确信","帝"就是众神之主,是一切确信的根源。从上述可知,至迟在殷时期,中国人已经由多神信仰上升到了主神信仰了,这是一次巨大的改革。

"主神"即利玛窦所说的"最高的神",中国人称为"太一"。屈原《九歌·东皇太一》云:"吉日兮辰良,穆将愉兮上皇。"这里的"上皇"即"太一"。王逸注:"太一,星名,天之尊神。祠在楚东,以配东帝,故云东皇。"司马迁《史记·封禅书》云:"天神贵者太一",司马贞索隐引《乐汁图征》曰:"天宫,紫微。北极,天一、太一。"宋均云:"天一、太一,北极神之别名。"石氏云:"天一、太一各一星,在紫宫门外,立承事天皇大帝。"《庄子·知北游》云:"圣人故贵一。"不过这个"一"被庄子改造成"气"了,而溯其最初,"太一"则是宗教的概念,是指"最高的神灵"。近代学者对于"东皇太一"还有不同的主张。如:闻一多认为太一即天神是伏羲的化名,其有不可思议的超自然力;李光信认为东皇太一即商人的祖先成汤,东皇即东土国王的意思;而丁山则认为"东君"和"东皇"都是东方的尊神,也就是日神。人们的理解可以不一致,但是有一群神佐围绕着的具有不可思议的超自然力的天神被称为"太一"是无疑的。"太一"崇拜就是中国人的信仰之本。

　　有人说,中国人以多神信仰为主,可以说是见神就拜,而且平时心中也没有装下神灵,只是生活中遇到用现实的手段解决不了的问题时,才会转向宗教领域,这就是所谓"平时不信佛,临时抱佛脚",因此中国人往往没有固定的宗教信仰,其宗教信仰的虔诚性较低,甚至可以说没有信仰。认为宗教信仰不是他们精神的依托,更多的追求是道德上的自我完善,不在自己心灵中树立一个绝对和无限作为灵魂的依托,而是在真实生活中感受无限,领会"一沙一世界,一花一春秋"。其实,这只是一面。中国人的另一面就是对"太一"的追求。见神就拜只是功利性的表层,中国人认为具体职能神是以特殊职能体现"太一"的,所以崇拜职能神也就是崇拜太一的一个视角,中国人在内心深处的灵魂寄托是"太一"。正如《老子》所说:"昔之得一者,天得一以清,地得一以宁,神得一以灵,谷得一以盈,侯王得一以为天下正。"(第三十九章)所谓领会"一沙一世界,一花一春秋"其实是浅层次的,真正的领会是超越"一沙一世界,一花一春秋"而达到对"太一"的信仰,这才是信仰的根本。所以,当有人说中国人信多神等于无信仰,这是浅薄的表现。问题是,中国人是通过多形式的信仰而达到崇根拜本的,在这个意义上,中国人的信仰就是"崇本教"。

崇本是中国信仰的灵魂和原型。在"崇本"这个主题下,中国宗教形成了两条不同的信仰路径:一条是强调从事于本者同于本,即本自然;另一条是强调用圣人之言之行显示"本"之言之行,即本人为。前者是包含在道家哲学中的"不言之教",后者是包含在儒家伦理中的"礼教",二者构成崇本之教的两个不同"教派"。

二、以礼为本的儒教

《论语·学而》记载的有子与孔子的对话,就是儒家"崇本"的绝好证明。"有子曰:'其为人也孝弟,而好犯上者,鲜矣;不好犯上,而好作乱者,未之有也。君子务本,本立而道生。孝弟也者,其为仁之本与?'"孔子在这里谈到了"务本",而何以"务本"? 儒家的解释是"其为人也孝弟"。所谓"孝弟"就是"礼"的范畴,而礼之本义是宗教性的。

"礼"的产生,与祭祀有着密不可分的关系。古人云:"礼有五经,莫重于祭。"王国维在《观堂集林·释礼》中指出:"盛玉以奉神人之器谓之曲,若豊,推之而奉神人之酒醴亦谓之醴,又推之而奉神人之事通谓之礼。"是知礼与"奉神人之事"有关,祭祀神灵和祭人鬼的器,最初称为礼;后来供祭的酒,也叫礼;再后,凡是进行祭祀的活动,都叫礼。东汉许慎也是这样看问题的。其《说文解字》云:"禮,履也,所以事神致福也。从示、从豊,豊亦声。豊,古文禮。"段玉裁注:"豊,行礼之器也。"郑玄在注释《仪礼·士昏礼》时曰:"古文'豊'为'禮'。"可见"豊"与"禮"相通。礼,是一种甜酒。这些解释与《礼记·礼运》是一致的。其云:"夫礼之初,始诸饮食。其燔黍捭豚,污尊而抔饮,蕢桴而土鼓,犹若可以致其敬于鬼神。"由此可知,礼之为物,其与先民们以玉、甜酒或食物等向神灵献礼、祈祷或致敬的仪式活动密切相关。它们或者是敬献性的,或者是求福性的,无论如何,都与祭祀相一致。从礼教的角度看,祭祀活动也是一种礼。仪式化是祭祀活动作为礼的重要表现。祭祀活动中,步入祭坛是有顺序的,祭祀先做什么后做什么是有步骤的,久之,就成为人们自觉遵循的习惯,最后,就形成了为祭祀而举行的仪式。礼的最早含义,或者说,礼之最初,就是指为祭祀而举行的仪式。这种仪式实际上属于制度文明的范畴。在中国古代社会,它是礼教的重要内容。《礼记·礼运》曾记孔子言"礼"。其云:"夫礼,先王以承天之道,以治人之情。故失之者死,得之者生。《诗》曰:'相鼠有体,人而无礼;人而无礼,胡不遄死?'是故夫礼,必本于天,殽于地,列于鬼神,达于丧祭、射御、冠昏、朝聘。故圣人以礼示之,故天下国家可得而正也。"在这里孔子将礼视为"本于天,殽于地,列于鬼神,达于丧祭、射御、冠昏、朝聘"的规范系统,可知儒之为教,或可称之为"礼教"。

礼教是"崇本"的。其所谓"本"有三,荀子概括为"天地者,生之本也;先祖者,类之本也;君师者,治之本也。无天地恶生?无先祖恶出?无君师恶治?三者偏亡焉,无安人。故礼,上事天,下事地,尊先祖而隆君师,是礼之三本也"①。在这"三本"之中,礼教最重视的是"生之本也"和"类之本",二者合在一起就是"敬天法祖"。不过"祖"还是要从于"天"的,而"师"相当于父母的地位,这叫"从师如父母",所以"天"才是真正的"根本"。据统计《论语》言"天"凡19见,多指"上帝"。孔子"五十知天命",《论语·阳货》记载:

① 《荀子·礼论》。

"子曰：'予欲无言。'子贡曰：'子如不言，则小子何述焉？'子曰：'天何言哉？四时行焉，百物生焉，天何言哉？'"孔子的意思是，曾打算不有所言说，子贡认为这样不行，因为不言说学生们就无法传述。但是孔子却对子贡说，上天生育百物就没言说，百物还不是被生育出来了吗？朱子对此的解释是："学者多以言语观圣人，而不察其天理流行之实，有不待言而著者。是以徒得其言，而不得其所以言，故夫子发此以警之。"①"不待言而著"就是孔子之道，朱子认为这也是"天理流行之实"，所以说，"孔子之道，譬如日星之明"。既然"孔子之术"代表的是"天之言"，那么尊孔也就是尊天道了。

除了敬天，礼教还敬鬼神。孔子虽然鲜言鬼神，但他还是"敬鬼神"的。孔子之所以"敬鬼神"，是因为鬼是过去的人，包含已经死去的祖先。《礼记·祭法》："万物死皆曰折，人死曰鬼。"《说文解字》："人所归为鬼。"《释言》："鬼之为言，归也。"孔子当然知道这些。古人认为，包括祖先在内的过去的人虽然已经死去，但在冥冥之中仍能左右人事；同时，那过去的人，也像现在的人一样有需求。如《左传·宣公四年》记载：

> 初，楚司马子良生子越椒，子文曰："必杀之。是子也，熊虎之状，而豺狼之声。弗杀，必灭若敖氏矣。谚曰：'狼子野心。'是乃狼也，其可畜乎？"子良不可。子文以为大戚。及将死，聚其族，曰："椒也知政，乃速行矣，无及于难。"且泣曰："鬼犹求食，若敖氏之鬼不其馁而！"及令尹子文卒，斗般为令尹，子越为司马。蒍贾为工正，谮子扬而杀之，子越为令尹，己为司马。子

---

① 朱熹：《四书章句集注》。

越又恶之，乃以若敖氏之族，围伯嬴于轑阳而杀之。遂处烝野，将攻王。王以三王之子为质焉，弗受。师于漳澨。

子文这里讲的"鬼犹求食"并不是他个人的观点，而是当时的社会对鬼的共同认知：人死之后，灵魂虽然离开了肉体，但是在冥冥中仍然过着和人间同样的生活，仍然有饮食之需。亡故的祖先对子孙的保佑不是无条件的，取决于生者对祖先的态度。为了求得祖先的保佑和赐福，生者应不断向祖先供奉食物，而供奉食物则需有一定的仪式，这就是祭祀。在《左传》中，我们就能找到这样的证据。例如其《桓公六年》记载：随侯认为他举行祭祀时"吾牲牷肥腯，粢盛丰备"，所以鬼神保佑他，而季梁思想中也包括"致力于神""而神降之福"的观点。当然这个观点是当时社会一般观念在季梁思想中的反映，而不是他的创造。

不过在礼教中，鬼神祭祀里的"祖先"是有等级区别的。《礼记·祭统》："夫祭有十伦焉：见事鬼神之道焉，见君臣之义焉。见父子之伦焉，见贵贱之等焉，见亲疏之杀焉，见爵赏之施焉，见夫妇之别焉，见政事之均焉，见长幼之序焉，见上下之际焉。此之谓十伦。"天子分九州之地，建诸侯之国，为公卿设都，为大夫置色。天子普遍设立庙、祧、坛、墠来祭祀祖先，并按照关系的远近来决定祭祀的次数和规格。天子设立七庙和一坛一墠：即父庙、祖父庙、曾祖庙、高祖庙、始祖庙，以上五庙皆每月祭祀一次；高祖以上的远祖之庙叫作祧，天子有两个祧，只是每季祭祀一次；祧中的远祖迁出，则在坛上祭祀；坛上的远祖迁出，则在墠上祭祀；对于迁到坛墠上的远祖神主，只是在有所祈祷时才加以祭祀，无所祈祷就不祭祀；从墠上迁出的远祖叫作鬼，除非遇上禘祫，通常就不祭了。诸侯设立五庙和一坛一墠：即父庙、祖父庙、曾祖庙，以上三庙每月祭祀一次；其高祖庙、始祖庙，每季祭祀一次；从始祖庙中迁出的神主在坛上祭祀，从坛上迁出的远祖神主在墠上祭祀；对于迁到坛墠上的远祖神主，有所祈祷就祭祀，否则就不祭祀；从墠上迁出的远祖叫作鬼，除非遇上禘祫，通常是不祭的。大夫设立三庙二坛：即父庙、祖父庙、曾祖庙，此三庙每季祭祀一次；大夫的高祖、始祖无庙，如果有事向他们祈祷，就在坛上祭之；从坛上迁出的远祖叫作鬼。嫡士设立二庙一坛：即父庙、祖父庙，此二庙每季祭祀一次；其曾祖无庙，如果有事向曾祖祈祷，就在坛上祭之；从坛上迁出的曾祖以上的远祖叫作鬼。官师只立一庙，即父庙；其祖父无庙，如果要祭，就在父庙祭之；祖父以上的祖先死了叫作鬼。普通的士和庶人没有资格立庙，他们的父祖死了就叫作鬼。在这些规定中，祭祀活动的贵贱之等是非常明显的。天子设立庙、祧、坛、墠来祭祀祖先，往往也是与祭天相配的，这里的"祖宗"除了天子的血缘祖先，还包括超越血缘的象征国族的祖先如三皇五帝等。普通的士和庶人的祖先叫"鬼神"，但是天子的血缘祖先，尤其是象征国族的祖先通常不称为"鬼神"，而称为"先王"或"圣人"。礼教的"类之本"就是"先王"或"圣人"。礼教最隆重的礼仪就是将"生之本"和"类之本"合在一起祭祀，比方说郊祭就是如此。之所以祭天是因为要探听天之意旨，以顺天而行，可是天是不自言，亦不自行，它之言或行要通过"先王"或"圣人"而显示，圣人之言是天之言，圣人的发明创造是天之行。因此中国人信仰的根本虽然是"天"，可是"天"要通过"祖"才能向我们显示。祭祀"天"须有"先王"（"圣人"）配，这就奠定了此后"天人合一"哲学形成的宗教基础。

三、以道为本的道教

道家与道教有区别,也有联系。我们这里所说的"道教"通常是指由道家学说发展而来的宗教体系,而道家的思想是指一种玄学体系。我们这里的看法是:撇开道教不谈,老庄玄学体系中包含了很丰富的宗教元素。我们甚至可以说,老庄玄学是包含在老庄玄学中的宗教元素的升华,兹述如下:

道家以道释天,谓"天乃道"。道即道家心目中的"本"。在《老子》书中有诸如"贵以贱为本"之类的句子,不过"本"字似乎还没有被作为"道"的别称来使用,被作为"道"的别称的是"根"字。《老子》云:"致虚极,守静笃。万物并作,吾以观复。夫物芸芸,各复归其根。归根曰静,静曰复命。复命曰常,知常曰明。不知常,妄作凶。知常容,容乃公,公乃全,全乃天,天乃道,道乃久,没身不殆。"(第十六章)可见,这里把"根"与"道"相联系,强调"归根"。所谓"根"其实也就是"本"。在《庄子》书中,庄子有时单独使用"根"字,如"物已死生方圆,莫知其根也"[1],有时"本"与"根"联用,如"阴阳四时运行,各得其序。惽然若亡而存,油然不形而神,万物畜而不知。此之谓本根,可以观于天矣"[2]。只有把握了"本根"才可以"观于天"。

老庄用"归根"表达其"崇本"之义,他们反对以"礼"释"本"的礼教。《老子》中有许多批判礼教的地方。比如:"失道而后德,失德而后仁,失仁而后义,失义而后礼。夫礼者,忠信之薄,而乱之

---

① 《庄子·知北游》。
② 《庄子·知北游》。

首。"（第三十八章）"大道废,有仁义;智慧出,有大伪;六亲不和,有孝慈;国家昏乱,有忠臣。"（第十八章）老庄对礼教的批判关键有两点:一是他们以礼为道本身,事实上,大道不仁,它就是它本身,此谓之"道法自然";二是他们以圣人之言之行代替天之言之行,将自己对道的理解当作道本身,这无异于将道变成自己的私产,无异于窃取。庄子说:"圣人不死,大盗不止。"①撇开"圣人",人们才能达到"道本身",所以老庄的"观于天"之教,也可以称为"自然教"。老子说:"希言自然。""故从事于道者同于道。"（第二十三章）"不言之教,无为之益,天下希及之。"（第四十三章）这些话强调道是"希言"的,因此也是强调"自然"的,"依道而行"即是"同于道",亦即"法自然",此为"不言之教"。这就意味着老子思想中包含着一种称为"不言之教"的"自然教"。王弼《老子指略》曾说:"《老子》之书,其几乎可一言而蔽之。噫! 崇本息末而已矣。观其所由,寻其所归,言不远宗,事不失主。"可见"不言之教"或"自然教"属于"崇本"的。在注《周易·复卦》时,他又说:"天地虽大,富有万物,雷动风行,运化万变,寂然至无,是其本矣。"其注《老子》第四十二章指出:"万物万形,其归一也。何由致一? 由于无也。由无乃一,一可谓无。""崇本"的"不言之教"或"自然教",强调"天地任自然,无为无造,万物自相治理,故不仁也"。在第五章注中,他说:"橐籥之中空洞,无情无为,故虚而不得穷屈,动而不可竭尽也。天地之中,荡然任自然,故不可得而穷,犹若橐籥也。"以自然为本的"不言之教"与礼教是相对立的。礼教也知道天是不言的,如孔子讲"天何言哉",但是却以圣人之言为天之言,其后果就是"智慧出,有大伪"。

---

① 《庄子·胠箧》。

四、外来宗教的中国化

以崇本为原型,以礼教(儒)和自然教(道)为教派的中国宗教是极具包容性的,外来的佛教、基督教以及伊斯兰教都可以从其中寻找某种文化上的契合点,进而中国化,从而成为中国宗教的重要内容。

佛教在两汉之际与中国人接触,最早重视的是消灾祈福,而到了魏晋时期,佛教以"格义"为方法,形成了所谓"格义佛学"。所谓格义,就是翻译者们以中国本土思想比拟配合佛书中的名相法数(事数)的一种方法,其目的是使听者易于理解佛理。由于魏晋时期道家玄学思想特别发达,且佛学经典同道家的某些思想颇似,如佛经中的"空"与道家的"本无"思想,所以东晋的六家七宗格义佛教诠释般若空理,就免不了借助使用道家的语汇和观念。因此,佛教是在自然教里找契合点的。

公元635年基督教开始传入中国。此教当时称景教,其唯一神被译为"真主阿罗诃",很难让人接受。在唐武宗会昌五年(845)被禁止传播,此后,多次进入中国。直到明朝时,天主教传教士利玛窦在中国经典中发现了"上帝"等概念,认为这些概念可以与拉丁文的"Deus"对应,于是用"上帝"这个中国概念来直接翻译拉丁概念"Deus"。这就在中国宗教中找到了契合点。1840年后,它在中国传播依靠了强盗式的征服,但是"Deus"被中国化却是不争的事实。

伊斯兰教自唐永徽二年(651)传入中土,比基督教晚16年。此教传入中国后以"圣人之教东西同,古今一"的精神,自觉找到与中国传统的道家或儒家的最大共识,因而能够"互相亲善"。比如伊斯兰教教旨中将物分为"本来当有者""本来当无者""本来可有者"三类，其中"本来当有者"和"本来可有者"最重要。在中国的伊斯兰教理论家看来，"本来当有者"就是《老子》所说的"道"、儒家所说的"天"，而"本来可有者"则是由道、天而生的万物。这样一来，他们就将伊斯兰教教旨与中国精神融合起来，而不是像佛教那样，试图取代道家在中国文化中的地位，甚至有取代儒家的企图。所以我们看到，在唐代，儒家反佛排佛，而未见对伊斯兰教有所批判。伊斯兰教进入中土后，之所以能够与中国传统的道家或儒家"互相亲善"，是因为来华定居的穆斯林一方面要保持其宗教信仰、伦理道德和风俗习惯，另一方面又有一个适应华夏文明文化环境的问题，特别是当回族形成后，以汉语为本民族的共同语言，这就必然使其文化成为中华文化的一部分。在这种情形之下，因不识阿拉伯文，而致穆斯林宗教"教义不彰，教理不讲"的情形出现了。为了改变这种状态，穆斯林宗教家采取"以儒解回""以儒诠回"的办法，伊斯兰教教义与华夏文明"隔教不隔理"，这就有了能够包容于中国文化自身中的中国化伊斯兰教。相比之下，佛教却使华民"子焉不父其父，臣焉不君其君，民焉不事其事"，这与儒教是根本对立的，所以历史上一度出现排佛运动。

第三节　追求真理和以民为本的哲学

文化的各种形式的发生与发展，在时间次序中是有先后关系的。神话先于宗教，而宗教又总是先行于哲学而出现。因此，在研究炎黄文化的宗教构成后，我们对炎黄文化的哲学构成进行探讨当为题中应有之义。

中国原本没有"哲学"这个概念,是通过日本从西方引进来的。虽然中国古代文化没有哲学之名,但是与西方"哲学"这个概念所反映的文化内容相一致的文化现象,在中国却是极为丰富的。有意思的是,古代中国虽无哲学之名,却有哲人之称。比如,据《史记·孔子世家》,孔子临卒之年,曾自叹"哲人萎乎!"那么,我们将"哲人"所阐述之学称为"哲学"应该是顺理成章的。

根据西方的哲学传统,哲学应该是关于真理的知识。例如黑格尔说:"我的哲学和一般地所曾趋赴和所欲趋赴的目的就是关于真理的科学知识。"①问题的关键是"何谓真理"。西方哲学的鼻祖柏拉图认为真理就是 idea("洞穴之喻"Allegory of the Cave),此后,西方哲学家一般认为,我们所看到的多样世界都是假象,真理就是一种与此相对的、存在于其背后的那种东西。所以,如果不假设有"假象","真理"就不会存在。真理是出发于对"非真理"而做出的假定。但是,海德格尔在自己的哲学活动中,反对柏拉图以后两千多年的西方哲学史想从理性、从精神、从思维、从某种主体性来规定真理本质的所有企图,他回归到古希腊语的"aletheia",从而把"真理"理解为"揭露(a)隐蔽(letheia)",则把隐藏的东西发觉出来就是"真理"。在此之前,我们在黑格尔的著作中也看到了类似的思想。比如黑格尔说:"逻辑须要作为纯粹理性的体系,作为纯粹思想的王国来把握。这个王国就是真理,正如真理本身毫无蔽障,自在自为的那样。人们因此可以说,这个内容就是上帝的展示,展示出永恒

① [德]黑格尔:《小逻辑》,商务印书馆,1980 年版,第 5 页。

本质中的上帝在创造自然和一个有限的精神以前是怎样的。"①黑格尔这个话包含将真理规定为把隐藏的东西发觉出来的意思。西方很多人认为中国没有此类真理。我们现在的问题是,中国古代有把隐藏的东西发觉出来意义上的追求真理的行为吗? 有从理性、从精神、从思维来规定真理本质的做法吗? 如果有,那么我们就可以认为炎黄文化包括追求真理的科学,它就是中国哲学。

一、贞人集团的问贞活动是古代中国的崇高事业

在中国古代文化中不仅有从现象中把隐藏的东西展示出来的行为,而且也有从理性、从精神、从思维来规定真理本质的做法。要回答这个问题,我们就必须回溯到中国宗教活动的原初,从中寻找问题的答案。商代甲骨文资料是迄今为止中国古代宗教活动最可信的文字记录。从这些资料中,我们发现,在古代中国,把隐藏在现象中可信的东西展示出来属于"问贞活动",从事这种活动的人被称为"贞人",这是一个极其崇高的职业。

在商代,从事"问贞活动"的贞人是能够左右商代社会生活的社会集团,甲骨学界称之为"贞人集团"。董作宾首先从甲骨卜辞中发现了"贞人集团"的存在。他在 1933 年发表的《甲骨文断代研究例》中指出,在甲骨卜辞中记载了大量贞人。他们在卜辞"贞"中有署名权,通常将自己名字署于卜辞"贞"字之前。例如,在卜辞中,直书"卜人"之名者有"光(94 反)""我(16)"等人,而"贞人"往往有署名,王参与占卜时,则用"王占曰"表示。董作宾最初统计出甲骨卜辞署了名的贞人有 33 名,此后不断有新发现。1965 年董作

---

① [德]黑格尔:《逻辑学》上卷,商务印书馆,1966 年版,第 31 页。

宾著《甲骨学六十年》将已经发现的贞人数量改为 73 名。其后,陈梦家、岛邦男也分别对贞人做了系统的统计与研究。陈梦家认定,甲骨卜辞署了名的有 120 名,岛邦男的数字少一点,但也达到了 110 名。对甲骨文中贞人资料梳理最详尽、研究最细致深入的当属饶宗颐。他在 1959 年出版的《殷代贞卜人物通考》中发现甲骨卜辞署了名的贞人有 142 名。目前各家统计数字虽然有异,但整个殷商时代祭祀活动是贞人的专职,在卜辞中署了名的贞人多达百人以上。这说明在商代的确长期存在一个社会政治地位甚高的"贞人集团"。"贞人集团"由"卜人""贞人"和"占人"(绝大多数情况下为时王)组成。他们以用鼎、龟甲、蓍草占卜或卜筮为手段揭示隐藏着的神意,进而以神的意旨为据,参与国事决策,从而决定,甚至可以说是掌控国家的命运。所以,在古代中国的国之大事中,祭祀名列第一。

我们在研究炎黄文化的宗教构成时已经指出,贞人集团起源于颛顼时代,春秋以降,贞人集团开始失去昨日辉煌,至战国晚期,这个集团进入了没落期。《史记·滑稽列传》所记载的"西门豹治邺"就包含了贞人集团没落的典型案例。兹引如下:

　　魏文侯时,西门豹为邺令。豹往到邺,会长老,问之民所疾苦。长老曰:"苦为河伯娶妇,以故渐贫。"豹问其故,对曰:"邺三老、廷掾常岁赋敛百姓,收取其钱得数百万,用其二三十万为河伯娶妇,与祝巫共分其余钱持归。当其时,巫行视小家女好者,云:'是当为河伯妇。'即娉取。洗沐之,为治新缯绮縠衣,闲居斋戒;为治斋宫河上,张缇绛帷,女居其中,为具牛酒饭食,行十余日。共粉饰之,如嫁女床席,令女居其上,浮之河中。始浮,行数十里乃没。其人家有好女者,恐大巫祝为河伯取之,以故多持女远逃亡。以故城中益空无人,又困贫,所从来久远矣。民人俗语曰:'即不为河伯娶妇,水来漂没,溺其人民'云。"西门豹曰:"至为河伯娶妇时,愿三老、巫祝、父老送女河上,幸来告语之,吾亦往送女。"皆曰:"诺。"

至其时,西门豹往会之河上。三老、官属、豪长者、里父老皆会,以人民往观之者三二千人。其巫,老女子也,已年七十。从弟子女十人所,皆衣缯单衣,立大巫后。西门豹曰:"呼河伯妇来,视其好丑。"即将女出帷中,来至前。豹视之,顾谓三老、巫祝、父老曰:"是女子不好,烦大巫妪为入报河伯,得更求好女,后日送之。"即使吏卒共抱大巫妪投之河中。有顷,曰:"巫妪何久也? 弟子趣之?"复以弟子一人投河中。有顷,曰:"弟子何久也? 复使一人趣之!"复投一弟子河中。凡投三弟子。西门豹曰:"巫妪、弟子,是女子也,不能白事。烦三老为入白之。"复投三老河中。西门豹簪笔磬折,向河立待良久。长老、吏旁观者皆惊恐。西门豹曰:"巫妪、三老不来还,奈之何?"欲复使廷掾与豪长者一人入趣之。皆叩头,叩头且破,额血流地,色如死灰。西门豹曰:"诺,且留待之须臾。"须臾,豹曰:"廷掾起矣,状河伯留客之久,若皆罢去归矣。"邺吏民大惊恐,从是以后,不敢复言为河伯娶妇。

在西门豹没有治邺以前,祝巫每年都要为"河伯娶妇",大巫看中哪个小家女有姿色者,就聘娶为"河伯妇"。十余日后,大巫令此女居床席上,浮之河中,行数十里沉于河中。因为此事,邺地凡有长得好看的女孩的人家,多携家带口远逃他乡,这使邺地税源减少。由此可知,在战国时期,祝巫集团还掌握着神权,他们与官吏及地方势力勾结在一起占用每年百分之三十左右的赋敛。战国晚期如此,此前的情况恐怕尤甚。因此,贞人集团是掌握探寻隐秘神意之神权的特权阶级,他们弹唱着神权与政权的二重奏。

战国晚期情况发生了变化,贞人集团已经异化为被整治的对象。以西门豹治邺为例。他治邺的头等大事就是治巫。首先要一巫沉河请河伯上来看看为他娶的媳妇是否美丽。等了好一会不见河伯上来,又投一巫。凡投三巫,还不见河伯,西门豹复"投三老河中"。还是不见河伯,又准备投廷掾与豪长,至此,与巫祝集团形成利益共同体的廷掾与豪长皆"叩头,叩头且破,额血流地,色如死灰"。此后邺地"不敢复言为河伯娶妇"一事了。西门豹治巫没有明言否定河伯,而且对这尊神还很尊敬,但是他对与河伯进行沟通的贞人集团进行了整治,甚至处死他们。这说明已经为社会共恨之的贞人集团,在战国晚期实际上已经没有力量与政权相抗衡了,因为他们所事之"贞"失去了公信力,不再是"真"的,而是谋其私利的"私言"了。

在从兴起到鼎盛而至没落的整个发展过程中,贞人集团取得的成果是丰富的,其中,甲骨卜辞和《易经》是贞人集团的两大精神创造,构成了炎黄文化的基本元素。在甲骨卜辞发现之前,《易经》支配了中国人的精神生活。先秦子学思想,都与易学有关;甲骨卜辞发现之后,中国人的精神世界因之而获得了极大的丰富。如今,我们可以说甲骨卜辞与《易经》构成中国人精神世界的"双子星"。因此,在没落之前,左右世俗政治的贞人集团,其专事的与神沟通的职业是极其神圣的,也是极为崇高的。

二、问贞活动是揭露隐藏着的神的意志的事业

从事占卜活动的主体何以被称为"贞人"? 原因在于,他们所

从事的"占卜"在本质上属于"问贞"的活动。贞人的"卜问"，"是一种把不可预测、隐藏着的神的意志揭露出来而确定之行为"①。这个"隐藏着的神的意志"就是问贞活动所要达到的目标，也是所谓的"正"或"真"。从这个意义上看，"贞人"就是从现象中揭露真理的人。

要说明这个问题，我们有必要对问贞活动的逻辑结构进行精细的分析。占卜活动包括"卜""贞""占"诸环节。"卜"这一环节，一方面是卜人将所要询问的"是否下雨"等问题告之于诸神，另一方面是由卜人对选取的龟、骨进行烧灼，使其呈现出一定的兆象。这与科学活动中的实验者根据某个问题设计实验，使实验过程呈现出一定的"可观察量"是很类似的。在"贞"这一环节，烧灼所呈现的兆象就是贞人进行观察的"可观察量"，对之进行观察，确定兆象所蕴含的神的意思，并记录下来形成卜辞，就是一个观察过程的完成。从这个角度看，贞人即是兆象背后神的意旨的揭秘者，就像科学家是物理现象规律的揭秘者一样。当然，科学家是用数学语言梳理物理现象之间的联系，他们将用数学语言表达出来的联系称为"规律"，而不是在现象背后找什么东西。贞人或许也会用到"数"，他们试图用数术表达兆象背后的神的意志。

贞人的职责不仅仅是用数表达兆象背后的神的意志，还要据神意对事情的未来做出预测，这也是"贞"的内容。并且，他们还要将"贞"的内容，即所揭秘的神意以及对事情未来的预测报呈于时王。这样整个占卜活动就进入了一个与揭秘神意和进行预测皆不同的阶段，也就是所谓的"占"。"占"本来是时王的工作。时王或许也可以亲自进行兆象观察，但是大多数情况下并不参与占卜的具体事

---

① ［韩］河永三：《"贞""真"同源考》，《中国文字研究》，2014 年第 1 期，第 112 页。

务。不过当贞人将神意以及对事情的未来做出的预测报呈给他时,他就要根据神意而做出施政决策,这是时王的职权所在。所以,听取贞人的揭秘及意见是必须的。王据此将神的意旨以及贞人的预测结果告之于王室成员或其他方国、部族首领,进而对神的意旨响应或实施,这才是整个占卜活动的完成。从占卜活动的一般过程中,我们可以看到贞人和时王是揭秘神意与实施神意的两个重要角色。在占卜的问题确定之后,贞人是揭秘神意、做出预测、进行记录的探索者;时王是宣讲神意,并将神意加以实现的实施者。而这两个阶段都有贞人的影子。做施政决策前的探索工作是贞人的本职,他们是这一过程的主导;时王的职责是实施神意,贞人在其间提供决策参考,并且对实施、预测的结果进行记录,此时他们又是"史"的角色。活动的开始(提出问题)和实施似乎是时王主导的,但是无论是开始还是结尾都有贞人的参与,更重要的是联结开始和结尾的中间环节是贞人的本职,因此整个占卜活动就是贞人揭秘、传达、实施、记录神意的过程,可以说占卜活动的本质和核心就是贞人的"问贞活动"。

在"问贞活动"的逻辑结构中,有两个问题我们必须给予高度的注意。一个是贞人通过占卜活动揭示兆象背后的神的意志,与黑格尔所说的"上帝的展示,展示出永恒本质中的上帝在创造自然和一个有限的精神以前是怎样的""真理王国"是何其相似。因此把"真理"理解为"揭露(a)隐蔽(letheia)",把隐藏的东西发觉出来就是"真理"这一层意思,就是中国贞人集团的"问贞活动"。它所涉及的问题是"兆象"与"神的意志"的关系,即显示与被显示的关系问题。二是贞人传达和记录的神意是不是上帝的意志? 这里包含了"辞"的问题,也就是语言问题。在甲骨卜辞中,这个问题或许没有被提出来,但是到了"问贞活动"的晚期,这个问题就被提了出来:如果贞人对上帝的意志做出了歪曲的传达和记录,那么上帝的意志在"辞"中就失真了。在季梁的哲学思想中,我们就碰到了这个问题,他称此为"正辞"问题。对此,我们下面将有专门讨论。

这两个问题说明,"问贞活动"既是一个通过占卜活动揭示兆象背后神的意志的活动,又是一个"正辞"的语言活动。无论是哪一个问题,都指向了问题的终点,也就是"贞"。因此,对"贞"的追求,构成了中国人的精神生活本质,这也是炎黄文化的内在本质。不过达到终点的两个问题实际上是求贞的两条路径:占卜活动揭示兆象背后神的意志是问贞的阐释路径;通过"正辞"对不正之辞进行改正,是问贞的逻辑分析路径。

三、问贞活动的本质即"问真"

"贞"就是"真""正","问贞"实即"问真"。对这个问题,韩国学者河永三曾做过大量的研究工作,他以甲骨文的"贞"和金文的"真"字做分析基础,从而发掘出中国早期对"真理"概念的认识和演变,以证明"贞"和"真"是同源字。

在甲骨文中,"贞"字与"鼎"字同形。"贞"字在甲骨文原作"鼎",其形如下:

图 8-1　甲骨文"贞"字(《甲骨文合集》38791)

　　从以上字形可知,"贞"字可以说是对鼎的形状描摹,是鼎的象形①。到先周甲骨文和西周金文都加"卜"而作"献",以后到小篆阶段"鼎"变为"贝",而完成今日的"贞"。从"鼎"字分化而来的"贞"字,其义自然与鼎有密切联系。因其有通过鼎举行祭祀活动的字源,所以人们就用它来表示占卜之义。我国多数学者以及一些外国学者认为,在甲骨文中的"贞"字应该是"鼎"字。如拉夫布莱(Lefeuvre)在其 1985 年发表的论文中认为,从字形、字音言,𣂪当为鼎,当名词或不及物动词用,拉夫布莱还认为,在命辞中,"鼎"经常表祭仪,即"用鼎以祭"。和祖先或神明接触,只有借奉献祭品的隆重仪式才能进行。卜即表示以火占卜时连续的形式动作;鼎则代表在祖先或神明之前所举行的整个祭仪。因此,我们可以说占卜与鼎有关。吉德炜(David N. Keighley)在其《释贞——关于商代占卜性质的新假说》一文中指出,"贞"字在甲骨文中被写成𣂪,是"鼎"的简略化形式,但是吉德炜认为可以把它看作是"贞"。《说文解字》云:"贞,卜问也。从卜,贝以为赘。一曰鼎省声。京房所说。"

　　作为"卜问"活动的"贞",其有"正"之义。"问贞"亦即"问正"。这个问题,许多学者已有系统研究。例如收录于《东京大学东洋文化研究所纪要》中的高岛谦一《殷代贞卜言语的本质》一文,就曾对殷代贞卜言语中的一些前有"贞"而后有"正"的卜辞用例进行了分析。他通过分析说明,在贞卜言语中"贞"与"正"是有机地联系在一起的。高氏指出,在命辞中冠以有使役意义的"贞"字是贞卜言语的通例,由此可以把"贞"字以下看作是它的目的格的句

---

① 韩建周、牛海燕编著:《甲骨文字释义》,河南大学出版社,2013 年版,第 279 页。

子或词组。不过在甲骨文中,"贞"字的用例可以用万数计,而与"贞"字相应的"正"字的用例,却只有百余个,两者数量的差距太大了。出现此类情况的原因,高岛谦一分析可能是由于在命辞的结尾处,"正""不其正""有正"这样的词语被省略掉了。张玉金认为,"'贞'字也可有省略,它即使不出现,也可在命辞中出现'正',如'己卯卜:余祷于蔑三牛,允正。'(前编 6·7·6)这说明,即使不用'贞',它与'正'的关系还在"①。

成中英在分析《周易》中的"贞"字的用法后,认为"贞"的原始意义是指"占卜行为",后来引申出确定(正)、永恒不变而坚固的道理(固)、可信的事实(信)、符合于自然的周期律和道德律(节)等多种含义。其中,"正"应该是基本义②。在文献中,我们经常碰到这样的用例。如《周礼·春官·天府》云:"季冬,陈玉,以贞来岁之恶。"郑玄注:"问事之正曰贞。"又如《周易·乾卦》云:"元、亨、利、贞。"《周易注疏》引《子夏传》云:"元,始也。亨,通也。利,和也。贞,正也。"可见所谓"贞"者之义,无非是"正"而已。

与"贞"字相比,"真"字系晚出的字,其出现时间应该在西周初期,因为在西周初期的中方鼎、真鼎、伯真甗、季真鬲、段簋、真盘等都出现了"真"字,不过金文里的"真"字,只用于人名和地名,无法观察它在西周早期有无汉代以后所说的"神仙""真理"之义。一般认为"真"本从"贞"演化而来,因此,河永三从"真"与"贞"字在形音义三要素上极为相似出发,假设"贞"是"真"字的原形,"真"是从

① 张玉金:《甲骨文中的"贞"和〈易经〉中的"贞"》,《古籍整理研究学刊》,2000 年第 2 期,第 6—11 页。

② 成中英:《卜占的论释与贞之五义——论易占原初思想的哲学延伸》,《中国文化》,1994 年第 2 期。

"贞"分化出来的后起字。同"贞"一样,"真"也与"鼎"通用。金文"真"字从匕从鼎,鼎是声符(兼意符)。从化从升,说明上部的匕为化之初形。"真"字的这种结构也大量存在于战国三晋时期,如删掉鼎的足部,它就与《说文解字》小篆完全相同了。在语义方面,"真"也具备"贞"所具有的正、固、节等多种含义。如"真"与"正"常通用,《古今韵会举要》:"真,正也";有自然、道之义,如《庄子·大宗师》:"人特以有君为愈乎己,而身犹死之,而况其真乎?"郭象注云:"夫真者,不假于物而自然也";有本性之义,如《庄子·秋水》:"谨守而勿失,是谓反其真",郭象注:"真在性分之内";有真实与假、伪相对之义,如《汉书·宣帝纪》"使真伪毋相乱",《玉篇》:"真,不虚假也";有神仙之义,如《说文解字》所云。因此从"真"有神仙、习得了自然摄理之人、自然而然无有假装的本面目、存在物的本性或宇宙摄理之义可知,它与"贞"之义几乎是相通的。正因为如此,"真"与"贞"常常通用。《山海经·大荒西经》记载:"有灵山,巫咸、巫即、巫盼、巫彭、巫姑、巫真、巫礼、巫抵、巫谢、巫罗十巫,从此升降,百药爰在。"这里的"巫真",郝懿行《山海经笺疏》作"巫真",《水经注》作"巫贞",新出土的简帛文字亦作"攸(修)之身,亓(其)断得乃贞(真)"。既然"贞"与"真"同源,那么我们就有了这样一个结论:"问贞活动"实即"问真活动"。当我们用"真"的语言来表述这个观点时,发现在炎黄文化中,通过现象而探寻事情的本质被规定为崇高的使命。只不过,在周商以前,问真的崇高使命是通过占卜行为表现出来的,我们说它是巫术,它最初也的确如此。但是这个具有原始性的巫术所担负的问真使命却与哲学是相通的。如果从问真使命来看贞卜言语的本质的话,那么我们应该说,炎黄文化乃是中国哲学的出发之地。当思维达到了荀子所说的善卜者不占的水平时,贞卜言语就会实现其通向哲学的华丽转身,"贞人"通过问真变成了"哲学"。

四、中国哲学——"所谓道"

上面,我们对"真理"问题的讨论,是在宗教范围内进行的。所涉及的"理义之学"包含在宗教问题之中。在这里,我们将转换问题领域,即将中国文化对真理问题的探寻转移到哲学领域。我们发现,当问题转型之后,问贞活动中的两大问题也会发生转型:上帝的意志与兆象之间的关系,相当于西方哲学中的物自体与现象之间的关系,而中国哲学谓之为道与万物的关系;贞人和由上帝的意志与兆象构成的"对象"之间的关系,相当于西方哲学中客观与主观之间的关系,而中国哲学则以名(辞)与实的关系谓之。探究这两个问题,西方文化称之为"哲学",而我们的哲人则称之为"所谓道"。在这里,我们主要讨论两个问题:一个是中国哲学的基本范畴,另一个就是中国哲学的突破。

要研究中国哲学"如何探寻真理"这个问题,我们首先从中国哲学所使用的核心范畴谈起。中国文化有自己的核心范畴,就是"道"。我们在前面引用了金岳霖、冯友兰对中国哲学与道的关系的论述。其实除了金、冯之外,张舜徽也有周秦诸子之言皆"道论"的观点,只是他强调"周秦人的所谓的'道',既不同于魏晋南北朝人的所谓'道',更不同于宋明理学家们的所谓'道'"①。

甲骨文就已经使用了"道"这个字。在甲骨文中,"道"字由

_____

① 张舜徽:《周秦道论发微 史学三书平议》,《张舜徽集》,华中师范大学出版社,2005年版,第23页。

"行"与"人"两部分构成,表示一个人行走在路上。金文用"首"和"止"代替了甲骨文字形中的"人"。这种代替,反映在《说文解字》中,"道"获得了这样的字义:"所行道也。从辵,从首。"段玉裁注:"所行道也。《毛传》每云行道也。道者人所行,故亦谓之行。道之引伸为道理,亦为引道。从辵首,首者,行所达也。"这就是说,进入金文后,"道"有了"行所达"的终结性含义。从这种含义看,"问贞活动"所要探寻的上帝的意志不正是"行所达"吗?可见"道"字的创造已经具备代替"帝"的意义与条件。在西周早期,我们看到的是"道"作"路"讲,如《诗经·小雅·大东》:"周道如砥,其直如矢。"此时的"道"并没获得更多的抽象含义,更没有上升到反思性的高度,因而还不是哲学的范畴。

哲学是反思性的学问。就中国的情况而言,中国哲人对"道"的反思是从西周晚期、春秋早期开始的。推动中国思想从宗教到哲学的突破,标志性的事件是三大概念的提出:一是西周晚期的史伯提出"先王以土与金、木、水、火杂,以成万物"观念,意味着从"万物"中抽象出了"五行"以及"和"的概念;二是同一时期伯阳甫提出天地之气分阴阳的观念,意味着"阴阳"及其"序"的概念的构建;三是春秋早期的季梁提出"所谓道"的观点,形成了用"道"统率一切的概念。这三件大事和三个概念在逻辑上层层递进,在中国思想史上构建了"道——阴阳——五行——万物"的思想体系。其中,成为"行所达"之"首"的,已经不再是"帝",亦不是阴阳、五行或万物,而是可以代替"帝"的,居于"阴阳——五行——万物"端点的"所谓道"。第一个提出"行所达"之"首"为"道"的,是春秋早期随国的季梁。此后中国的学问就进入了论道的时期。老子论道,自不用说。孔子之《论语》其实亦为论道之学。战国以后,中国精神除论道而

外,又增加了"理"字,但是"理"其实还是"道",所以今天我们将
"道"与"理"并在一起,形成了"道理"一词。"道"是中国哲学的灵
魂性概念。

可是这里的"论道"不是简单地使用"道"字。在季梁之前,
"道"字已经广泛使用了。但是作为中国思想"行所达"之"首"不是
看谁先使用了这个"道"字,而是看谁最先哲学地使用了"道"字以
及这种使用方式对后人的影响。在研究这个问题时,必须对"道"
这个词或概念做出"应用"与"讲述"两个层次的区别。因为,仅仅
在语言中"应用"了"道",还不能说产生了反思性思想,即哲学思
想;而只有当人们对"道"这个词进行讲述,即对道之为物进行分
析,追问什么是道的时候,才有产生这种思想的可能。下面两个句
子可以清楚地说明问题:

(1)履道坦坦。
(2)道是万物之母。

在句(1)中,"道"这个字,与"路"同义,"道"犹"路"也,处在被
应用的层面上。很显然,"履道坦坦"不是一个反思性命题,只是一
般经验性的陈述,它表明陈述者知道所走的"道"怎么样,是对一种
事实的"知其然";而在句(2)中,"道"则处于被讲述、被规定的层
面,首先是对"道是什么"的追问,其次是对"道"与"万物"之间关系
的述说。显然,句(2)比句(1)在知的意义上高出了一个境界,因为
它在将万物即经验对象与道区别开来之后,又对道本身进行了思
考。"道"字在《易经》中都是应用层面的东西,其原始含义指道路、
坦途。《尚书·洪范》进了一步,将"道"作为正义等行为规范,说明

"道"的概念已向抽象化发展。周公是中国奴隶社会的"圣人"，但他并没有超出正确的政令、规范和法度运用这个范畴，因而还没有达到用"道"这个概念来观察事物的高度，也就是说没有达到超出经验的纯思想。季梁不然，他达到了纯思想，能站在反思的高度讲述他对道的思考。请看下面的句子：

> 臣闻小之能敌大也，小道大淫。所谓道，忠于民而信于神也。

这个句子使用了两个"道"字：第一个"道"字尽管有正义之类的抽象含义，但还是属于运用层面；第二个"道"字超出了经验的范畴，变成"思"的对象，即"所谓"的对象。也就是说，两个道字，在思想过程中构成了递进的关系，表明季梁不仅是在用道，而且也对道做出了思考，他的思想已经跨进了哲学的门槛。

我们可从《左传》对"道"的使用情况来看中国哲学的突破。《左传》书凡十二卷，除少数几卷没有使用"道"字外，在该书中共出现 122 次，基本含义包括：路、方向、途径，如"假道于虞"等等；道德、正义，如"无道""不为道"；法则、规律，如"天之道也"；方法、办法、技术，如"藏冰之道也"；说、讲，如"貌不道容"；还有国名，如"灵王迁许、胡、沈、道、房、申于荆焉"。其中路、方向、途径、道德、正义、法则、规律、方法、办法等含义是常见的，而规律、方法等含义则是哲学范畴所要概括的内容。具体分布情况如下：

第一卷《隐公》虽然使用了"礼""义""信""时"等具有抽象意义的词，但是没有使用"道"字，其出现的次数为零。这就意味着从《左传》的情况看，中国思想史在隐公的时代还没有出现以道论世的先进思想。

第二卷《桓公》使用了"本""仁"等概念,同时也使用了"道"字,共 2 次,即六年"小道大淫","所谓道,忠于民而信于神也"。这是《左传》首次用"道",在思维形式上含有从"道"到"所谓道"的飞跃。这就意味着中国思想史以道论世事的思想出现于桓公时代。

第三卷《庄公》使用"道"字共 3 次,具体分布如下:四年"盈而荡,天之道也""除道梁",九年"秦子、梁子以公旗辟于下道,是以皆止"。此间的"道"除了"道路"之义,还指规律法则。值得注意的是,对"道"的分类此时已经开始了,如"道"包括"天之道",并且用"盈而荡"的辩证转化思想对天之道进行了规定。

第四卷《闵公》出现了"本必先颠,而后枝叶从之"的思想,但没有使用"道"字。但是这里的"本""支"之论也是很有意义的,一旦"道"与"本"字相联系,就获得了明确的形上学的意义。

第五卷《僖公》使用"道"字共 10 次,具体分布如下:二年"若得道于虞,犹外府也""假道于虞""冀为不道""今虢为不道""敢请假道以请罪于虢"。五年"假道于虞以伐虢"。十三年"救灾恤邻,道也。行道有福"。十五年"安其教训而服习其道"。十九年"邢方无道"。其中作"路"讲者 4 次,而具抽象意义者为 6 次,抽象甚于具体。其中"行道有福"深刻揭示了"道"的意义和价值,构成了中国道哲学的一条基本原理。

第六卷《文公》使用道字共 12 次,主要分布在:元年"践修旧好,要结外援,好事邻国,以卫社稷,忠信卑让之道也"。六年"忠之道也","时以作事,事以厚生,生民之道,于是乎在矣"。十五年"亲之道也""子无失道""古之道也""以礼顺天,天之道也"。十六年"君无道""昭公无道""君无道也"。十八年"仲不为道""宋武氏之族道昭公子"。除了最后一个"道"字可作"说"解外,余皆具有抽象意义。在这个时期,关于"道"的分类已经初步完善,包括"天之道"和"生民之道"两个大类。从"所谓道"到"道"分"天道"与"人道",在逻辑上是外延扩大了,内涵更抽象了,这就是发展。

第七卷《宣公》使用道字共 8 次,主要分布在:四年"君无道也"。十一年"夏征舒为不道"。十四年"无假道于宋""不假道于郑""过我而不假道"。十五年"国君含垢,天之道也""夫恃才与众,亡之道也""率是道也,其何不济"。这一时期的论道水平没有超过宣公时期。

第八卷《成公》使用道字共 9 次,主要分布在:十二年"道路无壅""天下有道,则公侯能为民干城""今子之言,乱之道也"。十三年"东道不通""欲道以伐晋"。十四年"取祸之道也"。十五年"凡君不道其民,诸侯讨而执之"。十七年"胥童道君为乱"。十八年"公薨于路寝,言道也"。此时的论道水平同样没有超过宣公时期。

第九卷《襄公》使用道字共 23 次,主要分布在:三年"王道荡荡"。四年"经启九道"。五年"周道挺挺"。八年"小国之道也""如匪行迈谋,是用不得于道也"。九年"缮守备,表火道""是以日知其有天道也""在道。国乱无象,不可知也"。十年"合二难以安国,危之道也"。十一年"诸侯道敝而无成"。十四年"与之言,道""推亡固存,国之道也"。十八年"他日,见诸道,与之言"。二十年"庆氏无道"。二十二年"忠信笃敬,上下同之,天之道""自御而归,不能当道"。二十五年"道之以文辞"。二十六年"子员道二国之言无私"。二十七年"以诬道蔽诸侯"。二十九年"今是长乱之道也"。三十一年"年钧择贤,义钧择卜,古之道也""不如小决使道,不如吾闻而药之也""言朋友之道"。这个时期的论道将忠信笃敬等人性内容当作"天之道",出现了"天道"与"人道"混淆的问题。

第十卷《昭公》使用道字共 41 次,主要分布在:元年"皆取忧之道也""夫以强取,不义而克,必以为道。道以淫虐,弗可久已矣",秦君"无道","一世无道,国未艾也","国无道而年谷和熟,天赞之也"。四年"藏冰之道也"。五年"道之以训辞""国家之败,失之道也"。七年"先君未尝适楚,故周公祖以道之。襄公适楚矣,而祖以道君,不行,何之?"九年"楚克有之,天之道也"。十一年"天之道也""貌不道容,而言不昭矣"。十二年"司墓之室,有当道者"。十三年"存亡之道,恒由是兴""虽无道行之,必可畏也,况其率道,其何敌之有?""灵王迁许、胡、沈、道、房、申于荆焉"。十六年"齐君之无道也"。十八年"天道远,人道迩,非所及也""灶焉知天道?""司马、司寇列居火道""子大叔之庙在道南,其寝在道北""陈于道南庙北"。二十年"守道不如守官"。二十一年"日月之行也,分,同道也"。二十二年"道下遇雨"。二十三年"单子从阪道,刘子从尹道伐尹""立于道左"。二十五年"公徒将杀昭子,伏诸道"。二十六年"晋为不道"。二十七年"王使甲坐于道""立者从之,先人之道也""天之道也"。二十八年"无道立矣,子惧不免"。三十年"楚必道敝"。三十二年"天之道也"。昭公时代,论道以子产为杰出代表,已经有了完善的道的分类的思想,严格地将天道与人道区分开来,并且有了重人道的倾向。

第十一卷《定公》使用道字共 7 次,主要分布在:元年"宋为无道"。四年"闻诸道路,不知信否"。五年"吾未知吴道""大德灭小怨,道也"。六年"往不假道于卫"。九年"取其忠也,故用其道,不弃其人""绝卫之道也"。其中有 4 次用于抽象意义,3 次作"路"讲。

用于抽象意义的,是人性化了的道,具有哲学的意味。

第十二卷《哀公》使用道字共 18 次,主要分布在:二年"今郑为不道,弃君助臣"。三年"道还公宫"。六年"孔子曰'楚昭王知大道矣!'"七年"国君道长,而大夫不出门,此何礼也?"十一年"道渴""盈必毁,天之道也"。十二年"吴方无道""吴方无道,国无道,必弃疾于人。吴虽无道,犹足以患卫"。十四年"失道于弇中,适丰丘""以公命取车于道"。十五年"寡君闻楚为不道"。二十一年"请除馆于舟道"。二十二年"吴为无道,执父立子"。二十四年"邾子又无道""何亦无道"。二十五年"夫见君之入也,将先道焉"。其中,孔子提出了"知道"之论有思辨的意味,而学人们对"天之道"所做的盈毁规定,是对先前已经出现了的思想的复述。

综上所述:"道"字在《左传》中最先出现于《桓公六年》,为季梁使用。他首先在"正义"这层意蕴上使用"道"字,然后以"所谓道"的形式开始了对道的追问。这种"知道"之问就是哲学思考的方式。所以"所谓道"三个字虽然很简单,但却在中国思想史即道的追求历程中为中国思想划了一条分界线:此前人们对"道"是"用",由此形成的历史就是思想史;现在"道"成了"思"的对象,因而,"所谓道"事实上是道的追求由自在进入自觉的标志。这种情形与古希腊哲学很类似。"古希腊的世界观似乎是朴素的、幼稚的和粗陋的,而嘲讽这种世界观却极不明智。从当时的观点来看,人类最初努力了解世界而形成的这种世界观,显然是划时代的事件。"①在"所谓道"支配下形成的思想史,就是哲学史。

───────────

① ［美］梯利著,［美］伍德增补:《西方哲学史》,商务印书馆,1995 年版,序论第 2 页。

五、"所谓道"的民本本质

作为一种思想体系,"所谓道"包括"忠于民"和"信于神"两方面。前者涉及的是"民",后者涉及的是"天",是"神"。在"天""神"的方面,季梁的言论中有"天方授楚""神降之福"等语,所涉及的主要概念即是"天""神",强调的是"天授神降";在"民"的方面,季梁的言论中有"夫民,神之主也""民和动则有成"等语,涉及的主要概念就是"人",特别是"人"这个概念的重要组成部分,即"民",强调的是君王之福系于民。这两方面所涉及的基本问题就是天人关系,或者人神关系,由此形成了两个基本问题:一是"天""神"与人民的关系,在季梁"所谓道"中,这是一个如何"忠于民"的问题;二是"天""神"与祝史的关系,在季梁"所谓道"中,这是一个如何"信于神"的问题。

先说如何"信于神"的问题。在宗教传统中上帝是可信的。兆象是上帝意志的真实显现,上帝有什么样的意旨,在兆象中就会有什么样的显现,不存在虚假兆象的欺骗性问题。《左传·庄公三十二年》:"史嚚曰:吾闻之,国将兴,听于民;将亡,听于神。神,聪明正直而壹者也,依人而行。"孔颖达疏:"襄七年传曰:'正直为正,正曲为直。'言正者能自正,直者能正人曲,而壹者言其一心不二也。"在这个问题上,中国与西方是有显著区别的。西方人认为,物自体与现象之间是有区别的,现象之中有假象,而假象是骗人的。在中国人的问贞活动中,兆象就是上帝意志的显示。古代中国要"祭日于坛",其时间点就是太阳位于黄经 0 度(春分点)。对于先民而言,太阳每年此时都会如约而至黄经 0 度,神从不骗人。只要观察到太阳位于黄经 0 度这个天象,就知道春分到了,可以安排农事了。

　　在季梁的言论中,我们没有看到说上帝不诚信的话,相反,他肯定"天授神降",这表明他并不认为上帝、鬼神存在用假象骗人的问题,换一句话说,"天授神降"是"真"的。揭露隐蔽以索其真,对于"所谓道"而言,是不言而喻的。既然上帝、鬼神这一边不存在问题,那么他为什么还要提出"信"的问题呢? 原来季梁认为,在问贞活动中,出现了"祝史矫举以祭"的问题。"矫举以祭",杜预注云:"诈称功德,以欺鬼神也。""祝史"或"贞人"既然诈称功德以欺鬼神,那么他们也就可能窃用神意向时王呈报自己的私意,这就是《庄子》称圣为大盗的原因。如果是这样,"祝史"在职业上虽然还有"圣人"的光环,但是他们不再是"正"的化身。"矫举以祭"既是失信于神,又是谄谀于王。贞而失真才是举事必败的原因。为了消除失信于神的"谄谀"问题,季梁提出"正辞",即"无谄谀"地致其祀,只有这样,才能达到上帝意志的本身或真理的本身,才有"神降之福"。

　　"辞"的本义是诉讼、打官司。分争辩讼谓之辞,所以《说文解字》云:"辞,讼也。"很显然,"辞"是指语言方面的问题。《礼记·曲礼》有谓"安定辞",疏为"言语也"。胡适曾分析,辞由左右两部分合成。左半部含有"整理"之义,右半部含有"罪行"之义,本意是指法官宣判的"判词",可引申为对某事物的判断和断定,因而相当于"命题"。季梁论道强调"正辞"含有"正辞,信也",即"命题"要表达的是"真实意思"的逻辑要求,因此我们说它包含真的追求"虽不中亦不远矣"。在中国逻辑思想史上,"辞"是一个非常重要的逻辑范畴,是"逻辑推论的重心结构……形式上表现为判断的命题"[1]。

------

① 汪奠基:《中国逻辑思想史》,上海人民出版社,1979 年版,第 111 页。

祝史观察兆象而在大脑中形成了意识、思想，当他们用语言表述出来时，就形成了"辞"，正如墨家所云："以辞抒意。"①

季梁的"辞"由一系列的定义串构成。它首先将世界分成道和淫两方面，接着就是对"道"下定义："忠于民而信于神也"；然后分别对忠和信下定义：忠，上思利民；信，祝史正辞，余此类推。这一系列的定义串，构成了季梁所说的"辞"。很显然这里的"辞"属于逻辑学的范畴。季梁的"所谓道"把阐释性的揭秘活动转换成为祝史对兆象的判断（辞）是否为"真"的逻辑学问题，其最终目的还是要准确地表达神意，而神意的背后是强大的民意。

再看如何"忠于民"的问题。季梁的君王福与"信于神"有关。只要在祭祀活动中做到"牲牷肥腯，粢盛丰备"，即只要奉献给鬼神的牲肥粢丰，就可以"信于神"，也就有福了。可是季梁认为奉献给鬼神的牲粢是否肥丰不是信与不信的问题，而是忠与不忠的问题。是福是祸不看你信不信神，而看你忠不忠民。这是因为站在鬼神背后的不仅有"天"，而且有"民"。而天是从于民的，所以"天视自我民视，天听自我民听"。鬼神向贞人所显示的上帝的意志，其实是民之所欲。"夫民，神之主也"，所以天、鬼神要依人而行。季梁的"夫民，神之主也"的思想来源于"周人正统思想"，"是周人立国的实训"，其"谓天眷无常依人之行事以降祸福"，傅斯年称之为"命正论"。天眷无常依人之行事以降祸福，这也叫"正"。正因为如此，圣王先成民而后致力于神。比如祭祀活动中，奉牲以告曰"博硕肥腯"，表面上是向神汇报牲畜又肥又大又多，而实际上是讲"民力之普存"，也就是人民普遍富裕了起来。人民富裕起来了，才能和谐相

①《墨子·小取》。

处,鬼神才有了归依,此时,才会有"神降之福"局面出现。所以祭祀奉牲不是"取信于神",而是尽心让"民力之普存",这就是"忠"。商人将鬼神之主理解为上帝,所以问贞探寻的是上帝的意志;从周人命正论而来的"夫民,神之主也",将神之"主"从"帝"转换为"民",这开启了中国民本思想的先河,傅斯年称之为"人本思想之开明"①。

---

① 傅斯年著,杨佩昌、朱云凤整理:《傅斯年:诸子、史记与诗经文稿》,中国画报出版社,2013年版,第55页。

第九章　炎黄精神的形成与发展

　　在前面几章,我们首先根据炎帝神农与轩辕黄帝的神话传说将炎帝神农确定为"中华农祖",轩辕黄帝为"中华政祖",揭示了二祖融合形成华夏民族的过程,并且将二祖与姓氏炎黄学、考古炎黄学结合起来,从而充实了中华始祖的历史向度;其次是揭示蕴藏在社稷宗庙中的炎黄精神,并试图展现炎黄精神在语言、艺术、宗教、哲学、科学等文化形式中的表现。由此,炎黄学就由祖论转化为道论。在这一章,我们试图从道论的角度揭示炎黄精神的形成与发展过程。

第一节　炎黄精神的内涵与外延

　　"炎黄精神"作为范畴,就其实质而言,是对炎黄精神的内在生活过程所进行的陈述。而这种陈述拒绝随意使用"炎黄精神"这个词。比如,有人将"炎黄精神"看作是做了好事不留名的"中国好人精神",包括为他人着想的精神、力所能及帮助他人的精神、扶危济困的善举精神、不图任何回报向世界默默奉献的精神等等。这些人虽然将人间一切最美好的价值都包括在"炎黄精神"里面,赞扬了

"炎黄精神"的优秀,但是这一切并不是严肃的学术思考。作为学术术语的"炎黄精神"有其特定的内涵与外延。

一、炎黄精神的内涵

严肃的学术思考要求我们从辨名析理的角度对"炎黄精神"这个范畴进行分析,以便更好地陈述以炎黄为起点的中国人的内在生活过程。

"炎黄精神"这个"名"由"炎黄"与"精神"两个词组成。我们先从"精神"谈起。张岱年说:"精神本是对形体而言,文化的基本精神应该是对文化的具体表现而言。就字源来讲,精是细微之义,神是能动的作用之义。文化的基本精神就是文化发展过程中的精微的内在动力,也即是指导民族文化不断前进的基本思想。"①张氏在这里所谈的"精神",我们应该从两个方面予以辨析:第一方面是"精神"与包括琴棋书画等在内的"文化形态"的关系。在这里,"文化"实质上是由"精神"与"文化的具体表现"即文化形态或文化事物所构成的整体。精神是内容,文化形态是形式,前者要通过后者表现出来。文化事物之成为现实,当以精神为魂,否则只不过是一些物件的堆积而已,绝不可能称之为"文化"。张岱年在这里所说的"文化的具体表现",其实就是我们所理解的"文化事物"。所谓"内在动力""基本思想",就是作为灵魂的"精神"。在精神与文化事物的关系中,文化事物表现了精神,精神则为文化事物铸魂蓄力。第二方面是"精神"与"主体"的关系。张岱年对"精神"的定义虽然考虑了精神对文化事物的关系,但是他的定义有一个明显的漏项,

① 张岱年:《张岱年选集》,吉林人民出版社,2005 年版,第 444 页。

即漏掉了精神与形成精神的主体之间的关系。而事实上，与"精神"相对的"形体"更重要的是指"主体"，也就是人。人，是精神的承担者，没有人的精神是不存在的。波普尔曾提出"没有认识主体的认识"这个概念，但是至今尚未成为共识。比方说，"社会意识"似乎没有具体的个人主体，但却是一定的阶级或阶层的意识，即是说，是以阶级或阶层为主体的。从主体的角度讲，讲"精神"就一定要追问"是谁的精神"的问题。

再论"炎黄"。我们所说的"炎黄精神"是"炎黄"的精神，就是说，是以炎黄为主体的精神现象。据典籍记载：炎帝或黄帝是人，但他们是超出常人的人。将他们理解为部落、部落联盟等社会组织的代表者应该更合理一些，我们把他们视为代表炎黄精神的主体。像这样的超乎常人的社会组织和集团的代表者，在史前往往被视为具有神性的人，他们是人类学中的"Culture Hero"，与汉语中的"神话人物""文化英雄"相当，而在姓氏之学中，他们其实就是"祖"，是"中华人文初祖"。

文化英雄对古代人类的特殊生活方式有教化、引领之功，他们往往与神话传说中的具有荣光的发明创造者相对应。文化英雄是集中体现上古人民智慧和才能的人格，他们引领着人类文化的进程，代表着人类文明的前进方向，因此被万世所歌颂（如史诗）和纪念（如祭祀）。希腊神话中的普罗米修斯，是文化英雄。在中国的上古传说中，像这样的引领者有很多。比如《庄子·胠箧》就记载了"至德之世"有容成氏、大庭氏、伯皇氏、中央氏、栗陆氏、骊畜氏、轩辕氏、赫胥氏、尊卢氏、祝融氏、伏牺氏、神农氏，其实很可能还不止这些。最近，我们在鄂中大洪山地区发现了一个不见于史籍的由西祖二十四代和东祖三十代所组成的神话系统。很可能他们是各部落文化英雄的汇集。但是这些文化英雄在历史资料整理过程中，最终聚焦在炎黄二帝的身上。他们身上的历史味或者说人情味比普罗米修斯更浓，因为他们是由"百姓"融合而成的"祖"。

"炎黄"这个范畴是指炎帝与黄帝，而不仅仅是指"炎"，或者仅仅是指"黄"。自司马迁后，讲中国历史从"黄"开始，而"炎"则若存若亡，这埋下了后人重黄轻炎的种子。这可能是由资料的缺失造成的，"历来人们从《史记》正文所能得到的关于炎帝神农氏的传说故实，仅只这样的寥寥数语而已"①。此外，还有一个重要的原因就是认为"神农氏德衰落"，黄帝结束了当时中国分裂纷乱的局面，开创了新的历史，是为中国历史之始。明清之际兴起的以黄为尊的民族主义思潮就持此种观点，如王夫之《黄书》就是这样讲的。20世纪80年代以来，中国人的兴趣中心转移到经济领域，因而与"生民之本"的"食货"相联系的炎帝神农氏得到了重视。我们今天谈炎黄，不重黄轻炎，也不重炎轻黄，而是炎黄并重，将他们视为中华文化的最初创造主体。这于典有据，如《国语·晋语》讲的是黄与炎。成书于汉代的《淮南子》在其《修务训》云："为道者必托之于神农、黄帝而后能入说。"

炎黄作为文化主体必有其精神。这里所说的精神即是指"炎黄"在将文化推向文明的过程中所展示出的主观面貌、价值取向，例如注重道德礼义的"人文"精神、崇尚自然的"自由"精神、相生相补的平衡精神，以及兼容并包的"会通"精神等等，都是这样的主观面貌和价值取向。它们构成了寓于中华文化现象或事物之中的"基本

① 张国光：《炎帝神农氏——中国由渔猎社会进入农耕社会的新纪元》，陈放主编：《炎帝与炎帝文化》，湖北人民出版社，1991年版，第27页。

思想",中国精神从文化到文明的发展离不开这个基本思想。正是在这个意义上,我们可以将炎黄精神的基本内涵确定为:以炎黄为主体的引导中国文化向前发展的基本思想与动力。

二、炎黄精神的外延

明确了"炎黄精神"是指寓于炎黄所创造的一切文化现象或文化事物中的基本思想这一内涵后,我们应该进一步思考分析这个概念的外延。

炎黄学有狭义与广义之分。狭义地讲,炎黄学所主张的炎黄精神,是指炎帝与黄帝在其文化创造中所体现出来的内在追求和主观面貌,或许,我们可以把其后裔的精神生活也概括于其中。"三代"以前炎黄部落文化创造里所包含的内在追求和主观面貌,都可以称之为"炎黄精神"。这个狭义的炎黄精神,以徐旭生所说的"华夏集团"为主体,因而可以称之为"华夏精神"。在考古学上,它既包括黄河流域的穴居式的粟作文化,也包括长江流域的干栏配套的稻作文化,还包括黄河中下游山东境内的大汶口文化等等,它们之间的融合,形成了一种"多元一体"的中华民族精神。广义地讲,炎黄精神是指中华文化在其发展过程中所体现的内在追求和主观面貌。我们用"炎黄精神"这个范畴对中国精神进行陈述。

当我们讲"炎黄精神"时,我们所陈述的其实也就是"中国精神"。这种陈述包括三个概念层次:

一是以"道"这个范畴来概括人类文明本身。中国精神体现的是人类文明的中国道路,有特定的范畴,那就是"道"。"生乎千载之后,欲明先民立言之真谛,果如之何而后可?……千载下儒生所争论不休者莫如'道','道'之一字,在古书中随处见之,而其含义,又各随时代有浅深广狭之不同。"①对于中国精神而言，无论是炎帝精神，还是黄帝精神，都是"道"的表现。关于炎帝精神，《庄子·盗跖》是这样描述的：

> 神农之世，卧则居居，起则于于，民知其母，不知其父，与麋鹿共处，耕而食，织而衣，无有相害之心，此至德之隆也。

这里虽然没有使用"道"字，但庄子以"至德之隆"这个术语来描述炎帝精神。德与道是紧紧地联系在一起的。一般认为，"道"是需要通过"德"来表现的，"道"为"德"之体，"德"为"道"之用，"体"要通过"用"来表现。道家的《太上老君说常清静经》开篇云："老君曰：大道无形，生育天地；大道无情，运行日月；大道无名，长养万物；吾不知其名，强名曰道。"既然道是无法想象的，描述起来也很困难，古之圣人就通过"道"之用来感悟到"道"之体。所以强调"至德"，也就是对"道"的强调。关于黄帝精神，后人尤其是道家，径直将道与黄帝联系起来。不过这种联系有两种形式：一是认为道为黄帝所制，如明代朱权在其《天皇至道太清玉册序·原道》中强调："凡有生之民，所称之道，所用之字，所服之衣，所居之室，所用之器，皆吾中国圣人黄帝、老子之所制也。"二是认为道自本自根，黄帝只是得道者之一。如《庄子·大宗师》云：

> 夫道，有情有信，无为无形；可传而不可受，可得而不可见；

---

① 张舜徽：《周秦道论发微　史学三书平议》，《张舜徽集》，华中师范大学出版社，2005 年版，第 29—30 页。

自本自根,未有天地,自古以固存;神鬼神帝,生天生地;在太极之先而不为高,在六极之下而不为深,先天地生而不为久,长于上古而不为老。狶韦氏得之,以挈天地;伏戏氏得之,以袭气母;维斗得之,终古不忒;日月得之,终古不息;堪坏得之,以袭昆仑;冯夷得之,以游大川;肩吾得之,以处大山;黄帝得之,以登云天;颛顼得之,以处玄宫;禺强得之,立乎北极;西王母得之,坐乎少广,莫知其始,莫知其终;彭祖得之,上及有虞,下及五伯;傅说得之,以相武丁,奄有天下,乘东维,骑箕尾,而比于列星。

按照这个说法,黄帝是得道之人,因为得有此道,所以就成为"中国圣人"之一。制道与得道是不同的,在前一种情况下,道为黄帝所创,道在帝之后;在后一种情况下,道是一种本体,对这一本体的追求也就形成了一种谱系,故道为象帝之先。在中国精神中,关于道的主流意见应该是后者,就是说,中国精神强调道是所有的圣人所追求的对象,是万事万物的根本,得之者昌,失之者亡。

第二个层次是圣人对道本体的追求,所谓"伏戏氏得之""神农氏得之""黄帝得之""颛顼得之"等等讲的都是圣人对道的追求,所谓"五帝三皇神圣事",就是圣人对道体追求的体现。在中国人看来,道有得失,因而可以传承。像韩愈所讲的尧以是传之舜,舜以是传之禹,禹以是传之汤,汤以是传之文、武、周公,文、武、周公传之孔子,孔子传之孟轲的就是"道",而道的传承过程就是"道统"。

第三个层次是围绕道统而建立的政权机构与意识形态。各个朝代根据其所面临的历史实际,可以有不同的制度设计。汉制与秦制有别,唐制也有别于隋制,如此等等。各个朝代都有自己的宗庙。

各个朝代依据自己的祖制而确立的治理天下的制度设计,我们称之为"治统",实际上就是"王制"这个概念所包括的东西。在历史的序列中,取代前朝(治统)的后朝认为自己优胜于前朝。之所以优胜,是因为前朝失道,就应该让位于得道者。这里,所有的朝代都将自己纳于道的统绪,认为自己的建立是得道的结果。中国历史上的五德终始说就是如此。所谓五德终始,是说各个朝代受土、木、金、火、水相生相克之道控制。木生火,火生土,土生金,金生水,水生木,如此相生,往复循环。土德必然被木德所代替,木德又必然被金德所代替,如此等等。在王莽篡汉之前,五行相克较为流行,中国各个治统的交替顺序为:黄帝(土)→夏(木)→商(金)→周(火)→秦(水,秦代尚黑,以十月为正)→汉(汉高祖时水,汉武帝时土,尚黄服)。王莽篡汉后,为证明新政权的合法性,新朝修改了汉朝以前诸朝代的德性,此后交替顺序为:黄帝(土)→夏(金)→商(水)→周(木)→汉(火)→曹魏(水)→北周(木)→隋(火)→唐(土)→后梁、后晋(金)→后汉(水)→后周(木)→宋(火)→金(土)。元代皆采用五行相生说,自元之后,又变为相克说,元(金)→明(火)→清(水)。根据这样的历史观,中国从黄帝以来的历史,尽管从表面上看来是后朝取代前朝,但是这种取代过程是受历史规律(德的相生相克),也就是道支配的。所有的朝代不过是历史之道中的一个环节而已。从环节论的角度看,"治统"被纳入"道统"的范畴。这里所说的"道统"其实也是人为安排的系统,比如孔子道统是从尧至文王周公,孟子的道统里面至少增加了孔子。可见道统是可变的,但是这个"变"体现了道的追求。这样,道就成了道统的根据,至于道,则以本身为根据。因此中国精神的灵魂是以道为本,其基本的逻辑层次是"道→道统→治统"。从治统进入道统,又从道统进入大道,就是中国精神为人类构建文明发展的基本路径。

第二节 炎黄精神的形成与发展

我们从名辨角度将炎黄精神规定为中华文化的最初质点。这个质点因散发而形成的圆圈,就是中华文化。中华文化在不同历史阶段的发展呈现为不同的层次分布,是为中华文化的圈层,中华文化就是半径不断在扩大的一连串的文化圆圈。在这些圆圈中,以青铜时代为起点,进入中国国家形成后的文化属于文明。中华文明的文化事物一定属于中华文化这个范畴,但是,在中华文化这一范畴中也包括了很多前文明、非文明的东西。所以炎黄学所讨论的炎黄精神,从狭义来讲,应该是指文明形态的中华文化。兹述如下:

一、作为中华文化圆心的炎黄精神

在中国的历史传说中,炎黄精神是中华文化的圆心,由"三皇""五帝""三代"构成,而炎黄则是这个圆心的最初"质点"。依据《周易·系辞》,"三皇"是指伏羲、神农、黄帝。《周易·系辞》将中国历史进程与伏羲、神农、黄帝三位圣人联系了起来,从而将中国历史划分为"以佃以渔"的包牺氏之王天下的时代,"耒耨之利,以教天下"的神农氏世,"垂衣裳而天下治"的黄帝、尧、舜时代。我们对它的记忆始于渔猎时代,其物质生活是"结绳而为网罟,以佃以渔",而精神生活则是以八卦"通神明之德""类万物之情"。"卦卜"既是这个时代的祭祀形式,又是这个时代的记事形式,这已经有文明的萌芽状态了。不过此时的人们并不知道储存剩余,民只知有"现在",

不知有"将来"。农耕时代的精神生活仍然是"通神明""类万物"的，不过它将八卦发展为六十四卦，实现了祭祀和记事形式的"部分质变"。从渔猎到农耕的文化突破表现在生活方式的转型上。此前是"饱则弃余"，而此后是将剩余储存起来，作为种子再种再收；作为货物，用以交易各取所需。这就不仅知现在，而且会安排"将来"。"垂衣而治"的时代将农耕时代舟楫、臼杵、弧矢等等发展到了新的高度，但也并不是突破，而是农耕生活的"部分质变"，不过，它用礼规定人与人之间的关系，并且用典册确定下来，这就是质的突破。此前，人们"前无与识，后无与传，是非无恒，取舍无据"。这种情况，如同夷狄的无文，而此后，中国之天下则进入了前可以识、后可与传、是非有则、取舍有据的文明阶段。以上三个环节、两个突破，符合历史发展的轨迹，在考古等文化人类学上也有其对应物，应该是历史的真实。"三皇观"中最有价值的是两大文化突破，而神农、黄帝则分别是两大突破的代表者，也就是构成中华文化的"原始基因"或"最初质点"。

五帝时代已经有文可言了，也就有了记载帝王世系及谥号的"谍记"，"黄帝以来皆有年数"。其可分为两个阶段，从黄帝到颛顼为第一阶段，颛顼以后为第二阶段。颛顼之前的黄帝时期其世系或许是按女系计算，尽管此时已经出现了不尊重女性的情况；颛顼之际，新的按男系计算的世系完全获得了确立。在五帝中，颛顼的出现具有划时代的意义：他有历法，叫"颛顼历"；他形成母系社会与父系社会之间明确的界限；他组建了一个祭祀兼管理的社会阶级，由此形成了信仰精英，宗教祭祀已被垄断。颛顼完成了中国文化史上的一次伟大的变革，人们也可以称之为"革命"。我们注意到，三皇与五帝这两个时代是有交接点的。黄帝是三皇时代的终结者，又是五帝时代的开拓者。黄帝一方面继承了神农以来形成的"艺五种"的生产方式,同时又将礼制建设作为主题。这就意味着黄帝虽为五帝之首,但同时也不忘承袭神农。在这里,从祭祀的角度看,不忘承袭神农,表现为社稷祭祀;对礼教的尊崇,表现为祖宗祭祀。后人将五帝时代的祖宗与社稷祭祀概括为"皇天上帝社稷","皇天上帝"是黄帝的象征,"社稷"是炎帝的象征。炎黄基因的最初精神表现为"皇天上帝社稷",这也构成了中华文化的第一阶段。

夏是三代的开启者,其后的商与周是夏的继承,所以研究三代应该自夏始。这是中国政治制度在"皇天上帝社稷"这个基础上的原创期。根据上述资料,我们可以对三代的社会结构做如下几个方面的描述:其一,三代从夏起,已经进入了农业社会,生产方式以农耕为主。其二,三代从夏起,在生产关系中有公田与私田之分。公田,显然是氏族血缘关系的表达。在此表达中,国犹如家,国在家中,夏王、诸侯、卿大夫是由血缘关系为纽带构成的宗子、宗孙和姻亲的亲缘关系,权力和财产是按血缘的亲疏分配的,由此形成了中国社会独具的按"亲亲""尊尊""五伦"排列的君臣、父子、夫妇、兄弟、朋友的社会关系。在这里君权与父权是统一的,君权只是父权的引申和扩大,君主既是国家的最高统治者,又是最大的家长。这种宗族性社会,其政权具有不可转移性。王朝的轮替是宗族政权的轮替,其王权继承方式,或父传子,或兄传弟,虽然有所改变,但以宗族生产关系表达农耕生产方式这一点,在三代并没有改变。三代形成的"亲亲""尊尊"社会结构表现的是华夏治统。它始于黄帝,或者换个说法,叫作"政由黄帝",其祭祀表现为"宗庙";同时不忘记土地与农耕,其祭祀表现形式则是"社稷"。"宗庙社稷"构成炎黄精神的第二阶段,这一阶段的精神生活如果可以称为"学",那么就是史官之学。

"宗庙社稷"根植于炎黄精神,是炎黄精神的特殊标识。包含在宗庙社稷中的炎黄精神,即"皇天上帝社稷",作为"原始基因"或"最初质点",构成了中华文明的圆心或中华文明的原型。这个"最初质点"并不是静止的,它因内部的炎与黄等部落的不断融合而引发了巨大的周期性起伏运动,其在向四周传播的过程中,形成了诸多美丽的文化圈层,构成中华文明的表现型。

二、中华文明的几大圈层

第一个文化圈层是诸子之学。"宗庙社稷"的文化构成原本是一个整体,在春秋以前,作为学,被表述为"圣有所生,王有所成,皆原于一"。其中殷周之际是中国文化史上又一次巨大的思想变革,即从重天、帝之令的宗教思维转化为重民众作用的民本思维。商人重天帝之令,周人以民众为本。进入春秋以后,因社会分化,学术也跟着分化,于是出现了诸子百家,文化创作的主体由少数巫史转化为百家诸子。子学至迟启航于西周与春秋之交,这一时期,作为整体的宗庙社稷文化演化为百家争鸣的盛况,在纷争的外表下,有自己独特的范畴体系,阴阳、五行、道、理等等就是中国思想范畴体系中的概念形式。其中,最重要的概念就是"道",所有的思想都是围绕着道而构建的。论道立言,影响最大的有儒、道、墨、法四家。儒、道、墨、法可以通约为儒道。儒依托黄,道依托炎。老子的思想是围绕"道"而展开的,而这个"道"字与"神农"是联系在一起的,即是说道家为道"托之于神农"。从这个角度看,道学是社稷之学。与重神农的道家不同,儒家之为学,在于重黄帝,托之于黄帝而成其说。因此,我们可以说,儒家文化承袭的是黄帝精神。从《论语》中,我们看到儒家敬重的是圣人,是出自黄帝谱系的"圣人"。在《论语》中,我们虽然没有看到关于黄帝的论述,但是这不等于孔子不提及黄帝。考之其他文献,比如,在《孔子家语》中,为了回答宰我对黄帝三百年的疑惑,孔子论及了黄帝。孔子所维护的就是源于黄帝、成于周公的礼义制度系统。从这个角度看,儒学是宗庙之学。第一个文化圈层将"宗庙社稷"这个最初质点转化为儒道互补的子学。子学思维将关注的重点由天帝转化到了人间,这是周人思想的升华。

第二个圈层是从汉学到宋学的思想体系。秦从政治上一统宇内,但没来得及完成思想综合的大业。这个大业是汉代人完成的。子学谢幕了,代之以独尊儒术的经学。如果说,诸子均参与了中国文明的原创性工作,他们所诠译的炎黄精神呈现为百家纷争,那么进入秦汉以后,在董仲舒等人的推动下,包括儒道在内的百家由分到合,其中,孔学一家独大,其学为"经"。此时的炎黄精神深受经学支配。"经"是以孔子为代表的儒家著作的专称。在今文经学中,孔子以前不得有经,孔子以后的著作也不得称为经,仅称为传、记、说而已。古文经学与这种观点有所区别,认为经是儒教学派著作的专称,不独为孔子所专有。两种观点虽有区别,但其尊孔尊儒却是共同的,经学造成了儒家独尊的思想局面。经学思想被官学化,思想创作成了孔孟等圣人、亚圣等的特权,其他人都只能做其思想的诠释者。此一时期的思想者是以子学时期形成的概念和范畴,主要是儒家所使用的概念和范畴,如天、道、仁、义、礼、智、信等为思想范式。出现在这一时期著作中的范畴,很少有不见于子学时期的,尤其是孔学的。思想者的追求在于努力理解子学,特别是儒家经典的思想本义,此谓之"六经注我"。

　　经学时期儒道两家思想的张扬情况比较复杂,包括这样几个阶段:一是战国晚期至汉初的"黄老道德之术"。"黄老道德之术"被称为"黄帝、老子之言",其深层机理是炎黄合一。因为老子思想实际上是炎帝神农精神的深层表达。在这个结合里,炎帝神农精神占据了主导地位,所以在政治上主张无为。二是经学时期。汉初的黄老之术很快被经学取而代之。早在文景时期,汉人就有了从无为到有为的嬗变趋势,至汉武帝时,罢黜百家,独尊"孔子之术",原始儒家因此由诸子中的一家之言上升为国家意识形态,即变成了对权力进行诠释的经学。至此,中国以伦理为本位的专制集权社会的精神层面即思想专制形成制度——专制社会,因之而最终建立。三是魏晋贵无玄学。经学虽然是汉代人的国家意识形态,但汉末天下大乱,而经学思想僵化,其不适应社会发展的一面逐渐显现,走向衰微,以至于被魏晋玄学取而代之,不可避免。魏晋贵无玄学,发源于老庄。魏晋玄学是专注于名理的学问,整个析理活动,是围绕无与有这对矛盾展开的。这个时代的哲学家们或者"贵无",或者"崇有",或者讲"无无",花样繁多但不外乎无与有。无有矛盾实乃玄学系统的主题。魏晋贵无玄学是对经学的一次否定,其"非汤武而薄周孔,越名教而任自然"。非汤武而薄周孔,意味着被确定为经的儒教被超越,于离经叛道中表达了玄学对淳朴人性的向往。在我们看来,在玄学里,黄帝精神被压抑了,而炎帝神农的淳朴人性则得到高扬。四是六朝时期从印度传来的佛教也对经学思想的生存权构成冲击和威胁。魏晋玄学是本土内部的道家对儒家的否定,而佛教则是外来文化对儒教的否定,因此经学系统中的儒生们对它的反击也就更为强烈。此时,儒家将道家视为中华内部之学,而佛学当时则属于夷学。五是宋明理学时期。理学将表达黄帝精神的儒学与表达炎帝精神的道学统一了起来，而在这个统一中又融入了佛学。尽管宋明理学的大师在构建自己的体系时，一方面批评道家，另一方面排斥佛家，认为自己的学说属于孔儒道统，但事实上，他们的体系是在儒家的术语中既吸收了道家思想又吸收了佛家思想，从而形成了中国思想史上"值得特书的哲学思想的昂扬时代"。宋明理学被新儒家认为是很完美的，以至于有人说，理气心性之学，自宋迄明可谓登峰造极，但是历史的发展是无情的，进入明朝中晚期后新儒家内部开始出现了严重危机。面对这样的剧变，以为万世开太平期许的儒生们竟然不知道如何应对世变。对此情况的深刻反思，在中国思想史中，形成了系统开发哲学格物致知、经世致用功能的思潮，至今还在进行中。此一时期，佛学已经融入中国的文化传统，形成了以炎黄为基因的中国传统文化，但明清之际，西洋文化传入中国，使中国文化的格局悄然发生了结构性的变化：原来是儒道融合问题，现在变成了以儒道思想为传统（有时也将佛学纳入其中）与西方文化即中学与西学如何融合的问题。

　　第三个圈层是中华民族文化的复兴时期。进入近代中国以后，西方文化将人类历史由时间主导变成了空间主导，历史表现为西方主导的人类全球化进程。全球化的游戏规则是西方制定的，中国人在其中只能接受这个游戏规则，而不能参与制定规则。此时的中国文化成了"传统"，即是说，以"传统文化"这样一种方式走向低谷。炎与黄遭蔑视，不过，也正在此时中国人开始从梦中醒来，他们使民族意识从自发到自觉，从而确立了民族主权；将国家意识从迷信与专制转型到科学与民主，从而确立了国家主权；使国民从"伸不直腰"到"站起来了"，从而确立了人民主权。三大主权的确立使中国人在站起来后，富起来了，也强起来了。在当今世界格局中，走向世界舞台的中心。

　　以上三个圈层的半径一个比一个长。中华文明的第三圈层根源于第二圈层,但是根据突现论原则不能将它还原为第二圈层,它已经有了第二圈层所不具有的新内容;同理第二圈层根源于第一圈层,但也不能将它还原为第一圈层,它亦有第一圈层所不具有的新内容;第一圈层根源于最初的质点,即作为圆心的炎黄精神,但也不能将之还原为最初的质点,因为它同样有质点所不具有的新内容。从质点到圈层具有不可还原的生成关系。炎黄精神是原生型的,圈层精神是再生或次再生型的,因此,炎黄精神始终是中华文明的圆心。以炎黄精神这个最初质点出发,中华文化的圈层的半径越来越长,出现了大圈里面套着小圈的壮丽景观。黑格尔曾将他的绝对理念描述为一连串的圆圈,中国文化从质点到新的炎黄精神又何尝不是如此呢?

　　为了更好地陈述从中华民族的最初质点到各个圈层的扩展过程,我们借用德国思想家卡尔·雅斯贝尔斯"轴心时代"这个概念对炎黄精神做历史性陈述。

　　1949年,雅斯贝尔斯出版了他的历史代表作《历史的起源与目标》一书。在这本书里,雅斯贝尔斯为了准确把握人类历史的本质,深入探索人类发展的奥秘,提出了自己的轴心期理论。他认为,在西方世界,基督教信仰缔造了历史哲学。在从圣·奥古斯汀到黑格尔的一系列鸿篇巨制中,这一信仰通过历史而具体化为上帝的活动。上帝的启示活动相当于决定性的分界线。因此,黑格尔仍能说,全部历史都来自耶稣基督,走向耶稣基督。上帝之子的降临是世界历史的轴心。公元纪年天天都在证明这个基督教的历史结构。但是,基督教仅仅是其教徒们的信仰,而并非全人类的信仰。假若存在这种世界历史轴心的话，它就必须在经验上得到发现，也必须是包括基督徒在内的所有人都能接受的事实。这个轴心应该是一个为所有民族进行历史自我理解的共同框架。

围绕"轴心期"这个概念，雅斯贝尔斯将人类发展已经历了的历史划分为四个阶段：第一个是史前。那个时代是如此久远漫长，以至人们永远只能揣测而不能确知当时人的思想与状况。在史前，由于语言的产生、工具的制造、火的应用，人第一次变成了人。从生物学上说，全世界各人种、各民族的人同属一类，他们创造的"古文化"构成后来人认识历史的基础。第二个是古代文明，古城、古国就是"古代文明"的重要内容。三个最早的文明在三个地区兴起：先是埃及、苏美尔、巴比伦、爱琴海，然后是前雅利安印度文化，接着是古代中国。在中国文化中，此时的"国"已经发展成为"方国"了。这时已有了文字、高大的建筑和美妙的艺术品。由于管理河流灌溉，形成了国家组织。马的使用改进了战争技术装备，扩大了人的交往。更重要的是人的内在变化，人类开始从非历史走向历史。然而，这一时期几乎没有精神运动。第三个是轴心期。公元前800至前200年发生的精神过程标志人类历史正处于一个轴心时期，公元前500年是它的高峰期。在此历史阶段，在中国已经进入等级君主制国家时期，高于方国，但不是帝国。其间诞生了孔子、老子、庄子、墨子等各派思想家；在印度，那是佛陀的时代，所有的哲学派别，包括不可知论、唯物论、诡辩论、虚无主义等，都得到了发展；在伊朗，祆教提出了挑战性的观点，将世界视为善与恶的斗争；巴勒斯坦出现了以利亚、以赛亚等先知；希腊涌现出荷马、赫拉克利特、柏拉图等贤人哲士。所有这一切几乎是同时而相互隔绝地在中国、印度和西方产生。直至今日，人类一直靠轴心期所产生、思考和创造的一切而生存。每一次新的飞跃都回顾这一时期，并被它重燃火焰。自那以后，情况就是这样，轴心期潜力的苏醒和对轴心期潜力的回忆或曰复兴，总是提供精神动力。对这一开端的复归是中国、印度和西方不断发生的事情。第四个是科学技术时代。从 15 世纪开始，经过 17 世纪决定性的发展，到 19 世纪全面展开，把欧洲与世界其他地区，特别是亚洲完全分开，使欧洲成为世界的中心。人们今天感受到的是这一时代改造的结果。

我们虽然借用雅斯贝尔斯的"轴心"概念，但其中含有的将全部人类历史都走向上帝之子的降临这一轴心观点，却为我们所抛弃。我们仅认同公元前 500 年前后在中国与印度等地区同时出现人类文化的突破现象这一"轴心时代"概念。

不过，人类文化突破的轴心时代并非"忽如一夜春风来"，而有一个漫长的文化积累过程。此过程，我们称之为文明突破的"前轴心时期"，雅斯贝尔斯所说的史前、古代文明都可以概括在"前轴心时期"这个范畴中；"轴心时代"结束了，但人类的精神生活的创造性活动并没有结束，在轴心时代形成的思想基础上，仍然有若干，甚至是非常重要的新的创造，我们或可称之为"后轴心时期"；在人类精神生活的天空中，"轴心时期"的突破精神在一定历史条件下，是可以重复的，重新到来的新的文化突破现象，我们或可暂称之为"新轴心时期"。雅斯贝尔斯所说的"科学技术时代"属于"新轴心时期"。他认为这一时期的世界中心在欧洲，我们这里指出的是，中心不是固定不变的。目前的经验事实证明，世界中心是可以发生转移的。因此，新轴心时期正在建设之中。这样一来，我们对炎黄精神的历史性陈述，就可以转化为这样的陈述：炎黄精神的前轴心时期，其内容包括"三皇""五帝""三代"诸环节，是中国文化的起源期；轴心时期的内容就是先秦诸子百家，这是中国文化原典精神的形成期,可以将周代视为从前轴心时期到轴心时期的过渡阶段;后轴心时期就是从黄老之学到五四运动的全部文化进程;新轴心时期,是从五四运动到当今的文化创造过程。

使用这些概念对炎黄精神发展历程进行考察,类似于考古学。事实上,炎黄精神论所做的工作就是对炎黄精神进行的一次"考古"。中国的学术传统是将"道"与"古"联系在一起的。例如故籍中的"三坟"就被称为言"大道"的。"坟"即是"古",在考古学中,对"坟"的发掘实属于"考古"的范畴。既然"坟"就是言"道"的,那么"问道"实为"考古"。言之所言,莫若物之言。李泽厚在谈考古学问题时曾说:"物之所言比言之所言更有力,所以一定要重视考古学的证据。"①考古发掘将所考察的古文化遗址划为若干个正方格,以方格为单位分工发掘,这些正方格叫"探方"。我们所说的"前轴心时期""轴心时代""后轴心时期"等概念类似于"探方",或者说,是我们为了便于对炎黄精神发展历程进行考察而做出的概念标志。通过它们,我们能更好地辨析炎黄精神发展历程的本真,即可以发现这样一条脉络:

炎黄——"皇天上帝社稷"(皇天后土)——宗庙社稷——儒家道家——夏(儒、道)+夷(佛、伊斯兰教)——中学(儒、道、佛、中国伊斯兰教)+西学——中华民族新精神(中国化马克思主义)

这条脉络,用鲁迅的话讲,就是中华民族的精神脊梁,体现了炎

---

① 苏秉琦著,赵汀阳、王星选编:《满天星斗:苏秉琦论远古中国》,中信出版集团,2016年版,第Ⅶ页。按:此引李泽厚关于"天下"与"中国"哲学意义的讨论建议,为赵汀阳所记。

黄精神的本质和规律。如果我们要探寻其中最原始的精神,或所谓基因,则中华民族新精神的底层为中学(儒、道、佛、中国伊斯兰教)+西学,中学(儒、道、佛、中国伊斯兰教)+西学的底层为夏(儒、道)+夷(佛),夏(儒、道)+夷(佛)的底层为宗庙社稷,宗庙社稷的底层为"皇天上帝社稷","皇天上帝社稷"的底层为炎黄。这样,我们通过对探方的层层清理就找到中国精神的最初质点——炎黄,其主观表现即是炎黄精神。

在轴心的概念框架里,炎黄精神既被浓缩在"古道"这个质点中,又是现实的生活实践。新轴心时期以前的炎黄精神脉络即炎黄——"皇天上帝社稷"(皇天后土)——宗庙社稷——儒家道家——夏(儒、道)+夷(佛、伊斯兰教)——中学(儒、道、佛、中国伊斯兰教)+西学,就是寓于编年史里面的炎黄精神。而新轴心时期的炎黄精神即中国化马克思主义,也就是当代中国的指导思想。它不仅仅是对包含在古道里的创造潜力的继承,更重要的是,与我们当前的生活联系在一起。比方说,我们今天处理国际事务所秉执的"和而不同"原则是中国古道的本质特征,但其并不仅仅是古道,而是活生生的实践,是与现代生活相联系并且以现代生活为凭证的可以捉摸的"当代史"。炎黄精神的价值与意义就在这里,而对编年史意义上的炎黄精神潜力的继承,可以为作为当代史的炎黄精神提供具有历史感的精神动力。

根据轴心的概念框架,炎黄学将炎黄精神分为四个阶段进行陈述:一为前轴心时期的炎黄精神,二为轴心时期的炎黄精神,三为后轴心时期的炎黄精神,四为新轴心时期的炎黄精神。这四个阶段有一个共同的精神脉络,即炎黄精神,但是不同历史阶段又有显著不同的内容。后一阶段从前一前段突现而来,但是又不可以还原为前一阶段。历史具有不可重复性。炎黄是精神的最初质点,是圆心,而其后的各种精神现象皆为质点扩散的越来越大的层层波圈。最大一层波圈具有全球性和现实生活性,而其内的层层波圈则属于包含潜力的古道。我们越是走进全球的中心,越发现古道为我们提供的精神力量之强大。

第三节　炎黄精神的转型与创新

从中华文脉上看,马克思主义中国化在当前阶段的表现,即是"中华民族新精神"的形成,而社会主义的思想和原则是这个精神的核心。这个判断的意义包括两层:一是在道统意义上强调社会主义核心价值观是炎黄精神脉络中的一环,故推进社会主义核心价值观的培育工程,实质上是对炎黄精神的"接着讲";二是在治统意义上强调社会主义核心价值观与中国传统价值观体系又有本质区别,所以,"接着讲"在本质上又是"转型创新讲",用规范性的术语说,就是再生性创造。

中国特色社会主义价值体系在其实践中的生成至少包括三个部分:一是可以与前资本主义优秀文化相通融的价值,如共产主义理想与中国传统文化中的大同理想;二是可以与资本主义文化中积极因素相通融的价值,如自由、民主不仅是资本主义的,而且也是社会主义的追求;三是为以前一切文化所不具备而为社会主义所独有的价值,如无产阶级文化等。强调前两种价值在推进社会主义核心价值观培育工程中的作用,就是对炎黄精神的"接着讲",或者说,就是"再生";强调后一种价值在推进社会主义核心价值观培育工程中的作用,就是"创造性转化"。而把三者综合起来,就是炎黄精神的"转型创新讲"或再生性创造。

一、炎黄精神与社会主义价值的通融性

价值主体的通融性。我们这里从祭祀文化的角度分析问题。中国传统文化中炎黄国祭的对象与今天国家祭奠的对象,在价值观上都以人民为主体。历史上的炎黄国祭所祭对象,似乎可以笼而统之地称为神灵,但是早在春秋早期就已经认识到,神灵根源于人民。正如春秋早期的随国思想家季梁所指出的,人民才是神灵的主人。历史上的炎黄国祭所祭对象归根到底是人,所祭是先人,为的是今人与后人。

已经去世的人物甚多,并不是所有的历史人物都能被国家列为祭祀的对象。国家祭祀对象,有严格的标准。对此问题,顾炎武曾有所论及。其云:"古人每事必祭其始之人:耕之祭先农也,桑之祭先蚕也,学之祭先师也,一也。"①可见只有对某一领域做出了开创性贡献的人,才有资格被列入祭祀对象。祭农一定是祭"先农",因为他是农耕文化的开创者,所以称为"神农"。这里要说明的是,顾炎武所述及的开创贡献性入祭标准,并不是他独创的。《礼记·祭统》对入祭标准有更系统的原则规定,将以炎黄为主的入祭原则细化为如下几项:凡是被百姓树立为榜样的;凡是因公殉职的;凡是为安邦定国建有功劳的;凡是能为大众防止灾害的;凡是能救民于水火的。以炎黄为主的入祭原则说到底,就是贡献。在贡献标准论中,国家祭祀已经由神本位转换为人本位了,肯定的是人的创新能

---

① 顾炎武:《日知录》卷十四。

力和杰出贡献,激励的是今人与后人要像先人一样立德立功。此外,日、月、星辰之神,人民赖之以区分四时,安排农事;山林、川谷、丘陵之神,人民赖之以取得各种生产生活资料。所以,他们也被入祭。不属于此类情况的,就不会被人们当作神灵来祭祀了。他们为人民做出了贡献,因为"人",且"为了人",所以他们入祭。往上追溯,以贡献性为入祭标准的观念,至迟在战国以前,就被当作祭祀通则了。如《国语》记载了"圣王之制祀",《礼记·祭统》所列五条入祭典的标准与之一脉相承,其皆以"有功烈于民者"为入祭对象,这个"贡献"是对人民而言的。因此,在价值观的语境结构中,中国的祭祀文化实质上是以宗教为其表,以民本为其根。如果我们把它与今天的国家祭奠文化做比较分析,即可发现二者是可通融的。共和国祭奠的是人民英雄,这一事实,在"人民英雄纪念碑"这个碑名中已经得到了清楚的显示。在"人民英雄纪念碑"的背面,有毛泽东起草、周恩来题写的碑文:

> 三年以来,在人民解放战争和人民革命中牺牲的人民英雄们永垂不朽!
>
> 三十年以来,在人民解放战争和人民革命中牺牲的人民英雄们永垂不朽!
>
> 由此上溯到一千八百四十年,从那时起,为了反对内外敌人,争取民族独立和人民自由幸福,在历次斗争中牺牲的人民英雄们永垂不朽![1]

----

[1]《建国以来毛泽东文稿》,第1册,中央文献出版社,1987年版,第13页。

　　这里的"三年"是指人民解放战争时期；"三十年"是指新民主主义革命时期，从 1919 年五四运动开始；"由此上溯到一千八百四十年"指的是 1840 年第一次鸦片战争爆发，中国开始逐步沦为半殖民地半封建社会，同时，这也是中国人民反对外来侵略斗争的历史。凡在这个历史过程中牺牲的人民英雄，都属于共和国所要祭奠的对象。当然，毛泽东当年起草、周恩来题写碑文时，中国的社会主义建设还没开始，因此，他们也就无从将在探索中国特色社会主义道路、建设中国特色社会主义过程中去世的人民英雄列入祭奠对象。我们今天祭奠人民英雄无疑要将这些人列入。关于这个问题，中国共产党第十五次全国代表大会的报告指出，一个世纪以来，中国人民在前进道路上经历了三次历史性的巨大变化。其第三次是改革开放，为实现社会主义现代化而奋斗。这是在以邓小平为核心的领导集体的领导下开始的新的革命。在中华人民共和国成立以来的建设成就基础上，我们党总结历史经验和教训，成功地走出了一条建设中国特色社会主义的新道路。很显然，从祭奠的角度看，在"人民英雄"这个概念中，应该包括已经去世了的建设中国特色社会主义新道路的探索者们。

　　那么 1840 年以前的民族英雄是否是我们今天所祭奠的对象呢？我们认为，"民族英雄"这个概念首先从属于"人民"，尽管这个范畴在不同的历史时期有不同的内容。例如在奴隶主阶级建立政权以前及以后的一个历史时期内，他们在一定程度上代表了人民的利益，其中涌现出来的杰出历史人物，比如说周公，毛泽东说周公是奴隶社会的圣人；封建地主阶级在其兴起及建立政权后的一个历史时期内，在一定程度上代表了人民的利益，其中涌现出来的杰出历史人物，比如秦皇、汉武；资产阶级也是如此，所以孙中山是中国民主革命的先行者。可见各个历史时期都有自己的有功于人民的英雄。虽然不同时代的"人民"有不同的内容,但是其突出创造历史的主体这一点始终没有变。不同历史时期的人民都有其代表者,他们可以是普通百姓,也可以是杰出的帝王将相,可以是科学家、文学家等,也可以是"九佬十八匠"。不论是谁,只要他增进了人民的福祉,有功于民族,促进了社会生产力的发展,就是鲁迅笔下的"中国的脊梁"。鲁迅说:"我们从古以来,就有埋头苦干的人,有拼命硬干的人,有为民请命的人,有舍身求法的人,……虽是等于为帝王将相作家谱的所谓'正史',也往往掩不住他们的光耀,这就是中国的脊梁。"①古代对中华民族的发展做出巨大贡献的英雄(如炎黄)、1840年至共和国建立时期为民族解放做出巨大贡献的英雄以及建设中国特色社会主义新道路的探索者们都属于"中国的脊梁"这个范畴。在"国家祭祀仪式"这个语境中,古之炎黄国祭与今之人民英雄祭奠实际上是一个传统,其目的在于强壮"中国的脊梁"。人民英雄纪念,从价值观的角度看,是一种以人民为主体的价值观,它是马克思主义的。马克思、恩格斯指出:"历史上的活动和思想都是'群众'的思想和活动。""历史活动是群众的事业,随着历史活动的深入,必将是群众队伍的扩大。"②历史是人民群众的事业,同样,也是包含在炎黄"国家祭祀仪式"中的民本思想合乎逻辑的发展。

社会主义的以人民为主体的价值观与中国传统的祭祀文化的通融性。为了进一步说明这个问题,我们试以春秋早期随国思想家季梁的民本思想为分析对象。季梁的民本思想与祭祀问题紧紧地

---

① 《鲁迅全集》,第6卷,人民文学出版社,1981年版,第118页。
② 《马克思恩格斯全集》,第2卷,人民出版社,1957年版,第103—104页。

联系在一起。尽管其思想里还保留了天授神降等观点,但是他已经将祭祀文化提升到了以民为本的思想高度,主要表现是,强调祭祀所体现的忠信价值。信,即是信于神;忠,即是忠于民。鬼神虽然可以降君王以福,但鬼神唯民是依。所以,君只有忠于民,才能在祭祀中取信于神,然后才有福可降。在春秋时期,处理民神关系是祭祀文化中的基本课题,问题的核心是:民和神之间究竟谁为本,是神为本,还是民为本,或者,究竟是"听于神",还是"听于民"。当时的人,从百姓到国君基本上以为神高于人,神是根本,因此应该尊重神,凡事应当听于神;只有少数先进的思想家们,从周代"敬德保民""皇天无亲,惟德是辅""惟天惠民""民心无常,惟惠是怀"因而"天视自我民视,天听自我民听"的政治伦理思想中,发展起一股以民为本、凡事当听于民的新思潮。前者是普遍的社会思想,而后者则是时代的新锐思想,二者显然是相互冲突的。新锐思想的核心命题,就是季梁提出的"夫民,神之主也,是以圣王先成民而后致力于神"。将民提到神之主的地位,在季梁之前,还没有人这样做过,第一个这样做的人,就是季梁。季梁的思想在当时基本上不会为诸侯所接受,而在专制社会里,更不会为专制制度所接受,所以,可以说是绝学。在长期的封建专制社会里,圣人之祭与帝王祭祀是结合在一起的,其历史就是一部帝王的历史。与季梁的民本思想相对比,一切都颠倒过来了,本来是民为神主、君忠于民的,但帝王祭祀却把它搞成了神高于民、民忠于君。这里,历史就变成了帝王史观,而人民则成了"附属品"。毛泽东在谈戏曲问题时,再一次地谈到:"历史是人民创造的,但在旧戏舞台上(在一切离开人民的旧文学旧艺术上)人民却成了渣滓,由老爷太太少爷小姐们统治着舞台,这种历史的颠倒,现在由你们再颠倒过来,恢复了历史的面目,从此旧剧开了新生面,所以值得庆贺。郭沫若在历史话剧方面做了很好的工作,你们则在旧剧方面做了此种工作。你们这个开端将是旧剧革命的划时期的开端,我想到这一点就十分高兴,希望你们多编多演,蔚成风气,推向全国去!"①毛泽东之所以做出这样的判断,是因为他坚信人民,只有人民,才是创造世界历史的动力。

这样一来,毛泽东就把帝王史观颠倒过来了,在其中,季梁的圣人之祭的民本价值就显示了出来,而毛泽东的人民历史创造观也在中国传统文化中有了自己的根基。从这个意义上讲,以人民英雄为本体的祭奠观是古代"圣人之祭"的复活,不过这种复活是以社会主义核心价值观为载体的。

从信仰的角度看,社会主义核心价值是政治信仰与自由信仰的统一。作为政治信仰,共产主义构成无产阶级的解放条件;作为一种超越政治的全人类解放,它强调从政治信仰向自由王国的飞跃。相比之下,中国文化也强调从政治信仰到万世太平的飞跃。几千年来中国的士大夫、知识分子中的优秀人物杀身成仁,舍生取义,表现出了坚定的信仰,这信仰可以概括为"为天地立心,为生民立命,为往圣继绝学,为万世开太平"。有人认为这种信仰处在政治实用主义阶段,而未能达到对自由精神的追求。为了证明这种信仰只是一种看起来很高,其实很平凡,不离乎日用之间的政治实用主义的信仰和理想,而不是一种超越性的理念和信仰,他们不惜对中国哲学里的"天地""太平"等范畴具体物象化。而事实上,中国哲学所说的"天地"与自然科学所说的天地是不同的,后者是具体的事物,是有限的,而前者则是超越具体事物的形而上者。在《周易》里,"天"

①《毛泽东书信选集》,人民出版社,1983年版,第222页。

即"乾","地"即"坤"。天地即乾坤。中国人论乾坤,着眼于阴阳,而阴阳已经不再是具体事物了;中国人论阴阳,着眼于玄道,故曰"一阴一阳之谓道"。道与万物是有区别的,从逻辑的观点看,道可以包括万物,而万物则并非道之本身,它们是道的外延。可见道已经超越了万物等具体物象。中国传统信仰中有实用性的,但也有超越实用的启示性的东西,道就是这样的超越性的东西。我们所信仰的,即是道。它不是偶像,也不是黑格尔的"绝对精神",而是与天地万物联系在一起,又超越了具体物象。人可以没有某物,就是不能"无道"。这些学者将像"天地"之类的超越性的范畴当作实用性信仰进行批判实在是偏见。虽然几千年来中国的士大夫、知识分子的政治信仰未能直接与无产阶级的解放联系起来,但是其超越具体物象、追求天下太平则与社会主义的信仰价值是互相通融的。

二、炎黄精神在社会主义理想价值构建中的基础性作用

我们在前面说,中国传统文化中炎黄国祭的对象与今天国家祭奠对象是有共同性的,并且中国传统民本思想可以在社会主义价值构架中复活,这里,我们将引出一个更进一步的结论:社会主义的核心价值在炎黄国祭论的语境中可以得到更深刻的文化解读。

社会主义理想价值是由其理想观、奋斗观以及生死观三个层次所构成的体系。理想观是指共产主义理想,即人类社会以大同为目标。奋斗观是指实现理想的路径,在不同历史时期,有不同的内容。比如在中国,在民主革命时期,是指"经过人民共和国到达社会主义和共产主义"的斗争;而在建设中国特色社会主义历史时期,是指建设社会主义的劳动。生死观是指为实现人类大同而奋斗的人们对生死的看法,强调的是要奋斗就会有牺牲,但是,社会主义理想价值

强调死也要有价值,即死得其所。为人民利益而死就是"死得其所",具有崇高的价值。

社会主义理想与大同理想。炎黄精神具有越小康而入大同的超越性品质。大同思想,作为历史看,其内容是原始氏族社会的反映,进入阶级社会以后,表现为极端贫苦农民对平等、自由的梦想;而作为超越,指向的是未来的理想,是超越了小康社会而在更高层面上仿佛是在向"顺自然而无私""耕而食,织而衣,无相害之心"的原始氏族社会的回归。作为一种与私有制社会完全不同的社会理想,其与社会主义理想价值是非常契合的。马克思主义创始人就是将中国大同当作社会主义理想来认同的。马克思、恩格斯在《德意志意识形态》中曾以《目光短浅的卡贝老头和格律恩先生》为标题,引用了卡贝在《伊加利亚旅行记》中的话,说孔夫子在"中国宣布了""财产共有的原则",据此证明"财产共有制"在许多古老的民族中都实行过,从而对法国资产阶级认为共产主义"只有一些偶然的、肤浅的和不值得信任的意见"的观点进行了回击①。马克思、恩格斯引卡贝的言论最直接的目标是为了揭露格律恩对卡贝的抄袭,但是通观全文可知,他们并不反对卡贝的许多古老的民族中都实行过共产主义、孔夫子在"中国宣布了""财产共有的原则"等观点,只是批评他做这项工作的"目的决不在于描绘整个的历史运动"。这样,马克思、恩格斯就表达了这样一种观点:共产主义最初是整个人类历史运动的重要阶段,而绝对不是一些偶然的、肤浅的和不值得信任的意见,中国传统文化中的"财产共有的原则"是共产主义的

---

① ［德］马克思、［德］恩格斯:《德意志意识形态》,人民出版社,1961年版,第606—607页。

重要源头之一①。恩格斯在《大陆上社会改革运动的进展》一文中说："法国共产主义者只是在我们的发展初期帮助了我们，但我们很快就发现，我们比我们这些老师知道的还要多些。"②"法国共产主义者"是马克思、恩格斯的老师，而中国大同主义者的先驱们又是"法国共产主义者"的启迪者之一。追求大同理想是先进中国人的理想价值，如孙中山就讲"天下为公"，更是中国特色社会主义理想价值的重要内容。2014 年 2 月 24 日，习近平在十八届中央政治局第十三次集体学习时，提出了"时代价值"这个范畴，其以"求大同"为落脚点，并且强调求大同的时代价值是"涵养社会主义核心价值观的重要源泉"。毛泽东曾这样阐述了社会主义理想价值，他说，人类进步的远景是到达阶级的消灭和世界的大同。这里，毛泽东讲了两层意思：一是使阶级、国家权力和政党很自然地归于消灭的大同境域，一是到达大同的道路"经过人民共和国到达社会主义和共产主义"。第一层意思是中国传统大同理想的话语表达，第二层意思

---

① 中国文化的确包含着共产主义追求。如《公孙龙子·迹府》中讲述了这样一个故事：楚王狩猎于云梦之圃而丧其弓。当时随从们非常着急，请求楚王令他们找回遗弓。"左右请求之。王曰：'止也！楚人遗弓，楚人得之，又何求乎？'仲尼闻之曰：'楚王仁义而未遂也。亦曰人亡弓，人得之而已矣，何必楚乎？'若是者，仲尼异'楚人'于所谓'人'也。"弓，本来是楚王私人财产，所以有"丧其弓"之说。但楚王却认为，这弓同时也是楚人的共有财产，所以说是"楚人遗弓，楚人得之"，不存在因遗失而去寻找的问题。孔子听说这件事后，一方面称赞楚王的仁义，但另外一方面又批评楚王的仁义不够彻底，因为楚王的共产主义还是狭隘的，仅限于楚，应该却掉"楚"字，是"人得之而已矣"。这样，孔子就从所有制的角度将狭隘的共产主义扩展为全人类的美好追求。公孙龙讲这个故事时，在场的孔子后人没有否认孔子讲过这样的话，这意味着公孙龙所讲可信度很高。

② 《马克思恩格斯全集》，第 1 卷，人民出版社，1956 年版，第 592 页。

是马克思主义的话语表达。他对社会主义理想的话语表达实现了炎黄精神与马克思主义的完美结合。张岱年说:"中国人固有的崇高理想,考察起来,主要有三个:一是生活的合理,二是参赞化育,三是天下大同。中国人所做到的只是一部分哲人的生活符合自己所倡导的原则,其余的两个理想则未能实现,这是由于受生产力发展程度的限制。中国人要参赞化育,必须依靠科学;要实现天下大同,则舍社会主义别无途径。"①"要实现天下大同,则舍社会主义别无途径"就是毛泽东话语表达中的第二层意思。

炎黄奋斗精神和马克思主义的劳动观。大同理想不同于基督教的"启示",也不同于佛教的"解脱",它诉诸的是为理想而进行的"奋斗"。幸福与奋斗是联系在一起的,离开了奋斗的幸福是懒汉的空想。中国文化中有优秀的东西,也有不足。比如"喜静恶动,追求宁静的安适,不追求运动的愉快;有些人甚至懒惰、萎靡,不肯振作,形成一种病态的样子,缺乏斗争的意志,更无斗争的力量"等等②。这种情形,我们在中国文化中常常看到,甚至反映到中国古代神话中去了。"在中国古代神话里,还曾经有过非只一处的仙乡乐土的传说,这些仙乡乐土的理想的极致,是'不耕而食,不织而衣',就是说,不要靠劳动也可以在世间快乐地生活。"③《列子·汤问》中就讲了一个四方悉平的终北国,其"人性婉而从物,不竞不争;柔心而弱骨,不骄不忌;长幼侪居,不君不臣;男女杂游,不媒不聘;缘水而居,不耕不稼;土气温适,不织不衣;百年而死,不夭不病"。"终北国"追求的是"不耕不稼""不织不衣",也就是追求不要

---

① 张岱年:《张岱年选集》,吉林人民出版社,2005年版,第415页。
② 张岱年:《张岱年选集》,吉林人民出版社,2005年版,第415页。
③ 袁珂:《中国古代神话》,中华书局,1960年版,第15页。

劳动与奋斗的"百年而死"的太平之世。道教仙人观、佛教涅槃观逃避劳动，而基督教《圣经》则将勤劳看作是上帝对有原罪的人类的惩罚等，这些都包含了否定劳动、否定奋斗的消极因素。炎黄精神与之对立，强调、肯定和赞美劳动，尤其是勤劳，反对不劳而获的仙乡乐土。炎帝"斫木为耜，揉木为耒，耒耨之利，以教天下"；"天下有不顺者，黄帝从而征之，平者去之，披山通道，未尝宁居。"这里讲的是劳动，而且是勤劳。"不劳而获"的理念更与社会主义核心价值观严重对立。毛泽东说："社会主义制度的建立给我们开辟了一条到达理想境界的道路，而理想境界的实现还要靠我们的辛勤劳动。有些青年人以为到了社会主义社会就应当什么都好了，就可以不费气力享受现成的幸福生活了，这是一种不实际的想法。""中国的穷国地位和在国际上无权的地位也会起变化，穷国将变为富国，无权将变为有权——向相反的方向转化。在这里，决定的条件就是社会主义制度和人民团结一致的奋斗。"①炎黄精神与社会主义核心价值观都赞美勤劳与奋斗，在这个相交点上，炎黄精神能够最大限度地放大前者的价值效应。

炎黄牺牲精神和社会主义生死观。炎帝为治民疾尝百草一日而中七十毒，其女儿们也是敢于牺牲的英雄。如《山海经》记载：炎帝季女死于姑瑶之山，其精灵化作能结出果子的瑶草，谁吃了它，谁就会为世人所爱，即所谓媚于人。《山海经》又载：炎帝小女儿名曰女娃，游于东海，溺而不返。其精灵化作誓鸟，又云志鸟，常衔西山木石以填东海。《述异记》也说："昔炎帝女溺死东海中，化为精卫。偶海燕而生子，生雌状如精卫，生雄状如海燕。今东海精卫誓水处，

① 《毛泽东文集》，第 7 卷，人民出版社，1999 年版，第 226—239 页。

曾溺于此川,誓不饮其水。一名誓鸟,一名冤禽,又名志鸟,俗呼帝女雀。"精卫填海的神话暗含着火与水的对立,反映了炎帝之女誓不让东海继续为患而造福于人类的崇高品质,其具有的魅力,通过陶渊明的艺术创造而被永久化了。陶渊明曾赋诗云:"精卫衔微木,将以填沧海。"从这哀悼赞美之情溢于言表的诗句中,我们可以知道精卫是怎样光辉地活在人们的心中了。炎帝谱系中的这些人物,包括炎帝神农氏本人,虽然都是悲剧性的,但在悲剧之中反映出炎帝族的不屈精神,以及最终取得胜利的无穷力量和信心,凸现的是炎帝族英雄的伟大与崇高。

社会主义生死观是对生命意义的论定,也是对炎黄祭祀文化所表达的"知命"的发展。季梁以后的春秋先进思想家重视对生命意义的论定,他们以"利民"为生命的意义。例如,《左传·文公十三年》:

> 邾文公卜迁于绎。史曰:"利于民而不利于君。"邾子曰:"苟利于民,孤之利也。天生民而树之君,以利之也。民既利矣,孤必与焉。"左右曰:"命可长也,君何弗为?"邾子曰:"命在养民。死之短长,时也。民苟利矣,迁也,吉莫如之。"遂迁于绎。五月,邾文公卒。君子曰:"知命。"

邾文公是位国君,他虽然没有摆脱天、鬼神之类的思想,但对于祭祀问卜的解释,他注重一个道理:君因民而存在,君的存在及生命价值在于养民。没有民,就没有君的存在,民众的利益是国君利益的前提。他不仅是利民思想的阐述者,而且也是利民思想的实践者,在知道利于民而自己必死的情况下,毅然选择了"利民",选择了为"利民"而死。对"命在养民。死之短长,时也",《左传》的作者这样评价:死于利民,所以他是一个真正懂得天命的人。

社会主义的生死观与炎黄祭祀所肯定的利民知命观是相通的。在马克思主义看来,奋斗与牺牲是连在一起的。"为有牺牲多壮志,敢教日月换新天。"毛泽东指出:"我们的同志在困难的时候,要看到成绩,要看到光明,要看到希望,要提高我们的勇气。中国人民正在受难,我们有责任解救他们,我们要努力奋斗。要奋斗就会有牺牲,死人的事是经常发生的。但是我们想到人民的利益,想到大多数人民的痛苦,我们为人民而死,就是死得其所。不过,我们应当尽量地减少那些不必要的牺牲。我们的干部要关心每一个战士,一切革命队伍的人都要互相关心,互相爱护,互相帮助。"当毛泽东将奋斗与牺牲联系起来的时候,他所讲的"有"是具有必然性的。他说:"我们说:永久奋斗,就是要奋斗到死。这个永久奋斗是非常要紧的,如要讲道德就应该讲这一条道德。"①当然这是道德上的必然性。奋斗必然与牺牲相联系。为什么如此,毛泽东从祭祀的角度讲出理由。他说:"在我们的历史学家那里叫做'盖棺论定',就是说,人到死的时候,才能断定他是好是坏。假使周公在那个谣言流传的时候死了,人家一定会加他一个'奸臣'的头衔;又若王莽在那个谦让卑恭的时候死了,那后人一定会赞扬他的。不过我们现在不是讲历史,那两个人究竟孰好孰坏,我们不论,然而它说明人只有到死,才可以论定他的功罪是非。"②但是这里的"永久奋斗"的意义,要看它是否与"人民利益"相联系。"人总是要死的,但死的意义有不

①《毛泽东文集》,第2卷,人民出版社,1993年版,第191页。
②《毛泽东文集》,第2卷,人民出版社,1993年版,第191页。

同。中国古时候有个文学家叫做司马迁的说过：'人固有一死，或重于泰山，或轻于鸿毛。'为人民利益而死，就比泰山还重；替法西斯卖力，替剥削人民和压迫人民的人去死，就比鸿毛还轻。张思德同志是为人民利益而死的，他的死是比泰山还要重的。"①习近平强调："'鞠躬尽瘁，死而后已'的献身精神等，都体现了中华民族的优秀传统文化和民族精神，我们都应该继承和发扬。""继承和发扬"就是"接着讲"。

三、炎黄精神的伦理价值及创新形态

炎黄精神在价值话语中包含了"为己"与"为他"的矛盾。运用社会主义核心价值观来解决这一矛盾，我们就能在转型创新的过程中，获得价值观的新形态。这属于炎黄精神的内容，同时也是社会主义的。

（一）"为己"与"为他"的矛盾

中国伦理思想的终结价值在于追求公德。首先，炎黄精神之于伦理关系的核心范畴是"德"。德有私德、公德之分。梁启超说："道德之本体一而已，但其发表于外，则公私之名立焉。人人独善其身者谓之私德，人人相善其群者谓之公德，二者皆人生所不可缺之具也。"因此，在炎黄精神的伦理视角中，"全球伦理"属于"公德"的范畴。

在中国伦理思想中，"私德"和"公德"之争一直非常激烈。韩非子说："仓颉之作书也，自环者谓之私，背私者谓之公。"

《说文解字·八部》释"公"："公，平分也，从八从厶。八，犹背

---

① 《毛泽东选集》，第 3 卷，人民出版社，1991 年版，第 1004 页。

也。韩非曰:背厶为公。""厶"即"私"之古字。《说文解字·厶部》:
"厶,奸邪也。韩非曰:仓颉作字,自营为厶。"这里将"公"定义为
"平分",其与劳动价值论里的"公"究竟有多少共同点,需要进一步
研究。但是它强调"公"乃"私"之背反,且私(厶)与奸邪互训,由此
足见中国文化传统视"私"为"奸邪",而其背反,即"公德"才是美
德,是人性之美。因此,全球伦理的价值在于"公"。

　　怎样才能获得"公德"这样的价值?"仓颉之作书"的伦理意
图或许值得我们重视。他将"自环者"即"私"放在起点的位置
上,接着通过对"自环者"进行否定而达到"公"的境界。但是仓
颉的伦理意图这里存在着一个问题:"公"是"为一切人"的,而
"自环者"是"一切人"中的一个。如果将"自环者"排除在"公"之
外,那么"为一切人"也陷入了自相矛盾的境地。对这个矛盾"仓
颉之作书"的伦理意图只解决了一半,而另一半是:当"自环者"转
化为"背厶"后,其也要被否定,即变成了"私"的异在,成为与
"私"相疏远、相对立的东西,也就是所谓的"公",只有这样才能
有一个完整的过程。

　　儒家与道家对于怎样才能获得"公德"都有自己的思考。儒家
强调将"平天下"还原为"为己"的过程。《大学》是儒家的修德经
典,将道德建设分为修齐治平四个层次:修是指修身,完善个人道德
修养;齐是指齐家,培育家德家风;治是指治国家;平是指平天下。
修属于维系"自环者"的范畴,齐、治及平则超越了"自环者",因而
属于"背厶"的范畴。表面上看来,《大学》的道德体系包括了私德
与公德两方面,强调通过修齐治平的过程一步一步"背厶",即达到
天下为公的状态。然而《大学》采取的路径是还原性,即将"平天
下"还原为"治国家",把"治国家"还原为"齐家庭",把"齐家庭"还

原为"修身心"。这样一来，公德就从属于"为己"了，换句话说，将个人修为视为"本"，而将齐家、治国、平天下视为"末"，《大学》本质上是"为己之学"。其强调"独善其身"，却很少强调人对公共事物的积极参与；强调"身家性命"，对身家性命之外的社会维系却执"不在其位，不谋其政"的态度；强调"家国情怀"，却是移孝作忠，尽忠君父；强调"平天下"，虽然这是一种"天下为公"的共产主义境界，却囿于"为己"而不能超越。1902 年 3 月 10 日梁启超发表《论公德》一文，他指出："吾中国道德之发达，不可谓不早，虽然，偏于私德，而公德殆阙如。试观《论语》《孟子》诸书，吾国民之木铎，而道德所从出者也。其中所教，私德居十之九，而公德不及其一焉。如《皋陶谟》之九德，《洪范》之三德，《论语》所谓温良恭俭让，所谓克己复礼，所谓忠信笃敬，所谓寡尤寡悔，所谓刚毅木讷，所谓知命知言，《大学》所谓知止慎独，戒欺求慊，《中庸》所谓好学力行知耻，所谓戒慎恐惧，所谓致曲，《孟子》所谓存心养性，所谓反身强恕，凡此之类，关于私德者发挥几无余韵，于养成私人（私人者对于公人而言，谓一个人不与他人交涉之时也）之资格，庶乎备矣。"①此外，他在《新民说》中也表达了类似的观点。我们注意到，梁氏提出"中国道德偏于私德而公德殆阙如"的观点，所依据的证据都出自儒家经典。如果梁氏所讲的"公德殆阙如"主要是指孔子以来的儒家思想，是很深刻的。儒家养成了中国人的忠信笃敬、刚毅木讷等德性，却也带来了"各人只扫门前雪，莫管他人瓦上霜"等公德的缺失，这与全球化视野下的社会主义核心价值观建设背道而驰。

----

① 梁启超著，陈书良编：《梁启超文集》，北京燕山出版社，1997 年版，第 157—158 页。

如果梁氏指中国的整个传统文化公德殆阙如,那就失之偏颇。因为道家强调的就是超越"为己",强调"顺自然而无私"。庄子曾以河伯与北海对话的方式说明公为人性之美的道理。河伯的格局是"两涘渚崖之间不辨牛马",于是认为"天下之美为尽在己"①,河伯强调的是"己"美;北海则说强调己美的曲士是不可以语于道的,只有出于崖涘、观于大海才可以语大理,这就是说,只有超越一己之私才可以"语于道",而道在于"公"。在《老子》书中,"玄德"的位置十分重要。如其第五十一章说:"生而不有,为而不恃,长而不宰,是谓玄德。"这里强调一个"玄"字,据老子自己的解释,它即是指"同"。《老子》第一章:"同谓之玄。"因此,"玄德"有"公德"的意义在。公有共之义,如《礼记·礼运》:"大道之行也,天下为公。"而"共",《说文解字》云"同也。从廿、廾。凡共之属皆从共。"《老子》第十一章:"三十辐共一毂,当其无,有车之用。埏埴以为器,当其无,有器之用。凿户牖以为室,当其无,有室之用。故有之以为利,无之以为用。"这里所说的车、器、室都是指人类劳动产品是客观存在的"有",它们可"用",所以说"有之以为利",但是只有当它们不为人或集团所私有,即人对它们没有私有权,它们对于所有的人来说都是"无"的时候,才能发挥作用,这就是所谓的"无之以为用"。

我们在前面引用了《公孙龙子·迹府》,了解到孔子将共产主义扩展为全人类美好追求的宏大胸怀。但是公孙龙在引用这段话时遗漏了或者去掉了老子对这个问题的看法。据《吕氏春秋·贵公》记载,"老聃闻之曰:'去其人而可矣。'"楚王讲"楚王遗弓,楚人得之",含有遗弓的产权归楚人的意思。孔子听说这个话后,认为楚

_____

① 《庄子·秋水》。

王之仁义还不够广大，应该将"楚王遗弓，楚人得之"改为"人亡弓，人得之而已，何必楚"。孔子之改，含有遗弓的产权归天下人所有之意，这里已经是大公的了。但是老聃听孔子的说法后，认为孔子的仁义也不够广大，应该将"人"去掉。这里强调的是人虽然生产了弓，但弓却不为人所专有，这就是所谓"生而不有，为而不恃，长而不宰"，没有私权，也就没有所谓的得与失了，故老子超越了"为己"而达到了"至公"的境界。古人已经认识到这一点："老聃则至公矣。天地大矣，生而弗子，成而弗有，万物皆被其泽、得其利，而莫知其所由始，此三皇、五帝之德也。"①人类怎样才能达到至公的境界？老子指出，和解深重的怨恨，必然还会残留下怨恨，这并不是妥善的办法。他认为妥善的办法是保存借据，但并不以此强迫别人偿还债务，不能像掌管税收的人那样苛刻刁诈。在第七十七章里，老子有更好的表述：

> 天之道，其犹张弓与？高者抑之，下者举之；有余者损之，不足者补之。天之道，损有余而补不足。人之道，则不然，损不足以奉有余。孰能有余以奉天下？唯有道者。

在这一章里，老子将其"至公"追求化为了具体方案。其中，他不仅提出了方案，而且确定了实施方案的主体。方案是"损有余而补不足"，就像张弓射箭一样，高了向下一点，低了向上抬一点。也就是要求富者拿出"有余"以补充贫者的"不足"，这样社会就达到了没有贫富之分的"至公"之境。执行方案的主体是"执左契，而不

---

① 《吕氏春秋·贵公》。

责于人"，也就是"有余"的给"不足的"，前者不要求后者偿还，但可以存有债务契约，这样的人才是有道之人。可见老子的"至公"追求，是建立在有余者阶层自觉自愿地以债务契约的形式拿出其多余以济贫困阶层的基础上的，这是一种"为他"行为。但是有余者阶层果真能成为这样的上士或有道者吗？历史证明有余者阶层中可能会出现个别慈善家，但作为一个阶层，是不会"损有余"的。这一问题，我们暂且不论，只强调一点：道家通过"背厶"而达于"至公"之境的伦理超越与"仓颉之作书"的伦理意图是一样的。

"为己"与"为他"之间的矛盾是需要解决，必须在马克思主义中国化的语境下，实现儒道综合转型，并且将"背厶"的否定性贯彻到底，这样，我们就建立起了维系人类价值共同体的"公德"体系。

（二）社会主义价值话语体系中的炎黄精神的创新形态

下面所描述的是社会主义价值话语体系中的炎黄精神在现实生活中所呈现的几个形态，同时也是炎黄精神转型创新的具体运用。

成成精神和己他同一境界。"为己"和"为他"的矛盾首先表现为"己"与"他"的同一。在此形态中，道德的价值在于"成己成人"，我们简称为"成成"，黄建中称之为"突创和协"，其云：

> 世之治伦理者，皆自以为有得于至善矣。夫至善果何在耶？……无我相，无人相，无众生相；尽己性以尽人性，尽人性以尽物性，尽物性以赞天地之化育；人人皆善其生而不相犯，物物皆遂其生而不相害；无一夫之不获，无一物之失所；天下一家，万物一体，各部辅翼协合，以创全体之大美；举世谐和，群生突进；"至善"有在于是者，吾闻其风而悦之，僭树一义，字曰"突创和

协"（Emergent Harmony），其或较自我实现说为更进乎？①

所谓"尽己性以尽人性，尽人性以尽物性"即是己与他的同一。"成成"根源于人的本质，人的本质表现在我与他、己与人的统一中。"自我"是人的本质的核心，但是"自我"从来都不是单个人所固有的抽象物，只有在一切社会关系的总和中通过他者，自我才能成其为现实。正如马克思所指出的，"人起初是以别人来反映自己的。名叫彼得的人把自己当作人，只是由于他把名叫保罗的人看作是和自己相同的。因此，对彼得来说，这整个保罗以他保罗的肉体成为人这个物种的表现形式"②。所以，人在本质上不仅为我，而且为他。为我，即成己，就是关注自身的道德修养，《大学》所讲的"明明德"到"止于至善"，讲"知止而后有定，定而后能静，静而后能安，安而后能虑，虑而后能得"等等，都是"成己"的范畴。但是成己的前提是心中要有他人。对此孔子有述，一是"己立则立人，己达则达人"。能使自己立起来的，也一定能使他人立起来。二是"己所不欲，勿施于人"。自己不想要的东西，不能施加于他人。具体的做法是生而不专有，为而不己恃，功成不独居。道家讲生而不有，为而不恃，功成不居，这不符合成成境界中的道德、价值要求，因为少了"己"，也即是少了主体与人格。立人达人的过程同时是成己的过程，我们称之为"成成"。成成精神构成人的道德价值培育的第一境界。

孝义精神与亲亲境界。因为人的本质是在社会关系中成为现

---

① 黄建中：《比较伦理学》，山东人民出版社，1998 年版，第 260 页。
② 《马克思恩格斯全集》，第 42 卷，人民出版社，2016 年第 2 版，第 38 页。

实的，所以人之为人，必须"为他"。"为他"首先是对于家庭成员的
道德责任。《礼记》里所说的"老吾老""幼吾幼"等等，都属于这个
范畴。"老吾老"是"孝"，"幼吾幼"属于慈，在二者之间还有兄弟，
要求做到友与恭。孝义境界中的人所明之明德就是为亲人，其价
值特征表现为"亲亲至上"。维护这个价值，甚至主张"亲亲相
隐"，反对父子反目、"夫妻相告"。将仇与敌带进家庭，是对亲亲
至上原则的颠覆。在孝义这个境界里，价值主体与人格已经开始
与自己"疏远"，也就是所谓的"背厶"。这就是将"自我"转化为
"他者"，表现在家庭这个"他者"中的"自我"，是可以牺牲自我的
"孝义者"。在这里，以或多或少的自我牺牲为前提的为他性，首
先表现为治一家。

睦邻精神与乡贤境界。 在这个境界里，人的为他性由家庭进一
步扩展到了乡里、社区，主要的表现是，进一步扩大了孝义的范畴，
不仅是"老吾老""幼吾幼"，而且还做到了老"及人之老"、幼"及人
之幼"，使人的为他性这种"明德"达到了"人不独亲其亲，不独子其
子，使老有所终，壮有所用，幼有所长，矜寡孤独废疾者皆有所养"的
境界，对亲人的孝义转化对乡邻的善行。中国古代所表彰的与人为
善、助人为乐、公益至上的"善人"，就是表现在乡里、社区这个"他
者"中的"自我"。现代生活较古代生活不知复杂多少倍，所以，今
天的睦邻德行在内容上也是很丰富的，除了让"老有所终，壮有所
用，幼有所长，矜寡孤独废疾者皆有所养"外，还有建设、维护公共设
施等公益活动。所有的"善人"都是参与乡里、社区公共事务，用自
己的智慧与专业造福乡里与社区的人；都是履行乡里、社区规约，传
承乡里、社区良好风尚，德化乡邻的典范。此种德智为乡的好人和
能人，即称"乡贤"。在乡贤人格中，人的为他性表现为兴一乡。

爱国精神与道统境界。在乡里和社区之上还有国家。具有爱国精神与境界的人将"自我"放在治国层面来实现,所表现出来的精神就是"爱"与"忠"。"国"有"祖国"与"国家"两层含义。祖国是"我"的祖籍所在的国家,是祖先开辟的生存之地。国家则是指建立在祖国疆域上的政权,代表着一种治统。爱国精神首先是对祖国而言的,要求像孝父母一样忠于祖国。忠于祖国的具体表现是热爱自己的同胞,热爱自己的文化。相比其他国家的人,爱国精神就是要求人对同胞、对自己的文化传统要担负更大、更重的道德责任,这种责任所构成的境界,我们名之为"道统境界"。祖国可能在一个历史时期出现多种制度,但多制的前提是一国;甚至可能出现多个治统或政权对峙的局面,但是祖国只有一个,疆域不容被分割,文化传统不容被抛弃,所有的去祖国化行为都为爱国精神所不容。其次是遵法统。这里所说的法统是指自觉维护祖国统一,并且效忠自己的治统。这样的治统,被爱国者确认为祖国、人民的唯一合法代表,因而他们将对祖国的道德责任转化为对一个治统的拥护,转化为对国家的宪法及由它而来的一切法规和制度的自觉维护。爱国精神将忠于祖国与遵守法统有机地统一起来,由此而铸就的人格,就是可以为国家牺牲自己一切的"忠良",屈原、岳飞等人都是这样的"忠良"。

大同精神与天道境界。比"国家"更高一层的是"天下",二者的不同在于,前者的"为他性"表现为对国忠,而后者的"为他性"则表现为对天敬,这里所说的"天"就是"道"。如果说,从孝义到睦邻,再到爱国,人的为他性境界每一步都有提升,但它们都在日常人伦之间,其道德责任是有限的,只是为了人类中的一部分没能超越。只有出崖涘而观于大海,即是说,只有超越一己之私才可以"语于道"。在天或道的境界里，人的为他性表现为所有的人。每个人对所有人类的道德责任都一样，这就是大同精神。大同精神将人的为他性发展到了为道的价值顶层。可是恰恰是在这里，我们发现人类的最终价值追求竟然在其开端处。因为在"每个人对所有人类的道德责任都一样"这个命题里，"所有人类"不仅包括他人，而且包括自我，所以"对所有人类的道德责任"包括自己对自己的道德责任。具有大同精神的人，成人，但不避己；成就他人，同时也完善了自我。这是不难理解的，为我与为他是同一的。自我成就他人，就是将他人变成"自我"的异在。自我在他人之中显示自己，同时也出现自己与自己的疏远问题。作为"异化了的他者"也要找回自己，于是就将自己表现在"为己"之中，这就有了自我从他者的回归。可见大同精神所表现出来的境界是自我与他人的合一，这实际上也就是"成成"精神。不过这个"成成"已经不再是原初的那个没有任何经历的"成成"。它迈过了一道道为他性的门槛，从孝义者到乡贤，从乡贤到忠良，从忠良而至为大道、为一切人。这种实现了自我与他人合一可以语于"道"的人格境界，即是"圣人"。

以上所述的几种价值形态实际上是炎黄精神转型创新的几个必经的阶段。人在为他的过程中可以是孝子，但是，仅仅在家做一个孝子还不够，还应该做一个德智为乡的乡贤；具有乡贤精神不失为一个好人，但是仅仅福泽乡邻还不够，还要进入忠于国家的道德境界；成为国之忠良，虽然已经获得了很高的道德价值，但是还没有获得终结性的道德价值，要进入道德的最高境界，人必须承担对地球上所有人的道德责任，我获得了自由，别人也要获得自由，人类都成了自由的人，这才是共产主义的真谛。"圣人"之为圣，在于他能以此为信仰，本着"天下为公"的精神，引领人类朝着和谐的方向奋进。

第十章 中华文明的复兴与炎黄精神的全球价值

　　在前一章,我们讨论的是炎黄精神在"中国视野"中的再生性过程。在这一章,我们将此再生过程即中华文明的复兴过程置于"全球背景",研究在"全球视野"中如何运用"新轴心时期的炎黄精神",这样,再生性过程也就变成创造性过程。在当前构建新的全球秩序的过程中,世界从中华文明中看到了希望,很多人在其中寄托了构建新世界秩序的价值和理想。这表明,炎黄精神又处在一个伟大的复兴过程中,这个复兴过程既是中华民族重构的产物,又体现了新轴心时期炎黄精神的全球价值。

第一节　新轴心时期的全球化背景

　　前轴心期、轴心期、后轴心期所研究的炎黄精神在时间上属于"过去",属于"史"的范畴,与之不同类型的是,"新轴心时期的炎黄精神"在时间上属于当代及今后的一个历史时期,其现实性很强。如果说前面的研究在方法论上是"接着讲",那么这里所研究的炎黄精神不仅属于"转型创新",而且是着眼于全球化的"全球价值"。

一、"全球化"以及人类"价值共同体"

对"全球化"这个时代的热词,人们的理解并不一致,甚至是截然相反的。"全球化"是一个反映世界历史潮流的概念。有人将"'全球化'视为西方新自由主义的人为宣传,而新自由主义是跨国公司的意识形态。所以,'全球化'是跨国公司摧毁各民族国家经济主权乃至政治主权,在经济上控制全球化的战略口号"①。这些人把"全球化"仅仅理解为跨国公司为摧毁各民族国家经济主权乃至政治主权所制造出来的"战略口号",实际上是将"全球化"理解为跨国公司的阴谋设计。然而,这种阴谋论是很难成立的。我们不否认,在席卷世界的"全球化"浪潮中,跨国公司可能有"摧毁各民族国家经济主权乃至政治主权"的图谋,但是"全球化"却不是阴谋论的产物,它其实是人类历史发展的重要组成部分。

因为人类历史的发展包括时间向度和空间向度两方面。时间向度是指历史前后相继的各阶段,空间向度是指各民族间的横向关系。我们在"轴心"这个范畴里所讨论的历史各时期,就属于历史发展的"时间向度",而所谓"夏夷之辨""中西之争"等等在更大程度上属于历史发展的"空间向度"。在"空间向度"里,不同民族、国家是并列关系,历史的发展表现为"族际""国际"的互动。当其达到国际的高度时,历史也就属于"世界史"了。

雅斯贝尔斯在《历史的起源与目标》中指出,"世界历史在时空上囊括全球"。这里要指出的是,并不是空间向度里的所有发展问

① 河清:《全球化与国家意识的衰微》,中国人民大学出版社,2003 年版,引言第 3 页。

题都是"全球化"问题,比如历史上的"夏夷之辨"只是中国范畴内的族际关系,尽管我们的祖先喜欢用"天下"或"四海之内"这样的词来概括它,但是它事实上并没有达到"全球化"的空间广度。全球化是人类历史空间广度扩张到一定阶段的产物,其以"世界市场"的形成为标志。因为世界市场,原来彼此隔绝的民族和国家现在都互相交往了,随之而来的就是"全球化"问题。"全球化"可以理解为是一个反映人类历史空间扩张到一定广度,即扩张到全球范围的历史范畴。

提出反映人类历史空间广度的范畴,并不是现在才有。这个范畴早已有之,它是马克思、恩格斯历史唯物论非常重要的范畴。在阐述其历史唯物论时,马克思、恩格斯非常强调两个基本概念,一个是"历史阶段",一个是"交往形式"。前者即是我们所说的历史发展的时间向度,后者即是历史发展的空间向度。二者都是变量,马克思、恩格斯在描述他们生活时代的交往变量时用了"超出了国家和民族的范围"①一语,这已经有"全球化"的意味了。问题是,"人类历史空间广度的扩张到一定阶段"究竟怎么确定。从马克思、恩格斯的相关论述中,我们发现,他们将"世界市场"的形成作为"人类历史空间广度的扩张到全球化时代"的基本标志。而"世界市场"的形成又以15世纪末16世纪上半期的"地理大发现"为前提,所以,雅斯贝尔斯称地理大发现时代是世界历史形成的预备阶段。当人类经济于19世纪发展到"世界市场"阶段时,全球化的格局也就出现了。因此,我们可以认为全球化实际上是反映人类进入世界市场时期的历史空间广度的范畴。马克思、恩格斯在《共产党宣

---

① 《马克思恩格斯选集》,第1卷,人民出版社,1972年版,第41页。

言》里就是这样看问题的。他们指出：

　　不断扩大产品销路的需要，驱使资产阶级奔走于全球各地。它必须到处落户，到处开发，到处建立联系。

　　资产阶级，由于开拓了世界市场，使一切国家的生产和消费都成为世界性的了。使反动派大为惋惜的是，资产阶级挖掉了工业脚下的民族基础。古老的民族工业被消灭了，并且每天都还在被消灭。它们被新的工业排挤掉了，新的工业的建立已经成为一切文明民族的生命攸关的问题；这些工业所加工的，已经不是本地的原料，而是来自极其遥远的地区的原料；它们的产品不仅供本国消费，而且同时供世界各地消费。旧的、靠本国产品来满足的需要，被新的、要靠极其遥远的国家和地带的产品来满足的需要所代替了。过去那种地方的和民族的自给自足和闭关自守状态，被各民族的各方面的互相往来和各方面的互相依赖所代替了。物质的生产是如此，精神的生产也是如此。各民族的精神产品成了公共的财产。民族的片面性和局限性日益成为不可能，于是由许多种民族的和地方的文学形成了一种世界的文学。

　　资产阶级，由于一切生产工具的迅速改进，由于交通的极其便利，把一切民族甚至最野蛮的民族都卷到文明中来了。它的商品的低廉价格，是它用来摧毁一切万里长城、征服野蛮人最顽强的仇外心理的重炮。它迫使一切民族——如果它们不想灭亡的话——采用资产阶级的生产方式；它迫使它们在自己那里推行所谓的文明，即变成资产者。一句话，它按照自己的面貌为自己创造出一个世界。

　　资产阶级使农村屈服于城市的统治。它创立了巨大的城
市,使城市人口比农村人口大大增加起来,因而使很大一部分
居民脱离了农村生活的愚昧状态。正像它使农村从属于城市
一样,它使未开化和半开化的国家从属于文明的国家,使农民
的民族从属于资产阶级的民族,使东方从属于西方。①

　　马克思、恩格斯的这段论述意蕴非常丰富,比如,他们断言,人
类历史已经形成了一个崭新的空间广度,即"各民族的各方面的互
相往来和各方面的互相依赖"使得"民族的片面性和局限性日益成
为不可能",可见,较之轴心时期,新轴心时期包括炎黄精神在内的
任何民族精神都将转化为一种新型的世界精神。新世界和新精神
在全球化的框架下客观上成为各民族的公共财产。这个论断包含
了"全球化是谁的全球化"的问题,它不是少数国家或少数集团的
私有财产,而是所有的国家和所有的民族的"公共的财产"。全球
化天然是共产主义,虽然我们不能说共产主义天然是全球化。马克
思、恩格斯的断言中还指出了,本当属于各民族公共财产的新文明,
在世界市场的形成过程中被西方资产阶级垄断了,其后果是东方从
属于西方,犹如农村服从城市。在这个问题上,冯友兰也有清醒的
认识,他说:"工业革命的结果,使乡下靠城里,使东方靠西方。"②这
是一个全球化全球产品归谁占有和享用的问题。马克思、恩格斯指
出,近代全球化过程的成果被西方资产阶级、被西方享用了。在这
个意义上,全球化实际上是资本主义化、西方化。因此,它有一个好

————————

① 《马克思恩格斯选集》,第 1 卷,人民出版社,1972 年版,第 254—255 页。
② 冯友兰:《贞元六书》,中华书局,2014 年版,第 270 页。

听的名称,就是"民主化":

> 支撑现代民主的人人平等的思想,在过去八百年中得到越来越多的认同,这种不可阻挡的势头……引起了一种"宗教恐惧"。①

西方资产阶级利益的全球化是对全球共产主义天然性质的否定。借用黑格尔的异化概念,我们可以这么说,它是全球共产主义的他在或异化。本来是地球人的东西现在成了一部分地球人的独占品。

马克思、恩格斯的论断对于我们今天研究全球化问题仍然具有指导意义。当然,当今与马克思、恩格斯生活的时代已经不可同日而语了,用"民主全球化"概括当今世界,无疑是将问题简单化了。互联网技术的发展不仅在经济层面使"民族的片面性和局限性日益成为不可能",而且在信息层面使"民族的片面性和局限性日益成为不可能",即使是在更加注重自主的政治层面也依然如此。互联网把各国空前紧密地连在一起,在世界任何一点发动网络攻击,看似无声无息,但给对象国的经济、文化与社会所带来的损失有可能不亚于一场战争。因此,互联网化了的世界市场使所有的民族在享受到现代文明成果的同时,也必须面临着粮食安全、资源短缺、气候变化、网络攻击、人口爆炸、环境污染、疾病流行、跨国犯罪等层出不穷的问题。它们对国际秩序和人类生存都构成了严峻挑战。不论

---

① ［美］弗朗西斯·福山:《政治秩序与政治衰败:从工业革命到民主全球化》,广西师范大学出版社,2015年版,第364页。

人们身处何国、信仰如何、是否愿意,都要面对这些问题,任何国家都不可能独善其身。比如气候变化带来的冰川融化、降水失调、海平面上升等问题,不仅给小岛国带来灭顶之灾,也将给世界数十个沿海发达城市造成极大危害。资源能源短缺涉及人类文明能否延续,环境污染导致怪病多发并跨境流行。因此,在历史发展的空间广度上,当今国际社会已经在"万物互联"的背景下发展成为一个你中有我、我中有你的"人类命运共同体"。当今世界的一切重大经济、政治、社会、安全和文化问题,都与这个命运共同体有关。因此全球化问题不管人们愿意与否,都不能回避。可能对某些人而言,"全球化"是幸福的源泉;而对另一些人来说,"全球化"是悲惨的祸根。然而对每一个人来说,"全球化"都是世界不可逃脱的命运,是无法逆转的过程。在这种情势下,任何国家要想自己发展,必须让别人发展;要想自己安全,必须让别人安全;要想自己活得好,必须让别人活得好。人的精神视野必须具有这样的"全球化"背景,由此而来的时代精神,应该是在这个背景下的对人类命运的反思。

二、全球化问题中的"价值共同体"的蕴涵

"全球化"问题通常与"人类命运共同体"这个范畴相联系。有一个已经成为共识命题:"全球化本身是世界性公共品。"既然是"世界性公共品",那就意味着它是"人类劳动产品";既然是"人类劳动产品",那么我们就可以从马克思劳动价值论的角度进行研究,即可以视之为价值实体,即是说,"人类命运共同体"实质上是"人类价值共同体"。因此,我们可以将"人类命运共同体"转化为"价值共同体"这个概念。这样一来,所研究的"全球化"问题实际上是

一个人类"价值共同体"的构建问题,而在这个构建过程中,人与人、国家与国家、民族与民族之间的关系都必将得到新的规定,关键是以怎样的精神做出这样的规定。

全球化本身作为世界性公共品,首先是靠自己的属性满足人的也就是国家和民族某种或某些需求的物,其有用性,也就是使用价值。像稳定的气候、稳定的金融或航行的自由等等,都是这样的有用性。"世界性公共品"就是对这些有用性的概括。各个民族与国家进行交换的,就是这种使用价值。各种不同使用价值之间的区别体现在"质"上,例如水与火两种使用价值的区别就是本质性的。这些质的不同的使用价值的总和,就是财富。在这个意义上,财富表现为一种"质构集合体"。但是如果我们将"世界性公共品"的各种有用性撇开,它就只剩下一个属性,即劳动产品。不过这个劳动产品不仅消除了各种具体劳动(如木匠劳动、纺纱劳动等)的区别,而且甚至是消除了人们的劳动借以展开的民族文化特色的各种具体区别,它是一种抽象化了的无差别的人类劳动,或者说,"它们剩下的只是同一的幽灵般的对象性,只是无差别的人类劳动的单纯凝结,即不管以哪种形式进行的人类劳动力耗费的单纯凝结"①。马克思主义称之为人类共有的"社会实体",也就是"价值实体"。不过,作为人类劳动力消耗,劳动量在时间向度上有长有短,有多有少,这就形成了马克思称之为"价值量"的东西。价值或人类共有的"社会实体"这个范畴,实际上应该是不同价值量的聚合体,我们或者可以称为"量构集合体"。

因此,"全球化"问题作为"价值共同体"是使用价值与价值的

---

① ［德］马克思:《资本论》,第 1 卷,人民出版社,2004 年第 2 版,第 51 页。

统一体。在经济学家的眼中,作为世界性公共品的全球化本身是交换问题,所谓"价值"无非是"交换价值"而已。比如,西方主导的全球体系即以世界市场为基础,而以自由贸易为其魂。但其实,商品交换只是表观,或者说,"交换价值"仅仅是价值的表现。在"交换价值"的背后,是人类劳动的凝结,是人类劳动的对象化或物化。

全球化问题的本质是价值问题,是以使用价值的交换为形式的价值问题,而这个问题又可以信仰、伦理等形式表现出来。根据马克思主义的劳动价值理论,价值共同体至少包含如下两层价值关系:

一是不同价值体之间的平等与贡献的关系。全球市场所交换的是使用价值,而这些使用价值交换的价格是由"价值量"决定的。每一个民族和国家都为共同价值体贡献了自己的劳动。这个对象化、物化了的劳动,即价值,已经撇开了一切具体劳动的区别,表现为无区别的,也就是没有高贵和低贱之分,因而无区别就是价值共同体的客观基础。在此基础上,每一个民族和国家在主体性上都是平等的,平等即为"价值共同体"的基本表现形式。与平等相联系的是贡献。在价值共同体里面,每个民族和国家的价值在于贡献,即在于将自己的劳动对象化为公共产品,这是从质的无区别性来讲的。在另一方面,每一个民族和国家贡献在价值共同体里的物化劳动量有大有小,有多有少。很显然,最大的价值量对共同体的形成起着领导性、支配性的作用。表面上看来,在价值共同体里平等原则与贡献支配原则是矛盾的,但实际上尊重贡献支配原则是尊重劳动平等原则的必然延伸,人类价值共同体的伦理形式是"平等为则,贡献为魂"。

二是共享与担当关系。当今的全球化被"互联网"化了,而"互联网"化了的"世界性公共品"，在使用价值上显示了共享特征，而在治理问题上又显示出了责任担当的特征。共享是"世界性公共品"的使用价值的正形态，不过人类在享受正价值的同时，客观上也面临着"世界性公共品"在使用过程中难以避免的风险，像粮食安全、资源短缺、气候变化、网络攻击、人口爆炸、环境污染、疾病流行、跨国犯罪等全球非传统安全问题，都属于"负价值"或"负经济"的范畴。对于正经济，人类是共享，而对于风险，人类应该是分担。但是在这个问题上，人们产生了分歧。有的国家常常陷入利己主义的选择。国家利己主义者或者是几乎将全球化这个世界性公共品使用过程中的正价值据为己有，例如一些国家在全球化的旗帜下追求利润的最大化而不顾其他的一切，它们获得了利润，却给其他发展中国家带来了贫穷。而对风险的治理，它们则采取本国利益至上的原则，全然不顾人类共同的命运；或者是只想"搭便车"占便宜，而对风险治理采取回避的态度。有一个学者曾撰文称：在全球化过程中，大国负责贡献，即维持足够的公共品的提供，如果大国不承担领导责任，就会导致全球公共产品供应的短缺。小国因此更多是选择"搭便车"。因为一般说来，小国很少有意愿为全球公共产品付费，因为它们贡献太小，是否贡献对全球体制运作来说关系不大，小国因此更多是选择"搭便车"。大国则不一样，大国可以从全球化过程中获得明显的好处，因此也需要对维持这个过程做出更多的贡献。根据贡献原则，这个说法一半是正确的，一半则是不正确的。"小国的贡献太小"不等于"不贡献"，不做贡献却又想着"搭便车"，这就是说，抱有这种观念在处理"为己""为他"的矛盾时，想到的只是"为己"。由这种理论与劳动价值论的冲突，产生的便是不劳而获的寄生国家和民族，这违反平等的价值规则。在根据马克思主义建立起来的价值体系中,劳动与贡献是人类本质力量的体现。不"贡献"就不会有"享受",因此在共同价值体中,不做贡献的国家是不可能有的,关键是贡献的大小,而不是贡献的有无。在这个意义上,任何国家在享受正价值的同时,必须担当起其应有的治理负价值的责任。

第二节　全球体系的演变过程

人类怎样对待和处理价值共同体中的平等与贡献、共享与责任等价值关系,就会使这个世界表现为怎样的形态。当一种对待和处理方式成为"全球共识"后,全球体系即表现为由此共识组建起来的现实价值体系。作为"价值共同体"的或正确或歪曲的反映,全球共识具有一定的稳定性,但是稳定性不等于不变性,没有任何一种共识能够成为治理全球的万古不变的"经"。董仲舒所谓的"天不变道亦不变",仅仅是他的一厢情愿。"经"是要变的,否则历史就要终结。随着"经"的变化,全球价值体系也会发生一系列的不同变化,表现为不同的历史形态。从古至今,至少有四种不同的价值体系,值得我们研究。

一、以时间为向度的封闭世界

从各文明出现的最初,到此后的 3000 多年里,各个文明之间的交往或者不存在或者很有限,或者是间断的和紧张的。部落与部落之间的边界,就是部落的世界观的界限。因此,部落基本上被封闭在部落自身,部落就是部落的世界。

　　有人认为,地理上的相互分离是文明之间的交往或者不存在或者很有限的重要原因。比如,公元1500年以前,安第斯文明和中美洲文明与其他文明之间几乎没有交往。尼罗河流域、印度河流域、底格里斯河和幼发拉底河流域,以及黄河流域的早期文明,也相互没有影响。东地中海、西南亚和北印度地区的文明之间交往的确增多了,然而,分隔文明的距离和有限的克服距离的交通工具,限制了交流和商业关系。虽然在地中海和印度洋上有一些海上通商,但旅行的有效手段是穿越平原的马匹,而不是海上的航船,像公元1500年以前一样,世界上相互分离的文明彼此之间维持着微小的联系。

　　其实,在我们看来,地理分隔并不是文明隔绝的原因,最多是条件。王勃《送杜少府之任蜀州》云:"海内存知己,天涯若比邻。"毛泽东曾引这一句说明,国与国之间虽然远隔千山万水,但心还是可以连在一起的。意大利甲骨文研究者安东尼奥·阿马萨里指出,在公元前1000年末,中东文献对中国这个遥远的世界就有记载。如《耶利米书》中有"中国因素",《撒迦利亚书》等书里有关于中国的猜测,安东尼奥·阿马萨里在做了大量的比较分析后,指出:"中近东对中国这个世界的见解散见于诸先知的作品中,也见于约伯的事迹中。"[1]对中国有见解,有猜测,意味着与中国有一定程度的交往。同样,中国的古籍里,也有西游的记载,比如《穆天子传》就记载"天子宾于西王母"。双方互赠礼品。西王母为天子谣,而周天子答之。可见远隔千山万水不是文明不交流的原因,原因老子早已指明,即是文明的自守。《老子》第八十章讲到这个问题,其云:

---

① ［意］安东尼奥·阿马萨里:《中国古代文明——从商朝甲骨刻辞看中国史前史》,社会科学文献出版社,1990年版,第140页。

小国寡民。使有什伯之器而不用；使民重死而不远徙。虽有舟舆，无所乘之；虽有甲兵，无所陈之。使人复结绳而用之。甘其食，美其服，安其居，乐其俗。邻国相望，鸡犬之声相闻，民至老死不相往来。

按照这个说法，国与国之间不相往来的原因并不是地理的，而是固守其文明本身的独特性。部落以"甘"认同"其食"，以"美"认同"其服"，以"安"认同"其居"，以"乐"认同"其俗"，邻国的食服居俗在其甘美安乐的认同之外，所以自然也就是"老死不相往来"了。因为将文明封闭在民族自身的独特性中，所以每个民族和国家都是自己的中心和文化英雄。甚至也可以说，每一个文明都把自己视为世界的中心，把自己的文化英雄视为人类的文化英雄。他们把自己的历史当作人类历史主要的戏剧性场面来撰写，此谓之"甘其食，美其服，安其居，乐其俗"。冯友兰曾说："自周秦以来，中国向来是城里，四周别的地方向来是乡下。"①其实，处于时间向度里的人都认为自己是中心，他们美化自己，而丑化其他人群。

二、封闭世界的否定

在这个形态里，不同文明之间断断续续的多方向的碰撞，让位于西方通过征服所有其他文明而建立的世界市场。这里有一系列的历史事件：15 世纪结束时，摩尔人最终重新征服了伊比利亚半岛，葡萄牙人开始了对亚洲的渗透，西班牙人开始了对美洲的渗透。在其后的 250 年间，整个西半球和亚洲的重要部分都被置于欧洲的

---

① 冯友兰：《贞元六书》，中华书局，2014 年版，第 268 页。

统治和控制之下。18 世纪末，欧洲首先撤回了对美国，而后是对海地的直接控制；然后大部分拉丁美洲起而反抗欧洲的统治并获得了胜利。然而，19 世纪后半叶，重整旗鼓的西方帝国主义扩大了西方对几乎整个非洲的统治，巩固了西方在南亚次大陆和亚洲其他地区的控制。到 20 世纪初，除土耳其之外的整个中东实际上都直接或间接地受到西方的控制。1800 年，欧洲人或前欧洲的殖民地在南美和北美控制了地球表面土地的 35%，1878 年这一数字为 67%，1914 年为 84%。到 1920 年，当奥斯曼帝国被英国、法国和意大利瓜分时，这一比例进一步提高。1800 年，英帝国包括 150 万平方英里的土地和 2000 万人口。到 1900 年，维多利亚女王时代的"日不落"英帝国包括了 1100 万平方英里土地和 39 亿人口。在欧洲殖民化的过程中，安第斯和中美洲文明被有效地消灭了，印度文明和伊斯兰文明同非洲文明一起被征服，中国文明也被迫进入了半殖民时代。

西方征服的结果是使农业民族被工业民族、东方被西方殖民，这是一个殖民化的全球体系，西方处于帝国的位置，而东方则处于被殖民的地位。这个全球体系的价值也被西方按照自己的意志宣布为"普世价值"。其中心只有一个，最初就在英国，它是一个日不落的帝国。但是，在第一次世界大战后，英国衰落。20 世纪 30 年代发生了世界的经济大萧条，英国无法继续领导这一殖民化的全球体系。当时美国的综合国力包括军事实力早已超过英国，但因美国长期以来没有取代英国以成为殖民化全球体系新霸主的意愿，所以，在二战之前，全球霸主还是英国，不过它遇到了德国的强力挑战。由此产生了灾难性的后果，即全球经济体系陷入衰退、种族灭绝和世界大战。直到 20 世纪 40 年代，美国从英国手里接过霸主权，全球的中心也就由英国转移到了美国，以自由世界为轴心的美国阶段从此拉开了序幕,所谓普世价值无非是"美金"的价值而已,所谓山巅上的人类灯塔不过是盎格鲁-撒克逊人向地球人吹唱的自己的"好"而已。

三、一分为二的冷战世界

以自由世界为轴心的美国阶段很快就遇到了其强力挑战者——苏联。1917 年,由于俄国十月革命的胜利,以自由世界为轴心的美国阶段被一分为二:西方资产阶级阵营(称为自由世界或西方)与苏联所领导的国际共产阵营。前者以美国为代表,后者以苏联为代表。两个超级大国长期陷入冷战。两者都根据自己的意识形态来确定自己的认同,也就是自己的价值观。冷战阶段实质上是西方殖民化全球体系向多极化世界的过渡性形式。因为在两个超级大国的争斗中,苏联所建立的阵营最终败下阵来。1989 年底,柏林墙倒塌;两年后,苏联解体。东欧剧变、苏联解体的巨大历史事件,使得日裔美籍学者福山于 1989 年春信心满满地宣称"历史的终结",此后又出版了《历史的终结与最后的人》。在这本专著里,他将苏联体制称为共产主义本身(事实上它只是社会主义的一种探索形式,并且到后期,已经成为共产主义的严重异化),宣称经济现代化和政治现代化的过程,并没有像马克思主义断言和苏联宣称的那样,通向共产主义,而是走向了各种形式的自由民主和市场经济,历史将终结于自由民主制度。"纵然我们会质疑要多久之后全人类才能抵达那个终点,但我们不应怀疑某种社会形态就挺立在历史的终结处。"①

---

① [美]弗朗西斯·福山:《历史的终结与最后的人》,广西师范大学出版社,2014 年版,新版序第 7 页。

　　这里要指出的是，"历史的终结论"并不是福山发明的，在马克思的思想中，我们也可以看到某种"历史的终结论"，即共产主义是资本主义的终结。福山吸收了马克思的这一思想，但是与马克思相反，他将资本主义视为共产主义的终结者。东欧的剧变、苏联的解体似乎可以视为自由民主制度彻底战胜共产主义的铁证。1992年，当福山出版其《历史的终结与最后的人》时，西方自由民主制度迈向全面胜利的趋势似乎是锐不可当，其影响力达到了前所未有的高度，而其他一切可能的政治制度在与之竞争中都在节节败退。似乎除了西方自由民主制度之外，人类不再有其他制度选择的可能。矗立在历史终结处的，正是西方自由民主制度。

　　不过福山过于乐观了，因为历史事实显示：冷战阶段终结的不仅仅是苏联体制，而且也正在终结西方自由民主制度本身，至少，在所谓历史的终结处，西方的自由民主制度本身正在从山上走向山下。

　　苏联解体后，西方世界并没能将全球"自由民主制度化"，他们认为不符合其价值标准的制度仍然存在；美国向第三世界输出的自由民主制度也因为水土不服而没有取得预想的成功，第三世界的传统制度虽被撼动，却没有如预想般摧枯拉朽应声倒地，美国自身也陷入战争的泥潭而不可自拔。西方自由世界的意识形态的操弄获得的不是胜利，而是衰竭。人们称此现象为"衰落的文明"。早在1918年，斯宾格勒出版了《西方的没落》，自那时起，"西方的衰落"一词已成为禁忌。西方的政治人物用"挑战"来取代它，而经济学家的说法则是"长期性停滞"。语言在变，但西方文明时日（和金钱）不多的观点却没有改变，它是20世纪历史的主题之一。列宁在《帝国主义是资本主义的最高阶段》里也是用"垂死的"这个词来定义以自由世界为核心的世界体系。衰落的原因,据西方分析家的分析,是生活水平停滞不前的反映。但更深层次的原因,则是西方未能在苏联解体后建立一个安全的国际环境,来让西方价值观和生活方式持续下去。这一失败的最重大例子,是全球恐怖主义的爆发。恐怖主义带来的是恐怖分子来源地国家结构的崩溃。

"西方的衰落"首先表现为西方越来越关注其内部问题和需求,因为它面临着经济增长缓慢、人口停滞、失业、巨大的政府赤字、职业道德下降、储蓄率低等问题;此外在许多国家,包括美国,面临着社会解体、吸毒、犯罪等问题。经济权力正在迅速转移到东亚,军事权力和政治影响开始向东亚转移。印度处于经济起飞的边缘,伊斯兰世界日益敌视西方。其他社会不情愿接受西方旨意和容忍其说教,西方的自信和支配意志正在消失。其次表现为"自由民主"身染重病,当代西方的一些评论家称之为"民主萧条"。2016 年,全球自由度连续第 11 年下降。这种趋势蔓延至全球各个地区。泰国、委内瑞拉和博茨瓦纳等国家纷纷从民主体制转向了另外一种体制。匈牙利和波兰等民主国家则滑入了半民主国家。经过了 30 年的快速扩张之后,民主在全球范围内走向衰退,可能会演变为一场全球性的"民主萧条"。当然,西方现在仍然占据优势,很有可能,在 21 世纪一段时间内,西方仍将在许多方面保持领先。

四、多元价值的多边世界

苏联解体和西方的衰落使得由西方所主导的全球体系出现了力量的真空,于是原来受二者遏制的地区性的核心国家迅速填补了这一真空。正像一些分析家所指出的,"两极平衡的消失使原来受这一体系遏制的各种国际政治力量获得相当的自主性,纷纷争夺美苏两国留下来的权力真空"①。而这些核心国家之间不再是意识形态而是自身的文明区别。美国作家塞缪尔·亨廷顿指出,早在20世纪80年代和90年代,本土化已成为整个非西方世界的发展日程。比如:伊斯兰教的复兴和"重新伊斯兰化"是伊斯兰社会的主题。在印度,普遍的趋势是拒绝西方的形式和价值观,以及使政治和社会"印度化"。在东亚,政府正在提倡儒家学说,政治和知识界领袖都在谈论其国家的"亚洲化"。那些像西方一样搞选票的非西方社会的政治家,不再通过显示自己有多么西方化来赢得选票。相反,选举竞争刺激他们把自己的信仰说成是最能吸引大众的东西,那些东西通常具有种族的、民族主义的和宗教的特征。因此,在全球意识形态之争消退之后,支配人们生活的是自己的文明,于是老子所说的"甘其食,美其服,安其居,乐其俗"的现象在全球范围内得到了表达,这就是全球范围内的民族文化的复兴。整个世界不再是以西方价值支配一切的单边世界,而是许多文明都在发挥作用的多边世界。尤其是到了20世纪90年代,爆发了全球性的认同危机,几乎在每一个地方,人们都在问"我们是谁""我们属于哪儿"以及"谁跟我们不是一伙儿"。不仅南斯拉夫,而且阿尔及利亚、加拿大、中国、德国、英国、印度、伊朗、日本、墨西哥、摩洛哥、俄罗斯、南非、叙利亚、突尼斯、土耳其、乌克兰和美国等国家都对这些问题进行了激烈的讨论,文化认同问题被全球化了。塞缪尔·亨廷顿指出:"文化相似的民族和国家走到一起,文化不同的民族和国家则分道扬镳。以意识形态和超级大国关系确定的结盟让位于以文化和

① 郑永年:《中国民族主义的复兴——民族国家向何处去》,东方出版社,2016年版,第7页。

文明确定的结盟,重新划分的政治界线越来越与种族、宗教、文明等文化的界线趋于一致,文化共同体正在取代冷战阵营,文明间的断层线正在成为全球政治冲突的中心界线。""在处理认同危机时,对人们来说,重要的是血缘、信仰、忠诚和家庭。人们与那些拥有相似的祖先、宗教、语言、价值观、体制的人聚集在一起,而疏远在这些方面的不同者。"①因为文化认同是多元的,所以冷战结束后的世界,在亨廷顿看来就是一个多元的文明冲突世界。

最近,我们又看到一种倾向:西方一些政客对"文化相同"似乎不再感兴趣,他们重拾冷战时期的"意识形态"划界的做法,但是重回"冷战时代"已经不可能成为时代的主流了。

可见,人类历史的最初是时间向度里的封闭世界,继而被空间向度所代替,所否定,由此形成了所谓的自由世界体系。经过冷战二极世界的过渡之后,这个普世价值化了的自由世界也正在被否定,人类似乎进入了文化多元认同的多边世界,在其中,各自的文化认同以及由此而来的民族主义之间有冲突,但是应该以怎样的方式对待这些冲突? 是将冲突扩张为对抗,还是将冲突和谐化为对话? 不同的文明都在试图提供自己的方案,以建设一个新世界。

第三节 多边世界中的"中国智慧"

我们正处在全球体系的新旧转型时代,多边化正在代替旧的由

---

① [美]塞缪尔·亨廷顿:《文明的冲突与世界秩序的重建》,新华出版社,2010年版,第105—106页。

霸主所主宰的全球体系,但是多边化并不意味着人类价值共同体被解构。事实上,体现人类价值共同体的全球体系正在形成之中。在这样一个新的历史时期,各种文化都在试图根据自己的主张建设一个新世界。其中,有一种文化主张从"和"与"不同"两方面构建多边世界的新秩序,这种主张已经为越来越多的人所聆听,正在成为一种主流化的声音,这主张、这声音,就是以大同精神和天地境界为追求的"中国智慧"。

一、有规则的世界体系的构建

在价值多元化的多边世界里,人们很容易以"本国至上"的单边价值选择裂化价值共同体,从而陷入"金德尔伯格陷阱"(The Kindleberger Trap)。国谋其私,无视人类共同利益,必然导致人类公共品的缺失。第一次世界大战和第二次世界大战的教训让人记忆犹新:人类公共品的缺失所引发的后果往往是灾难性的。美国麻省理工学院教授查尔斯·金德尔伯格在总结 20 世纪两次世界大战,特别是第二次世界大战的教训时指出,20 世纪 30 年代世界经济大萧条的根本原因,在于世界性公共品的缺失。当时英国在第一次世界大战后衰落,无法承担继续提供全球公共品这一责任,而奉行孤立主义的美国,尽管取代了英国成为世界上最大国,却继续"搭便车",结果导致了全球经济体系衰退、种族灭绝和世界大战。这种现象被称为"金德尔伯格陷阱"。

目前人们担心的是,当今的美国以本国至上而不愿为全球提供公共产品,世界是否将再次陷入"金德尔伯格陷阱"。美国前总统克林顿于 2003 年在耶鲁大学做演讲时说:"如果你们相信,维持权力与控制、绝对的行动自由和主权,对国家的未来是重要的,这样做并没有什么矛盾之处。我们是目前世界上最强大的国家,也可以运用我们的实力……但如果你们相信,我们应当尝试创造一个有规则、伙伴关系和行为规范的世界,也就是当我们不再是世界军事、政治、经济强国时也乐意居住的世界,那你们就不会那样做。这取决于我们相信什么。"克林顿的演讲强调当今"应当尝试创造一个有规则、伙伴关系和行为规范的世界",但他说要为中国成为世界第一、美国居第二的时代做好准备。特朗普的"美国至上"证明:美国人虽然已经看到构建"有规则、伙伴关系和行为规范"的全球体系是历史的必然趋势,但是他们不愿意担起这个历史责任,而是更乐于做一个"守成帝国"。当然这里也提到中国与美国的"第一""第二"之争的问题,似乎是说当今世界仍然由少数两个大国主宰,这是冷战思维,是"守成帝国"的所守之"成",中国智慧对此并不感兴趣。中国人感兴趣的是,捍卫多边秩序,并且为人类避开"金德尔伯格陷阱"提供方案。

中国的方案是"一带一路"倡议,这是一个普惠全球的倡议。事不在一国,责不归一家,而是兴于万国,业于万邦。所谓"政策沟通、设施联通、贸易畅通、资金融通、民心相通"的智慧关键是"通",即各国皆参与,各国皆赢。目前响应"一带一路"倡议者,已经覆盖了全球三分之二的人口,有100多个国家和组织愿意参加这个伟大工程,中国以"通"的智慧起着引领作用,但是引领并非独办,而是万国创业,大众创新。

有经济学家说,"一带一路"倡议的本质就是中国版的"马歇尔计划",说白了,就是"中国雄霸世界"的"银弹攻势"。这种说法不是别有用心,就是浅薄。诚然,"一带一路"是中国版的全球化体系,在这里起主导作用的是中国智慧。但这种智慧恰恰在于,它不追求以中国为主的霸主世界，而是文明保持其"不同"而"和"的全球体系。

"一带一路"倡议不仅是一个经济体系，而且是一个政治体系，更是一个以"通"为魂的文化体系。沟通、联通、畅通、融通、相通都是"通"。"设施联通""贸易畅通""资金融通"是"一带一路"经济体系的内容。"通"在这里是指实现资金、资源、技术的多国、多方整合，从而实现"你发我也发"的共赢经济机制。"政策沟通"是"一带一路"政治体系的内容，即实现资源、资金、技术整合的政策机制。"沟通"不是以某国政策独霸一切，也不是各国各唱各的戏，各拉各的调，而是国与国之间，也就是多边之间的平等协商机制，所以属于"协商民主"。"民心相通"是"一带一路"文化体系的内容，建立的是各参与国之间进行文化、教育交流的文化机制，追求的是各国家、各民族之间的互相了解、互相欣赏、互相尊重。简而言之，"一带一路"倡议所打造的中国版全球体系，就是一个共赢、协商、尊重的世界体系。其以"不同"为基，但不是以"不同"为壁，而在不同而和的交流中，创造共赢、协商、尊重的世界体系。这种通的力量不是"锐实力"，也不是"巧实力"，而是追求共赢、协商和尊重的"合实力"。中国智慧就是这种"合实力"的力量源泉。

二、以和为本的全球"对话价值"

"有规则、伙伴关系和行为规范"的背后是一套哲学，而这套哲学不同于以往的各种出自西方并由西方设立的概念和秩序，诸如"战后格局""自由主义秩序""全球秩序"等等。它是中国提供的，关键词是"新型国际关系""互相尊重""双赢合作"等等，这里最稀缺的智慧是尊重万有而和合，最不需要的就是"霸主"这个概念。

尊重万有而和合的中国版全球体系,避免了绝对主义,也避免了相对主义。绝对主义,即所谓普世主义强调有一种超地域的普遍客观的价值标准。我们看到,普世主义其实并不普世,而是以古希腊——古罗马——基督文化为传统的西方价值观。例如,在古希腊哲学中,斯多葛学派认为世界是一个整体,在此整体中的一切都受普遍理性(逻各斯)的支配,因而只有一个法律、一种权利。在他们看来,"所有的人都是相互联系的,大家都有同一起源和命运,都受同一规律的支配,并且是同一个国家的公民,一个团体的成员"①。这里,我们就能看到普世主义的概念的萌芽。古罗马继承了古希腊的普世主义,它有肯定与否定两个方面的意义:否定的方面意指民族宗教与文化的崩溃;肯定方面意指应当将人类作为一整体看待,这就产生了世界意识。基督教继承了罗马的普世主义。其肯定的方面是接受古罗马的普世主义,将基督教作为一种世界性宗教进行普及,否定的方面就是抑制其他宗教的发展,其教会的建立将不受文化、种族和社会阶层差异的限制,从而使之成为一个可行的世界性宗教。绝对主义不允许他人说话,是一种自以为口含天宪的"独白"价值。

价值观的相对主义或多元论强调:不存在普遍客观的价值标准,没有符合全人类生存和发展根本利益的价值导向。每一种价值观体系或基本原则,都有着在某种时间、空间范围内的合理性,在某个历史时期、某个民族或某种文化框架内,有其必然和不可侵犯的性质。所以,相互差异相互反对的价值观体系不是处于不同发展层次和水平上,而是处于相互平行的不同发展方向上,不存在谁先进、

---

① [德]E.策勒尔:《古希腊哲学史纲》,山东人民出版社,1992年版,第241页。

谁落后、批判谁和取代谁的问题。就像一束花,像一把草,每一枝花的花开花落、每一根草的草长草衰都是互不相干的自生自灭的自然过程。价值观的相对主义甚至认为每一种价值体系及其原则的存在都是完全偶然的现象,是完全孤立的现象,彼此之间没有因果联系,也没有发展层次和水平上的连续性可言。如果按照相对主义的观点构建全球体系,人类价值共同体只能被解构为"本国产品"。"本国至上"的宣称者的思想,在不同程度上是相对主义观点在作祟。所以相对主义是各说各是、各唱各调、拒绝共同标准的"自白"价值,由此而来的国家只能是"小国寡民"。

　　"一带一路"倡议的价值观不追求"自白"价值,它追求国与国之间互相尊重和双赢合作,这就是"对话价值",其有"自根",其本在和。在其中,消除所有的"不同",即消除民族不同、信仰不同、要求不同、经济发展阶段的不同的绝对主义是负价值,而包容、团结、互补、协商与共赢才是价值追求;试图用民族的不同、信仰的不同、要求的不同、经济发展阶段的不同来否定"共同体"的相对主义也是负价值,而强调全球命运共同体对于所有"不同"的重要性,才是价值追求。2011年《中国的和平发展》白皮书提出:"中国把中国人民的利益同世界各国人民的共同利益结合起来,扩大同各方利益的汇合点,同各国各地区建立并发展不同领域不同层次的利益共同体,推动实现全人类共同利益,共享人类文明进步成果。"这里以"对话价值"为机制,通过项目的形式将"不同"与"同"结合起来,此即为"和而不同"。"对话机制"其实是"和而不同"的中国智慧即炎黄精神在全球化背景上的"世界语"表述。

　　如果我们将"一带一路"倡议概念化,那么,我们发现,它实质上是由两个概念所组成的体系,这两个概念就是哲学史上著名的对偶范畴:"一"与"多"。"双一"是"一","带"与"路"是"多"。"多"代表"一带一路"的沿线国家,其民族不同、信仰不同、要求不同、经济发展阶段不同,所以是"多";"一"代表不同利益、信仰主体的共同点,也就是"五通"所要表达的内容。所以"一带一路"倡议的价值观实际上是一个如何处理好"一"与"多"关系的哲学问题,强调的是一统与多立的并举,将世界理解为由"多"而"一"、从"一"到"多"的辩证法过程。在这个辩证法过程里,"一"与"多"是互补的,"一"表示"简洁化","大道至简";"多"表示"多样化","世界丰富多彩"。"简洁"与"多样"的互相补充使世界表现为万事归于一的有序过程。比如"一带一路"中各国有各国的政策与法律,它们之间甚至可以是相互对立的,这就是现实世界。但是在"一带一路"合作中,各种国内法并没有被废除,而是在协商的基础上,多种政策与法律可以在公约数的基础上做减法,形成一种对合作双方,甚至是多方都管用的机制,这就是所谓"政策沟通"。在简约的多样化过程中,一与多的分布是正态的,即一多结构在形式上是中间高两边低,左右两边对称。如果只有一而无多,那么一多分布类似于拉普拉斯分布,表现为一种禁锢结构;如果只多不一,那么一多分布类似于曲线卡方分布中的原正态分布,是一种盲目结构。如图 10-1:

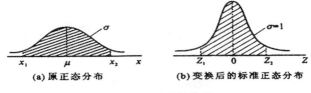

图 10-1 一多结构图

能使一与多互补起来的正态分布应该是有波峰,也有波峰两边低对称递降排列,这是变换后的标准正态分布,如图 10-1(b)。在这样的分布结构里,一从多中来,又到多中去,一是多的母体,多是一的至道。一与多在交变过程中,表现为复杂的世界体系。"一带一路"倡议的哲学意义在于,于一多互补的正态分布中实现了一多交变,这正是"和而不同"的精髓所在。

"和而不同"渊源于中国的文化传统。我们在前面已经指出,在后轴心时期,道家主张玄同,儒家主张差等,二者共同构成了和而不同的中国思维结构。轴心时期,道家重炎帝神农精神,尚同,儒家重黄帝精神,尚礼义等级,二者构成子学时期中国思维的深层结构。在前轴心时期,炎帝神农所代表的大同之世与轩辕黄帝所代表的礼义之治的结合,形成了中国和而不同的文化基因。因此,以项目的形式推进的"一带一路"倡议,实际上是中华文明即炎黄精神在世界历史平台上的展示。在这个意义上,"一带一路"倡议中的中国智慧实质上是炎黄精神在全球化平台上的"接着讲"。

这里指出的是,在思想史上我们看到,对以和而不同为基础的全球体系思维构建的探索,最早并不是中国人,而是西方人。例如,瑞士著名学者孔汉思(Hans Kung)提出了"全球伦理"的建设问题,其中运用的智慧主要是中国人的"和而不同"。1989年,在法国巴黎,孔汉思在为联合国教科文组织学术研讨会提交的报告中,提出"没有宗教和平,就没有世界和平";1990年2月,在瑞士达沃斯世界经济论坛上,他发表题为《我们为什么需要伦理标准》的演讲,大胆提出"全球伦理"构想;此后他身体力行,于1991年发起成立世界伦理基金会;1993年在美国芝加哥,作为主要撰写人,他被邀请起草《走向全球伦理宣言》。根据孔汉思的看法,"若无一种伦理方面的基本共识,任何社会迟早都会受到混乱或专制的威胁。若无一种全球性的伦理,就不可能有更美好的全球性秩序"。"全球伦理所要做的，是要阐释各种世界宗教，尽管有种种分歧，但在人类的行为、道德的价值和基本的道德信念方面，已经具有共同之处。换言之，全球伦理不是要把各种宗教简化为最低限度的道德，而是要展示世界诸宗教在伦理方面现在已有的最低限度的共同之处。它不是要反对任何人，而是要邀请所有人，信教者和不信教者，一起来把这种伦理化为自己的道德，并且按照这种伦理去行动。"①

展示世界诸宗教在伦理方面现在已有的最低限度的共同之处的"全球伦理"概念，是基于全球正在"从独白的时代到对话的时代"这样一个判断而提出来的。孔汉思认为，自从16世纪"大发现时代"以来，地球已经越来越像温德尔·韦尔基在1940年所说的，变成了一个"单一世界"。这件事的发生曾逐步采取了"基督教世界"对其余世界进行支配和殖民的形式。但是19世纪，"基督教世界"却变得日益缺少基督教的性质，"世俗的西方"也日益被取代基督教的一种或多种世俗意识形态所塑造。尽管如此，西方的宗教文化与意识形态文化即使在相互斗争之时，仍然用惯常的方式对待其他的文化及其宗教，即忽视它们，或者试图支配甚至吸收它们。然而后者是不大可能的，这一点已日益明显。世界已经从数千年之久的"独白时代"缓慢而痛苦地走进了"对话时代"。穆斯林、基督徒、世俗主义者等等日益感到，不仅不再必须取代或哪怕是支配其他各种宗教、意识形态和文化，而且自己应同其他各种宗教、意识形态和文化进行对话。对话使我们逐渐认识到，我们对实在之意义的理解

① ［瑞士］孔汉思（Hans Kung）、［德］K. 库舍尔（Karl-Josef Kuschel）编，何光沪译：《全球伦理世界宗教议会宣言》，四川人民出版社，1997年版，序第1—2页。

必然是有限的，可以通过别人对实在意义的了解，而对之知道得更多。在对话中一种全球伦理也就随之产生了。

孔汉思的"全球伦理"试图从世界各大宗教和文化的道德准则中，提出全人类都应当遵循的一项基本要求：每个人都应受到符合人性的对待。他以耶稣的名言"你们愿意人怎样待你们，你们也要怎样待人"和孔子的名言"己所不欲，勿施于人"作为理论支持。同时又根据各大宗教都包含的"不可杀人""不可偷盗""不可撒谎"和"不可奸淫"四条古训，针对当代世界的状况，在《全球伦理世界宗教议会宣言》中表述了四项"不可取消的规则"：

1. 珍重生命——致力于非暴力与敬重生命的文化；
2. 正直公平——致力于团结与公平的经济秩序；
3. 言行诚实——致力于宽容的文化与诚实的生活；
4. 相敬互爱——致力于男女平等与伙伴关系的文化。

孔汉思的"全球伦理"概念，一方面强调世界诸宗教在伦理方面现在已有的最低限度的共同之处，这就是所谓的"一"，另一方面，又试图包容各种不同的宗教与文化，这就是所谓的"多"。他的"全球伦理"概念深受中国传统文化的影响，认为"中国传统伦理为全球伦理提供经验"，他说：

> 根据中国传统思想，以暴易暴并非正确的方式，好生之德乃大德。儒教和道教都反对暴力，宣扬戒杀和好生。古语有云，众生皆我手足，万物皆备于我。这些思想有助于人类的内部和睦，也有益于人与自然的和谐。再如，团结和正义原则。

孔子有言,政者,正也,义者,宜也。这反映了对社会正义的追求。儒教强调,社会正义有赖于人类的道德和精神修养,提倡自律,并鼓励意诚而后心正。这些教诲都有益于公正的社会秩序的建立。儒家学者认为,人皆有恻隐之心,这句话是人类同情精神的经典表述。四海之内皆兄弟,表达了人类团结一致的理想。①

更重要的是,孔汉思本人也是中国文明的接受者。他称中国文化为"最为古老的高级文化","中国伦理是世界伦理的基石",尤其是2500多年前孔子创立的儒家伦理中所提出的"仁"和"恕"。其中,"恕"更是成为世界伦理的黄金法则。他在《中国传统伦理——全球伦理的一个基础》中指出:

> 中国对全球伦理独特的贡献是什么?对此,我想提出这份纪要中谈到的四点。一是中国独特的方法。"和而不同"被认定为核心的价值观,是中国传统伦理参与全球伦理建设的基础。二是共同的伦理戒律。任何一个人类共同的伦理,都以承认个体的多样性和差异性为前提。只有这样,我们才有可能在不同的民族和群体中倡导那些共同的伦理戒律。这些伦理戒律在各种道德和宗教的经典中也有着惊人一致的表述,那就是:"不可杀人""不可偷盗""不可奸淫"等。三是中国独特的思想观念,天道、天理、慈悲、仁、民胞物与、生生、忠恕、中庸、礼、孝、良知、恻隐、知耻、贵义、重行等。它们或者可以作为"全

①《特别策划》,《中国社会科学报》,2010年6月1日,第2版。

球伦理"的一些规范中具有中国风格的阐发和表述,或者可以作为支持和提升这些规范的精神和价值资源。四是人性和相互关系的两个基本原则,即中国的两句古训:"仁者人也"和"己所不欲,勿施于人"。①

可见在"全球伦理"这个范畴中,他首先强调的是中国独特的"和而不同"方法。在这种方法的使用中,世界上各种不同的宗教(多)和全球伦理(一)结合在一起形成了一个"一"与"多"互补的有波峰也有波峰两边的对称递降排列的标准正态分布,即所谓和而不同、美美与共。

孔汉思的"全球伦理"虽然对今天的中国版全球体系有一定的启发意义,但是离目前正在构建中的中国版全球体系还有很远的路程,因为中国版的全球体系不是简单地将全球体系构建视为一种伦理问题,它事实上涵盖了全球经济、政治、文化等一切领域,是以经济融通的互赢共享为基础的政治协商、文化交流过程。同样的,孔汉思的"全球伦理"处于学者的倡议阶段,而中国版的全球体系则是在中国"带路"、众国参与的伟大实践中正在生成的新的全球体系。它还在创造过程中,离最终成型还有很远的路要走。因为中国要"带路",所以中国智慧展示了它对人类的独特贡献。在"接着讲"的意义上,中国智慧或炎黄精神在世界历史平台上空前活跃,它不是"独白",也不是"自白",而是"对话"。这种用世界话语讲述的炎黄精神,我们也可以称为"共美价值",它是炎黄精神的转型创新,或者说是"再生性创造"。

---

① 《宗教周刊·论坛》,《中国民族报》,2011 年 4 月 12 日,第 6 版。

第四节　中华文明复兴过程中的炎黄精神

中国智慧或炎黄精神在世界平台上的空前活跃期,可以称为中华文明的伟大复兴期。同时它是以"全球"为背景的,所这个复兴不仅仅是中国的事情,而且也是世界的事情,是以中华文明为引领的人类文明的再次复兴。复兴,是在过去的传统(编年史)中寻找民族希望的过程,但是希望的表达要以当前生活为凭证。它是以当代中国为凭证对中国文化进行叙述的过程。

对全球化视野下中国故事的叙述即"共美价值"的产生过程,我们基于中国近代民族意识、民主意识与科学观念的演进事实,概括为三个转换:第一个转换是"中国"从积弱到自强的转换,其核心是"中华民族"这个民族自我意识的产生,我们可以称之为"中华民族"的构建过程,中国近代史上的维新运动和推翻帝制革命,就是这个构建过程的理论准备时期;第二个转换是中国社会制度由专制认同到民主社会认同的转变,它是民主主义对专制主义话语权的剥夺过程,开始实现中华民族的文化由迷信到科学、由专制到民主的转型,这是被孙中山称之为"世界潮流,浩浩荡荡,顺之则昌,逆之者亡"的转化过程,在这里中华民族逐渐融入世界;第三个转换就是将政权由统治精英转移到人民大众,炎黄精神由统治精英文化转型为民本文化,"中华民族"在这里得到了多元一体式的重构。

一、中华民族意识的自我觉醒

一种文化的复兴往往是和它在与其他文明的斗争处于劣势时

所爆发出的奋斗力联系在一起的。比如,西方文艺复兴就与十字军东征和伊斯兰进行长达几个世纪的战争,且在战争中处于劣势有关。中华文明的伟大复兴也是如此,它与近代中国"救亡图存"的运动是联系在一起的,以中华民族及其民族精神的构建过程为实质。两次鸦片战争、中法战争对中国人的打击,使少数先进的中国人意识到了"技不如夷",应该师夷之长技以制夷。不过当时朝野上下,多数中国人依然在天朝酣梦中过活,他们认为学之本还在"中"。甲午中日战争,中国被东方"岛夷"日本打败,这搅醒了多数中国人的天朝酣梦,在"国无日不可以亡"的空前危机环境中,时代的先知们敲响了"长梦千年何日醒"的警钟。梁启超在《戊戌政变记》中说:"吾国四千余年大梦之唤醒,实自甲午战败割台湾、偿二百兆以后始也。"从酣梦中警醒的中国人意识到,必须再次强大中国。例如,陈天华说,他梦见中国已经"把国势弄得蒸蒸日上起来,使他一班势利鬼,不敢轻视,倒要恭维起来。见了中国的国旗,莫不肃然起敬,中国讲一句话,各国就奉为金科玉律。无论什么国,都要赞叹我中国,畏服我中国,岂非可快到极处吗?"①

　　虽然这个梦中有"中国讲一句话,各国就奉为金科玉律"等不妥之处,但是就其主要方面来讲,的确代表了"天朝梦"坍塌后的中国人的梦想,这就是所谓的复兴中国梦。不过近代"中国梦"的构筑不是"天朝梦"的重复,而是吸收了西方的民族精神,在"中国"或"中华"的基础上加上了"民族"。这里的"民族"意味着"国家"(民族国)。于是,"华夏+夷"的中国结构,即中国境内的五十六个民族

———————————

① 中国科学院哲学研究所中国哲学史组编:《中国哲学史资料选辑·近代之部》,中华书局,1959 年版,第 563 页。

就成了一个政治实体，复兴中国梦其实就是多元一体中华民族的构建过程。

并不像有些人所说的那样，中国人从来都不是民族。我们已经指出，中国人的民族意识自古就有，只是在古代表现为一种自发性而已，而且其一体化就是夏与夷在文化上的大同化过程。费孝通在《中华民族多元一体格局》一文中指出："中华民族作为一个自觉的民族实体，是在近百年来中国和西方列强对抗中出现的，但作为一个自在的民族实体，则是几千年的历史过程所形成的。"这个话，我们也可以反过来说，中国虽然在古代已经形成为一个自在的民族实体，但是，成为一个自觉的民族实体，则始于近代中国的"救亡图存"运动。鉴于本书在前面的章节已经讨论了这个问题，我们这里只做结论性的陈述。近代中国的"救亡图存"运动既是希望"国势弄得蒸蒸日上起来"的复兴中国梦的形成过程，又是"中华民族"构建的精神准备过程。"华夏+夷"的中国结构在近代以来的全球背景上转型为"中华民族"后，"中国精神"就定型为"中华民族精神"，于是五十六个民族由"不知道自己是谁"转化为知道了自己是"中华儿女"。这就有了使中国成为现代国家的"精神和心理基础"，中华民族精神"既是国家传统的延续，也是人民的国家认同感的象征"①。所以，近代中国梦既是中华文明的复兴，同时也是中华民族的构建和重建。

从历史的进程来看，复兴中国梦首先是以"民国"的形式变成现实。但是丰满的理想变成现实后就叫骨感，中华民国的确是赶跑

① 郑永年:《中国民族主义的复兴——民族国家向何处去》,东方出版社,2016年版,第10页。

了皇帝,但是专制制度本身事实上并没有被彻底推翻。爱新觉罗皇帝跑了,"袁皇帝"却来了。虽然短命的"袁皇帝"一命呜呼,民国在形式上恢复了,但是没有穿皇袍的皇帝——军阀,却将"民国"弄得天昏地暗。

二、从迷信、专制到科学、民主的转换

复兴中国梦从精神层面上看,也是中华民族精神的新构建。中国传统文化既含有先进的文化,也含有封建专制文化等落后的东西。在我们进入世界史之后,这些往往成为我们在竞争中挨打的因素。甲午中日战争后,中国先进知识分子已经认识到,中国的落后不仅是"技不如人",而且是"制也不如人"。"制不如人"首先表现在当西方进入自由、民主时代后,中国还处在封建专制时代。甲午中日战争实际上是制度之败,要使中华民族屹立于世界先进民族之林,必须革旧制之命,建立民主的新中国。

按照西方民主的方式建立起来的民国,如上所说竟然是个空架子,而其实质还是封建专制、独裁的横行,封建主义的思想并没有被批判。李大钊说:"中国一部历史,是乡愿与大盗结合的记录。大盗不结合乡愿,作不成皇帝;乡愿不结合大盗,作不成圣人。所以我说皇帝是大盗的代表,圣人是乡愿的代表。到了现在,那些皇帝与圣人的灵魂,捣复辟尊孔的鬼,自不用提,就是这些跋扈的武人,无聊的政客,那个不是大盗与乡愿的化身呢?"①结合乡愿与大盗的"中国一部历史"显然是指封建主义历史,必然"捣复辟尊孔的鬼",例如:袁世凯尊崇孔子,曾颁布一系列尊崇伦常、尊崇孔圣的文章。北

_____

① 李大钊:《李大钊选集》,人民出版社,1959 年版,第 125 页。

洋政权相互倚重的人大都提倡"尊孔"，人们发现"尊孔"实质上成了皇帝、军阀维护封建秩序，即维护封建专制社会的招牌。

这就有了五四运动时期"打孔家店"的思想运动，对从战国到清朝后期都被肯定的封建主义历史进行了否定。1916 年 2 月《新青年》上发表了易白沙的《孔子平议》（上），该文开创了"批孔"的先例。五四运动前夕，即 1918 年 5 月，鲁迅在《新青年》第 4 卷第 5 号发表《狂人日记》。鲁迅借狂人之口提出了一个"踹古久先生簿"的口号。"狂人"之所以要踹"古久先生的陈年流水簿子"，是因为"我翻开历史一查，这历史没有年代，歪歪斜斜的每页上都写着'仁义道德'几个字。我横竖睡不着，仔细看了半夜，才从字缝里看出字来，满本都写着两个字是'吃人'！书上写着这许多字，佃户说了这许多话，却都笑吟吟的睁着怪眼看我。我也是人，他们想要吃我了！"

鲁迅这里还没有直接剑指孔夫子，吴虞就不同了。1919 年 7 月吴虞携家人避乱于四川文庙，当他看到孔子位，"喟然于阶级制度之祸"，在此之前，他称"盗丘遗祸万世"。继鲁迅的《狂人日记》之后，吴虞于 1919 年 8 月 28 日至 29 日完成《吃人与礼教》。三年以后，胡适又提出了"打孔老先生店"的口号。1921 年 6 月《吴虞文录》出版，胡适于同年 6 月 16 日写了《吴虞文录序》一文，其结尾写道："这个道理最明显：何以那种种吃人的礼教制度都不挂别的招牌，偏爱挂孔老先生的招牌呢？正因为两千年吃人的礼教法制都挂着孔丘的招牌，故这块孔丘的招牌——无论是老店，是冒牌——不能不拿下来，锤碎，烧去！我给各位中国少年介绍这位'四川省只手打孔家店'的老英雄——吴又陵先生！""打孔家店"的行动，在五四运动后更被极端化为"打倒中国古史"的行动，这就是所谓的"古史辨派"。他们通过考证古史、辨证古书，推翻了统治中国史坛两千余年封建的以三皇五帝为中心的古史传说系统,揭穿了神话传说中历史的秘密,这可以说是在"踹古久先生簿"之中加了一个"乱"字,其实是有破坏而无建设的,中国的古史被它"辨"成了没有,顾颉刚本人多次讲,他以推翻古史偶像为事业。

"打孔家店"行动的背后是请德先生和赛先生进中国,从而使中国文化能够赶上历史的潮流——民主与科学。其实,从鲁迅的"踹古久先生簿"到胡适的"手打孔家店",矛头似乎是对准孔夫子的,之所以这样,是因为孔子成了封建专制主义的"敲门砖",而对于中国传统文化中优秀的东西,他们并不反对,也不去"拳打脚踢"。"古史辨派"有违"踹古久先生簿""只手打孔家店"的根本意思。鲁迅的《在现代中国的孔夫子》一文道出了个中缘由,他说:

> 从二十世纪的开始以来,孔夫子的运气是很坏的,但到袁世凯时代,却又被从新记得,不但恢复了祭典,还新做了古怪的祭服,使奉祀的人们穿起来。跟着这事而出现的便是帝制。然而那一道门终于没有敲开,袁氏在门外死掉了。余剩的是北洋军阀,当觉得渐近末路时,也用它来敲过另外的幸福之门。盘据着江苏和浙江,在路上随便砍杀百姓的孙传芳将军,一面复兴了投壶之礼;钻进山东,连自己也数不清金钱和兵丁和姨太太的数目了的张宗昌将军,则重刻了《十三经》,而且把圣道看作可以由肉体关系来传染的花柳病一样的东西,拿一个孔子后裔的谁来做了自己的女婿。然而幸福之门,却仍然对谁也没有开。

> 这三个人,都把孔夫子当作砖头用,但是时代不同了,所以都明明白白的失败了。岂但自己失败而已呢,还带累孔子也更

加陷入了悲境。他们都是连字也不大认识的人物,然而偏要大谈什么《十三经》之类,所以使人们觉得滑稽;言行也太不一致了,就更加令人讨厌。既已厌恶和尚,恨及袈裟,而孔夫子之被利用为或一目的的器具,也从新看得格外清楚起来,于是要打倒他的欲望,也就越加旺盛。所以把孔子装饰得十分尊严时,就一定有找他缺点的论文和作品出现。即使是孔夫子,缺点总也有的,在平时谁也不理会,因为圣人也是人,本是可以原谅的。然而如果圣人之徒出来胡说一通,以为圣人是这样,是那样,所以你也非这样不可的话,人们可就禁不住要笑起来了。五六年前,曾经因为公演了《子见南子》这剧本,引起过问题,在那个剧本里,有孔夫子登场,以圣人而论,固然不免略有欠稳重和呆头呆脑的地方,然而作为一个人,倒是可爱的好人物。但是圣裔们非常愤慨,把问题一直闹到官厅里去了。因为公演的地点,恰巧是孔夫子的故乡,在那地方,圣裔们繁殖得非常多,成着使释迦牟尼和苏格拉第都自愧弗如的特权阶级。然而,那也许又正是使那里的非圣裔的青年们,不禁特地要演《子见南子》的原因罢。

中国的一般的民众,尤其是所谓愚民,虽称孔子为圣人,却不觉得他是圣人;对于他,是恭谨的,却不亲密。但我想,能像中国的愚民那样,懂得孔夫子的,恐怕世界上是再也没有的了。不错,孔夫子曾经计划过出色的治国的方法,但那都是为了治民众者,即权势者设想的方法,为民众本身的,却一点也没有。这就是"礼不下庶人"。成为权势者们的圣人,终于变了"敲门砖",实在也叫不得冤枉。和民众并无关系,是不能说的,但倘说毫无亲密之处,我以为怕要算是非常客气的说法了。不去亲近那毫不亲密的圣人,正是当然的事,什么时候都可以,试去穿了破衣,赤着脚,走上大成殿去看看罢,恐怕会像误进上海的上等影戏院或者头等电车一样,立刻要受斥逐的。谁都知道这是大人老爷们的物事,虽是"愚民",却还没有愚到这步田地的。①

从鲁迅的言论中,我们可以看出,对孔子还是肯定的,比如说孔子"曾经计划过出色的治国的方法",但是这种方法却成了封建专制主义的"敲门砖",否定封建专制旧思想当时不能不从批判孔子开始。

吴虞反孔,但也并不意味着他反对中国传统文化中优秀的东西。这一事实,我们可以很容易地从1919年前后的吴虞日记中得到证据支持。例如他在1919年四月初五记杨沧白的演说中说:"中国文字存废问题,即因多少、难易、死活之分。然中国字若连用,则不止百万,较欧文并不为少。至于难易,则中文由于无善良之教科书,而西文亦非七八年不够用,亦非易于中文也。至如死活,当以用否为断,不在白话与文言之分。"②杨沧白的演说是对中国文字的肯定,而吴虞摘录这段话后,没做任何否定性评价,这表明他是赞同杨沧白观点的。5月14日,他摘录了朱谦之《新旧之相反相成》最后一段,原文是:

> 章行严先生之言曰:"吾国古学,甚为精湛,吾人欲就而解决问题之点甚多。从前欧洲思想之变迁,乃食文艺复兴之赐,

① 《鲁迅全集》,第6卷,人民出版社,1981年版,第317—319页。
② 中国革命博物馆整理,荣孟源审校:《吴虞日记》,四川人民出版社,1984年版,第454—455页。

今日中国新文明之望,亦不能不寄于古学复兴。盖创造新知与修明古学,二者关联极切,必当同时并举。"云云。然则今之言新者,于修明古学,固当急之务矣,所谓古学者何,曰周秦诸子之学也……蜀中有吴虞先生者,好为排孔之论,实于新旧递嬗中为尤有功。先生之学则如何,实竺于老、列、庄文之学者也。①

对这段话,吴虞仍然是没做任何否定性评价。这表示在 1919 年 5 月 14 日,他赞同如下观点:一、中国新文明的创造在于"寄于古学复兴";二、吴虞排孔,但不反对"周秦诸子之学",于诸子之学中,他"竺于老列庄文之学"。如果把孔子视为"周秦诸子之学",他认为"孔子自是当时之伟人"。

从辛亥革命到五四运动,中国思想界一方面在批孔,即批判中国旧思想,另一方面又在如饥似渴地输入西方新思想。1920 年 11 月 18 日,日本学者青木正儿给吴虞来信称:中国思想革命"有二大方面,第一是破坏中国旧思想,第二是输入欧洲新思想。于此役,先生在破坏礼教迷信军阵头,恶战甚力"②。从这个提示里可知,五四新文化运动的实质是用"欧洲新思想"代替"中国旧思想",这里的新思想主要是指科学、民主和自由,旧思想主要是指吃人的礼教与迷信。实现从迷信到科学、从专制到民主的转换,实质上是从专制主义的认同向民主认同的转换。此时,先进的中国文化至少在价值

① 中国革命博物馆整理,荣孟源审校:《吴虞日记》,四川人民出版社,1984 年版,第 462 页。

② 中国革命博物馆整理,荣孟源审校:《吴虞日记》,四川人民出版社,1984 年版,第 655 页。

认同上就是追求民主的,这个追求同时也是人民主权的构建过程。

可是此时的谈"民主"多少有以西方代替中国的意思,中国的纪年与耶稣联系了起来,而炎黄在"公元"中不见了,这事实上是行不通的。五四运动前后,当"破坏中国旧思想"趋于极盛,中国思想界却发生了一件事,使人们重新"宝贝"传统文化本身,这就是梁启超等人的欧游。欧游是梁启超一生中最重要的两次游历之一。记载这次欧游心得的是《欧游心影录》这本书,其是他告别"科学万能"倡导"中国不能效法欧洲"的"告白"。欧游之前,梁启超对中国传统文化有取舍,甚至有怀疑,而欧游归来后,他彻底放弃"科学万能"之迷梦,主张在中国文化上"站稳脚跟"。

1918年底协约国巴黎和会前后,梁启超等人筹划欧游,包括他在内的蒋百里、丁文江、张君劢、杨鼎甫等七人分两路从北京出发。1919年1月12日,梁一行抵达伦敦,他们以巴黎为大本营,足迹遍及大部分欧洲国家。在此之前,即在1918年,斯宾格勒的那本成为西方禁忌的《西方的没落》已经出版发行,"西方的衰落"已成为欧洲民间的声音。巴黎和会的休会期间,梁启超与随行记者一起考察第一次世界大战的西部战场、莱茵河右岸、比利时首都布鲁塞尔等地,游历比利时、荷兰、瑞士、意大利、德国等国,考察伦敦、爱丁堡、伯明翰等城市,访问亚当·斯密、莎士比亚等名人故居,参观剑桥大学、牛津大学等著名学府,对被第一次世界大战后"西方的衰落论"感染了的欧洲政治、经济、文化等做了全面细致的考察和系统的了解。

"西方的衰落论"也感染了梁启超。比如,他在书里讲了这样一件事:一个美国记者问梁启超,"你回到中国干什么事? 是否要把西洋文明带些回去?"梁启超答,"这个自然。"但是这个美国记者却说:"唉,可怜,西洋文明已经破产了。"梁启超问他回美国后做什么,他说,回家后将门关起来,等东方文明来拯救我们。梁启超开始以为这话是美国记者挖苦他们的,后来发现,"西方的衰落论"在西方的先觉者中非常流行。《欧游心影录》这部著作就是在这样的背景中产生的。本书共八章,其主要思想集中体现在第一章《欧游中之一般观察及一般感想》。它分上下两篇,上篇讲的是大战前后的欧洲,其主要内容包括人类历史的转捩、国际上的隐患,即一战结束了,但民族之间的仇恨越结越深,各国生计及财政破产,贫富阶级对立引起社会革命暗流,社会进化论以及个人主义的时代思潮兴起,科学万能之梦破灭,文学艺术以"现实主义"的形式暴露人类阴暗面,思想的混乱及悲观主义盛行,由此他看到了"西方的没落"。讲贫富阶级对立时,他说,在欧洲社会富者益富,贫者益贫,一国之内,早已分开两国:一个劳动国,一个资本国。那资本国和劳动国,早晚总有一天会短兵相接,拼个你死我活。讲科学万能之梦的破灭时,他指出,这不是说科学本身已经破产了,只是不能认为科学是万能的。科学正在把自己变成另一个宗教,企图为世界定下一个万世不移的标准。科学的必然法则,其实不过是一种变相的命运前定说。不过旧派的前定说,是说命运是八字里带来的或者上帝安排的;这新派的前定说,是说命运是由科学法则支配的,全不给人以责任和关怀。于是,人人来到这个世界上,都成了抢面包的。第一次世界大战与科学世界观的负面影响不无干系。他相信,科学大梦的破灭,必成为欧洲思潮变迁的一个大关键。不过欧洲是否就此完蛋了呢?他的回答是否定的。梁启超说,现在的欧洲和古代的埃及、罗马有本质的不同:现在的欧洲是个性发展而来的,以前的埃及、罗马则是贵族发展而来的。埃及和罗马发展的动力是自上而下的,虽然可能精致,但是终归所及有限,最终难免衰微。现在的欧洲,万事万物都是群众化的,每个人都在发展自己,提升自己,仿佛盖房子从地基做起,任凭暴风骤雨,总是能坚持过去,迎来个雨过天晴。所以西方文明还是可以再造的,因为西方文明有一个优点就是"个性发展"。在下篇他讲到了中国。首先强调建设"世界主义的国家",认为国是要爱的,但不能知有国家不知有个人,知有国家不知有世界。要在世界主义国家里发挥每个人的个性,为人类全体文明有所贡献。其次讲"中国不亡"。他说,"中国不亡"彻头彻尾都是靠大多数国民,不是靠几个豪杰,这是救国的不二法门。国民树立的根本义在发展个性,他称为"尽性主义"。"总要还我堂堂地做个人。"要个性发展,必须从思想解放入手。解放思想必须彻底,中国旧思想的束缚固然不受,西洋新思想的束缚也是不受。一种学说到眼前,才要虚心研究,放胆批评。西方"许多先觉之士正想把中国印度文明输入,图个东西调和。这种大业,只怕要靠我们才得完成哩。我们青年将来要替全世界人类负起这个大责任"。其实,关于"东西调和"的观点,早在梁启超 1902 年 3 月 10 日发表于《新民丛报》第3 号的文章中就已经有了,其云:"盖大地今日只有两文明:一泰西文明,欧美是也;二泰东文明,中华是也。二十世纪,则两文明结婚之时代也。吾欲我同胞张灯置酒,迓轮俟门,三揖三让,以行亲迎之大典。彼西方美人,必能为我家育宁馨儿以亢我宗也。"从梁氏的叙述中,我们可以看到,他所理解的中国文明是"尽性主义"的,即个性解放了的,因此与专制主义思想是根本不同的。

问题是此时的中国人并不自信,因为中国的"尽性主义"在现实生活中并没有找到"凭证"。直到第一次世界大战后,梁启超才开始跟着西方谈西方科学虽然没破产,但其不仅冲击了宗教的世界观,而且连人们的道德标准也冲得一塌糊涂,因此科学也不是万能的。

张君劢接过了梁氏的话头,主张把人生观从唯科学主义中剔除出来,认为科学不能支配人生观。1923年2月,张君劢应吴文藻之邀到清华大学做了《人生观》的演讲,主张人生观与科学不同:"第一,科学为客观的,人生观为主观的";"第二,科学为论理的方法所支配,而人生观则起于直觉";"第三,科学可以以分析方法下手,而人生观则为综合的";"第四,科学为因果律所支配,而人生观则为自由意志的";"第五,科学起于对象之相同现象,而人生观起于人格之单一性"。由此,他得出结论:"科学无论如何发达,而人生观问题之解决,决非科学所能为力,惟赖人类之自身而已。"①张君劢所说的"人生观"有西方话语,也在很大程度上包含了中国文化的话语。例如,他以"大家族主义"与"小家族主义"来概括"我与我之亲族关系";以"男尊女卑和男女平等""自由婚姻与专制婚姻"来概括"我与我之异性关系"等等。科学不能支配人生观的背后,隐藏着一个更深的话语:西方文化不能支配中国文化。在张君劢的"人生观"里,他主张"吾有吾之文化,西洋有西洋之文化。西洋之有益者如何采之,有害者如何革除之",这实际上是主张以我为基,实现文化的"沟通",从而创造"新文化"②。因此,我们看到,在他的人生观里,既有"对于旧的家族制度之反抗",又有男女平等、自由恋爱;既有"知识发展,应重个人",又有"财产分配,应均诸社会"等主张。这与中国传统文化有血肉联系,但又不是专制主义思想,已经转型

① 张君劢等:《科学与人生观》,黄山书社,2008年版,第33—36页。
② 张君劢等:《科学与人生观》,黄山书社,2008年版,第38页。

为采纳西方民主精神的新文化。

　　梁启超等人的欧游，从"科学不是万能的"转向"人生观"问题的研究，虽然受到各方面的批判，而且其割离科学与人生观的做法也的确值得批判，但是其包含了对中华民族复兴的"渴望"。1932年5月，张君劢在北平创办了《再生》杂志，明确以"民族复兴"为办刊宗旨，推动中国从当时的落后、衰落状态中走出，以恢复世界强国的民族地位，恢复文化古国的灿烂辉煌，就是这种渴望的进一步发展。不过，他们所主张的文化已经不是旧礼教，是与民主精神沟通、协调了的中国新文化。这就是说，他们提出了一个西方文化与中国文化的结合问题。梁启超、张君劢等人虽然将西方文明与中国历史文化对接了起来，在不割断历史这方面，是有功的，但是他们所推进的文化复兴是有局限性的，主要表现在两个方面：一是他们在思想领域兜圈子，而复兴更重要的问题是"改造中国与世界"；第二，他们所复兴的是精英阶级与阶层所掌控的意识形态，而对劳动大众所需要的意识形态，却没有关注。这就是说，他们事实上并没有构建起中华民族的民族精神。克服这些局限性，正是中华民族复兴第三环节即马克思主义中国化的历史使命。

三、马克思主义中国化与中华民族的重构

　　中华民族精神的构建必须实现中国文化与西方文化的协调，或者说，必须在协调炎黄精神（中国精神）与西方精神的过程中创造出一种新的中华文化来。在此协调中，起基础性作用的是炎黄精神，这已经是近代以来先进中国人的共识。

　　中国精神中既有先进的东西，也有落后的东西，同样，西方精神中也是先进的东西与落后的东西并存。所谓中国文化与西方文化

的协调,可能出现三种情况:一是西方落后的东西与中国先进的东西协调,二是西方先进的东西与中国落后的东西协调,三是西方先进的东西与中国先进的东西协调。

只有走第三种协调的道路,才有可能产生出积极的东西来。历史表明,中国人在经过了多次选择后,找到了西方文明中的马克思主义与中华民族的优秀传统与实践的结合,中华民族的伟大复兴才真正进入了一个新的历史阶段,即马克思主义中国化阶段;不仅使中国人由不自信走向了自信,而且使文化创造的话语权由精英层转移到人民大众,从而使中国一步一步地走向世界的中心。

中国化的马克思主义是西方文明中的马克思主义等先进西方文化与中华民族的优秀传统与现实实践经验有机结合的产物。被卷入西方主导的全球化的先进中国人,首先力图以西方为师,试图通过学习西学以复兴自己的民族,他们最终找到了马克思主义,而自从有了马克思主义的指导,中国革命的面目就产生了变化。

但是,经验与教训证明,马克思主义要在中国起作用,关键在于,要与中华民族的优秀传统与实践结合起来。就是将马克思主义当作立场、观点和方法去解决中国的问题。这样一来,在中国的马克思主义——

> 必须和我国的具体特点相结合并通过一定的民族形式才能实现。马克思列宁主义的伟大力量,就在于它是和各个国家具体的革命实践相联系的。对于中国共产党说来,就是要学会把马克思列宁主义的理论应用于中国的具体的环境。成为伟大中华民族的一部分而和这个民族血肉相联的共产党员,离开中国特点来谈马克思主义,只是抽象的空洞的马克思主义。因

此,使马克思主义在中国具体化,使之在其每一表现中带着必须有的中国的特性,即是说,按照中国的特点去应用它,成为全党亟待了解并亟须解决的问题。①

　　马克思主义中国化强调的是中国马克思主义运动与中国悠久的历史的联系性,不能将其与中国历史传统"割断",即强调应该将当前的中国马克思主义运动看作"历史的中国的一个发展",看作"伟大中华民族的一部分"。这就是说,马克思主义中国化是"中国精神"的一个发展,具有"中国特点"和中国"民族形式",在这个意义上,它其实就是"中国精神"的"接着讲"。这里应该指出的是,这个"接着讲",是对于我们的传统而言,不是对中国学说中的某个学派的"接着讲",而是推进整体的"接着讲"。这里试以哲学问题为例。毛泽东所研究的哲学是马克思主义哲学,他对马克思主义哲学的研究就不是对个别问题的研究,而是涉及非常广泛的领域,如唯物论、辩证法、认识论、历史观、方法论等等。因此他对马克思主义哲学的推进不是对个别问题的研究深入,而是全面发展。马克思主义中国化不仅在哲学领域体现了马克思主义与中国传统实践的结合,在其他领域也莫不如此。晚年以批判的精神对待毛泽东哲学的冯友兰先生是这样评价毛泽东思想的:"中国今天也需要一个包括新文明各方面的广泛哲学体系,作为国家的指针。总的说来,我们已经有了马克思主义和毛泽东思想。""这是一个终结","不同的文化在中国的矛盾冲突也就解决了"②。以中国化马克思主义为"国

---

① 《毛泽东选集》,第 2 卷,人民出版社,1991 年版,第 534 页。
② 涂又光编选:《冯友兰选集》,天津人民出版社,1994 年版,第 489—490 页。

家的指针"的中国文化,不仅是中国传统的接着讲,更是中国精神的转型创新,是中华民族精神中最核心的东西。

以马克思主义中国化的立场、观点和方法来讲述的中国精神,与传统意义上的中国文化结构性的不同在于,它发挥的是过去蕴藏在地下而未能得到充分发挥的"无产阶级和劳动人民的革命精力"。我们说,中国精神中有先进的东西,也有落后的东西。落后的东西就是已经能"吃人"的"礼教",而先进的东西则是"礼教"背后的人民大众的革命精力。马克思主义中国化在坚持文化民族化、科学化的同时,还坚持文化的大众化,即实现文化话语权由精英阶级到人民大众的转移。在马克思主义中国化以前,中国精神的话语权掌握在贵者、贤者、智者等少数精英人物的手里,与人民大众无关。而到了中国文化的马克思主义中国化阶段,文化领导权即话语权转移到了人民大众的手里,强调的是人民乃文化创造的主体,这是一个根本性的改造。有了中国文化话语权的人民大众开创了中国文化由被动走向主动的新生面。比如,中国研制"两弹一星"的队伍既有23位"两弹一星"功勋奖章的获得者,又有参与研制工作的广大干部、工人、解放军指战员,他们组成了人民的力量。以这种力量为基础,"两弹一星"的研究人员取得了骄人成就,奠定了中国的大国地位。可见自从中国文化话语权从贵者、贤者和智者转移到人民大众手中后,中国人在精神上就由被动转入主动。从这时起,近代世界历史上那种看不起中国人、看不起中国文化的时代就应当完结了。毛泽东说:

　　　　伟大的胜利的中国人民解放战争和人民大革命,已经复兴了并正在复兴着伟大的中国人民的文化。这种中国人民的文化,就其精神方面来说,已经超过了整个资本主义的世界。比方美国的国务卿艾奇逊之流,他们对于现代中国和现代世界的认识水平,就在中国人民解放军的一个普通战士的水平之下。①

毛泽东的这段话似乎让人觉得"挤兑"了博学的艾奇逊,即指出美国国务卿艾奇逊等人对于现代中国和现代世界的认识水平在中国人民解放军的一个普通战士的水平之下。其实不是这样,艾奇逊的水平之所以在一个普通战士的水平之下,是因为他对中国人在文化上翻身是从贵族的角度理解的,因而他永远不了解中国人在文化上翻身的秘密,即文化话语权的转移。而普通的解放军战士都知道,中国人之所以在文化上翻了身,是因为在中国文化马克思主义中国化阶段,话语权的主体由贵族精英转移到了人民大众的手里。在万众的伟大创造中,原创性知识、思想和技术会像阿里巴巴的芝麻开门那样,从地底下奔涌而出。一位位科学家、技术家和企业家从民众中走了出来,成为人民的思想家、哲学家、教育家、文学家、艺术家。因此作品中的形象不再是老爷太太少爷小姐们口中的帝王将相,而是概括万众创业的艺术典型。在这里"中华民族"被重构为"中华人民共和国",从构建到重构的根本标志就是中国人的"皇天后土"发生了由"老爷做主"到"人民当家"的结构性变化。

在马克思主义中国化之前,尽管中国人已经形成了具有科学性、民主性的三民主义,但是我们中国人还是处在世界文化的边缘。此时,一部分中国人是不自信的,他们像鲁迅所说的那样,开始还自夸中国"地大物博","不久就不再自夸了,只希望着国联"。"现在

---

① 《毛泽东选集》,第 4 卷,人民出版社,1991 年版,第 1516 页。

是既不夸自己,也不信国联,改为一味求神拜佛",都没有相信过
"自己"。毛泽东称这种情形是:"除了地大物博,人口众多,历史悠
久,以及在文学上有部《红楼梦》等等以外,很多地方不如人家,骄
傲不起来。但是,有些人做奴隶做久了,感觉事事不如人,在外国人
面前伸不直腰,像《法门寺》里的贾桂一样,人家让他坐,他说站惯
了,不想坐。"毛泽东回忆这段历史说:

> 过去说中国是"老大帝国","东亚病夫",经济落后,文化
> 也落后,又不讲卫生,打球也不行,游水也不行,女人是小脚,男
> 人留辫子,还有太监,中国的月亮也不那么很好,外国的月亮总
> 是比较清爽一点,总而言之,坏事不少。①

但是,中华人民共和国成立之后,中国人不仅从此站起来了,而
且还在一步步走向世界中心,因而我们民族的自信心又得以恢复。
首先是政治上的自信心。在中共七届二中全会上,毛泽东谈到了中
国革命胜利的意义,认为它是继十月革命、第二次世界大战胜利之
后的人类第三个伟大胜利。

这个胜利的理论价值正如苏联《真理报》编辑部曾撰文称,"毛
泽东同志在其著作中简洁和明晰地概述了唯物论的认识论——反
映论。在他的著作中,发展了马克思列宁主义关于辩证唯物论的认
识论的基本原理……"②至于它的革命意义,斯大林的评价更高。
斯大林曾对刘少奇等人说"中国马克思主义者成熟了",其云:

---

① 《毛泽东文集》,第7卷,人民出版社,1999年版,第87页。
② 黄枬森、庄福龄主编:《马克思主义哲学史教学资料选编》,下册,北京大学
  出版社,1984年版,第1428页。

我说的中国马克思主义者成熟了,苏联人及欧洲人都要向你们学习的话,并不是奉承你们,不是客气话。西欧人由于骄傲,在马克思、恩格斯死后,他们就落后了。革命的中心由西方转移到了东方,现在又转移到了中国和东亚。[①]

当然,斯大林做出这样的评价时,中国向世界舞台中心的阔步迈进还只是政治性的,我们在经济、文化等领域还是落后的,于是中国马克思主义者提出了赶超世界发达国家的任务。在赶超过程中,我们虽曾急于求成,但是在探索中通过改革开放迅速使自己富裕起来了,在经济上也在快步走向世界的中心,目前已经成为世界第二大经济体。随着政治上、经济上向世界舞台中心的走近,中华文明也在向世界文化中心走近。过去,中国文化因为脱离了证明其伟大的"凭证"而沦为西方文化意义上的"编年史"。如今,中国化马克思主义指导我们在政治、经济等各领域所取得的成功,又成为见证中国文化伟大的新"凭证",中国精神成为人们能从中看到希望的价值与力量的新精神,此谓之重构后的中华民族精神,即以大同精神和天地境界为追求的全球精神。

中国人向着世界舞台中心的走近,实际上构成马克思主义中国化的三个不同历史时期。"革命的中心由西方转移到中国"构成了马克思主义中国化的第一阶段,其基本点是"中国人从此站起来了"。开始,他们准备在全球的两大阵营中"一边倒",但是从1956年确定十大关系后,中国人开始走自己的路。世界的经济中心由西

---

① 师哲口述,李海文著:《在历史巨人身边:师哲回忆录》,九州出版社,2015年版,第298页。

方转移到亚洲,转移到中国,构成马克思主义中国化的第二阶段,其基本点是邓小平等人接着做毛泽东等人没做完的事,他们领导中国人创造财富,主动向世界开放。在近三十年的时间里中国人富了起来,成为世界第二大经济体。第三阶段是在全球即将失去前进方向的时刻,中国人在习近平新时代中国特色社会主义思想的指导下,以"一带一路"倡议引领人类命运共同体的构建。在这里,中华文明、中国智慧成为人们特别在意听、乐意听的声音与建议,站起来的中国人不仅富起来、强起来了,而且贡献了新的精神文明,也就是以炎黄精神为基因的共美价值。

结　语

　　关于炎黄及以炎黄精神为始原性要素的中华文明的本质与发展规律的理论，是炎黄学的一般理论形式，是谓"一般炎黄学"。广义地讲，中国传统文化的一切领域，都是炎黄学所研究的内容，这个内容由一系列特殊形态构成。通过对历史文献的辨析与考据，就有了历史炎黄学；对中国民俗的观察与研究，就有了民俗炎黄学；对系谱、姓氏进行清理与辨析，就有了系谱炎黄学；对考古成果进行研究，就有了考古炎黄学；等等。这些具体的炎黄学通称为特殊炎黄学。一般炎黄学是在概括包括历史炎黄学、民俗炎黄学、系谱炎黄学、考古炎黄学等特殊炎黄学研究成果之后而建立的。本书从一般炎黄学出发，而后分别研究包含在文献、民俗、姓氏、考古等领域的炎黄文化，最后是对特殊炎黄学的一般性概括，这样，我们的研究又回归到了一般炎黄学的范畴。一般炎黄学是贯穿本书全部思想的红线。

　　一、炎黄学将中国学问的始原性思想定在炎黄时期，强调炎黄学是中国人文思想的源头之学、统领之学和国家之学。

　　在中国人的历史记忆中，构成中华文明的基本要素，出现于炎黄时代的生活中。炎帝神农氏为中华文明贡献了农耕生产与生活方式，故为农祖；轩辕黄帝在农耕生产与生活方式的基础上构筑了中华文明的上层建筑,也就是礼教制度体系,故为政祖。二者合在一起就构成了形成中华文明的细胞,也就是社稷宗庙,它构成了中国人安身立命的精神家园——"皇天后土"。

在炎黄学研究中,以"皇天后土"是中国人的精神家园,它是炎黄学研究不证自明的前提,是中华文明的起点,以此为研究对象的炎黄学必定要成为中国传统文化的源头之学。

在中国传统文化中,所有的文化形式之间有一个"统领",就是"道"。炎黄学其实就是关于"道"的学问,而作为"道"论,炎黄学必定要成为中国传统文化的统领之学。

作为源头之学,炎黄学强调的是一个"祖"字;作为统领之学强调的是一个"道"字。祖道合一是炎黄学的原则,以此为基础,炎黄学实即社稷宗庙之学,其内容包括了中国国家与中华文明形成的规律性问题,因此,可以称为国家之学。炎黄学之为国家之学更体现在社会功能上。从近代中国的历史发展来看,炎黄学研究与民族和国家的振兴问题是联系在一起的。还在明末清初之际,王船山就以《黄书》唤醒中国人的民族意识。当然他在那个时代的民族意识还囿于夏夷之辨。近代,中国历遭帝国主义的侵略,中华民族可以说到了最危险的时刻,但是,我们的民族没有亡。因为越是在危亡之时,中国人民越能团结起来。强烈的民族认同感使我们的人民团结了起来,民族认同中最大的公约数就是对中华统绪的强调,也就是炎黄认同,由此而形成中华民族共同体意识。它过去是使我们民族站起来的精神力量,现在又是使我们富起来、强起来的精神力量。在从炎黄学来寻找民族团结最大公约数这一点上看,炎黄学其实就是国家之学。

二、炎黄学以炎黄文化、炎黄精神即中华民族精神及其文化形

态为研究对象,探索的是炎黄文化的特点、本质以及规律性,同时也关注炎黄精神的转型创新即再生性创造或创造性再生的问题。

中国的"山海"构成炎黄文化之形成的"吾乡吾土"。生活于其中的炎帝与黄帝是传说中的古史人物。关于他们的神话、传说构成了中国故事讲述的原初,或者说,构成了中国的帝系考。炎帝与黄帝作为人格形象,是时代特征的象征。炎帝神农氏是植五谷农耕时代的象征,其具象形式是社稷;黄帝则是垂衣裳而治天下的礼制文明的象征,其具象形式是宗庙。二者的统一构成了中华文明的"皇天后土",是中华民族及其精神的最初质点。

以"皇天后土"为最初质点的中华文明在炎黄精神的生成与发展过程中表现为"一个质点,三个圈层"。

"一个质点"是指由"三皇""五帝""三代"构成的中国历史与精神信仰代代相传的最初,也可以称为狭义的炎黄精神,这也是中华文明的圆心,对它的研究构成了中国历史与文化的道统考。

在向四周传播的过程中,狭义的炎黄精神至少形成了三个文化圈层,这些文化圈层也可以称为广义的炎黄精神,也就是"中华文化"。第一个文化圈层:诸子之学;第二个圈层:从汉学到宋学的思想体系;第三个圈层:中华民族文化的复兴时期。从炎黄精神这个最初质点出发,中华文化的发展过程表现为其圈层半径越来越长的过程。这一过程存在着一个十分明显的精神脉络:炎黄——"皇天上帝社稷"(皇天后土)——宗庙社稷——儒家道家——夏(儒、道)+夷(佛、伊斯兰教)——中学(儒、道、佛、中国伊斯兰教)+西学——中华民族新精神(中国化马克思主义)。这是炎黄文化在时间向度上的展开,是炎黄学的思想纵线。

"一个质点,三个圈层"的概念框架是中华文明内容与形式的统一。这一统一是概括炎黄精神、中华民族、中华文化与中华文明的形成、发展过程的本质与规律的理论形式,构成炎黄学的重要内容。

从文明轴心时期的概念来看,炎黄精神与中华文化可以在轴心期的各个阶段中得到表述。从炎帝与黄帝到宗庙社稷的形成过程,属于前轴心时期的炎黄精神;从宗庙社稷至包括儒家、道家在内的子学形成过程,属于轴心时期的炎黄精神;从儒家道家至夏(儒、道)+夷(佛、伊斯兰教)文化结构是后轴心时期的炎黄精神;从中学(儒、道、佛、中国伊斯兰教)+西学的融合至中华民族新精神的形成,属于新轴心时期的炎黄精神。在这样的轴心化表述中,"炎黄""华夏""华夏族""中华民族""炎黄精神""中国精神"以及"中华文明"等事涉中外学者高度关注的重大理论问题和现实问题的概念和范畴,都能得到逻辑的和历史的厘清。

炎黄精神在空间向度中以一定的文化形态表现出来。中国神话、宗教、语言、哲学、艺术、科学都是展现炎黄精神的文化形态。见于语言则倡"雅",见于神话则重"劳",见于艺术则求"韵",见于宗教则崇"本",见于科学则推"理",见于哲学则达于"道"。这些文化形态在空间向度上表现为炎黄学的思想横线。它们与纵线相交织,构成了炎黄学的思想曲线,使炎黄学呈现为一个体系。不过这个体系在时间上属于"过去",也即是中华精神的"编年史"。与之不同类的是,"新轴心时期的炎黄精神",在时间上属于当代及今后的一个历史时期,其现实性很强。研究中华精神的"编年史"在方法论上是"接着讲",是中国视野的精神与文化,也就是"中国智慧"。

三、炎黄学关注中华民族精神的构建和重建问题,强调必须实现中国文化与西方文化的协调,或者说必须在协调炎黄精神与西方精神的过程中而创造出一种新的中华文明来。

在中西融合中创造新文化是近代以来先进中国人的共识。在构建过程中,中国人的民族意识由自发上升到了自觉,民族主义是近代中国寻求富强之路的一面旗帜。在重建过程中,经过多次选择,中国人找到了中西融合的新方案,即将西方文明中的马克思主义与中华民族的优秀传统与实践结合起来,在民族主义的基础上,以科学与民主代替了中国文化中落后的愚昧与专制,形成与世界同流的科学的、民主的文化;充分发挥过去蕴藏在地下而未能得到充分发挥的无产阶级和劳动人民的革命精力。在马克思主义中国化以前,中国精神的话语权在贵者、贤者、智者等少数精英人物的手里,与人民大众无关。而到了中国文化的马克思主义中国化阶段,文化领导权即话语权转移到了人民大众的手里,即实现了文化话语权由精英阶级到人民大众的转移。强调人民是文化创造的主体,这是一个根本性的改造。有了中国文化话语权的人民大众开创了中国文化开始由被动走向主动的新生面。中国化马克思主义指导中国特色社会主义建设的成就,构成了见证中国文化之伟大的新"凭证",中国精神不再只是见证过去,而成为不断创新的民族精神,人们从中看到了希望,看到了美美与共的价值理念与体系,这些是伟大复兴的重要标志。

"革命的中心由西方转移到中国"构成了马克思主义中国化的第一阶段,其基本点是"中国人从此站起来了"。1956 年确定十大关系后,中国人开始走自己的路。世界的经济中心由西方转移到亚洲、转移到中国,构成马克思主义中国化的第二阶段,其基本点是邓小平等人接着做毛泽东等人没做完的事,领导中国人主动向世界开放,以筑致富之路。在近四十年的时间里,中国走向富强,成为世界第二大经济体。第三阶段是在全球即将失去前进方向的时刻,中国人在习近平新时代中国特色社会主义思想的指导下,以"一带一路"倡议引领人类构建命运共同体和"共美价值"体系。在这里,中华文明又进入了一个崭新的阶段,中国智慧成为人们特别乐意听的声音与建议,中国正在一步一步走向世界舞台的中心。

以上,就是我们研究炎黄学的基本结论。

主要参考文献

一、古籍

班固撰,颜师古注:《汉书》,北京:中华书局,1962 年版。

陈高华等点校:《元典章(大元圣政国朝典章)》,北京:中华书局,天津:天津古籍出版社,2011 年版。

陈寿撰,陈乃乾校点:《三国志》,北京:中华书局,1982 年版。

程颢、程颐撰,潘富恩导读:《二程遗书》,上海:上海古籍出版社,2000 年版。

戴震著,何文光整理:《孟子字义疏证》,北京:中华书局1982 年版。

房玄龄等:《晋书》,北京:中华书局1974 年版。

顾炎武著,陈垣校注:《日知录校注》,合肥:安徽大学出版社,2007 年版。

国学整理社编:《诸子集成》全八册,北京:中华书局,2006 年版。

黄绾著,刘厚祜、张岂之标点:《明道编》,北京:中华书局,1959 年版。

李延寿:《北史》,北京:中华书局,1974 年版。

令狐德棻等:《周书》,北京:中华书局,1971 年版。

刘昫等:《旧唐书》,北京:中华书局,1975 年版。

罗泌:《路史》,北京:北京图书馆出版社,2003 年版。

司马迁:《史记》,北京:中华书局,1982 年版。

脱脱等:《辽史》,北京:中华书局,1974 年版。

脱脱等:《宋史》,北京:中华书局,1985 年版。

王存撰,王文楚、魏嵩山点校:《元丰九域志》,北京:中华书局,1984
年版。

王国轩、王秀梅译注:《孔子家语》,北京:中华书局,2009 年版。

王象之编著,赵一生点校:《舆地纪胜》,杭州:浙江古籍出版社,2012
年版。

魏收:《魏书》,北京:中华书局,1974 年版。

魏徵等:《隋书》,北京:中华书局,1973 年版。

张廷玉等:《明史》,北京:中华书局,1974 年版。

章学诚著,钱茂伟、童杰、陈鑫注译:《文史通义》,郑州:中州古籍出
版社,2012 年版。

长孙无忌等撰,岳纯之点校:《唐律疏议》,上海:上海古籍出版社,
2013 年版。

朱舜水著,朱谦之整理:《朱舜水集》,北京:中华书局,1981 年版。

朱熹撰,金良年今译:《四书章句集注》,上海:上海古籍出版社,2006
年版。

二、马克思主义经典

中共中央马克思恩格斯列宁斯大林著作编译局编:《马克思恩格斯
选集》,第 1 卷,北京:人民出版社,1995 年版。

中共中央马克思恩格斯列宁斯大林著作编译局译:《马克思恩格斯
全集》,第 23 卷,北京:人民出版社,1972 年版。

［苏］列宁著,中共中央马克思恩格斯列宁斯大林著作编译局译:
《哲学笔记》,北京:人民出版社,1974年版。

中共中央文献研究室编:《毛泽东书信选集》,北京:人民出版社,
1983年版。

《建国以来毛泽东文稿》,第1册,北京:中央文献出版社,1987
年版。

《毛泽东选集》,北京:人民出版社,1993年版。

中共中央文献研究室编:《毛泽东文集》,第7卷,北京:人民出版社,
1999年版。

三、论著

常玉芝:《商代宗教祭祀》,北京:中国社会科学出版社,2010年版。

陈来:《中华文明的核心价值——国学流变与传统价值观》,北京:
生活·读书·新知三联书店,2015年版。

达浦生:《伊斯兰六书》,北京:宗教文化出版社,2003年版。

丁凤英主编:《炎黄文粹》,武汉:武汉出版社,2009年版。

丁山:《古代神话与民族》,南京:江苏文艺出版社,2011年版。

丁新:《中国文明的起源与诸夏认同的产生》,南京:南京大学出版
社,2016年版。

范寿康:《中国哲学史通论》,北京:生活·读书·新知三联书店,
1983年版。

方泽编著:《中国玉器》,北京:清华大学出版社,2014年版。

费孝通:《中华民族多元一体格局》(修订本),北京:中央民族大学
出版社,1999年版。

冯友兰:《贞元六书》,北京:中华书局,2014年版。

冯友兰著,赵复三译:《中国哲学简史》,北京:生活·读书·新知三
　　联书店,2009 年版。

顾颉刚等编著:《古史辨》,第 1—7 册,海口:海南出版社,2005
　　年版。

高凯军:《论中华民族——从地域特点和长城的兴废看中华民族的
　　起源、形成与发展》,北京:文物出版社,2010 年版。

龚维英等编著:《神话　仙话　佛话》,石家庄:河北人民出版社,
　　1986 年版。

郭沫若:《郭沫若全集·历史编》,北京:人民出版社,1982 年版。

何光岳主编:《汉民族的历史与发展》,长沙:岳麓书社,1998 年版。

河清:《全球化与国家意识的衰微》,北京:中国人民大学出版社,
　　2003 年版。

侯外庐:《中国古代社会史论》,北京:人民出版社,1955 年版。

湖北省炎黄文化研究会等编:《炎帝神农与民族精神》,北京:东方
　　红出版社,2002 年版。

黄帝与中国传统文化学术讨论会文集编委会编:《黄帝与中国传统
　　文化学术讨论会文集》,西安:陕西人民出版社,2001 年版。

江林昌:《中国上古文明考论》,上海:上海教育出版社,2005 年版。

蒋维乔:《中国近三百年哲学史》,长沙:岳麓书社,2011 年版。

蒋智由:《中国人种考》,华通书局,1929 年版。

解希恭主编:《襄汾陶寺遗址研究》,北京:科学出版社,2007 年版。

李大钊:《李大钊选集》,北京:人民出版社,1959 年版。

李德永主编:《中国辩证法史稿》,武汉:武汉大学出版社,1990
　　年版。

李孝定:《汉字的起源与演变论丛》,台北:联经出版事业股份有限

公司,2019年第2版。

李学勤:《中华古代文明的起源——李学勤说先秦》,北京:生活·读书·新知三联书店,2019年版。

梁启超著,朱维铮校注:《梁启超论清学史二种·清代学术概论》,上海:复旦大学出版社,1985年版。

梁思成:《中国建筑史》,天津:百花文艺出版社,2005年版。

刘纲纪:《刘纲纪文集》,武汉:武汉大学出版社,2009年版。

刘琅主编:《精读金岳霖》,厦门:鹭江出版社,2007年版。

刘师培:《清儒得失论》,吉林:吉林出版集团股份有限公司,2017年版。

鲁迅:《鲁迅全集》,第9卷,北京:人民文学出版社,1981年版。

陆思贤:《神话考古》,北京:文物出版社,1995年版。

梅珍生:《荆楚哲学》,武汉:武汉出版社,2018年版。

苗力田主编:《亚里士多德全集》,北京:中国人民大学出版社,2016年版。

苏秉琦:《满天星斗:苏秉琦论远古中国》,北京:中信出版社,2016年版。

苏秉琦:《中国文明起源新探》,北京:生活·读书·新知三联书店,1999年版。

苏峰主编:《黄帝文化研究论文选编》,长春:东北师范大学出版社,2014年版。

孙见坤译注:《山海经 全本:译·注·精解》,北京:清华大学出版社,2017年版。

孙庆伟:《鼏宅禹迹——夏代信史的考古学重建》,北京:生活·读书·新知三联书店,2018年版。

田天:《秦汉国家祭祀史稿》,北京:生活·读书·新知三联书店,
　　2015年版。

王俊义、黄爱平编:《炎黄文化与民族精神》,北京:中国人民大学出
　　版社,1993年版。

王立新:《先秦考古探微》,北京:科学出版社,2016年版。

王文虎:《神农氏世与随州史前社会》,北京:中国文史出版社,2014
　　年版。

王文虎:《随州文化简史》,武汉:湖北人民出版社,2018年版。

王献唐:《炎黄氏族文化考》,济南:齐鲁书社,1985年版。

王小盾:《经典之前的中国智慧》,北京:北京大学出版社,2016
　　年版。

王震中:《中国古代国家的起源与王权的形成》,北京:中国社会科
　　学出版社,2013年版。

王震中:《中国文明起源的比较研究》(增订本),北京:中国社会科
　　学出版社,2013年版。

王震中主编:《炎黄文化研究》(第十八辑),郑州:大象出版社,2018
　　年版。

文史哲编辑部编:《"疑古"与"走出疑古"》,北京:商务印书馆,2010
　　年版。

陈放主编:《炎帝与炎帝文化》,武汉:湖北人民出版社,1991年版。

夏鼐:《中国文明的起源》,北京:文物出版社,1985年版。

谢扶雅:《宗教哲学》,济南:山东人民出版社,1998年版。

徐旭生:《中国古史的传说时代》,北京:文物出版社,1985年版。

许全兴、魏世峰主编:《延安时期的毛泽东哲学思想》,西安:陕西人
　　民教育出版社,1988年版。

杨堃:《原始社会发展史》,北京:北京师范大学出版社,1986 年版。

叶舒宪:《图说中华文明发生史》,广州:南方日报出版社,2015 年版。

游修龄、曾雄生:《中国稻作文化史》,上海:上海人民出版社,2010 年版。

袁珂:《中国古代神话》,北京:中华书局,1960 年版。

苑利主编:《二十世纪中国民俗学经典》,北京:社会科学文献出版社,2002 年版。

张岱年:《张岱年选集》,长春:吉林人民出版社,2005 年版。

张光直:《中国青铜时代》,北京:生活·读书·新知三联书店,2013 年版。

张君劢等:《科学与人生观》,合肥:黄山书社,2008 年版。

张亮采:《中国风俗史》,北京:中国文史出版社,2015 年版。

张舜徽:《周秦道论发微 史学三书平议》,《张舜徽集》,武汉:华中师范大学出版社,2005 年版。

赵纪彬:《困知录》,北京:中华书局,1963 年版。

赵纪彬:《赵纪彬文集》,郑州:河南人民出版社,1985—1991 年版。

郑永年:《中国民族主义的复兴——民族国家向何处去》,北京:东方出版社,2016 年版。

中国革命博物馆整理,荣孟源审校:《吴虞日记》,四川人民出版社,1984 年版。

周洪宇、王文虎:《炎黄国祭论》,福州:福建教育出版社,2017 年版。

周洪宇、王文虎:《炎黄精神论》,北京:人民出版社,2019 年版。

周洪宇:《文化与教育的双重历史变奏——周洪宇文化教育史论》,武汉:华中科技大学出版社,2012 年版。

随州市博物馆编:《随州文物志》,武汉:武汉大学出版社,2020年版。

四、国外文献

[德]G.G.莱布尼茨著,[法]梅谦立、杨保筠译:《中国近事——为了照亮我们这个时代的历史》,郑州:大象出版社,2005年版。

[德]费尔巴哈著,荣震华译:《基督教的本质》,北京:商务印书馆,1984年版。

[德]费尔巴哈著,王太庆译:《宗教的本质》,北京:人民出版社,1999年版。

[德]黑格尔著,王造时译:《历史哲学》,上海:上海书店出版社,1999年版。

[德]黑格尔著,杨一之译:《逻辑学》,北京:商务印书馆,1966年版。

[法]伏尔泰著,王燕生译:《哲学辞典》,北京:商务印书馆,2017年版。

[法]列维-布留尔著,丁由译:《原始思维》,北京:商务印书馆,1981年版。

[法]孟德斯鸠:《论法的精神》,北京:商务印书馆,2007年版。

[美]弗朗西斯·福山著,毛俊杰译:《政治秩序与政治衰败:从工业革命到民主全球化》,桂林:广西师范大学出版社,2015年版。

[美]亨利·基辛格著,胡利平等译:《论中国》,北京:中信出版社,2015年版。

[美]芮乐伟·韩森著,梁侃、邹劲风译:《开放的帝国:1600年前的中国历史》,北京:社会科学文献出版社,2016年版。

[日]山田庆儿:《古代东亚哲学与科技文化》,沈阳:辽宁教育出版

社,1996年版。

[意]安东尼奥·阿马萨里著,刘儒庭、王天清等译:《中国古代文明——从商朝甲骨刻辞看中国史前史》,北京:社会科学文献出版社,1990年版。

[意]利玛窦、[比]金尼阁著,何高济等译:《利玛窦中国札记》,北京:中华书局,2010年版。

[英]李约瑟:《中国科学技术史》,北京:科学出版社,2008年版。